北京外国语大学海外汉学研究中心

任继愈　主编

INTERNATIONAL SINOLOGY

国際漢学

第十二辑

大象出版社

图书在版编目(CIP)数据

国际汉学.第12辑/任继愈主编.—郑州:大象出版社,2005.4
ISBN 7-5347-3790-7

Ⅰ.国… Ⅱ.任… Ⅲ.汉学—研究—世界—文集
Ⅳ.K207.8-53

中国版本图书馆CIP数据核字(2005)第015887号

责任编辑 魏淑民
责任校对 钟 骄
封面设计 王 云
版式设计 王 敏
出版发行 大象出版社(郑州市经七路25号 邮政编码450002)
网 址 www.daxiang.cn
制 版 郑州艾乐出版技术服务有限公司
印 刷 河南第一新华印刷厂
版 次 2005年4月第1版 2005年4月第1次印刷
开 本 787×1092 1/16
印 张 20
字 数 374千字
印 数 1—2 000册
定 价 人民币:28.00元 美元:10.00元
若发现印、装质量问题,影响阅读,请与承印厂联系调换。
印厂地址 郑州市经五路12号
邮政编码 450002 电话 (0371)65957860-351

國際漢學

编辑委员会

（第十二辑）

目 录

汉学研究导论[1]

□张西平

对海外汉学(中国学)的研究从20世纪80年代以来已经成为一个学术界普遍关心的领域,江苏人民出版社的"海外中国研究丛书"、大象出版社的"国际汉学研究书系"、商务印书馆的"海外汉学丛书"、中华书局的"世界汉学丛书",这些译著加起来已近二百本之多。域外汉学的繁荣说明"中国文化属于全世界"(任继愈)。特别是近年来汉学研究的专著也相继出版,如严绍璗的《日本中国学史》,刘正的《海外汉学研究——汉学在20世纪东西方各国研究和发展的历史》,何寅、许光华等人的《国外汉学史》,李庆的《日本汉学史》,张国刚等人的《明清传教士与欧洲汉学》,周发祥主编的"中国古典文学走向世界丛书",王晓路的《西方汉学界的中国文论研究》,阎宗临的《传教士与法国汉学》,计翔翔的《十七世纪中期汉学著作研究》,葛兆光的《域外中国学十论》,陈君静的《大洋彼岸的回声》等,这些研究显然要比前几年有所深入,其中一些著作有相当的深度。对海外汉学研究的深入"意味着我国学术界对中国文化所具有的世界历史性意义的认识愈来愈深;——或许可以说,这是20年来我国人文科学的学术观念的最重要的转变与最重大的提升的标志之一"(严绍璗)。

不过应该看到,西方汉学若从16世纪的"传教士汉学时期"算起已有四百年的历史,若从"游记汉学时期"算起更长,而日本汉学(中国学)如果从中国文化的传入算起则有更久远的历史,因而从作为一项专门的学科研究来看,对域外汉学(中国

① 本文为《他乡有夫子——汉学研究导论》一书的序言,该书于2004年12月由外语教学与研究出版社出版。——编者注

学)的研究仍然不过是刚刚起步,许多问题有待我们进一步深入研究。李学勤先生多次呼吁:“国际汉学研究作为一种专门学科的发展,将有益于中国进一步走向世界。我们希望得到国内外更多的支持,使这个学科发扬光大。”

为推动学术界对海外汉学(中国学)的研究,我编了这本《汉学(中国学)研究导论》,书中收集了近十余年来关于汉学(中国学)研究的相关论文。编辑这本书的目的并不在于汇集汉学(中国学)研究的成果,而在于从方法论上看,我们应该如何理解这门学科,应以什么样的学术路向来把握这门学科。对域外汉学(中国学)的研究无疑是一种跨文化、跨学科的研究,这样我们必须了解汉学在域外产生的文化和学术背景,以及它在不同的知识和文化背景下的价值和影响。反过来说,就是这种发生在异地,由东洋人和西洋人所做的学问对我们中国本土的学术发展究竟有什么影响,我们应该用什么心态和方法来评价这种学问,如何与这些近在东京远在巴黎和哈佛的外国同行们对话和交流。从一定的意义上来说,搞清这些问题比研究汉学的一个具体问题要重要得多,特别是在汉学研究蓬勃发展的今天,学科对象与研究方法的问题已经成为一个亟待解决的重要问题。

如果将域外汉学(中国学)史作为一个学术对象来把握,我们所遇到的第一个问题就是:中国文化是通过什么途径传播到国外的?汉学家们所阅读的中文典籍是如何流传到他们手中的?他们所阅读的中文典籍的译本是如何形成的?因为对任何一个汉学家而言,他从事汉学研究的基本条件就是要阅读中国文化的典籍,无论是原本的中文文献还是翻译的文本。从前者来说,中文典籍的外传,构成了域外汉学家研究中国文化的基础,所以,正如严绍璗先生所说:“国际中国学(汉学)的基础性研究,就必须以原典性实证方法论,解明中国典籍向世界的传播,探讨这种传递的轨迹和方式,并收集、整理和研究相关的文献。失却了这一基本性功能,所谓对国际中国学(汉学)的研究,都是无根之本,无源之水。”严先生对中国典籍向日本传播的研究,对整个汉学(中国学)史的研究都具方法论的意义,但到现在为止,我们还没有搞清中文文献在西方的流传史,这直接影响我们对西方汉学史的研究。

从后者来说,西方大多数汉学家研究中国使用的文本是各种西方语言的译本。而在不同的历史时期,中国与外部世界联结的通道是不同的,域外汉学家们所得到的翻译文本是不同的,这些不同的文本决定了他们对中国文化的理解。例如,在西方汉学史上对“四书”的翻译就有罗明坚、柏应理、卫方济、理雅格、卫礼贤以及陈荣捷的译本。这些译本由于时代不同,译者的文化背景不同,所表达的“四书”的含义有着很大的不同。因而,认真摸清中国典籍的外译是进行西方汉学史研究的基础性工作,虽然困难很大(特别是对传教士的早期拉丁语译本的梳理和研究),但从学术的整体和长远发展来说,应该去做。本书所收入的柳存仁先生的《百年之英译〈论语〉其一:读西蒙·李(Simon Leys)》、周发祥先生的《中国古典小说西播述略》是研究中国典籍西译的经典之作,我们应沿此路向发展。

如果这样从学术上掌握汉学的知识来源,我们就必须进入中外文化交流史的研究。由此,我们就可以理解在研究西方早期汉学时为什么一定要熟悉和了解入华传教士的活动,就可以理解为什么费正清认为中西文化交流中入华传教士扮演着"核心的角色",因为入华传教士实际上是站在一个双行道上,"他们在向西方传递中国形象的同时,也塑造了中国人对外部世界的观点",不了解传教士我们就弄不清他们向西方所介绍的中国形象。

例如,直到今天我们仍不能真正说清楚伏尔泰、莱布尼茨的中国观,因为他们所理解的中国儒家的基础是柏应理的《中国哲学家孔子》一书,而到今天为止能真正读懂这本拉丁文著作的中国学者屈指可数。同样,读过龙华民的《中国宗教的若干问题》的学者很少,但研究莱布尼茨和"礼仪之争"的论文和著作却每天都在增加。而如果读不好龙华民的这本书,是很难真正理解"礼仪之争"和莱布尼茨的儒学观的。如果从中国汉学(中国学)史研究的历史来看,对西方传教士汉学著作的翻译工作只是在近几年才开始的,我们到现在为止还不能将这个基本的学术脉络梳理得很清楚。同样,到今天为止我们还没有认真研究过晚清时裨治文等人所办的《中国丛报》中所介绍的中国的基本情况,而正是这份报纸塑造了19世纪西方人的中国观,它为19世纪的西方汉学家提供了基本的文献。近年来学术界开始翻译晚清时入华传教士的西文著作,但基本的著作和文献我们仍是不清晰的。米怜、麦都思、卢公明的著作都尚未深入地研究。目前,虽然开始有了对理雅格和卫礼贤的研究,但至今国内尚无学者真正对他们翻译的中国典籍的文本进行彻底的研究,而没有这项研究,实际上解释不清19世纪以来西方对儒家和中国文化究竟是如何理解的,因为直到今天理雅格和卫礼贤的译本仍是大多数汉学(中国学)家的案头必备之书,他们是通过两人的译本来理解中国文化的。

另一方面,这些传教士汉学家和当代汉学家的一个重要区别是他们长期生活在中国,如果要了解他们笔下的中国、他们的中国观,那必须进入中国明清史的研究中,必须考察他们在中国的活动,又要求我们必须对中西文化交流史有深入的了解。而"近几百年来的中西文化交流史在某种程度上就是西方人逐步'发现'和建构的历史,而探讨和研究中国被欧洲人逐步'发现'和'重构'的历史,无疑是当今比较文学和比较文化研究者的一大理论课题"(王宁),这点我们还要专门论述,这里只是说明:历史、中外文化交流史的研究是汉学(中国学)研究者必须涉及的领域。编入论文集的荷兰著名汉学家许理和的《十七—十八世纪耶稣会研究》和美国著名汉学家费正清的《新教传教士著作在中国文化史上的地位》都是从历史角度研究入华传教士汉学的典范之作,对我们有着重要的启示意义。

第二,应对各国汉学(中国学)的学术发展史有较为清晰的把握。这首先就涉及到“汉学”和“中国学”的关系，一般来讲“汉学”指对中国古代语言、文字、历史文化、典籍、制度的研究，“中国学”则表示对近现代中国社会历史的研究。在研究方法上，前者注重文献、训诂，后者注重现实；前者基本上是传统的人文学科的方法，后者采取的是现代社会科学的方法。如刘东所说：“汉学一词在现代亦必衍生出宽窄两义。广义上，它可以指称‘一切在研究中国的学问’。狭义上‘汉学’（Sinology）一词则与以现代方法研究现代中国的‘中国研究’（Chinese Studies）相对，仅仅指以传统方法来考释中国古代文化特别是经典文献的学问。”这种划分和理解也都是相对的，语言的特质之一就是“约定俗成”，不必在学科的名称上长期争论。

但这两种名称告诉我们，西方对中国的认识和研究经历了一个漫长的过程，我们应该对其学术史的流变和发展有所了解。对待域外汉学（中国学）仅仅采取一种实用的态度是不行的。“我认为研究国际汉学，应当采取学术史研究的理论和方法，最重要的是将汉学的递嬗放在社会与思想的历史背景中去考察”（李学勤）。前辈学者已经这样做了。1949年前对西方汉学通史的研究有莫东寅的《汉学发达史》和日本学者石田干之助的《欧人汉学之研究》，近年来有了一二本国别汉学史的著作，影响较大、受到国内外学者好评的是严绍璗的《日本中国学史》和侯且岸的《当代美国的“显学”》。何寅与许光华的《国外汉学史》是国内目前较为详细的汉学通史性著作，此书有开创学科通史之功。汉学（中国学）史研究的意义在于，域外汉学（中国学）的发展在各个国家都有其独特的历史，有自己的学术传统，有师承的传递和各个学派的特点，如果不了解这些历史，我们就无法判定一个汉学家在本国学术史中的地位，也不能了解其学术思想的来源和背景，很容易闹出笑话。汉学家水平有高下之分，要把最好的汉学（中国学）成果介绍到国内，就必须做深入、细致的国别汉学史的研究工作，“在此基础上，再来进行整体的或个别的研究。只有这样，我们才能认定各国的中国学家们在他们自己国家的学术谱系上的地位，才可以避免我们的无知”（严绍璗）。从西方汉学史来看，如果没有一个系统而又深入的学术史梳理，你就无法解释“传教士汉学”和“专业汉学”之间的巨大变化，我们也无法解释从费正清到柯文这种学术路向的重大转变，我们也不可能深入地了解到这种学术转变背后的深刻文化原因。所以，无论是判断汉学家个人的学术成就还是从整体上理解汉学（中国学）的演变，没有学术史的研究是根本不可能的。收入本书中的侯且岸先生的《从学术史看汉学（中国学）应有的学科定位》、严绍璗先生的《近代日本中国学形成的历史考察》、钱婉约先生的《日本近代中国学的重要学者——内藤湖南》、杨保筠先生的《儒学在越南的传播和影响》、张铠先生的《论费正清的中国史研究》等文体现的正是这种汉学史研究的路向。

海外汉学（中国学）虽然内容是关于中国的，但它是发生在域外由外国人所做的学问，从西方汉学（中国学）来看，它是西方学术体系中的一个分支“东方学”的一部分。既然它是西学的一部分，就必然要遵循西方学术的传统和规范。这样汉学和国学之间既有同，也有异。同，则表现在内容上，无论是传统的汉学还是当代的中国学，材料、文献都是中国的；异，则表现在学术规范和方法上，最终还在问题意识上，它是从自身文化发展的需要出发，从一个"他者"的角度来看待中国文化的。这样，在汉学（中国学）的研究中就必须从一种跨文化的角度，运用比较文化的方法来分析汉学。许多国内做"国学"研究的学者认识不到这一点，往往将"汉学（中国学）"和他们自己所从事的"国学"等同，对其"同"的部分大加赞赏，认为有水平，对其"异"的部分大加批评，对汉学家们对中国文化和学术的"误读"不能给予一个合理的解释。究其原因，就是缺乏一种比较文化的视角，不能运用跨文化的研究方法。如果从比较文化的视角出发，以下两点是至为重要的：

首先，母体文化对汉学（中国学）家学术视野和方法论的影响。从实证的知识论角度来看，域外汉学并非像赛义德所说的完全是一种"集体的想像"，也并非是在本国文化和意识形态的完全影响下，成为一种毫无任何可信度的一种语言技巧，一种没有任何客观性的知识。就西方的汉学（中国学）而言，从 16 世纪以后，他们对中国的知识获得了长足的进展。"游记汉学"与"传教士汉学"的重大区别就在于，后者已经开始长期生活在中国，并开始一种依据基本文献的真实研究，它不再是一种浮光掠影式的记载、一种走马观花式的研究，传教士汉学绝不是传教士们随意拼凑给西方人的一幅浪漫图画，他们对中国实际认识的进展，对中国典籍的娴熟和在翻译上的用功之勤，就是今天的汉学家也很难相提并论。特别是到"专业汉学"时期，汉学家在知识论上的进展是突飞猛进的，我们只要提一下法国的著名汉学家伯希和就够了。这点我们在下面论述汉学（中国学）和国学的关系史还会讲到。在这个意义上，赛义德在其《东方学》中的一些观点并不是正确的，"东方主义的所有一切都与东方无关，这种观念直接受惠于西方的各种的表现技巧……"由此，西方的整个东方学在知识论上都是意识形态化的，其真实性受到怀疑。他认为西方的东方学所提供的是"种族主义的、意识形态的和帝国主义的定性概念"，因而，他认为东方学的失败既是学术的失败，也是人类的失败。赛义德的观点显然不符合西方汉学的实际情况，作为西方知识体系一部分的东方学，它在知识的内容上肯定是推动了人类对东方的认识的，从汉学来看这是个常识。

我这样讲并不是否认西方汉学受其欧洲中心主义的影响，平心而论，赛义德说西方的东方学是伴随着帝国主义的海外扩张而形成的，这话是对的，东方学受到其西方文化的影响和制约也是对的。但由此认为西方的东方学"并没有我们经常设想的那么具有客观性"的结论缺乏具体分析。赛义德所提供给我们的从比较文化的角度来评价西方的东方学的方法是对的，但有两点我不同意他的分析：其一，不能因西方的东方学所具有的意识形态性，就完全否认其中所包含的"客观性"。以传教士汉学为例，传教士入华肯定不是为推进中国的现代化，而是为了“中华归主”，这种心态对他们的汉学研究产生了重大的影响，但这并不妨碍传教士的汉学研究仍具有一定的“客观性”，他们仍然提供给了欧洲一些有关中国的知识。采取比较文化的研究方法，就在于对西方汉学（中国学）中的这两部分内容进行客观的分析，哪些是“意识形态”的内容，哪些是“客观知识”，二者之间是如何相互影响的。其二，西方的东方学中的方法论、研究范式不能完全归入“意识形态”之中。这就是说不仅研究的知识内容要和“意识形态”分开，就是赛义德所说的意识形态也要做具体的分析。方法论和研究的范式当然受到西方整个学术进展的影响，但它和政治的意识形态不同。作为方法论它具有一定的独立性，同时也具有一定的“普世性”，即它是整个人类的精神。如伯希和在做西域史研究中的科学实证方法，高本汉在做中国语言研究中的现代语言学方法，这些方法是在整个时代的进步中产生的，尽管它和西方社会历史有着血肉的联系，是其精神的一部分，但不能因此就否认它的有效性。特别是美国当代的中国学家，他们有别于传统汉学的根本之处在于，将社会科学的研究方法移植到中国学研究中，如果把这种方法论的变迁一概否认，那就是将中国学的灵魂否认了，那我们从当代中国学中几乎学不到任何东西。其三，如果完全采用赛义德的理论，“社会科学理论几乎要遭到彻底的屏弃。几乎所有的社会科学都源于西方，几乎所有的西方理论都必然具有文化上的边界，并且，必然与更大的，和帝国主义纠缠在一起的话语结构结合在一起，因此，对此除了‘批判性’的屏弃之外，任何汲取都会受到怀疑”（黄宗智）。从汉学（中国学）家来说，其中不少人对中国的迷恋甚至超过了他们对自身文化的热爱，所以不能简单地把他们说成是赛义德所讲的东方主义者。

用比较文化的方法来分析汉学（中国学），就是要考察生活在两种文化夹缝中的汉学（中国学）家是如何在跨文化的语境中展开这种学术研究的，分析他们在具体的文献和材料背后的一般性方法，对中国本土学者来说，影响我们的恰恰是方法论这一部分。所以我认为，不能把海外汉学（中国学）中的研究完全归为“意识形态”加以批判和抛弃，对赛义德的理论应加以分析地运用。

如果有了这三点，我们就会看到汉学家区别于中国本土的“国学”研究者的主要方面在于学术视野和方法论。例如，法国汉学家马伯乐对中国上古文化和宗教的研究受到涂尔干社会学的影响，从而开创了中国宗教社会学研究之先河，中国对他这种宗教社会学方法论的吸取推动了本土的社会学研究。当年杨堃先生受教于马伯乐，成为中国社会学研究中最早采用宗教社会学方法的学者，而中国的宗教学界几乎没有人知道早在近一百年前马伯乐已经创立了这种方法，这两年才开始注意，但宗教学界的学者们只不过是将西方的宗教社会学搬来而已，他们今天也仍不知晓中国宗教社会学研究的真正创始人是法国汉学家马伯乐。社会学和宗教学在对待马伯乐汉学研究中的方法论的两种态度，对这两个学科的发展都产生了影响。夏志清运用新批评主义的形式主义分析方法，重评中国现代文学史，使张爱玲、沈从文、钱钟书又回到现代文学史的研究视野之中，这种方法极大地启示了中国文学史的研究者。在西方汉学（中国学）的中国文学研究中，"20 世纪涌现出来的意象研究、新批评、原型批评、结构主义、主题学、文类学、风格学、叙事学，甚至女权主义、混沌理论、文化理论等等，举凡用之于西方文学研究者，几乎都在中国文学研究中派上用场"（周发祥）。新时期的中国文学研究在很大程度上是在步西方汉学方法论的后尘。注意其方法论和新的学术视角，运用比较文化的研究方法，揭示出隐藏在"客观知识"背后的方法论，这正是汉学（中国学）研究者的基本使命。

其次，注意"影响史"的研究。中国文化在域外的传播和影响是两个相互关联而又有所区别的领域。一般而言，传播史侧重于汉学（中国学），即他们对中国文化的翻译、介绍和研究，域外的中国形象首先是通过他们的研究和介绍才初步建立的；影响史或者说接受史则已经突破学术的侧面，因为汉学（中国学）的研究在西方仍是一个很偏僻的学科，它基本处在主流学术之外，或者处于学术的边缘。中国文化在域外的影响和接受主要表现在主流的思想和文化界。但二者又很难截然分开，因为一旦中国文化的典籍被翻译成不同语言的文本，所在国的思想家和艺术家就可以阅读，他们不一定是汉学家，但同样可以做汉学（中国学）的研究，他们对中国的兴趣可能不低于汉学家，特别是在创造自己的理论时。英国 17 世纪的学者约翰·韦伯从来没来过中国，但他所写的《论中华帝国之语言可能即为原始语言之历史论文》是西方第一本关于研究中国语言的专著，你很难说马克斯·韦伯的《儒教与道教》是否汉学著作，但其影响绝不低于任何一本汉学专著。美国的思想家爱默生、诗人庞德，德国的荣格等都是这样的人，这样的例子还有很多。因而，接受史和影响史也应成为汉学（中国学）研究的一个重要方面。

这方面前辈学者已经提供了研究"范式"，钱钟书的《十六世纪—十七世纪英国文学对中国文化的接受》、范存忠的《中国文化在启蒙时期的英国》、陈受颐的《中国文化对十八世纪英国文化的影响》、朱谦之的《中国哲学对欧洲的影响》、法国学者毕诺的《中国对法国哲学思想形成的影响》当属我们的必读书目。在这个方面，赛义德的理论给了我们解释的支点，"东方学现象是整个西方的隐喻或缩影，实际上应该用来代表整个西方"，这是说西方为了确定自我，他们拿东方作为非我来做对照，"东方代表着非我，相对这非我，西方才得以确定自己之为自己，所以东方乃是西方理解自己的过程中在概念上必有的给定因素"（张隆溪）。从 18 世纪的中国热，伏尔泰认为中国是"天下最合理的帝国"到 19 世纪中国完全失去了魅力，黑格尔认为中国是一个只有空间没有时间的国家，一个停滞的帝国。在西方文化史上中国一直是作为西方确立自我的"他者"而不断变换。

对赛义德的理论我们还应做两点补充：一是西方人把中国当做“幻想”的对象，是以中西双方实际历史的交流为基础的。尤其是大航海以后，西方人第一次走出狭小的地中海，域外的文明特别是中国文明对其实际的冲击是很大的，这点拉克在《欧洲形成中的亚洲》一书有史学上的严格考证，这说明西方精神的形成同样有着外部的因素，基督教是从东方传入西方的，中国文明对欧洲的影响决不仅仅是在作家的书房。弗兰克的《白银资本》、彭慕兰的《大分流》及王国斌等人的著作都可以为我们理解17—18世纪的东西方实际历史提供经济史的证明，这样的历史观可以瓦解今天的“欧洲中心主义”和一些西方人编造的神话。我们不需要用西方“幻想的矫情”来印证我们文化的合理性，但文化交往的历史至少可以说明多元文化存在的合理性。其二，虽然赛义德告诫我们，在东方不需要一个像西方的“东方主义”那样的“西方主义”，但实际上19世纪后的中国思想的确存在着一种“西方主义”，但它的历史正好和西方的“东方主义”的历史进程相反。在“夷夏之分”的观念中，西方是“蛮夷之地”，在国门被打破之后，西方一直又作为想像的“乌托邦”。这个问题属于中国思想文化史，这里只是顺便提一下。

汉学（中国学）的魅力不仅在于它的“同”——汉学家们为我们的国学研究提供了许多新的史料，特别是在“四裔”研究方面。其实，它的魅力更在于“异”，在于跨文化间的“误读”，在这个意义上比较文学和比较文化研究是汉学研究的天然盟友，如孟华所说：“作为一个比较学者，我对汉学有着一份天然的亲近感和学科认同感。甚至可以毫不夸张地说，自从我踏上比较文学学术之路起，汉学研究就始终伴随我左右，成为我学术生活中不可或缺的一部分。”正是在这个意义上，在这里我们收录了张隆溪先生的《非我的神话——西方人眼中的中国》、黄俊杰先生的《20世纪初期日本汉学家眼中的文化中国与现实中国》、李文昌先生和耿昇先生所翻译的《中国儒教对英国政府的影响》和《中国文化对十八世纪法国哲学家的影响》、吴泽霖先生的《托尔斯泰对中国古典文化思想的直接接触和借鉴》、王宁先生和钱林森先生的《汉学的重建与世界文明新秩序》、钱林森先生为他主编的《外国作家与中国文化》所写的长序和孟华先生的《比较文学与汉学》等论文。

以上三点都是从域外的角度而论的，即它发生的历史、本身的学术史及其在本国文化思想史中的作用与价值，但在研究海外汉学（中国学）时还有一个最重要的纬度：汉学（中国学）和国学的关系，这种发生在域外的关于中国的学问和我们本土的中国学术有何关系？它对中国本土学术的发展有什么价值和影响呢？

其实，海外汉学（中国学）从其诞生时起就同中国学术界有着千丝万缕的关系，特别是西方汉学，在一定意义上讲中国近现代学术的产生是和西方近现代的汉学发展紧密联系在一起的，也就是说中国近现代学术的建立是中国本土学者与汉学家们互动的结果。利玛窦与徐光启，理雅格与王韬，王韬与儒莲，伯希和与罗振玉,胡适与夏德、钢和泰,高本汉与赵元任等等……正是在这种交往中双方的学术都发生了变化,互为影响,相互推动。戴密微在厦门大学任教,卫礼贤执教于北大讲坛,陈寅恪受聘于牛津、剑桥,在 20 世纪 20、30 年代双方的交往比今天还要频繁。就中国来说,正是在这种交往中中国学术逐步地向现代化形态发展。

当初傅斯年在谈到伯希和的学问时说:"本来中国学在中国在西洋原有不同的凭借,自当有不同的趋势。中国学人,经籍之训练本精,故治纯粹中国之问题易于制胜,而谈及所谓四裔,每以无较材料而隔膜。外国学人,能使用西方的比较材料,故善谈中国之四裔。而纯粹的汉学题目,或不易捉住。今伯先生能沟通此风气,而充分利用中国学人成就,吾人又安可不仿此典型,以扩充吾人之范围乎。"这说明了当时汉学对中国学人的启示。实际上自近现代以来,中国学术对西域的研究日益加强,引起许多学者的兴趣,这显然是受到了西方汉学家的影响。胡适在 1916 年 4 月 5 日的日记中说:"西人之治汉学者,名 Sinologists or Sinoloques,其用功甚苦,而成效殊微。然其人多不为吾国古代成见陋说所拘束,故其所著书往往有启发吾人思想之处,不可一笔抹煞也。"

这里胡适已认识到汉学的特点,以后胡适在与印度学家钢和泰交往中改变了原来认为汉学家治学"成效殊微"的看法,而是直接向钢氏求教梵文。而他对瑞典汉学家高本汉的评价更说明西方近代汉学对中国学术的影响,高本汉以治音韵学而著称,胡适说:"近年一位瑞典学者珂罗倔伦(即高本汉)费了几年工夫研究《切韵》,把 260 部的古音弄的(原文如此)清清楚楚。林语堂先生说:'珂先生是《切韵》专家,对中国音韵学的贡献发明,比中外过去的任何音韵学家还重要。'(《语丝》第四卷第二十七期)珂先生成绩何以能这样大呢?他有西洋音韵学原理作工具,又很充分地运用方言的材料,用广东方言作底子,用日本的汉音吴音作参证,所以他几年的成绩便可以推倒顾炎武以来 300 年的中国学者的纸上功夫。"鉴于西方汉学的这一成就,他号召青年人要掌握新的研究方法,那时再来重新整理国故,便可"一拳打倒顾亭林,两脚踢翻钱竹汀。"

当时西方汉学对中国学界的冲击非常之大,以至陈垣先生说:"现在中外学者谈论汉学,不是说巴黎如何,就是说日本如何,没有提到中国的,我们应当把汉学中心夺回中国,夺回北京。"其实中国近代学术从传统的注经转变为现代社会科学的方法,一个重要因素是受启于海外汉学。陈寅恪任教清华之初,遵循地道的欧洲汉学及东方学方法,讲授欧洲东方学研究的目录学。赵元任和李方桂的语言学研究走出传统的小学,而采取现代语言学的方法,一个重要原因就是受到高本汉语言学研究的影响。这说明汉学和我们自己本土的学术传统有着内在的联系。

上面讲到,80 年代以来海外汉学的学术著作被翻译成中文的已经有近二百本,这些对中国学术界还是产生了重要的影响。中国本土的学者今天必须面对一个不容忽视的事实："从日本、欧洲到北美，每一天都有关于中国古今各方面的研究成果问世。如果我们继续把这些成果都称之为'汉学'，那么'汉学'与中国本土的'国学'已经连成一体，再也分不开了。"（余英时）实际上在当今中国的学术界出现了"'双峰对峙'的两派'中学'——其一是自家内省的'国学'，其二是别人旁观的'汉学'"（刘东）。对中国本土学者来说"要求每个学者对本专业在世界范围内的进展了如指掌，有点不切实际，但将海外中国学家的贡献纳入视野，对于生活在中国的新一代学者来说，不但可能，而且必须"（陈平原）。就文学研究来讲，从夏志清的《中国古典小说导论》出版以来，韩南、浦安迪等人的小说史研究著作相继翻译出版，说明国内学术界"能够较为准确地判断海外中国学的高低优劣"。而2000年在北大召开的"晚明与晚清国际学术研讨会"，来自汉学和国学两大领域的中国文学研究者已经开始共聚一堂。在史学界年轻一代的学者已经开始自觉运用美国中国学的方法，如杨念群的《中层理论》"把美国中国学（部分涉及日本中国学）研究的一些基本概念和命题变迁放在我国史学研究的传统脉络里呈现其特征，并评估其价值；反过来，也把中国史学研究的方法置于美国中国学思潮的背景下反观其得失"（杨念群），他所主编的《空间·记忆·社会转型——新社会史研究论文精选集》则是这一思想的具体体现。

实际上汉学（中国学）的引入具有双向的意义，它不仅使学术转型中的中国本土学术界有了一个参照系，并为我们从旧的学术"范式"中走出达到一种新的学术创新提供了一个思路，同时也对汉学（中国学）家们提出了挑战，正像中国学者必须面对海外汉学（中国学）家的研究一样，他们也应该开始倾听中国同行的意见。我们在《国际汉学》的第七辑曾发表包卫民先生批评内藤湖南"宋代革命论"的论文，王志平先生批评《剑桥中国史》中关于中国语言学史的观点。我们想通过正常的批评，纠正那种仿佛只要是洋人讲的就没错的"殖民地思想"，把对汉学（中国学）的引进和批评统一起来，在一种平等的对话中商讨和研究，这才是一种正确的学术态度。对国外汉学（中国学）家的成果也不可盲从，正像对待所有的学术成果都不应盲从一样。实际上在西方不仅那些把中国作为"他者"的思想家、文学家在讲中国时常常错误百出，就是在大汉学家那里，常识性的错误也不断出现。例如，谢和耐这位法国大汉学家，朱维铮先生认为"他对17世纪中叶中国发生的文化巨变，其实一无所知。他甚至不理解清圣祖即俗称康熙大帝的满洲君主，在晚年决定以朱熹学说作为帝国意识形态表征的历史涵义"。周锡瑞先生一字一句地指出美国当代中国学家何伟亚（James L. Hevia）在其成名作《怀柔远人：马戛尔尼使华的中英礼仪冲突》中词语里的错误，周先生说："或许最令人惊异的是：'一视同仁'写成'一视同人'。此类词汇的错误，很难使人相信作者能够训练有素地使我们更加接近清代文献的原意。"像这样的常识性错误在比利时汉学家钟鸣旦的《杨廷

�——明末天主教儒者》一书中也时有出现，在著名的《剑桥中国史》中也有很低级的错误。这样讲并不是否认这些汉学家在学术上的贡献，而是海外的汉学家必须考虑到他们的著作如何面对中国读者，因为他们的书一旦译成中文，就会成为中国本土学者阅读和审视的对象。

当我们面对大量涌进的汉学（中国学）著作时，应有一种开放的心态和多元的学术态度，不能“画地为牢”，对汉学家的研究成果视而不见。同时，也应考虑到这是在另一种学术传统中的“学问”，有自身的文化和学术背景，不能拿来就用，要做比较文化的批判性研究。随着汉学（中国学）的不断引入，对汉学著作做批判性研究和介绍日益成为一个重要的问题，因为在不同学术传统中的概念和方法的转化和使用，必须经过严格的学术批判和反思才行。在这个意义上运用比较文化的视角和方法尤为重要。如何立足中国本土的学问，在借鉴汉学的域外成果上，从我们悠久的文化传统中创造出新的理论，这才是我们真正的追求所在。“我想问的是，有没有人想过这样一个道理，如果要研究世界普遍真理，为什么理论家们不好好学习汉语？或者说，为什么一个涵盖了中国、亚洲和西方的顶级世界理论，中国人不可以发明？”（葛兆光）。引进域外汉学（中国学）是为了我们自身学术和文化的变革与发展，万不可在介绍西方走马灯似的各类新理论、新方法时，我们自己先看花了眼，真成了西方的东方主义的一个陪衬，失去了自己的话语和反思的能力。

另一方面中国本土学者也应参与到海外汉学的研究之中，我们“希望这是一场‘学术对话’，而不只是单向的‘文化输入’，就像美国、日本及欧洲等地的中国学家正在积极介入中国的文化建设一样，大陆及港台的学者也完全可能借助平等对话，影响中国学家的学术思路，并修正其具体结论”（陈平原）。中国学者应努力打破“西方中心主义”，使世界的汉学（中国学）论坛上有中国的声音，有中文的发言，而不总是西方的语言、西方的声音、西方的标准，“仿佛‘中国’是一个缺席者，空出来的那个座位总是有异邦人在李代桃僵地对理论家们进行‘中国的叙述’，而中国学者却总是心有不甘却满脸无奈地看着这只空缺的座位”（葛兆光）。我相信，经过我们对汉学（中国学）的认真研究和梳理，当我们摸清了他们的思路和方法，了解了他们的话语和特点，学习了其中的经验和长处后，中国再不能是一个缺席者。

相互了解是平等对话的第一步，开放的心态和批判研究的态度则是我们在面对汉学（中国学）家时所应有的基本立场。我认为这场对话才刚刚开始，正是在这一过程中，中国的人文社会科学研究将逐步走向自觉和繁荣，也正是在这场对话中汉学家（中国学家）才开始面临真正的学术对手，并改变自己的理论形态，也只有在这场对话中中国文化将真正走向世界，“使全世界共此凉热”（季羡林）。

（作者单位：北京外国语大学）

卫礼贤——传教士、翻译家和文化诠释者①

□[德]吴素乐 著

□任仲伟 译

童年和教育

里夏德·威廉(Richard Wilhelm,中文名卫礼贤),1873年10月10日出生于斯图加特——当时符腾堡王国的首府。他的父亲是来自图林根的一位手工业者,母亲则是斯图加特人。里夏德是父母的第一个孩子。一年半后,他们又有了一个女儿,起名叫海伦妮。孩子们在舒适的小资产阶级环境中度过了他们童年的早期。1879年秋季,里夏德进入小学学习,三年后转入一所实科中学,这是因为他以后要接管父亲的作坊。但是,1882年父亲的过早去世改变了一切,他的家庭陷入了困境。这时,母亲决定让他日后从事新教的牧师职业。这就要求他转入人文中学学习,而他也成功地做到了这一点。

① 本文系现居维也纳的德国汉学家吴素乐(Ursula Ballin)为《德国汉学之研究》一书所撰写的有关卫礼贤的批判性传记。鉴于此文观点新颖,且所引用的材料大都为德国档案馆中弥足珍贵的资料,不易为中国学者所获得,因此本刊特请外文局的任仲伟女士将此篇译成中文,发表于此,以飨读者。——编者注

虽然当时神学校的学费和普通大学一样昂贵,但它是由教会基金会资助的,因此是贫穷的青年们接受大学教育的惟一途径。无疑,母亲这样做并不是出于虚荣心,而是要完成一个心愿。十岁的里夏德"对牧师这一职业同样没有很多了解"(KE,第73页,即卫礼贤:《童年回忆录》,下同,请详参"原始文献及缩略语"部分)因此,他自己根本不可能"决定"②要开始自己的宗教生涯。事实上,作为一个孩子,他已经深受母亲对教会态度的影响:她原本并不笃信宗教,但表面上却装出十分虔诚的样子,"因为人们必须这样"(KE,第7页)。无疑,这就是威廉一生都厌恶权威的官方教会的根源所在。1891年8月里夏德通过了"图宾根新教神学校的入学补考",这个考试相当于高级中学的毕业考试。同年11月,他在那里注册入学。

在神学校学习期间,他不得不面对神学的不同流派。当时,在这些流派中占主导地位的是里敕尔(Albrecht Ritschl)的观点③,里氏遵循康德的思想,反对形而上学和冥想,将耶稣仅仅看做是一个道德的典范。威廉陷入了信仰的危机。因为,正如他更倾向于艺术和音乐中的情趣那样(KE,第1页),他对宗教和宗教生活中理性的东西感到很陌生。另外,他的贫困也使他饱受屈辱。一场严重的疾病,折磨了他整整一个学期,而用今天的观点来看,这场疾病则是由生理和心理的因素共同造成的。尽管如此,这个年轻人还是在他的学习生活中找到了乐趣。虽然财力有限,但只要有可能,他就去参加郊游、"大学生酒会"和其他社交活动。他演奏乐器(他会一点儿小提琴)并和一些异性朋友有短暂的亲密交往。

1895年8月,威廉结束了首次神学职业资格考试,并于11月份被授予斯图加特修道院所属教堂(主教堂)的牧师职位。接着,他去乡村教区承担了两个代理牧师的工作。1896年初他在符腾堡战时后备军中做了短暂的替代性服役,另外还担任了代理牧师的职位。威廉勉强接受了教会的工作。

与克里斯朵夫·布鲁姆哈特相遇

1897年1月,符腾堡教会监理会(das württembergische Konsistorium)将他派往鲍尔(Boll)村,去接替患病的牧师特奥菲尔·布鲁姆哈特(Theophil Blumhardt)的工作。因为当时在牧师的家中住着尚未成婚的女儿,所以年轻的助理牧师就在附

② 萨洛莫·威廉(Salome Wilhelm)主编,1956年出版,W. F. 奥托(W. F. Otto)为此书写了前言(关于卫礼贤的遗孀所编纂的这部传记的问题请参照本文注释⑫——译者注)。

③ Albrecht Benjamin Ritschl,1822—1889,德国基督教新教神学家,曾先后担任过波恩大学和哥廷根大学教授。里氏早年曾将黑格尔的哲学观点和方法应用于基督教问题的研究,并因此取得巨大成就。后来他主张应使德国神学摆脱形而上学和神秘主义的争论。并进而认为,人们对耶稣神性问题进行讨论的目的,在于使基督的"启示价值"向信仰他的社团做出表达。——译者注

近的疗养大楼巴特·鲍尔(Bad Boll)找了一间房。特奥菲尔的弟弟,克里斯朵夫·布鲁姆哈特(Christoph Blumhardt)牧师也在那里工作,他是威廉的正式上司。

布鲁姆哈特兄弟出生于施瓦本(Schwaben)一个虔信新教的手工业者家庭。他们的一个叔祖父曾经是一个神学家。他们的父亲,老布鲁姆哈特也是个牧师。由于他能够治愈一种名叫“疯魔症”(“Besessenen”)的疾病,因此,那些在精神上饱受痛苦的人们纷至沓来。1852 年,他从王室购买了硫磺疗养浴场鲍尔,并取得了在那里履行牧师职责的资格。他将这个小小的宫殿改造成了一个治疗中心和礼拜堂。1880 年去世之后,他的小儿子克里斯朵夫·布鲁姆哈特接替了他的职位。开始,他非常忠实于教会,但从 1894 年起他就按照“基督教的直接教义”另辟蹊径。1899 年他加入了德国社会民主党(SPD),并成了它在符腾堡州议会的代表。为此,他不得不放弃了他的牧师头衔。

布鲁姆哈特广受群众的欢迎,绝不在于他受到教会监理会的严格控制。相反,那些体弱多病的以及寻求人生意义的人们从世界各地和各个社会阶层涌向巴特·鲍尔,他们在这位具有独特魅力的牧师那里得到了医治,找到了安慰。

助理牧师威廉也狂热地崇拜着布鲁姆哈特。他对教会的反感终于在这里得到了印证,他重新找到了自己的信仰。他从布鲁姆哈特的工作中“亲眼看到有些事情原来就在邻近上帝的天国里发生”(里夏德·威廉 1897 年 2 月 6 日写给他妹妹的信,见 SNRW)。从中可以看出,他已经有了“传教”的念头。传教工作主要源于 18 世纪和 19 世纪初期虔信派(Pietismus)的天国—上帝神学。

在巴特·鲍尔,这位年轻人还感受着社交的魅力,他学打网球,学法语,参加业余文艺演出以及类似的、令人感到愉悦的活动。他同布鲁姆哈特的女儿萨洛莫(Salome,昵称“莫”Me,1879—1958)交上了朋友。然而,当他提出求婚时,却被她的父亲拒绝了。威廉没有拂逆,他因此获得了布鲁姆哈特的好感。

为传教工作做准备

1898 年秋季,特奥菲尔·布鲁姆哈特重新回到了他的牧师岗位。助理牧师威廉则被派往施瓦本地区的一个小城市。在那里,他发现自己再次被束缚在枯燥乏味的教堂事务中。因此,当从一份教会报纸中得知,教会方面正在为德国新的“保护区”胶州寻找一位牧师和传教士时,他发现,这不仅是一个摆脱失恋痛苦、逃脱在官方教会中令他感到恐惧的未来的机会,同时,在中国的民众中自由地为上帝天国争取信徒也是他的使命。另外一个原因是,他发现这个广告是由同善会(AepMV)④发布的,布

④ 1929 年起改名为“德国东亚传教协会”(Deutsche Ostasien-Mission,简称 DOAM)。有关卫礼贤的传教工作请参照“德国东亚传教协会”的重要文件。

鲁姆哈特与之保持着密切的联系。

同善会于1884年由具有自由思想的新教徒在魏玛建立[⑤],它主张首先在东亚的文明古国中传播一种“非教条主义的基督教伦理”。它建议,结合当地业已存在的“真理要素”,倡导当地的宗教和文化研究,并试图通过慈善和文化活动对它产生“间接的”影响。

这符合在中国进行所谓尘世传教的策略。这种传教方式以17世纪天主教耶稣会会士的成功作为自己的榜样。英国和美国的一些宗教团体已经成功地将其付诸实践。这里需要提及的是由上海光学会(Diffusion Society)[⑥]出版的西方科学技术译著以及杂志《万国公报》,它们对晚清的改革家,例如康有为、谭嗣同和梁启超都产生过持久的影响。

传统的基督教新教传教方式——按照欧洲的模式建立教区并为尽可能多的人实施洗礼——由于各种各样的原因,证明是不适合中国的(参见Cohen,1963年、1978年)。

众所周知,中国自鸦片战争以来就是欧洲帝国主义列强追逐的目标,19世纪末以后,日本也加入了这一行列。而1871年统一的德意志帝国,也从19世纪80年代起加紧了殖民扩张,其范围不再局限于非洲和大洋洲。1897年,德意志帝国借口两个德国天主教传教士在山东被中国的激进分子所杀,提出占领垂涎已久的胶州湾。[⑦] 1899年它强迫中国政府签订了声名狼藉的“不平等条约”,租借了这一地区。在胶州湾的南部,迅速建立了一座港口城市青岛。

同善会当时已经在日本和上海开展了工作。它认为,到新的德国保护区去传教,同样是它“神圣的职责”[⑧]。早在1898年,同善会就将花之安(Ernst Faber)[⑨]派到了青岛,现在,它要寻找一位年轻的神学家来协助他的工作。

威廉申请了这个职位,他被邀请去柏林布道,并于1899年1月11日被同善会的主席选中。他首先要到英国去学习英语并熟悉传教工作,英语在当时已经是世

---

⑤ 当时也称作“魏玛传教机构”(Weimarer Mission)。它的首任主席是瑞士牧师布斯(Buss)。协会的办事处设在柏林。中国的学者有时将它和“柏林布道团”(Berliner Missionsgesellschaft)或是“瑞士巴塞尔传教机构”(Schweizer Basler Mission)相混淆,也就不足为怪了。19世纪末众多的新教传教机构,甚至也把欧洲的历史学家弄糊涂了。

⑥ “Society for the Diffusion of Christian and General Knowledge among the Chinese”,光学会。

⑦ 地理学家李希霍芬(F. v. Richthofen)在山东发现了煤矿资源后,德意志帝国就想把这块地方变成它的太平洋舰队的加煤港口。

⑧ 同善会的德意志民族倾向时常遭到它在瑞士的分支机构的抱怨。

⑨ 1838—1899年,曾将中国的古典作品翻译成德语(其中的一部分请参照参考书目)并将德国的科学文献翻译成汉语。他自1886年就作为同善会的成员在上海工作,是当时重要的汉学家。

界性的语言了。

现在,一切进展得很快。符腾堡的教会监理会准许威廉接受这个新的任务。他回到斯图加特向母亲和妹妹告别,并打点行装。在斯图加特他还见到了自己在巴特·鲍尔的女朋友莫,并向她道别。他们两人都认为这将是诀别。这时,威廉接到了布鲁姆哈特的一份电报,他在电报中最终同意了他俩的结合。1 月 19 日,在斯图加特,他们在家庭范围内举行了订婚仪式。当天晚上,威廉就动身前往英国。他的新娘却只能待在德国,直到他在青岛安顿下来。她利用这一年的等待时间参加了一个护理培训班。

威廉于伦敦住在"外国传教士俱乐部"中。在这里,他遇到了一些英国和美国传教士,他们的教养和学识让他钦佩不已。但他们的沙文主义和教派争执却使他感到很反感。在那里他学习英语和一些基本的汉语词汇。有时,他也去听那些在中国传教的传教士做演讲,他们穿着中式服装,像演员一样登台表演,威廉感到这种做法既可笑又有失尊严(卫礼贤的家信,见:SNRW)。

初到中国

同善会为威廉预定了 1899 年 4 月 4 日从热那亚启程的一艘德国邮船的船票。他途经苏伊士运河、锡兰、新加坡和香港,最后来到了上海,并在那里待了几天。5 月 12 日,他终于到达了青岛。当时,这里还只是一个建筑工地。威廉暂时住在一幢两层的中国式楼房内。他把它称为"中国人的茅舍",并对它的简陋不屑一顾——卫礼贤在最初几年内写给他德国亲友的信中,表露了他对新环境仍然完全采取了欧洲中心主义的态度。

在这座崛起的"欧洲城市",或者更确切地说是"德国青岛",有大片的别墅以及政府、法院和银行大楼,有灯火通明的街道,并建有下水道和自来水管。城市的北部是大鲍岛,这是中国商人居住的区域;东部是一个名叫台东镇的中国小镇;西部是以后的港口台西镇,这是一座"苦力城",即贫民区和疫源地。整个南部的村庄则被全部拆除了,那里的居民被迫迁徙(关于中国民众在德国租借地的情况请参照"参考书目"中 1999 年 Huang 的著作)。这种形式的"种族隔离"甚至遭到了一些德国移民的抗议。但威廉对这种做法不但不加以反对,反而还赞扬这种措施从卫生的角度来说是必需的,并且是可以作为榜样的(卫礼贤:1908 年,第一部分)。

花之安将这位幼稚、年轻的同行引入了中国人的文化和性格领域之中。但 1899 年 9 月,花氏在青岛不幸病逝。威廉也染上了这种具有生命危险的疾病,但在上海哈克曼(Hackmann)[10]牧师的家中得到了康复。他不顾医生的警告于年底返回了青岛,因为他认为,上帝——以及克里斯朵夫·布鲁姆哈特——将他派到了那里。

令威廉感到失望的是,他首先被责成去担任德国教区的牧师,为德国孩子建立一所学校并创建一个海员之家。早在1899年夏天,他就请求同善会再派一位神学家来,以便于他能够专心学习中文,从而致力于“到中国人中间去工作”。1900年4月神学硕士W·许勒(Lic. W. Schüler)牧师到达青岛。

在这座“欧洲城市”的北部,德国殖民当局给在青岛工作的两个新教传教机构——同善会和柏林布道团——拨了一块地(德国殖民者开玩笑地将它称之为“布道山”或是[耶路撒冷的]“锡安圣山”)。在这块地的西半部,威廉为同善会建造了一座可供两家居住的具有欧洲风格的房屋。1900年春可以入住了。

现在,威廉的妻子莫可以启程了。她于1900年5月5日到达上海。5月7日,他们在上海登记结婚,哈克曼为他们在教堂中主持了婚礼。5月12日,他们迁入在青岛的新居,和许勒夫妇住在了一起。

许勒把威廉从宗教事务中解脱了出来,威廉开始深入学习中文。同善会介绍李本庆医生担任他的中文老师和助手,李本庆同时也给莫上中文课。李是一位受过洗礼的基督徒,他师从长老会教徒(Presbyterianer)学习西方医学,并致力于眼科的研究。

义和团运动和高密血案

1900年夏季,在中国华北爆发的义和团运动,将主要矛头指向了外国传教士(他们被看做是殖民帝国主义的帮凶)以及改信基督教的中国人。随着德国公使在北京被害,公使馆被包围,人们担心在青岛也会遭到袭击,因此组建了一支市民武装。但这里却风平浪静。

威廉的计划一度受挫。虽然许勒减轻了他的负担,但日常的琐事还是耗费了他大量的精力。他必须不停地向同善会索要资金。他在巴特·鲍尔的岳父曾给他写来热情洋溢的信[11],称东、西方之间的文化沟通是“向世界传播福音”的初级阶段,但这种理想的实现看起来则是太遥远了。学校和医院开张后在威廉的私人住所内惨淡经营。他不无嫉妒地看着英国和美国传教机构的宽敞设施。虽然布鲁姆哈特建议他借助中国信徒的捐赠来摆脱对同善会的依赖,但在德国说说简单,在中国做起来则很难。

---

⑩ 1864—1935年,奥国著名汉学家。1894—1901年在上海同善会传教。1914—1934年任荷兰阿姆斯特丹大学中文教授,著有多种与中国哲学、佛教有关的著作。——译者注

⑪ 布鲁姆哈特的原信在里希Rich 1958年主编的传记中被删除,卫礼贤遗著中的副本也同样遭到了删节,而卫礼贤致布鲁姆哈特的信则下落不明。

另外，威廉也很快认识到了传统布道方式的阴暗面。极力劝导他人改变信仰，这种急功近利的做法助长了当地的伪君子对宗教的滥用。更为严重的是：一些传教士违背中国的社会和法律结构，将欧洲标准强加给那些改变信仰的人。这就导致了中国的基督徒和他们那些未受洗礼的同胞之间的冲突，从而引发了排外情绪。由此威廉开始怀疑他的使命了。

这时，李本庆在1900年秋季向他求助。他描述道：德国军队在保护区以及周围"安全区"的村庄里进行疯狂的掠夺。早在前一年，一些未开化的农民就武装起来，反对迁移他们的祖坟、开挖渠道，并通过破坏活动来阻挠德国对铁路和矿山的勘测工作，为此，德国殖民长官曾派出了"惩罚远征军"。德国士兵胡乱地向中国贫民开枪。当1900年夏季在高密一带再次出现骚扰迹象时，德国人便猜测这是义和团的宣传鼓动，并命令军队前往镇压。所有的村庄例如沙窝都化为了灰烬。二百多名中国人被打死——有些资料记载是400人——伤者无数（《胶澳志》，第67—68页；施莱克 Schrecker，1971年，第139页）。德国人未损一兵一卒。李问威廉，他是否愿意前往那里调解。

威廉没有任何犹豫。他不顾德国朋友的劝告，在李的陪同下，乘坐小船和骡子——因为铁路还在建设之中——开始了艰难的旅程。沿途，他们还受到了地方官员的热情接待。11月6日，他们到达了目的地。在高密，他们同样受到了地方行政长官的款待。事实上，他确实在村中的长者和德国军队之间进行了调解，并阻止了新的流血冲突的发生。另外，他还协助建立了野战医院。两周后，威廉回青岛做了短暂的停留，他向德国殖民长官汇报了情况，然后带着他那接受过护理培训的妻子重新回到了高密。这样，许多受伤的妇女也能得到照料了。

威廉记述了这些事件。在致同善会的报告中，他用牧师温和并带有调解性质的语气描述了这些事件（ZMR 16:3［第16年第3期］，1901年，第90—92页）。⑫

然而，在另一篇发表在保护区半官方的 *Amtsblatt*（《公报》）上的文章中，他却赞扬德国人的"果敢"行为，并确信中国人已经重新学会了敬畏德国的军事力量。

---

⑫ 引自萨洛莫·威廉，1956年出版，第108—112页。像通常一样，没有出处。这部由威廉的遗孀编纂的书，收录了卫礼贤已发表的和未发表的文章，它有明显的缺陷，即没有引文出处，对简化的引文也没有加以说明，还存在着时间顺序上的矛盾等，另外还有一种圣徒传记的倾向。例如萨洛莫·威廉有关卫礼贤童年和青年时代的章节，主要以卫礼贤所著的《童年的回忆》为基础。但是它却忽略了卫礼贤作为一个"很正常"的男孩子也有调皮的时候，而作为一个普通的中学生，他也要和他的同学们进行交往，在青春期也有常见的性问题。但在萨洛莫·威廉那里，卫礼贤却是一个超凡脱俗的天才。W.F.奥托在他的前言中也完全不加批评地接受了这个形象。尽管如此，作为迄今为止关于卫礼贤的惟一传记，它还是不断地一版再版。同样，关于卫礼贤的日文传记（Nitta 新田，1994）也以此为依据（另外，还对布鲁姆哈特一家进行了夸张的描写）。

这和布鲁姆哈特的警告产生了严重的分歧,因为他在写给威廉的信中用强烈的语气反对帝国主义在中国黩武。

在我看来,这两份报告都值得怀疑。才学了几个月汉语的威廉是否真的有能力和中国农民打交道?在这里,他更多地是作为殖民帝国主义的象征性人物而出现的。旅程开始前,致地方官员的信是李执笔的;和村长的谈话也是由李进行的;是李为受伤者疗伤,后来他得到了莫·威廉的帮助。眼科医生李本庆为高密一位有钱的妇女治好了白内障,因而她决定资助同善会。尽管如此,威廉当时只是顺便提及他的"助手",而将谈判的成果全都归功于自己("我成功地……")。在他1926年所写的回忆录中,完全用第一人称来叙述这件事情的经过,根本没有或只是间接地提到李和他的妻子。

传教工作的蓬勃展开

不管怎么说,威廉在1900—1901年冬天的那次活动还是给他挣足了面子。在高密和其他地方,心存感激的中国人捐赠房屋和资金,使威廉能够在那里为同善会开办诊所和学校。靠着中国人的资助,青岛方面的工作也取得了进展。1900年5月他在租来的房子中为中国男孩子开办的中学——德中神学校,也得以很快搬到了"传教山"的新房子里去了。⑬ 以花之安的名字命名的教会医院也于1905年在附近落成了。

在以后的几年中,威廉致力于传教站的工作。同善会为医院派来了一位德国医生和一名护士。按照计划,"神学校"的中国学生虽然学习德语,并且有一部分的专业课也是用德语来讲授的,但他们却同时从本地的老师那里获取中国传统的教育经典,从而使他们对自己的文化不感到陌生,并有可能通过中国大学的入学考试。学校不强求学生接受基督教。⑭

克里斯朵夫·布鲁姆哈特在威廉身上找到了——起初完全是出于热心——实现他自己传教理想的工具。他不仅频繁地给他的女婿写信,同时还心怀嫉妒地看管着"他的"工作站,只有他觉得合适的人才能到"他的"工作站去工作。1902年,他把他的女儿汉娜和侄子本⑮派到了青岛。1906年他又将他只有17岁的女儿高

---

⑬ 卫礼贤用他自己的名字来命名学校,他把它叫做"礼贤书院"。在我看来,他既没有将此通知同善会,也没有告诉布鲁姆哈特。在他的德文报告中,他始终将其称之为"德中神学校"。

⑭ 以后,卫礼贤总是喜欢将这一计划归功于自己。事实上,它符合同善会的最初纲领,特别是布鲁姆哈特的传教思想。

⑮ 汉娜·布鲁姆哈特在医院工作。1905年以后,她负责这所女子学校。本亚明·布鲁姆哈特是特奥菲尔·布鲁姆哈特的儿子。他在图林根大学学过汉学,接替了高密和沙窝的工作。

特里宾送到威廉家中，帮助他料理家务。他还计划将他的大女儿，一个训练有素的护士，派往青岛，但这个计划没有实现。

1902—1905 年以后，随着中国的变革，妇女的教育具有了现实的意义。1905 年威廉创办了一所三年制的女子小学。1911 年 12 月，即辛亥革命两个月后，他开办了更高级别的女子师范学校。同善会在德国商人和工业家中成功地为它争取到了资金。

日常生活以及与传教会之间的紧张关系

卫礼贤后来声称，他在青岛过着一种"简单的生活"，并和中国人"共同生活在一起"（卫礼贤，1926 年，第 32 页）。这是不切实际的说法。他和莫的日记（SNRW）以及其他一些资料表明，他和他的家人在青岛过着一种舒适的、完全欧化的生活。他让人在教会的领地上建了一个网球场；在德国订购了具有青春艺术风格的红木家具，为莫订购了三角架钢琴（莫·威廉，无出版年份，第 21 页）。威廉的第一个孩子西格弗里特，于 1901 年出生于青岛，当时的条件还很简陋。当 1902 年 7 月第二个孩子曼弗雷德出生时，那里已经有了德国助产士、自来水和电。另两个儿子赫尔穆特和瓦尔特分别于 1905 年和 1910 年出生。除了中国奶妈外，威廉还给他们聘请了一名英国女家庭教师。后来他们都进入德国政府学校学习。

和其他欧洲的家庭一样，中国人在威廉家里主要是作为佣人出现的。在威廉家中，除了奶妈外，还雇佣了一个中国厨师，以及另外一些伙计和侍从。他们都住在后院的佣人房里。虽然威廉时不时地邀请神学校的老师进餐，但他本人、他的妻子以及妹妹却无一例外地只和欧洲人交往。威廉的确尽力地结交中国名流，但当时人们几乎不把这些人当做是"真正的"中国人看待。另一些传教士，他们虽然受到了布鲁姆哈特和威廉并非毫无理由的指责，但却冒着生命危险，真正深入到了最底层的民众中去⑯。但对这个复杂的问题，本文却只能点到为止。

虽然同善会宣扬一种非教条的传教策略，但它还是要求威廉在他传教的过程中取得通常的成就，尤其是给信徒举行洗礼。在这点上，威廉是一个彻底的"布鲁姆哈特分子"，他坚持间接的传教方式。他辩解说，他绝不会使他学校内的学生丧失成为一名基督徒的信念。但他却把他们送到当时已经形成的中国教会内。同样，他也不希望再设立欧洲管理模式的教区，因为以往的经验证明了中国人信教通常"不是出于内心的信仰，而是[……]为了保护和促进自己的世俗利益[……]。但中国的教会，则从一开始就杜绝了这种危险，因为它现在完全是自力更生的，这不仅仅是在资金方面，而且也表现于领导和组织方面（VM 1909，1，4—7）。

---

⑯ "柏林布道团"的一位传教士的夫人在一次家访中染上了伤寒，并因此而去世。

虽然阿·金德(A. Kind),1900 年至 1915 年同善会的主席,对威廉的做法给予了充分的理解,但他却要承受来自欧洲协会成员的压力。他的继任者吉·维特(J. Witte)完全拒绝了这种意图。双方的不和在日益加重(Gerber,2002 年,第 92—97 页)。贫困交加的协会试图控制威廉的开支,但威廉却抱怨对方不信任他。鉴于他奢侈浪费的生活方式,我倒认为协会的想法是可以理解的。

文化活动

威廉很早就开始将他和他的老师共同研读过的古汉语文章翻译成德文。同善会一向资助这种有益于文化交流的文学活动。1902 年,威廉在上海的一本德文画报上发表了他的第一篇译作——《三字经》。1903 年起,他在《传教学和宗教学杂志》、青岛的一种日报⑰的文艺副刊以及其他地方发表了各种古汉语文献的译文。在和学生一起到附近的崂山郊游时,他听到了当地寺庙中的和尚讲述了许多传说故事,后来他在青岛出版了这些传说故事(R. W. ,1913 年)。其中一部分被收录在他的中国童话集中(R. W. ,1914 年)。

在青岛一位要好的民事官员单维廉(W. Schrameier)⑱的提议下,威廉于 1904 年产生了将中国最重要的古典作品翻译成德文并发表的想法。因为当时在法国和英国已经有了这些作品的标准翻译,所以该项目将主要以德中文化交流为目的。同时,他和另外两个德国人计划在北京成立的德中文化研究所(Deutsch-chinesisches Kulturinstitut)也将服务于巩固“德意志文化”,并打算用李希霍芬(Richthofen,见注释⑦)的名字来命名这个研究所。只是 1914 年战争的爆发才阻碍了这一计划的实施(参照 Kreisler,1989 年,第 180 页)。

事实上,威廉绝不会有德皇威廉二世时代的沙文主义思想。那么是什么原因促使他致力于这项带有德意志民族色彩的计划呢?在我看来,他的动机主要在于由自卑感而产生的个人虚荣心。

从青年时代起,威廉就为自己卑微的出身而感到羞愧。在青岛,他期待着自己作为牧师能得到一个令人尊敬的地位。但在这个海边殖民地,军人和官员,或许还有商人起着领导作用,而传教士则遭到人们的讥笑。关于这点,威廉的儿子曼弗雷德在学校有切肤之痛(曼弗雷德·威廉,没有注明日期,第 25 页)。因此,威廉希望能够在社会上赢得威望。他与人合作创建文化协会,在“德国殖民协会”作报

---

⑰ 《论语》的第一稿(见 R. W. ,1910[1914])于 1904 年发表在 *Die Welt des Ostens*(《东方世界》)的续篇上,它是青岛出版的报纸 *Deutsch-Asiatische Warte*(《德国—亚洲瞭望》)的副刊。

⑱ 1859—1926 年,德国领事馆。1897 年德国占领胶州后任翻译,后为土地局督办,直到 1914 年胶州被日本占领。

告，筹备音乐会、展览和戏剧晚会，想方设法地和殖民地的领导人建立联系。

此外，在1904年至1914年之间，他于青岛和上海出版的德文报纸和杂志上发表了许多文章。在这些文章中，他评论中国的时事（在此期间，他作为君主政体的拥护者，把追随孙中山的革命者骂成土匪），介绍古汉语作品，描写中国的风俗习惯。有些文章已经显现出他有美化中国情况的倾向，他的这种做法受到了在青岛的德国人的批评（正如以后遭到德国汉学家的批评那样）。

那么他是如何使自己"亲善中国人"的举动和致力于以上提到的德意志计划的行为相协调呢？他又是怎样协调自己对中国君主政体的好感以及稍后表现出来的对具有建立共和政体思想的改革者的热情呢？威廉的态度摇摆不定——可以说是非常狡猾：他往往见风使舵。无疑，他是从个人的虚荣心出发来适应时代的趋势。尽管如此，将卫礼贤看做是一个"投机者"却未免恰当。正如他自己在将近50岁时所承认的那样，他不是一个理性主义者（KE，第1页），不是一个现代型的知识分子，而是一个受感情左右的人，此外还是一个虔信宗教的人。下面我还要接着谈这个问题。

放弃传教工作和荣誉

威廉内心里与教会的距离越来越大——正如前面所说的那样并不是单纯出于神学方面的原因。他试图挣脱"传教士角色的束缚"（Gerber，2002年，第488页，注释44）。因此，他在济南国立大学申请了一个教授职位，这样他就有可能成为一名中国的官员。但是，济南大学并没有录用他，而是聘请了一位美国人。1906年他表示欢迎普鲁士海事局关于接管同善会下属学校的计划，这同样意味着他可以脱离教会组织而担任普鲁士的国家公职，因为人们打算让他担任校长的职位。当他于1907—1908年第一次回国休假的时候，他在柏林参加了相应的谈判。但是国会不能提供足够的资金，所以一切无从谈起。1908年5月，他重返青岛，无可奈何地重新开始了他的传教工作。

1911年青岛成立了一所德中高等学校。威廉再次希望在那里得到一个职位，但仍是徒劳无获，因为德国的高等院校管理机构不愿意和教会之间发生任何关系。同时，他想建一个隶属于高等院校的翻译机构的计划也搁浅了。当1914年这个计划将要实施之际，却太晚了：战争爆发了。德国在中国的所有文化活动都暂时停止了。

在此之前，威廉得到了两项荣誉。1906年，中华帝国授予他"道台"的头衔。某些记载给人造成这样的一种印象，似乎这是为了表彰他在高密血案中所作出的贡献。但事实并非如此。威廉是因为他在"德中神学校"所做的文化工作而受到了表彰。在招致清政府灭顶之灾的义和团运动以后，清政府定期地授予外国的知名人士这样的荣誉奖章,并且不再局限于教育领域。在1906年的奖章获得者中也有殖民地的官员,威廉的名字绝对不在最前面。

1911年耶拿大学授予威廉神学荣誉博士的称号。这项荣誉也不是独一无二的。萨克森－魏玛的大公从同善会成立后就是它的"名誉主席"。一些协会的传教士,例如花之安以及在日本工作的斯彬纳(W. Spinner),也已经得到了耶拿大学的这个荣誉称号。

"青岛的遗老"和作为翻译家的最初成就

在1911年10月的革命进程中,被推翻的清王朝的王公以及效忠于朝廷的显贵们纷纷逃往外国租界,其中包括青岛。威廉同其中一些顽固保守,但又很有学问的人结交(R. W.,1926年,第11章:"Die Alten in Tsingtau"(青岛的遗老)和第12章:"Der Prinz"(王孙),第159—194页)。1913年至1914年冬,他和他们一同建立了一个尊崇孔子的研究学会——尊孔文社。为了文社聚会和修建图书馆,他贡献了自己的网球场,让人在那里造了一个亭子。他的花园完全采用了中国的风格布局,带有荷花塘和月亮门。作为惟一的外国人,他定期参加研究会的聚会并参与了一份中国杂志的出版项目,这本杂志除了发表介绍儒学的文章外,还介绍欧洲的宗教和哲学思想。

有一位名叫劳乃宣的"遗老",是前清的高官、古文学家和文字改革者。在以后的几年中,威廉同他一起研究古书《易经》以及另外一些儒教和道教的著作。

威廉谋求官职的努力失败后,他从传教工作中"解脱"出来的愿望却在文学领域中得到了实现。通过他在德国的朋友的推荐,奥伊根·迪德里希斯(Eugen Diederichs)出版社对威廉的译著产生了兴趣。这家在耶拿的出版社于当时的德语文学界属于最著名的出版社。

迪德里希斯准备把威廉翻译的孔子的《论语》收入"各民族的宗教之声"丛书里。因此,他于1909年2月写信到青岛给威廉。7月,威廉将他的手稿寄往耶拿。这本书于1910年(R. W.,1910年)出版并取得了成功,其中赫尔曼·黑塞(Hermann Hesse)对作品给予了称赞性的评价(Hesse,1910年)。

一部分有教养的、自由的德国资产阶级将19世纪后期的实证主义、"技术的原罪"(Reichwein,1923年,第11页)以及威廉二世时期的极端物质主义和军国主义看做是冷漠的和反文化的。为了寻找"生活的意义"和"丰富的精神生活",他们逃到了非理性主义中去——在时间和地理上都远离了现实。在这场文化危机中,中国古代"智者之书"的出版击中了要害。

迪德里希斯决定出版威廉的其他译著,并将它们汇编成一部十册的丛书"中国的宗教和哲学"。到第一次世界大战爆发前,这部丛书已经出版了三本新书

(《老子》、《列子》和《庄子》),一本重新修订的《论语》以及不属于这个系列的《中国的民间童话》。在战争期间还出版了《孟子》(所有书目参见"原始文献和参考资料"部分)。

这些出版物使威廉在德国读者范围内名声大振。虽然同善会还将这些作品看做是"我们的文学工作"(参照相关年代出版的 ZMR),但威廉早在 1911 年就被德国的旅行作家阿尔冯斯·帕盖特(A. Paquet)冠以"汉学家"的称号。阿尔冯斯·帕盖特曾于 1910 年在青岛拜访过威廉(Paquet,1911 年,第 14 章)。1912 年 3 月底,沙龙哲学家赫尔曼·格拉夫·凯瑟琳(H. Graf Keyserling)在做环球旅行时也同威廉见了面(Keyserling,1923 年,第二册,特别是第 463—483 页)。在这之前,宗教学家和自由的神学家鲁道夫·奥托(R. Otto),[19]哈克曼的知己,就曾到青岛威廉家中做过客,并和他成了朋友。今天,这三个人物早已被人忘记,但在当时以及战争时期,他们却属于德语文学界的知名人士。总之,威廉做到了这一点:他被人看做是汉学家,而不是传教士。

但是,家庭的情况(他要抚养一个六口之家)却迫使他在这期间继续坚持同善会的工作。同时,自 1900 年以后蓬勃发展的"他的"传教工程在此期间重新停滞不前,这让他感到并不轻松。高密的学校因为缺乏新的生源而被迫停止工作。1911—1912 年辛亥革命前后的几个月内,在青岛"德中神学校"的学生中发生了骚乱,师范学校的女生也举行了罢课。如前面所说的那样,他和同善会的理事会之间也存在着冲突。另外,他和柏林传教机构中的基督教同行之间的意见分歧也没有消除。

世界大战和返回德国

第一次世界大战爆发后,青岛被英国和日本军队所包围。大多数的德国平民离开了这块殖民地。莫·威廉也带着她的四个儿子,先是逃到了北京,后来又辗转到了上海。威廉留了下来。在 1914 年 11 月青岛"沦陷"后,他再次承担起了牧师的职责,关照留下来的大约 200 名德国人,主要是妇女和儿童。他没有参加战斗(可能是由于年龄的关系),所以没有成为日本军队的俘虏。他通过和日本军事管理当局进行交涉,得以在以后的几年里与红十字会合作,照看中国的难民,甚至继续开办他的神学校。1919 年以后,德国的这块殖民地大体上解散了。莫带着孩子们在青岛和威廉短暂相见后返回了德国,搬入了他妹妹海伦妮在斯图加特的住处。1920 年夏天,威廉也离开了中国。

一开始他在德国没有工作,但他的朋友,特别是鲁道夫·奥托尽力帮助他。他

---

⑲ 和 W. F. 奥托没有亲属关系。鲁道夫·奥托的著作《论神圣》(*Das Heilige*)使他名声大振,并使其影响超出了神学界的范围。(Otto,1917 年)

一如既往地为同善会工作，无数次迫不得已地到福音派教区中去作传教报告。同时，这位因翻译工作而成名的人物受到了整个德语界文化和教育协会的邀请，在维也纳的“乌拉尼娅”（Urania），⑳在布拉格（当时在那里有一个大的德语区），在柏林、汉堡等地作报告。1921年秋季，他还在苏黎士的心理学俱乐部作了关于《易经》的专题报告。1920至1921年，他几乎都在旅途之中。

格拉夫·凯瑟琳在俄国革命中丧失了他在拉脱维亚的财产，后来通过出版商赖希（Reichl）的介绍，他得到了黑森州大公的帮助，从而找到了新的立足点（Gahlings，1996年，第120—123页）。在达姆施塔特（Darmstadt），他创立了自由哲学协会（“智慧派”）㉑，宣扬定义模糊的普世主义的文化批评观点。1920年11月，他邀请卫礼贤参加了开幕式会议，并作了报告。

威廉同凯瑟琳的交往，为他（威廉）日后成为大学教授奠定了基础。另外，迪德里希斯出版社出版了他翻译的中国古代诗歌，他很冒昧地仿照歌德的作品来命名该诗集（R. W.，1922年）。这部诗歌集和其他的翻译作品以及出版物都得到了赫尔曼·黑塞的好评（Hesse，1975年；Hsia，1981年）。

但威廉还是希望能够回到中国。他说服同善会对他在北京成立“东方学社”的计划感兴趣。他已经找到了这个项目的中方资助人。该研究所不再像以前的“李希霍芬研究所”那样具有浓厚的德意志民族色彩，而是致力于国际间的文化交流。

德国驻北京公使馆官员，“东方学社”，北京大学

1921年底，柏林外交部任命威廉为德国驻北京公使馆科学参赞。他原定于1922年初，“携带家眷”从的里亚斯特（Triest）出发（BA，R9208/1652号，1921年11月24日）。事实上，威廉是于1月5日独自上路的。他的婚姻陷入了危机。对外他们借口说，因为儿子们的教育问题，莫留在了斯图加特。

威廉在德国公使馆的工作使他走遍了中国，也使他与“新文化运动”的领袖知识分子，如蔡元培和胡适建立了联系。通过蔡的介绍，北大和其他一些大学邀请他作关于德国文学和哲学的学术报告。1922年10月，威廉作为德国公使馆的代表在上海欢迎生物学家和哲学家杜里舒（H. Driesch）并陪同他前往南京。杜氏是应张君劢及他的“讲学社”的邀请到南京讲学的㉒。现在，威廉开始称赞“少年中国”

---

⑳ 此名原系古希腊神话中女神阿佛洛狄忒（Aphrodite）的别名。——译者注

㉑ 根据泰戈尔（R. Tagore）的学派来命名。凯瑟琳在环球旅行途中，在加尔各答认识了泰氏并于1921年邀请他到达姆施塔特。

㉒ 张在耶拿师从奥伊肯（R. Eucken）学习并受他的活力论（Vitalismus）的影响。1923年2月，张在清华大学所做的报告引发了关于科学和神学的讨论——“科学和神学观”。

现代的、进步的精神了。

在“东方学社”(R. W.,1921年)的支持者中,有属于温和改革派的知识分子,例如康有为和梁启超。它的创建成员中,有著名的学者王国维、罗振玉和沈兼士以及大名鼎鼎的辜鸿铭。早在1910年,辜氏就通过阿尔冯斯·帕盖特的介绍认识了威廉㉓(Paquet,1911年)。正如前面所讲过的那样,“东方学社”的计划全都涉及到了中西方之间的科学、文化和宗教交流。除了在北京举办学术报告外,东方学社还在亚洲和欧洲的报刊上发表文章,致力于消除双方的偏见。当然,学社最终还是将重点放在了维护旧中国特别是孔子的价值体系上,它抵御像傅斯年或陈独秀那样反对旧风俗习惯的年轻人,因为他们在五四运动期间宣扬抛弃这些传统习惯,提倡中国完全西化。

学社的学术报告引来了众多的听众。1922年底,德国学汉学的大学生和中国在德国的留学生可以从学社的收益中得到资助。在充满希望的开始之后,学社很快就不景气了,“无疑,这是由于资金方面的原因”,因为德国的官方机构并不支持这一项目(Kreissler,1989年,第184页)。由威廉计划的“北京救济中国在德国的留学生协会”的情况也是如此。无论如何,这些计划表明了威廉早在他逗留法兰克福之前,就积极地致力于中德间的文化交流。从1923年10月起,他在为公使馆工作的同时,还抽出时间到北京大学(用德语)、北京师范大学和女子大学(有时用英语,有时用汉语)开设讲座。此外,他每周还在家中为中国学生上课,参加道教学社和其他协会的聚会,定期为在北京的德国人举办有关中国文化、社会和时事的报告晚会(后来,他还以《北京的夜晚》为名,自费出版了他自己的报告)。

由于经济危机,德国于1923年精简外交人员。没有外交官正式职位的威廉也于11月被解雇了。但此时,他已经签订了一年的合同,在由蔡元培重组的北大德语系担任讲师,所以他留在了北京。

法兰克福的汉学家

其间,威廉在德国的朋友们也并未袖手旁观。特别是鲁道夫·奥托,他此时是玛尔堡(Marburg)大学的教授;一直在努力为他的朋友争取一个教授的职位,例如在神学系担任传教学的教授,但威廉并没有对此表现出很大的热情,这是意料之中的事情。当弗兰肯－西尔斯多普(Siersdorpff)夫人——她来自凯瑟琳的“智慧学派”,是奥托和威廉的共同朋友——表示愿意在法兰克福大学为威廉设立一个教

㉓ 辜氏乃华侨,曾在欧洲学习过,并掌握了多门欧洲语言。他当过张之洞的秘书。1911年以后,他作为君主政体的拥护者和西方思想的影响作论战。中国的学者并不看重他,但在德国文化界,有一段时间他却很受欢迎。

授汉学的职务，并为此捐赠外汇（美金）时，威廉则表现出了较大的兴趣。[24] 因为当时的德国通货膨胀，因此这对于资金困难的法兰克福大学哲学系来说，无疑是个好消息。为了让威廉在形式上符合被聘用的条件，法兰克福大学毫不犹豫地在1922年授予了他荣誉博士的称号（证书却直到1924年才交给了他在斯图加特的妻子）。但他还必须等待位于柏林的普鲁士文化部的一份必要的证明。但文件（法兰克福大学，哲学系系主任第134条）表明，在由一名德国汉学家（未署名）向文化部递交的鉴定中，曾对威廉作为一个大学的汉学家，也就是当时所说的语文学家的能力提出了怀疑。

威廉在北京未必能够知道这件事。但他还是犹豫不决，他主要对"大学任教委任"不满，他希望得到的是一个教授职位。1924年夏天，他差一点就要和北大继续签订一年的合同了。但是最后还是从法兰克福，或者说得更确切一些是从柏林传来了他所希望的承诺。威廉怀着沉重的心情离开了北京。他再次来到了青岛，在那里他遇见了康有为并重温和"遗老"们的友情，并表达了将来继续合作的希望。最后，他经上海、福州和香港返回德国。

在法兰克福，他以极大的热情投入新的工作。他和莫和好了，所以，他的家也从斯图加特搬到了法兰克福。1925年秋季，他成立了法兰克福中国学院（das Frankfurter China-Institut）——无疑，这是他毕生事业的一个巅峰（见下文）。

威廉翻译的另外一些儒家经典著作：《大学》、《中庸》、《家语》和《礼记》也于1920年和1930年刊登在杂志上，并于1961年由迁往西德的迪德里希斯出版社出版了（见下面的参考书目）。在战争时期，位于耶拿的迪德里希斯出版社还出版了他翻译的《易经》和《吕氏春秋》（R. W.，1928年）。另外，在卫礼贤留下的稿件中还有少量至今没有出版的、由他翻译的中国古典作品的手稿。

中国热

威廉的译著和其他致力于德中文化交流的努力在德语国家中引起了巨大的反响。正如我在上文所提到的那样，这些国家在1900年以后发生了文化危机。感伤主义者抛弃了他们自己"日益堕落"的西方文化，转而专致于研究"东方的思想"，即来自俄国（陀思妥耶夫斯基、托尔斯泰）、印度和东亚的形而上学思想。第一次世界大战后，这种危机得到进一步的加深。这里，我们不可能仔细研究它完整的思想史，而只能简单地断言，在德国魏玛共和国爆发了一股真正的中国热。这股热潮是很有问题的（后来，威廉自己也尽力远离这股中国热）——如果能用一种更为积

---

[24] 1914年才成立的法兰克福大学原是一所"由基金会创立的大学"，关于它的历史请参照Hammerstein，1989年。

极的方式来观察中国,那么这一倾向会有意义得多。但 1900 年左右的德国对中国的印象完全受一种顽固不化的帝国主义政策的消极影响,而这一政策则是威廉二世在他的声名狼藉的"匈奴演说"("Hunnenrede")中所宣布的(Sösemann,1976年;Gollwitzer,1961 年)。

首先是《道德经》——这里不仅是指威廉的译本——导致了思想界的一股中国热。早在 1920 年,赫尔曼·黑塞就指出:"老子的智慧完全不同于我们以往反复研究过的印度的'出世'哲学,它像耶稣的教义一样质朴而浅显易懂。"(Hesse,1975 年,第 29 页)1926 年,黑塞写道:"中国哲学家老子,在以往的两千年内并不为欧洲所知,但在过去的 15 年内却被翻译成了所有的欧洲语言,他的《道德经》也成了一本时髦书。"(Hesse,1975 年,第 27 页)另一些人则警告说:"这一极其肤浅的思想将改变东、西文化间的力量对比",但"不容忽视的是这一著作的力量。长期以来,它只在极小的范围内传播,并只得到少数人的青睐,但今天,它却感动了更多的思想动荡不安的人。抑或这股'亚洲潮'只是表明了西方自身的退化?[……]或者它确实已经涉及到了整个西方思想界的一次重大转变的开始,这将由这个世纪来决定。无论如何,[自 18 世纪以来]在欧洲的历史上已经出现了两次玄学热"(Reichwein,1923 年,第 8—9 页)。特别是《道德经》迎合了欧洲人对内心生活的追求,它成了"通往东方"的一座桥梁:"本世纪以来,这本小册子在德国被翻译了不下八次。如果那些只知道批评翻译中语言缺陷的汉学家,例如福兰格(Otto Franke),对这一事实感到愤怒的话,那就真的会令人感到有些惊奇了。"(Reichwein,1923 年)

《易经》

威廉最大的成就无疑是他花费了将近十年的时间所翻译的《易经》(R. W.,1924 年)。这部译著确立了他在德语界的声望,并使他死后在国际上名声大振,虽然这是第二次世界大战以后的事情了(参看下文)。赫尔曼·黑塞再次兴奋地评论了这本译著。

除了《道德经》之外,没有一本中国古典作品像威廉翻译的《易经》那样,迎合了魏玛共和国有教养的德语阶层的中国热。威廉应邀参加了贵族和中产阶级举办的沙龙,例如他去拜访凯瑟琳伯爵和伯爵的靠山——黑森州的大公爵以及他的秘书哈登堡(Hardenberg)伯爵、西尔斯多普伯爵夫人、菲特海姆(H. H. von Veltheim)男爵和一些狂热的企业家夫人,以及同样具有举足轻重地位的荣格(C. G. Jung)和他的夫人,威廉根据《易经》并借助欧蓍草杆为这些人预卜命运。无疑,威廉取得了社会地位,但他极其严肃地对待这件事情:大约是新年的时候,他也根据《易经》为自己和家人占卜问卦。

早在威廉生前,荣格的学生,美国人贝纳斯(Cary F. Baynes)就已经将他的《易经》译本翻译成了英文。但它的出版却由于威廉的过早去世、德国纳粹统治的开始(1933年)以及第二次世界大战而推迟了。直到1950年,确切地说是1951年,它才在美国和英国出版,荣格为此书写了前言(R. W.,1950年)。1950年,这部带有荣格前言的作品又被翻译成了荷兰语和意大利语出版,1968年被翻译成了法语,1969年被翻译成了(墨西哥)西班牙语,1956年被翻译成了葡萄牙语出版(R. W.,1975年,第9页)。

时至今日,《易经》的英文译本已再版了无数次,1967年以后,还加上了卫德明(赫尔穆特·威廉)——卫礼贤的第三个儿子,华盛顿西雅图大学的汉学家——写的前言。20世纪70年代它成了美国嬉皮士运动的神书,从而成为新的、来自远东的玄学热的对象,并一直持续到今天,在欧洲情况也是如此。但正如卫礼贤时代的"儒教"中国那样,它和真实的中国之间并没有多大的联系。

汉学专家的批评

事实上,大多数德语国家的汉学专家对这股中国热都持怀疑的态度。在这些典型的德国大学教授看来,任何一种流行的趋势都是值得怀疑的。早在1911年,赫尔曼·黑塞在一篇关于卫礼贤早期翻译作品的评论中就指出:"有时我抱怨,我们从我们大学的东方学者的工作中,很少能看到什么研究成果。现在终于有了一些成果,我们只是希望它们能够起到应有的作用并能够继续扩大。"(Hesse,1975年,第27页)

正如上面所引用的赖欣闻(Reichwein)的文章中所说的那样,黑塞这样做却是帮了威廉的倒忙。因为正是威廉译著的广为流传,才招致了这些汉学专家的批评(关于这点,请参考当时对威廉著作的评论分析,Leutner,2003年)。无疑,嫉妒在这里起了作用。他们对威廉在翻译中国古典作品时所使用的非学术性的语言表示不满。这种具有新的浪漫色彩的、模仿新教《圣经》翻译和歌德的德语,正是为新时代的作家例如黑塞和广大的读者群所喜爱的语言。荣格写道:"在欧洲喧嚣的不和谐的意见中[……],能够听到中国的使者威廉的朴素语言,实在是一种享受[……],它深受质朴的中国精神的影响,善于用朴素的语言来表达深刻的道理[……]。"(C. G.. Jung,1971年,第14章)至于中国现代的知识分子是否具备这种特性,本文在此暂不做讨论。

有些汉学家甚至怀疑威廉的汉语水平,因为他的译著在初版时缺乏进行科学研究的参考资料。这是不公正的,威廉在他的翻译底稿中绝对附上了评论性的注解,但是迪德里希斯出版社为了使出版物能够迎合公众的口味,将之删除了。为了让出版社能够采用这些注释,威廉和他们进行了激烈的斗争(卫礼贤和迪德里希斯出版社之间的书信往来,见 SNRW)。在以后的版本中得以保留了其中的一部分注释。

如果需要[对上述怀疑]提出一个反证,那么《易经》和《吕氏春秋》的翻译就是很好的例子,因为前者提供了对当时并不为欧洲所熟知的《易经》的解释,而后者则首次将一部重要的中国著作翻译成了西方语言。对此,[法国]当时最著名的汉学家伯希和(Paul Pelliot)曾发表详细的评论,对此加以高度评价(Bauer,1973年,第31页)。

中国学院

威廉在法兰克福只生活了五年多,但在这里,作为中国学院的带头人和大学汉学系的教授,却达到了他一生中事业的最高峰。由于他是个病人,因此他在生命的最后几年,能在工作中取得如此巨大的成就,令人感到惊奇。

正如前面所说的那样,威廉的大学任教委任是由在正式场合以无名捐赠人的身份出现的弗兰肯-西尔斯多普伯爵夫人资助的,并于1924年6月23日得到了普鲁士文化部的批准。威廉受聘于法兰克福大学哲学系"以讲座和练习课的形式教授中国国情和中国研究"(法兰克福歌德大学,校长文件,Abt. 1:51,fol. 1)。1924年11月,他如约从讲师提升为名誉教授(上述文件的fol. 2),1927年4月成为正式教授(上述文件的fol. 3)。

隶属于法兰克福大学的中国学院于1925年11月14日至15日举行了开幕典礼。除学院主席帕萨瓦(H. v. Passavant)以及学院领导卫礼贤外,外交部、普鲁士文化部、法兰克福市(市长)、大学以及中国驻柏林公使馆(Wei Sunzhou)和赞助新学院的各个团体(其中有科隆东亚博物馆、人类学协会和汉堡东亚协会)㉕的代表都在开幕式上致了辞(R. W.,1925年,第5页;MchI I:1[1926],1—2)。

当时学院的董事会由50人组成,他们都是有名望的贵族和中产阶级人士,他们来自政治(高级政府部门官员、公使馆和使馆官员)、经济(银行董事长等)和文化领域,其中当然有资助人西尔斯多普伯爵夫人、凯瑟琳和哈登堡伯爵和出版商奥伊根·迪德里希斯以及那些当时很有名气,但现在却不为人所知的战争时期的学者和文学家,当然还有一些知名人士,他们直到今天还声名远扬,例如作家豪普特曼(Gerhart Hauptmann)、霍夫曼斯塔尔(Hugo von Hoffmannsthal)和哲学家舍勒(Max Scheler)。董事会里还有两个中国人,即公使 Wei Sunzhou 和威廉的朋友,来自北京议会的蔡元培(MchI I:1[1926],14—15)。

蔡元培曾不遗余力地为中国学院筹集来自中国方面的官方和私人捐款,并取

㉕ 协会过去和现在都代表德国在东亚的经济利益(Eberstein,2000年)。

得了成效。威廉将他翻译的《易经》的第一版赠送给了蔡并在1925年为蔡争取一个荣誉博士的头衔，但遭到了德国方面的拒绝。例如福兰格就断然否定了威廉的计划，他把蔡（曾主张中国在第一次世界大战中加入盟军一方）称作是"极端主义的思想家和头脑糊涂的人"㉖。

威廉在中国学院和法兰克福大学的职位上差不多工作到了生命的最后一息。他是中国学院期刊 *Chinesische Blätter*（从1927年起改名为 *Sinica*）、*Chinesisch-deutscher Almanach*（《中德年鉴》）以及学院的 *Mitteilungen*（MchI）的发行人。他（和博物馆合作）筹备有关中国书籍、中国文学和中国绘画的展览。他组织中国音乐和戏剧的演出，还经常不顾医生的建议，继续做无数的学术报告，并且不仅是在整个德语国家，而且还于1928年到了牛津（但他不得不回绝了去巴黎的邀请）。他帮助在慕尼黑成立了中国学院的分院，希望中国学院能够超越"欧洲文化同盟"的局限，发挥世界性的影响。同时，他还在通俗和学术杂志上发表了许多文章，出版了关于中国的专题论著，在此就不能一一列举了。

威廉同中国的学者和欧洲的汉学家之间保持着密切的联系，把他们邀请到法兰克福。例如1926年胡适和伯希和就在中国学院做过学术讲座。一批在那里做过学术报告、资助过学院或是被列入客人名单的社会知名人士，就像当时有教养的阶层那样，远远超出了德语国家的范围。除了这些活动外，威廉还抽时间去关照在德国的中国留学生，陪诗人徐志摩作欧洲之旅。最后但并非最不重要的是，他还履行了教授职责，在法兰克福大学开设了学术讲座和专题研究班，听众除了儿子赫尔穆特（卫德明）外，还有他的朋友魏复古（Karl August Wittfogel）。对后者用马克思的历史唯物主义来分析中国的古代历史，威廉给予了积极的评价。

凯瑟琳伯爵继续邀请威廉到达姆施塔特去参加他的"智慧学派"的会议。1927年，威廉在那里遇到了荣格。荣氏早已了解了《易经》的基本思想，并从中发现了和他自己的理论相类似的东西。1928年，威廉将他翻译的一篇有关冥想方法㉗的道教文章寄给了苏黎士的荣格。荣格从中发现自己1913年以来形成的"集体无意识"的假说得到了印证。这次交往导致他们共同出版了《金华养生秘旨》（*Das Geheimnis der Goldenen Blüte*）（R. W.，1929年）。这本书后来同样被翻译成了英文以及其他语种（其中1997年被翻译成了捷克语）。直到今天，这本书还被流行于欧洲和美国的中国玄学热者奉为神书。

威廉的译著和其他出版物激励了从左到右来自不同的文学和政治流派的德语

㉖ 福兰格1925年9月16日写给卫礼贤的信。傅吾康（W. Franke）的私人收藏，本文作者感谢傅氏慷慨同意使用这份文件。

㉗ 卫礼贤根据1921年北京出版的版本翻译14世纪的作品《长生术》。

作家们，他们在小说、诗歌和戏剧作品中加工处理有关“中国”的主题。这种影响延续到了第二次世界大战，但在这里就不做进一步的描述了。

一种新的传教

在传教界谣传，威廉已经退出了教会。事实并非如此：直到生命的最后一刻，他都是福音派教会的成员。但他已经丧失了对耶稣统治全世界的单纯信念，甚至丧失了对自己人格神的信仰。但他继续从属于同善会。《传教学和宗教学杂志》的传教会也总是将他在1922年至1924年在北京的工作称为“我们”的文化工作。威廉受聘于法兰克福大学后，就成了同善会的荣誉成员。但是在他猛烈抨击传教的回忆录（R. W. ，1926年）发表后，同善会的主席维特就劝他赶在被开除之前，放弃他的荣誉成员头衔，对此威廉非常乐意地接受了。

早在中国时，威廉就已经转向了一种理想的、新的儒教世界观。在青岛的最后几年，即直到1920年，他作为“神学校”的校长，不做基督徒的晨祷告，而是让他的学生像普通中国学校的学生那样，在孔子的像前行敬礼，他不再朗诵《圣经》中的片段，却代之以体现儒教传统的“四书”。

由于篇幅的限制，我在这里不能详细探讨威廉的思想发展，因为这是一个多年循序渐进的过程。在此只能对他的“完成”略加说明，那就是威廉于1927年在“智慧学派”的第四次会议上所做的一个专题报告。他为这个报告加上了一个纲领性的标题“作为尺度和中心的人”（Der Mensch als Maβ und Mitte）。在这个报告中，威廉声明，那个“我们年轻时就被告知的”、人格化的上帝已经死了。人不受上帝的支配，而是作为包罗万象的宇宙结构的一部分，处于“天”地之间。“神”就存在于人的本身——但不在个体之中，而在“灵光闪现的全人类”中，也就是在“人类”的仁[28]当中。简而言之：威廉不是用理性主义或是唯物主义的世界观，而是用另一种形而上学的观点，即儒教来代替他失去的信仰。在岌岌可危的魏玛时期的德国，他甚至将自己理解为这种倾向于和谐的理学的“传教士”，尤其是这一学说已经降临到了德国这块肥沃的土地上。

时至今日，对威廉的成就仍是有争议的。无论当时，还是现在，人们都认为，他将儒教学者以及他自己所经历的中国社会的真实情况简单地理想化了。这种说法可能是对的，但在这里却无法一一举例加以说明了。也许他当时的许多观点和解释经不起今天对中国研究的考验，但他为中欧间文化交流所做的不懈努力以及为中国在德语界树立一个良好形象所做的贡献却是永存的。

㉘ 也翻译成“普遍的人类之爱”，这是理学的核心。

去 世

早在 1922 年,在威廉动身前往中国的途中,就在新加坡染上了一种罕见的热带病。他时常发烧,并越来越虚弱,但法兰克福的医生们却始终找不出病因。直到 1929 年底才被图宾根热带病医院确诊为“口炎性腹泻”——但一切都太晚了。1930 年 3 月 1 日,卫礼贤在那里去世,享年不到 57 岁。他的遗体被运至巴特·鲍尔村,安葬在“巴特公墓”他岳父克里斯朵夫·布鲁姆哈特的旁边,他那于 1958 年去世的夫人萨洛莫也葬于此。

原始文献及参考资料

1. 原始文献及缩略语

AepMV = Allgemein evangelisch-protestantischer Missionsverein (siehe DOAM)(基督新教联合传教会)

BA = Bundesarchiv Berlin(柏林联邦档案局)

DOAM = Deutsche Ostasien-Mission, Zentralarchiv der evangelischen Kirche der Pfalz, Speyer(施佩耶尔德国东亚传教会,法尔茨基督新教中心档案局)

KE = R. W., Kinderheitserinnerungen. Ohne Jahr (ca. 1919-1924). Unveröffentlichtes Typoskript in SNRW(卫礼贤:《童年回忆录》,无年代[约 1919—1924 年]。未出版的卫礼贤遗著中的打印稿)

MChI = *Mitteilungen des China-Instituts zu Frankfurt am Main*(美茵河畔中国学院通讯)

R. W. = Richard Wilhelm(卫礼贤)

SNRW = Schriftlicher Nachlass R. W., Archiv der Bayerischen Akademie der Wissenschaften, München(慕尼黑巴伐利亚科学院档案馆藏的卫礼贤遗著)

UniFfm = Universitätsarchiv der Johann-Wolfgang-Goethe-Universität Frankfurt am Main(美茵河畔法兰克福歌德大学档案馆)

VM = „Vertrauliche Mitteilungen für die Freunde unserer Arbeit“, im Namen des AepMV, hg. und verfasst von R. W., Qingdao 1909-1914(“为我们的教友所提供的秘密通信”,以“基督新教联合传教会”的名义由卫礼贤出版和编辑的刊物,青岛 1909—1914 年)

M. W. o. J. = Manfred Wilhelm, Erinnerungen. Ohne Jahr (ca. 1990). Unveröffentlichtes Typoskript. Mit freundlicher Erlaubnis von Andreas Wilhelm, Köln.(曼弗雷德·威廉,回忆录。无年代[约为 1990 年],未出版,打字稿。对安德烈·威廉[科隆]慷慨允

许我使用其中的材料,本文作者表示感谢)

ZMR = Zeitschrift für Missionskunde und Religionswissenschaft, Organ des AepMV（传教学和宗教学杂志,基督教新教联合传教会机关刊物）

2. 出版物

Bauer, Wolfgang, 1973, „Einleitung" in *Richard Wilhelm, Botschafter zweier Welten*. Düsseldorf/Köln, 6-38.

Cohen, Paul, 1963, *China and Christianity. The missionary movement and the growth of Chinese anti-foreignism, 1860-1870*. Cambridge, Mass.

——, 1978, „Christian missions and their impact to 1900" in J. K. Fairbank, ed., *The Cambridge history of China*, vol. 10. Cambridge et al., 543-590.

Eberstein, Bernd, 2000, *Der Ostasiatische Verein 1900-2000*. Hamburg.

Esposito, Monica, 1998, „The different versions of the, Secret of the Golden Flower' and their relationship with the Longmen School" in *Transactions of the International Conference of Eastern Studies*. Tohô Gakkai 43 (1998), 90-107.

Faber, Ernst, 1875, *A systematical digest of the doctrines of Confucius with an introduction on the authorities upon Confucius and Confucianism*. Hongkong.

——, 1877, Übers. u. Kommentar, *Eine Staatslehre auf ethischer Grundlage oder Lehrbegriff des chinesischen Philosophen Mencius*. [Mengzi] Elberfeld.

——, 1877, Übers. u. Kommentar, *Der Naturalismus bei den alten Chinesen* [...] *oder die sämtlichen Werke des Philosophen Licius*. [Liezi] Elberfeld.

——, 1877, Übers. u. Kommentar, *Die Grundgedanken des alten chinesischen Sozialismus oder die Lehren des Philosophen Mencius*. [Mo Di] Elberfeld.

Gahlings, Ute, 1996, *Hermann Graf Keyserling. Ein Lebensbild*. Darmstadt.

Gerber, Lydia, 2002, *Von Voskamps „heidnischen Treiben" und Wilhelms „höherem China". Die Berichterstattung deutscher protestantischer Missionare aus dem deutschen Pachtgebiet Kiautschou, 1898-1914*. Hamburger Sinologische Schriften 7. Hamburg.

Gollwitzer, Heinz, 1961, *Die Gelbe Gefahr. Geschichte eines Schlagworts. Studien zum imperialistischen Denken*. Göttingen.

Hammerstein, Notker, 1989, *Die Johann Wolfgang Goethe-Universität Frankfurt am Main. Von der Stiftungsuniversität zur staatlichen Hochschule*. Band I „1914 bis 1950". Neuwied/Frankfurt.

Hesse, Hermann, 1910, „Confuzius deutsch" [Rezension von R. W. 1910] in *Die Propyläen* (Beilage der Münchner Zeitung) 7 (1909/10), 637.

——, 1925, *Eine Literaturgeschichte in Rezensionen und Aufsätzen*. Hg. Volker Michels. suhrkamp taschenbuch 252. Frankfurt.

Hsia, Adrian, 1981, *Hermann Hesse und China. Darstellungen, Materialien und Interpretation.* Suhrkamp taschenbuch 673. Frankfurt/M.

Huang Fu-teh 黄福得, 1999, *Qingdao-Chinesen unter deutscher Herrschaft 1897-1914.* edition cathay 47. Bochum.

Jiao'ao zhi, 1928. Reprint Taibei.

Jung, C. G., [1930] 1971, „Zum Gedächtnis Richard Wilhelms" in R. W. [1929] 1971, XI – XXI.

Keyserling, Hermann Graf, [1920] 1923, *Das Reisetagebuch eines Philosophen.* 2 Bände. Darmstadt.

Kreissler, Françoise, 1989, *L'action culturelle allemande en Chine de la fin du XIXe siècle à la Seconde Guerre mondiale.* Paris.

Leutner, Mechthild, 2003, „Kontroversen in der Sinologie: Richard Wilhelms kulturkritische und wissenschaftliche Positionen in der Weimarer Republik" in K. Hirsch, Hg., *Richard Wilhelm, Botschafter zweier Welten*, Frankfurt a. M., 43-84.

Nitta Yoshiyuki 新田義之, 1994, *Richard Wilhelm リシアルト・ヴイルヘルム.* Tokio.

Otto, Rudolf, 1917, *Das Heilige. Über das Irrationale in der Idee des Göttlichen und sein Verhältnis zum Rationalen.* Breslau.

Paquet, Alfons, 1911, „Vorwort" in *Ku Hung-Ming, Chinas Verteidigung gegen europäische Ideen. Kritische Aufsätze.* Hg. A. Paquet. [Übers. R. W.] Jena, I – XIV.

Reichwein, Adolf, 1923, *China und Europa. Geistige und künstlerische Beziehungen im achtzehnten Jahrhundert.* Berlin.

Rich, Arthur, Hg., 1958, *Christoph Blumhardt: Christus in der Welt. Briefe an Richard Wilhelm.* Zürich.

Schrecker, John E., 1971, *Imperialism and Chinese nationalism. Germany in Shantung.* Cambridge, Mass.

Sösemann, Bernd, 1976, „Die sog. Hunnenrede Wilhelms II. Textkritische und interpretatorische Bemerkungen zur Ansprache des Kaisers vom 27. Juli 1900 in Bremerhaven" in *Historische Zetischrift* 222 (1976), 342-358.

Wilhelm, Hellmut, 1976, *The Book of Changes in the western tradition. A selective bibliography.* Parerga 2. Seattle.

Wilhelm, Richard, 1900, „Amtliche Mitteilungen: Zur Lage in Kaumi" in *Amtsblatt für das deutsche Kiautschou-Gebiet* I: 21 (24. 11. 1900), 166-167.

——, 1908, „Deutsche Kulturarbeit im Schutzgebiet Kiautschou" in *Schwäbischer*

Merkur, „Schwäbische Chronik“, Teil I:12. 2. 1908.

——, 1910, Übers. , *Kungfutse Gespräche* (*Lun Yü*), Jena. [Revidierte Neuausgabe ebd. 1914]

——, 1911, Übers. , *Laotse Tao Te King. Das Buch des Alten von Sinn und Leben.* Jena.

——, 1912, Übers. , *LiäDsi. Das wahre Buch vom quellenden Urgrund.* Jena.

——, 1912, Übers. , *Dschung Dsi. Das wahre Buch vom südlichen Blütenland.* Jena.

——, 1913, Übers. , *Der lauschan.* Nach chinesischen Quellen bearbeitet, mit einem Beitrag von H. Wirtz. Qingdao.

——, 1914, Übers. , *Mong Dsi* (*Mong Ko*) *Lehrgespräche.* Jena.

——, 1916, Übers. , *Die höhere Bildung.* Qingdao. [Nachdruck „Da Xue-Die Grosse Wissenschaft“ in *Der Morgen* 6:1 (1930-31)]

——, 1921, „Pekinger Orient-Institut“ in *Ostasien-Jahrbuch* (1921), 29-35.

——, 1922, Übers. , *Chinesische-deutsche Jahres-und Tageszeiten. Lieder und Gesänge.* Jena.

——, 1924, Übers. , *I Ging-Das Buch der Wandlungen.* Aus dem Chinesischen verdeutscht und erläutert. 2 Bände. Jena.

——, 1925, „Das China-Institut in Frankfurt a. M.“ in *Das Ausland.* Zeitschrift des Deutsch-Ausländischen Akademiker-Clubs, Berlin. „China-Heft“ (Dezember 1925), 5-8.

——, 1926, *Die Seele Chinas.* Berlin.

——, 1927, „Der Mensch als Maβ und Mitte“ in *Der Leuchter* 1927, 297-323. [Auch in R. W. , 1931, 28-52].

——, 1929, Übers. , *Das Geheimnis der Goldenen Blüte. Ein chinesisches Lebensbuch.* Mit Kommentar von C. G. Jung. Zürich/Stuttgart. [Neuausgabe mit Jungs Nachruf auf R. W. : Olten/Freiburg 1971]

——, 1930, Übers. , *Li Gi. Das Buch der Sitte des älteren und jüngeren Dai. Aufzeichnungen über Kultur und Religion des Alten China.* Jena.

——, 1930, Übers. , „Dschung Yung. Maβ und Mitte“ in *Chinesisch-Deutscher Almanach* 1930, Einleitung 13-20, Übers. 20-35.

——, 1931, hg. Salome *Wilhelm-Der Mensch und das Sein.* Jena.

Wilhelm, Salome, Hg. , 1956, *Richard Wilhelm-Der geistige Mittler zwischen China und Europa.* Düsseldorf/Köln.

（译者单位：外文局《今日中国》德文部）

法国汉学家沙畹

□蒋向艳

沙畹(Edouard Chavanne,1865—1918)出生于里昂一个新教徒家庭,毕业于巴黎高师,当时他的专业是哲学,他的第一本论著是与日耳曼学家夏尔·安德勒(Charles Andler)合写的《康德自然科学的形而上学第一本源》。沙畹曾在东方语言学院学习汉语,这使他后来同中国和汉学结下了不解之缘。

1889 年,24 岁的沙畹以法国驻华使团译员身份前往北京,来华后,在一位中国学者——当时清朝驻法使馆参赞唐夏礼的帮助下着手翻译《史记》。一年后译完《封禅书》一卷并在《北京东方学会杂志》上发表。译文原稿现存巴黎吉美博物馆。1893 年沙畹奉命回到巴黎,继德理文之后(Hervy de Saint-Denys)主持法兰西学院"汉语及满语语言和文学"讲座,成为该讲座自 1814 年开办以来的第四位教授,是时沙畹年仅 28 岁。在这一时期,因印度学家列维(Sylvain Lévi)的要求,沙畹暂时放下了中国研究工作,转而翻译佛经,连续发表了一系列关于印度和西域僧侣的传记。同时,他还在东方语言学院、索邦大学、巴黎高等研究实验学院的宗教科学系授课,并担任多种社会职务:1895 年任法国亚洲学会秘书长并参加东方学杂志《通报》的编辑工作,1903 年协助考狄(Henri Cordier)主办《通报》。这一年他还成为了法兰西学会会员。

1907 年沙畹第二次来到中国,对中国北方——河北、山东、河南、陕西、山西,尤其是在龙门和云岗石窟等地进行考古考察,收集资料,回国时带回了丰富的文物、碑铭,还有两大箱壁画,为他的两卷本著作《华北考古考察图谱》做了大量的资料准备工作。

第一次世界大战为沙畹带来了灾祸。他为法国的命运担忧，同时也为不到年龄就应征入伍的飞行员儿子担惊受怕，严重影响了健康，但他对学习汉语和汉学研究工作始终抱着极大热情，凭着坚忍的毅力继续学习，顽强练习汉语口语。1917年当中国加入协约国一方参战时，他作为译员以流利的口语接待了中国的政治家代表团；离开人世前几个月，他还在索邦神学院的大阶梯教室发表了题为《中国人的一些道德思想》的演讲。由于汉学研究的出色成绩，1916年，沙畹当选为英国皇家亚细亚协会会员。

沙畹在法国汉学界具有举足轻重的地位。他前承19世纪的法国汉学传统，并使20世纪法国汉学开创了新的局面。尽管他的文化修养、研究方法和思想的某些方面更属于19世纪，但他的活动主要在20世纪；在许多汉学领域如中国历史、宗教哲学、历史上的外族关系、中国地图学等方面为后来的法国汉学研究奠定了基础。他精湛深入的研究为其弟子（如伯希和、马伯乐、葛兰言、戴密微等）开启了道路，为20世纪法国汉学的繁荣开创了局面。

沙畹首先是位史学家，他最主要的、贡献也最大的是对《史记》的译注事业。这部译作在北京只出版了其中的一卷《封禅书》，1893年在巴黎由亚细亚学会资助出版了译稿的三分之一——130卷中的47卷，至《孔子世家》止，分成五卷。这部"汉学界盖世名作"（莫东寅）由导言、注释和极为详尽的附录组成，具有两个显著特征，其一是考证严谨而广泛，其二是在注释中进行了大量发挥，对涉及古代中国的几乎所有问题都提出了广泛而尖锐的批判。虽已年代久远，但由于作者出色的翻译、严谨的考证和不落俗套的注释而具有长久的生命力，至今仍有使用价值。继1893年的版本之后，麦松奈文出版社1967年再版了这五卷本；1969年该出版社又出版了其补遗卷作为第六卷，包括沙畹去世后留下的两三篇译文，一个改编过的总目录和一个自1905年以来出版《史记》译文版本的版本目录。马伯乐对其老师这部巨作的评价是"自理雅各《中国经典》以来欧洲汉学界最重大的著作"。可惜沙畹的研究范围过于广泛，无法把全部精力投入对《史记》的译注和研究，致使这部巨作没有最后完成。

沙畹的史学研究还包括中国古代石雕。他在研究古代历史的过程中，效仿研究地中海文明的历史学家，增加了考古学和碑铭学研究，努力开拓视野，也为欧洲研究中国古代艺术开了先河。沙畹第一次逗留中国期间，搜集了一系列出自山东武氏祠和孝堂山石室的碑文，写成《中国两汉时代的石刻》（1898），通过饰有图像的纪念碑和文学作品的比照相互加以阐释。十多年后他第二次来华考察时收集了一大批壁画，包括在山东发现的汉代纪念碑和以唐帝王陵为代表的非佛教雕刻以及以云岗、龙门石窟为代表的佛教雕刻。这批壁画成为《华北考古考察图谱》

(1909—1915)两卷本著作的素材。自沙畹而后,艺术考古和艺术历史包括雕刻、瓷器、漆器等各方面受到了广泛的注意和研究。比如马伯乐对残存于杭州附近和浙江北部宋、元时代古迹进行的研究,布亚尔(Bouiuard)对明帝王陵,彼得鲁西(Petrucci)对中国绘画,库朗(Courant)对中国音乐的研究等。沙畹的历史研究活动还包括:探讨中国省份历史的各种问题,如10世纪浙江吴越国的历史和云南丽江的历史等;翻译《魏略西戎传笺注》(1905)和《后汉初年之后的西域》(1907)等。

沙畹在宗教研究上的贡献首先是对佛教的大量研究。他继承了雷慕沙和儒莲的传统,翻译了中国朝圣者义净第三次去印度的旅行见闻《大唐西域求法高僧传》(1894),然后又在《通报》上发表了描述几位朝圣者的传记和一些印度来华传教士的传记,与列维(Sylvain Lévi)合作撰写了关于佛教思想的文章《十方阿罗汉法难记》,尝试对一系列信仰的起源和演变作出界定。他还收集、翻译了《佛教寓言五百首选集》(1910),出版了大量的佛教故事。沙畹的佛学研究是汉传佛教研究的第一步,为其弟子伯希和作进一步研究奠定了基础。沙畹还是西方汉学家道教研究的先驱。他与伯希和都是法国汉学家中最早对道教感兴趣的人。1911年,沙畹与伯希和把一部分《道藏》弄到了巴黎,研究并利用了这些材料。他去世的那一年(1918),正准备发表他从《道藏》中选出的第一篇译文。沙畹在对中国北方进行考察时还登上了泰山,发表了关于东方之巅祭祀的专题论文《泰山:中国祭礼专论》(1910),该书后附有一篇《古代中国的社神》的补编,第一次指出了道教科仪的重要性,"另辟中国古代宗教研究的一条新途径"(戴密微)。他在生命的最后几年都在对这种仪式进行研究。沙畹还曾研究过摩尼教,与伯希和合著有《摩尼教流行中国考》(1911—1913),这部著作疏释了京师图书馆所藏的摩尼教残经,并对摩尼教在中国的传播过程作了一个大致的勾勒。

沙畹对中国的边疆地区和少数民族有浓厚的兴趣。他以我国史料为根据并参引西方人的记载编撰成了《西突厥史料》(1903),这本书对于中外学者治突厥史有不小的参考利用价值;他又撰写了《中国之旅行家》,通过我国的古籍,考证东亚的外交政策、商业交往、宗教进化及多数国家的地理古物风俗等,莫东寅认为,此书"不特为翻译之品,且兼有考据之功"。由此,施舟人认为:"沙畹培育了整整一代研究中国的社会学家和民族学家。"沙畹对中国地图学也有研究:他在《远东法国研究院学报》上发表的论文《中国地图学中两幅最古老的地图》,讨论了《华夷图》和《禹迹图》的内容,并概略地描述了中国古代地图学的发展。这是近百年来第一篇较有深度的专门讨论中国地图学史的文章,是欧美学者讨论中国地图学史的滥觞。

在汉学研究的方法上,沙畹最突出的贡献是把历史的考证方法引入了20世纪的汉学研究。这种考证方法来源于19世纪的历史主义和科学主义,十分注重历史研究和科学考证,历来以严谨著称。作为从19世纪过来的沙畹不可避免受到影响,并在自己所做的汉学研究中加以运用。而且,由于家庭的关系,沙畹养成了严谨治学、严于律己的精神。二者使沙畹的汉学研究显得十分精辟、严密和科学化。由于沙畹在汉学上的重大贡献及其个人魅力,使他不仅在法国的汉学界享有重要的地位,也使他成为“整个西方世界公认的汉学大师”(戴密微)。

附录　沙畹的主要著作、论文

《厦门的年庆节》(格罗特)(J. J. M. Groot),巴黎,1886(译作)。

《大唐西域求法高僧传译注》(*Mémoire sur les bonzes qui allerent chercher la loi dans les pays d' Occident*),巴黎,1894。

《悟空行记》亚洲报,1895,9、10月刊。

《司马迁史记》(*Les Mémoires historiques de Se-ma-Ts' ien*),巴黎 Leroux 书局,1895—1903。

《菩提伽耶中国碑考证》宗教史杂志,1896,第35册。

《中国旅行家游契丹女真记》亚洲报,1897,5、6月刊。

《两汉时代之石画像》(*Sculpture sur Pierre en Chine au temps des denx Dynasties de Han*),1898。

《王玄策使天竺记》亚洲报,1900,3、4月刊。

《西突厥史料》(*Documents Sur les Tou-kiue occidentaux*),1903。

《中国地图学中两幅最古老的地图》(*Les Deux Plus Anciens Specimens de la Cartographie Chinoise*),远东法国研究院学报(Bulletin de I' Ecole Francaise de I' Extrême Orient, Vol, 3, 1903)。

《元代中国宫中的金石文和文件》TP 第五卷,1904—1905,第366—404页。

《泰山:中国祭礼专论》(*Le Tai chan*),巴黎 Leroux 书局,1910。

《北中国考古旅行记》(*Mission archeologique daus la Chine*)附498张照片图,巴黎 Leroux 书局,1913。

《斯坦因在新疆沙漠中发现的中国文献》(*Les documents chinois decouverts par Aurel Stein dans les sable du Turkestan oriental*),牛津大学印刷局,1913。

《投龙》,《东亚论丛》第三卷,1919。

《摩尼教流行中国考》(*Traité Manichéen Retrouwe en Chine*),商务印书馆,1931、1933(汉译本,冯承钧译)。

《中国佛藏中五百故事选》(*Cinq cent comtes et Apoloques extraits du Tripitaka Chinois*),巴黎,1—3卷,1910—1911,第四卷,1934。

(作者单位:华东师范大学)

阿列克谢耶夫院士及其汉学学派

□[俄]Л. Н. 孟列夫 著

□黄 玫 译

阿列克谢耶夫（Василий Михайлович Алексеев，1881—1951）院士是当今公认的20世纪俄罗斯汉学学派的奠基人和领袖，他师出于19世纪曾领导学院派汉学50年的瓦西里耶夫（В. П. Васильев，1818—1900）院士学派，并从自己的导师那里继承了追求开阔的视野、广泛的兴趣，追求知识的准确性以及高度重视文本的学风，视文本为结论公正性的最高标准。与此同时，阿列克谢耶夫也曾多次表现出不满足于瓦西里耶夫时代占主导地位的那种读死书的体系和缺乏对事实进行系统化的思想。

1902年，阿列克谢耶夫大学毕业后留校“为教授职位做准备”，随后被派到英国、法国和德国。他仔细研读欧洲汉学的主要著作，认真了解那些主要的图书馆和博物馆的馆藏。著名汉学家沙畹的指导对阿列克谢耶夫日后的学术生涯具有尤其重要的意义。在沙畹学派中，他找到了很多能帮助自己日后选择科研方法的东西，并且与沙畹的学生伯希和、马伯乐（А. Масперо）、葛兰言（Э. Гране）等建立了友谊，并与伯希和成为终生的密友。

从欧洲回国后，阿列克谢耶夫成为彼得堡大学中国语文教研室的编外副教授，同时还在科学院亚洲博物馆中国藏品部工作，工作中得到了奥登堡（С. Ф. Ольденбург）、科特维奇（В. Л. Котвич）、玛尔（Н. Я. Марр）等著名学者的指导。此时阿列克谢耶夫已是致力于开拓自成一派的汉学教学和研究方法的重要汉学家。

1906—1909年，阿列克谢耶夫被派往中国继续深造，这次在中国的经历部分记录在他的日记《在旧中国》（В старом Китае）中。这本日记记述的是沙畹1907年的中国之行，阿列克谢耶夫本人也是这次考察的参加者之一。在中国，由中国的先生们教授的汉语课和文学课使阿列克谢耶夫首先掌握了阅读艰深的中国文本的能力，阅读艰深的中文文献需要边读边思考，后来他一直对此保持着浓厚的兴趣。另外，阿列克谢耶夫还独立地对中国语音学、民俗学和金石学进行研究。特别应该指出的是，他还收藏中国民间绘画作品，或许可以称他为欧洲第一位理解中国民间绘画的人。在中国先生们的帮助之下，他试图寻找正确理解中国民间绘画的秘诀。在其后1912—1926年期间几次短暂的中国之行中，阿列克谢耶夫进一步丰富了收藏，深化了知识，同时为自己、彼得堡大学东方系和亚洲博物馆的图书馆带回了大量书籍。他的民间绘画、印章、信纸和艺术信封收藏品种丰富、数量巨大。遗憾的是，现存的阿列克谢耶夫的收藏并不是以他个人藏品的名义保存的，而是与莫斯科的科学院汉学图书馆混在了一起。

1923—1926年，阿列克谢耶夫遍访欧洲汉学中心，在那里一边授课，一边学习。他的学术成就不仅在自己的祖国得到承认（1923年，他成为苏联科学院通讯院士，1926年成为院士），也得到国外的认可，被推举为中国、欧洲和美国很多学术团体的成员。但在1926年之后，阿列克谢耶夫再未获得出国的机会，与外界的学术联系虽未中断，不过个人之间接触的可能却受到极大的限制。

阿列克谢耶夫的学术活动十分活跃。他的固定工作职位是在彼得堡大学和亚洲博物馆（1930年起更名为东方学研究所），同时还是所有需要汉学家的学会的固定成员，如地理协会（Географическое общества）、高尔基“世界文学”出版委员会（Издательство А. М. Горького “Всемирная литература”）、物质文化学会（Академия материальнай культуры）、埃尔米塔日博物馆、应用东方语言学院（Иститут живых восточных языков）、民族学博物馆（Музей этнографии）等。他还从不放过任何一个公共讲座的机会，将之看成是推广有关中国知识的一个义不容辞的责任，十月革命之后，他这方面的活动尤为活跃。阿列克谢耶夫是很多汉学家的学术引路人，他指导了舒茨基（Ю. К. Щуцкий）、涅夫斯基（聂历山，Н. А. Невский）、瓦西里耶夫（Б. А. Васильев）、龙果夫（А. А. Драгунов）、斯卡奇科夫（П. Е. Скачков）、艾德林（Л. З. Эйдлин）、彼得罗夫（А. А. Петров）、杜曼（Л. И.

Думан)、费什曼(О. Л. Фишман)、齐佩罗维奇(И. Э. Циперович)、维尔古斯(В. А. Вельгус)、亚洪托夫(С. Е. Яхонтов)、彼得罗夫(В. В. Петров)、谢列布里亚科夫(Е. А. Серебряков)等。与各种美妙的抽象理论相比,阿列克谢耶夫学派的特点是:要求高,以文本为对象,将文本作为学术依据的基础,利用材料提供的数据等。

阿列克谢耶夫兴趣十分广泛,研究领域也一直在不断拓宽。1941—1944 年第二次世界大战期间,阿列克谢耶夫同其他学者一道被疏散到北哈萨克斯坦的博罗沃耶疗养地。他可以随身携带的书籍十分有限,但他充分利用这些书籍,返回时,竟得以完成三十余个完整的课题。回到列宁格勒①后,阿列克谢耶夫重新恢复了自己先前的所有科研、教学和社会活动,但有两件事阻碍他去完成已经开始的各项事业:一是开始于 1948 年的反对学院派学术的运动,一是 1951 年他的辞世。他身后没有出版的著作计有厚厚的六卷,没有发表和需要再版的成果也不计其数。

每一个学者都有着自己的活动方向即终身的事业。而阿列克谢耶夫的活动方向却不止一个。首要的、最重要的,当然是中国文学研究。他本人坦言,希望能写出 200—250 本专论(即是对某一篇作品或某一个作家单独的研究之作,与研究的篇幅无关,既可以是书,也可以是文章)。这些专论均配有译文或相关文章,应该能够形成一部以典型个案为基础的而不是一般概述型的中国文学史。他认为,应当根据以对象国文化为母语文化者的判断,来选择优秀作品进行研究和翻译,尔后才谈得上研究者个人的兴趣。而要考虑中国的审美评价,必须首先研究中国的审美思维。正因为如此,在阿列克谢耶夫的学术创作中,以下中国诗学和美学方面的著作占有显著的位置:曹丕的《典论·论文》、陆机的《文赋》、钟嵘的《诗品》、司空图的《二十四诗品》、王维的《学画秘诀》、宋濂的《答章秀才论诗书》、黄约的《画品》、颜真卿的《书品》等。翻译和研究刘勰的《文心雕龙》是他未竟的愿望之一。在阿列克谢耶夫容量最为丰富的著作《关于诗人的诗篇》(1916)(Поэма о поэте)中,令人信服地全面展示出对此类文本的研究方法。这部著作迄今仍是不可超越的、从语文学角度研究艰深的中文文本的典范之作。他的很多弟子都在努力掌握他所开拓出来的研究中文文本的科学方法,如瓦西里耶夫、舒茨基、聂历山、科里夫佐夫(В. Н. Кривцов)、艾德林、费什曼、齐佩罗维奇、谢列布里亚科夫、В. В. 彼得罗夫等。

阿列克谢耶夫作为翻译家的活动与其对中国文学的研究直接相关。他无法想像自己会以他人的译文为基础进行研究。同时,他从逐字逐句的学术翻译开始,很快发现必须对所使用的译文进行科学研究,一方面译文须"像文件一样准确",另一方面还须传达出原文的全部艺术手法,来自这两个方面的困难并没有使他止步。早在 1917 年之前,阿列克谢耶夫就开始翻译李白的诗和蒲松龄的《聊斋志异》。

① 彼得堡市 1924 年起更名为列宁格勒。——译者注

革命后，他成为高尔基创办的“世界文学”出版委员会最为积极的参加者，为之提供了急需从中文翻译过来的大量书目。他自己也在相当短的时间内翻译出了洋洋四卷的聊斋故事，其中两卷在“世界文学”出版计划中出版，另外两卷问世较晚，分别于1928年和1937年出版。在博罗沃耶时，阿列克谢耶夫就开始了翻译中国古代诗词的浩大工程，并且编辑了两本文集《古典散文集》(Антология классической прозы)(其中发表的部分不足三分之一)和《古典诗集》(Антология классической поэзии)(只发表了极小一部分)。1947年，他加入了苏联作家协会。他的译文，准确且文辞优美，尽管后人多次效仿，但至今尚无人能够超越。同时，阿列克谢耶夫也深为自己学生取得的成绩而感到高兴，舒茨基、瓦西里耶夫、艾德林等人都在艺术诗歌的翻译领域有所尝试，阿列克谢耶夫鼓励他们，为他们的译作做序和结语。

中国民间绘画——年画是阿列克谢耶夫平生的又一大爱好。他认为，对于一个没有这方面知识准备的欧洲人来说，这种绘画是一种神秘的象征，需要系统地解读。阿列克谢耶夫在欧洲的同事和中国的先生们中都没有找到深谙年画之道的人，但他还是找到了解释年画象征意义的可靠途径。随后，他完成一系列年画的研究之作，其中最为著名的有：《中国符咒绘画的基本类型》(Об основных типах китайских заклинательных изображений)、《永生的双生子和以拿着金蟾蜍的道士形象出现的财神》(Бессмертные двойниеии даос с золотой жабой в свите бога богатств)、在英国出版的《中国的财神》(Китайские боги богатвтсв)一书，以及他身后出版的、关于中国版画年画的一本厚厚的文集——《中国民间绘画》(Китайская народная катрина)。阿列克谢耶夫幻想能够精选一本中国版画画册出版，但这个愿望最终未能实现。直到近年来，阿列克谢耶夫的学生和后继者才得以出版两本这样的画册，其中最多最好的一部分取自他的个人收藏，鲁多夫(М. Л. Рудов)将之在苏联出版，李福清(Б. Л. Рифтин)将之在中国出版。这两部画册中收入的不只是绘画作品原件，还有阿列克谢耶夫在中国朋友和老师们帮助下撰写的、针对画中每一事物的、丰富而详细的注释。如果没有这些被他谦称为“为画面所作的粗糙注释”，这两本书就不可能以现在这样的篇幅和诠释面世。

与研究中国民间绘画紧密相关的是阿列克谢耶夫的又一大爱好——收藏，这也是他平生的兴趣之一。关于他的收藏方法和藏品，我以前曾在《阿列克谢耶夫院士的中国藏品》(Китайские коллекции академика В. М. Алексеев)和《收藏家阿列克谢耶夫》(В. М. Алексеев ка коллесционер)两篇文章中谈及，此处不再赘述。

培养汉学人才和组织教学也是阿列克谢耶夫的用心所在。在他去世后出版的《关于东方的科学》(Наука о Востоке)一书中，发表了他个人档案中的部分材料，这些材料证明，他一直在不懈地探索一条更为有效、快捷的教学途径。然而，阿列克谢耶夫大部分的思考、计划和设想都没有发表。在其家庭档案中，保存着两本厚厚的合订本:《教学综述》(Обознение преподавания)和《年度总结》(Годовые отчеты)。在这两个合订本中,逐年记录了教学计划(教什么? 如何教?)和具体实施办法。阿列克谢耶夫给大学生、研究生所上的各种课也有此目的。在这些课上,提出了诸如"汉学家著作的组稿"(又名"学术组稿")、"纪念在学者工作中的作用"、"外语之于学者的意义"等问题。他上过的很多课以及他的思考、计划至今仍未发表,但他对组织工作和教学更新、更合理途径的探索,如同科研工作本身一样,是他毕生的事业。

对汉学学科史的研究与阿列克谢耶夫的教学工作紧密相关。正如阿列克谢耶夫在许多其他方面的活动一样,他注意到在中国问题研究领域愈渐滋长的各种真伪研究之流。他接受那些代表着学科领域新进展的著作,在一些综述和评论中对其给予肯定,尽管能使他毫不犹豫地接受的作品并不多见。伪科学、粗劣之作和猎奇之作都会遭到他的无情回击。笔者曾多次亲历阿列克谢耶夫不讲任何情面地对一些作品谴责,他的这类意见大部分最后都变成了铅字,1922—1925 年间的《东方》(*Восток*)杂志上发表得特别多。

无论阿列克谢耶夫是否就这种或那种研究,某一篇文章、译文发表了自己的看法,他以最严谨的方式记录了每一部新出现的作品,毫无疑问,他也阅读了自己全部的藏书——书上记满了他的标注。这样做的结果,其一是拥有了大量的汉学卡片索引。沙畹去世时,阿列克谢耶夫写了一篇题为《沙畹辞世后的欧洲汉学》(Европейская синолоıия у гроба Шаванна)的长文(此文压缩后收于《关于东方的科学》文集中),文中列举了沙畹发表的作品。从这篇文章中即可看出,阿列克谢耶夫是何等认真地研读所有已出版的著作。在沙畹去世后,著名法国汉学家、图书目录学家考狄马上也发表了一篇同类文章,两篇文章相比,阿列克谢耶夫的文章要详尽准确得多。在这里必须提到阿列克谢耶夫另一个未出版的成果——《汉学家工作书目》(Рабочая библиография киттаиста)。这本书是他年复一年地在大学讲授"中国语文学引论"和"词典、参考书、书目"两门课的结晶(后一门课与费什曼所上的实践性的课堂讨论课共同进行),末尾推荐的书目研究参考资料、词典多达 20 页。后来,彼得罗夫(В. В. Петров)、斯佩什涅夫(Н. А. Спешнев)和笔者也上过类似的课,但主要以听阿列克谢耶夫的讲座和费什曼课堂讨论课的笔记为蓝本。

阿列克谢耶夫还以同样充沛的精力投身于汉语语音和语法的教学之中,尤其是在青年时代。他在中国生活期间开始的实验语音研究和对汉语语法的观察所得,为他日后在大学授课打下了基础。继阿列克谢耶夫之后成功地讲授这门课的是龙果夫,这是一位杰出的语言学家、语音专家和教育家,他师出阿列克谢耶夫、谢尔巴(Щерба)院士这样的语言学泰斗门下。旨在巩固学生掌握复杂难解文本实践能力的文本阅读课是与斯梅卡洛夫(Г. Ф. Смыкалов)一同上的,后来,在阿列克谢耶夫晚年时，则由维尔古斯和齐佩罗维奇一同上。至今，亚洪托夫、马利诺夫斯卡娅（Т. А. Малиновская）、尼吉季娜（Т. Н. Никитина）所上的汉语课所使用的大纲，仍与阿列克谢耶夫当年十分接近。阿列克谢耶夫关于汉语、语音、汉字方面的著作发表得相对较少，他这方面的研究论集的篇目已定，但暂时还难以出版。

还有一个方面的研究工作令阿列克谢耶夫不能释怀。他自己学习时，使用的还是19世纪出版的词典，其中最好的是帕拉蒂和波波夫所编、出版于19世纪80年代的那部词典。该词典至今仍然是最好的。阿列克谢耶夫一直为不能向学生们推荐一本与此相当的现代汉俄词典而苦恼。早在30年代初，他决定不再坐等，而要开始自己动手编写。在他的号召下，当时大多数汉语专家都参加了词典条目的编纂，他们中既有各大学和东方学研究所的学者，也有来自莫斯科甚至在中国从事外交活动的专家。阿列克谢耶夫在他1949年写的长文《现代外语的现代双语词典提纲及其汉俄词典附录》（Тезисы о совремнном двуязычном словаре совремнного иностранного языка с приложением их к словарю китайско-русскому）中，列举了每位参与者的姓名及所编纂的部分，并且对这部词典多年来的劳动和思考加以总结。战争和疏散使收集材料和编纂工作中断，而且编写集体中的很多人在前线或者列宁格勒围困中牺牲，另一些人则彼此相距遥远，有的在莫斯科，有的在萨拉托夫，有的在远东，有的在中国。阿列克谢耶夫重新召集起一批人，但却未能如愿将词典编完。他被扣上经院主义、客观主义等一系列罪名，不能继续编写词典，不能在大学里讲授理论课程，这也是他于1951年便辞世的直接原因。然而，他的心血没有白费。卡片汇编和机打词典被运到了莫斯科，并且这些材料后来成为鄂山荫（И. М. Ошанин）主编的《汉俄词典》的主体部分，后来又被收进同是他主编的《大汉俄词典》。遗憾的是，由于当时东方学研究所列宁格勒分部行政管理人员的玩忽职守和不学无术，那些后来编好的卡片索引被毁掉了，而本来可以据此研究编写词典的全过程，并且从中看到每一位参与者的劳动和制作了哪些卡片。我们认为，这些材料对于鄂山荫的大小两部词典的意义，绝非这两部词典的前言中的三言两语所能概括的。

以上就是阿列克谢耶夫在科研、教学和各种组织活动中的主要方面。其中任何一个方面都足可以支撑起这位学者终生的事业。然而，当我们提到阿列克谢耶夫时，必须指出，以他的精力、学识、组织性和自律精神，完全可以胜任所有方面的工作，以至于在研究他的生命历程中竟很难判断，究竟哪个方面是主要工作。正是因为阿列克谢耶夫具备这些品质，人们将他奉为20世纪俄罗斯—苏联汉学的旗帜。人们不能把任何一位汉学家同阿列克谢耶夫相提并论，无论其活动曾经获得多么高的评价。

（译者单位：北京外国语大学）

巴斯蒂教授访谈录

□顾　钧

2003年9月25日，笔者在北京外国语大学海外汉学研究中心采访了法国著名汉学家、《国际汉学》外籍编委巴斯蒂(Marianne Bastid-Bruguière)教授。以下访谈据录音整理而成。

顾：请您简单介绍一下您的经历，以及您为什么会选择中国作为研究对象。

巴：我小的时候就决定了。10、11岁的时候，我母亲有一位中国学生，他已经结婚了，每年春节的时候，他全家一定会来拜访我母亲，当时我差不多11岁。他曾不止一次地告诉我他是如何教他的儿子学汉语的，他儿子上的是法国小学，只是在家里学汉语。他给我介绍汉字的一些基本知识，我记得他还曾经画过一个“日”，告诉我这是“太阳”的意思，于是我就觉得汉字很有意思，同时对他介绍的中国情况也很感兴趣，我决定长大了以后一定要学中文。那时候，教我历史的是一位非常好的老师，他让我对历史产生了浓厚的兴趣。这样我就比较早地开始研读中国历史了。高中毕业以后，我考入了高等师范学校的预备科。当时我没有办法学中文，我的中文是在正式进入师范学院以后才开始学的。中国和法国确立外交关系是在1964年，那时我已经从高等师范学校毕业，就去外交部询问有没有机会去中国教书，或是做一些文化交流方面的工作。他们说没有。可是不去中国就没有办法学中文，所以我一定要去中国，要去进修语言。让我高兴的是，几个月之后的一天，外交部的人突然给我打电话说，他们听说中国政府要找一些人到中国去教法语，并告诉我可以给中国大使馆打电话问一问情况。我立即打了电话，当时的文化处处长接听，他告诉我准备好两个星期以后去中国。你知道，1964 年中国政府想派一些人去非洲工作，所以决定扩大在中国的法语教学并招聘一些法国人来教法语。当时报名的法国人大多是在读大学生，我已经毕业了，而且是从高等师范学校毕业的，所以很容易地被选上了。

顾：所以您第一次到中国是作为法语教师来的。

巴：是的。我们来了，当时不知道去什么学校任教，没有人告诉我。我问他们是到大学还是到中学，他们说应该是到大学。我们一行十四五个人到了北京，都是年轻人，很年轻，20 岁左右。我很幸运地被派到了北京大学，我在北大西语系教法国文学，不是给学生讲，是给老师讲。那时候我工作很辛苦，每个星期上 21 节课，没有时间进修中文。好在我的一个法国朋友认识一位北大教授——历史系的邵循正老先生，他给了我很多辅导，后来我又去上他的课。第二年我成了他的研究生。

顾：邵循正先生是我国非常知名的历史学家，他编写过几本影响很大的书，如《中法越南关系始末》、《中法战争》等，都是关于中法关系的，您做他的研究生，有没有做中法关系方面的研究？

巴：没有，我主要研究的是中国国内的历史，不是国家关系史。因为我们法国人那时候最缺乏的是对中国的了解。中国的战争史、思想史、社会史，特别是中国的近代史几乎没有人研究，而研究国际关系史的人比较多，所以我想做别人没有做的研究，这样才有意思。

顾：所以您没有选择中国古代史作为研究对象？

巴：没有。我愿意研究现代史——辛亥革命以后的历史。但邵先生对我说，中国辛亥革命以后的第一手资料保存得不好，所以他建议我做辛亥革命以前的历史。法国的博士论文要求必须用第一手资料、别人没有利用过的资料才行。正好邵先生发现了张謇的日记——用草书写的，他寄给了我，我还利用了张謇的几件旧物，做了教育方面的博士论文。在那个时代，教育不是一个太敏感的课题。上大学时我对教育不是特别感兴趣，但限于资料我做了教育问题的论文。

顾：您的博士论文是《20 世纪初中国的教育改革》，其中部分内容体现在《剑桥中国晚清史》中。目前我们在国内能看到您的著作翻译成中文的只有《剑桥中国晚清史》下卷第十章《社会变化的潮流》。您其他一些著作的中译本好像也没有见到，我不知道是什么原因。

巴：我有一本与加拿大学者 Ruth Hayhoe 合编的《中外比较教育史》，1990 年由上海人民出版社出版。另外我有不少中文文章在各种论文集中。

顾：您有没有打算要译成中文出版？

巴：我应该这么做，但一直没有时间。近年来我还写过一些关于中法文化交流史的文章，但分散在美国、日本、中国大陆以及台湾等地不同的学术刊物上，我要把这些文章合在一起编成一本书。在这些文章中我利用了很多第一手资料——很多人不知道的材料，包括不少私人材料。今年有庆祝中法建交的特别活动——中法文化交流年，这样的一本书对我们现在从事的文化交流将很有借鉴意义，我们应该了解以前的那段历史，了解在历史上有什么样的人物，这些人物之间的关系又是怎样的，他们关心的是什么问题，等等。

顾：在中国，《剑桥中国晚清史》对中国史的研究影响非常大，因为该书是费正清主编，他在中国相当有名。西方学者研究中国历史一直是有传统的，晚清史研究尤其是强项，国内学者也普遍认为这部《晚清史》写得特别好。这部书的撰写者大概有 20 位，其中大部分是美国人，只有您是欧洲人，可以说这部书基本上是由美国学者写出来的，您在撰写过程中觉得与他们合作有什么问题吗？美国学者是有自己做学问的方法的。

巴：所以这本书很有意思。实际上费正清虽然是这部书的主编，他却是跟加利福尼亚大学的刘广京一起制定的撰写计划。他们决定不写一部通史，而是只想总结一些现有的研究成果。所以书中有整整一个章节关于太平天国运动，但关于义和团的内容分量很少。费正清认为应该有一个部分涉及晚清社会的研究，原来他想请一位日本学者写，可是他去世了。费正清认为当时——也就是 20 世纪 70 年代末——没有一位美国学者可以写晚清社会史，他们那时完全不做这方面的研究。我从中国回国是 1967 年。费正清知道我去了北大，并且研究清代的历史。他邀请我去哈佛大学，我记得是夏天的时候，后来有三年的夏天我都在哈佛大学做研究，在那儿我可以利用他的图书馆——非常好的图书馆。费正清作为历史学家对社会史比较关注，所以他请我写有关的章节。70 年代末的时候刘广京也注意到了我的论文。

顾：参与这本书的写作对您来说一定是一段难忘的经历。费正清是这本书的主编，您觉得您和他对中国近代史的看法有无冲突？比如费正清有一个很著名的观点，就是冲击—回应说，您赞成这一观点吗？

巴：这是不一样的。我的文章是关于晚清社会的。纯粹的社会问题与冲击—回应说没有直接的关系。这个冲击—回应模式主要涉及思想层面。他喜欢这样看问题，可以有他个人的观点。但没有绝对的真理，所有的观点都是相对的。

顾：《剑桥中国晚清史》是很多学者分工协作写出来的，那么作为主编费正清会不会根据他个人的观点修改其他人的文章？

巴：第一章《导言》是费正清写的，他在其中提出了自己的观点。可是你会发现，以后各章完全是各人有各人的看法，尽管大家会参考他的《导言》。即使我写的与《导言》有矛盾，也不一定是不好的。而刘广京主要看具体史实有无错漏。

顾:这部书的大部分作者是美国人,您如何看待这一问题?

巴:也有日本学者市古宙三、台湾学者郭廷以。

顾:还有香港中文大学的王尔敏先生,但他们是与美国学者合作的。

巴:是这样。

顾:总的来说,美国学者占大多数,这是不是说明在研究晚清史方面,美国的研究方法、研究实力要超过欧洲?

巴:你说对了。欧洲研究晚清史的只有我一个人。以前还有一个德国人,但他不怎么研究清代,他主要研究明末。费正清培养了很多学生研究晚清史,但他去世以后许多人不做晚清史,而是去做民国史了。

顾:为什么呢?

巴:我的大部分学生也在做民国史。我有一位非常好的意大利学生,以前做晚清史,可是现在也研究民国史。这跟妇女的时装相似。有时候她们穿黑色的,有时又要穿红色的。做学问也是一样。

顾:晚清史在中国与政治关系比较密切,80 年代以后随着中国的改革开放,对很多历史事件比如太平天国、义和团的评价就有一些改变。

巴:对,我也注意到了这些改变。

顾:有些改变实际上是受到西方学者影响的,因为中国研究近代史的学者有很多都在看西方学者的书。您跟从事这方面研究的中国学者有不少接触,您如何评价他们的研究?

巴:人很多,不好概括。有些人研究问题很深入,但理解评价还是老一套,当然不能说他们个个都是保守的,他们只是习惯那样说。年轻人当中有不少很有希望的学者。但有一个困难,就是看档案不那么容易。他们没有经费看档案。我前一段时间去湖北档案馆查资料,在那里我发现 1920 年代以前的档案保存得很少,但 20 年代之后的档案却保存得很全面,各个机关的都有,有些报告很详细,有些报告是真正从农村报上来的。我问当地的一位学者用不用这些材料,他说不知道有这些材料,这很可惜。我们做研究工作,应该多看资料。我想你们的史学家已经有了很大进步,但还有问题。

顾:最后我想问一个关于法国汉学的问题。法国汉学在二战以前可以说是世界第一的。但是二战以后汉学的中心开始移到美国,法国汉学的地位从某种意义上来说是在降低。除了一些显而易见的原因,如经费不足等等之外,还有什么原因呢?

巴:优秀人才是一个数量的问题。法国人口数量少,只有 6000 多万,只相当于中国的一个省,所以我们不能让全部历史学家都来研究中国历史,但我们可以有一些特色。有一些专业我们做得比较好,比如宗教,特别是道教的研究,还有语言学、敦煌学都是我们的优势。历史研究我们也做得不错，虽然我们的成果不是很多。法国史学是很有特色、很有创造性的，研究中国史的学者可以利用法国史学的优秀传统。我认为法国学者有一种传统，就是处理问题全面。你可以做思想史，可是你做思想史的时候，你也要考虑经济、社会、科学技术等等因素。美国人完全只看思想，我想这方面我们做得很有特色。另外值得一提的是，1976 年时我和欧洲的一些汉学家一起研究了中国人从古代到近代的国家观念，出版了两本书，然后美国学者才发现这一问题。现在他们都在讲中国的“国家”问题，但实际上中国的国家观念、机构的设置以及与欧洲的区别等问题是欧洲学者首先提出来的。

顾：法国出了很多大汉学家，比如伯希和、马伯乐、戴密微。在这些大学者中您最喜欢哪一位？或者对您影响最大的是哪一位？

巴：戴密微，但我没有上过他的课。我去中国学习前曾去拜访过他。来中国以后，实际上最大的影响来自邵循正先生。后来我进了法国国家科学院，那时候我到法国大学去听课，听了谢和耐的课。他很少讲课，他喜欢学生说话、讨论，他自己很少讲话。但他是一个非常聪明的人，讨论时他常常提出很多有意思的观点。

顾：您如何评价当代汉学家弗朗索瓦·于连，他的《迂回与进入》、《道德奠基：孟子与启蒙哲人的对话》已被翻译成中文出版，我读过，我觉得他做汉学的方法和您似乎不同。

巴：确实不同，于连非常聪明，文章也写得非常好。原来他的教师资格是古典文学，后来他利用中国古代文学与希腊古代思想比较，推出了不少新思路。他是用思想、理念做文章……用材料做文章不一样。他的研究自有它的价值。如果有人可以创造一些……。

顾：目前在……其他许多汉学家拥有更多的读者，您怎么看这个问题？

巴：我想这……部分人喜欢莫扎特，另一部分人喜欢民间音乐，那就让他们……

顾：您现……

巴：一……各种各样的。最近研究两个课题：一是当代民工子女的教育问题；二是关……初士大夫阶层对社会和政治制度的作用问题。

顾：祝您研究顺利，也谢谢您接受我的采访。

（作者单位：北京外国语大学）

附:巴斯蒂教授在荣获科学院院士佩剑仪式上的答谢词

编者按 2003年3月6日,在法国伦理和政治科学院金碧辉煌的正厅里,由联合国前秘书长布特劳斯·布特劳斯-加利主持隆重的授剑仪式,亲自向法国著名汉学家巴斯蒂(Marianne Bastid-Bruguière)授予院士佩剑。仪式上,先后有国家科学研究院负责人,伦理和政治科学院同仁、常务秘书,荣誉委员会主席等致辞。他们各自从不同侧面回顾了巴斯蒂女士四十余年的学术生涯,介绍、肯定尤其颂扬了"院士世家"出身的巴斯蒂女士不同时期在汉学,特别是中国历史研究方面的辉煌业绩。最后,巴斯蒂院士致答谢词。这是法国2003年学术界,尤其是汉学界的盛事,也是中法文化交流中的盛事。在此我们特别请张放教授将巴斯蒂院士的答谢词译成中文,以飨本刊读者。

主席先生阁下:

主事先生:

常务秘书先生们:

科学院院士女士们、先生们:

大使先生们 :

亲爱的朋友们:

古代中国的智慧确信:礼仪表达上天秩序,而音乐和舞蹈则表达人类情感。对这一箴言我思考良久,但是,很难找到哪位音乐师可以应和宽容精神使布特劳斯·布特劳斯－加利先生、让·克鲁泽尔先生、皮埃尔·博歇先生和弗洛伦斯·布洛戴尔女士发表异口同声的赞扬。年龄和这身制服也让我不能手舞足蹈。因此,我只有通过讲几句话试着表达在仪式即将完成之时所感到的激动心情和友好情意。

假如伦理和政治科学院的院士们根本没有选举我,就不会有今天的这个仪式。我要感谢他们给予我的这种荣誉。我不知道曾要求我申请候选的人们是否遵循某种天意,但无论如何我对他们怀有深切感激。他们不仅使我获得了参与各种卓越人物活动的不断更新的个人精神乐趣,而且毫不含糊地肯定了这一事实:了解中国理所当然地属于以对当代世界进行思考为己任的科学院的研究范围。

亲爱的秘书长阁下,根据传统习惯,您好心地接受了主持这个仪式。我非常感谢您担任我的荣誉委员会主席。您清楚提及昔日交往把您和我家族的汉学家们紧密联系在一起。您是向世界开放、国际大家庭情感的化身,是我曾有幸得以滋养的人文精神需要的化身。在您担任高职时期善于发扬的权利原则上所表现出的正义感、让步和坚定精神,如同您在困难时期表现出的高瞻远瞩和坚定不移的精神一样,总是引起我的敬意和衷心赞赏。在纳赛尔制度下的严酷时代,当您是开罗大学的普通教授时,您曾指引过我认识欧洲之根,认识金字塔。那时,我从一个想要割断历史的中国来到开罗。现在,我仍清楚地保留着您曾让我发现的对“世界史”的意识。我感谢您今天率领五大洲的朋友向我赠送您刚才授予我的佩剑。

亲爱的常务秘书,如果没有您,这个仪式就不可能举行！首先,请允许我感谢您以十分友善的方式发表的过于溢美的颂词。您为我描绘了我理应具备的形象。假如没有您精心的关注,我就根本不会想到组织这次仪式。我所受到的基督教新教教育——我的女儿们特别喜欢就此拿我开心——使我讨厌让别人关注自己。另外,当和平与我们所坚持的事业受到如此严重威胁之时,我觉得这样的豪华排场显得特别可笑。但是,您说服我确信这是一种义务:这是不可抗拒的做法。这是一种令人尊敬,也是您使之现代化并且面向未来的机构的尊严所必须履行的义务。由于您和参议院议长、我们的新同事及克里斯蒂安·蓬斯莱先生的好心关照,我高兴地聚集我的朋友们来到这高雅的沙龙里。对我而言,这座卢森堡宫殿具有某种家庭含义。我的丈夫和我的父亲家族三代国会议员都曾梦想在此占有席位——必须承认,他们都失望了,但是,这里是我外祖父儒尔·巴斯德旺和我的外祖母勒内·马拉美相会的地方,他们对我的培养远胜于言语的表达。那是在差不多一个世纪以前的参议院的舞会上。我不知道当时这场舞会是在哪里举行的。我愿意想像那个舞会是在这些金碧辉煌的殿堂中举行的。

亲爱的博歇先生,我难以向您清楚表达我那种崇敬感激的心情。您是一位我十分钦佩的学者。您曾是国家科研中心出色的社会科学特级研究员,您善于高瞻远瞩和因势利导。我非常高兴您热心地接受在这里既代表接纳我的文学科学院,也代表国家科研中心,它是我几乎度过全部职业生涯的科学监护所。您对我研究活动的宽容,激励我锲而不舍地不断努力。

亲爱的弗洛伦斯·布勒戴尔,我曾希望充满希望、才华和能力的青年人都出席这次仪式。因为一切重大的机构必须同新一代人沟通。您热情地做出了回应。您优雅而又巧妙地指出:随着一代代人的成长,妇女将会改善自身情况。我向您表达我的真情,并且感谢您所做的一切。

我要向聚会于荣誉委员会的每个人表示我的感激之情。我至为珍视在一步步攀登帕那斯山时,所经历的诸如高等师范学校、国家科研中心和法兰西科学院等法国机构所赋予我的灵感和国际汉学家学会里的个人友谊。但愿这些好人中今晚能够来到这里的诸位都能知道,他们的光临使我多么感动。他们中的好几位远道而来,威尔逊女士穿越了拉芒什海峡,布尔斯基大使来自波兰驻华使馆所在地的北京。还有散居世界各地,因故不能来此的其他几位朋友,我同他们共同研究中国已有差不多四十年的历史了,在北京,在全球各地的大学里,在欧洲汉学协会里,长久以来,通过对“中国世界”的共同研究,我们在编制各个民族的欧洲。

我非常感谢组织委员会卓有成效地完成了各种各样的枯燥乏味的工作。弗朗索瓦兹·劳莉雅克、彭昌明和纳戴热·弗雷蒙发挥了非凡的耐心和细心,她们每个人带着令人鼓舞的微笑说:“这使我很高兴呀!”路易–阿尔贝·勒瓦赫和让–米歇尔·加戴尔为她们充当了考虑周详的顾问。我也要感谢我的女儿们,尼依和克雷芒蒂娜,她们是我生命的两个太阳,感谢她们一切令人振奋的美德。

亲爱的朋友们,亲爱的家人,是你们大家捐赠给我这把佩剑。你们的慷慨使我感动不已。我感谢你们的慷慨,把它看做是大家向我表示真情和评价的标志。我选择了一只佩剑。当人们履行仪式之时,等于必须服从一切形式的需要。你们收到的简介材料标明“院士佩剑”,有几位女士对此感到吃惊。这样标注并非是我背叛了妇女事业。我只是遵从了伟大的语文学家乔治·杜梅齐尔指出的规则:阴性在法语里是中性的。况且,这是我周围的几位女强人传授下来的习惯做法。还要补充说明,我平常使用的汉语是没有阴阳性之分的。

这是一件象征性的武器。它是18世纪的一种儿童佩剑。它的时代使我想起了我们科学院的前任勒内·博姆,不久我要发表对他的颂词,他是伏尔泰和启蒙时代的专家。护手、剑柄、接缝弧和银球饰上的雕刻图案使我想起麻治(Mage)僧侣住宅门脸的贝壳状物和花园的花卉——那都是我有机会选择在上弦月时栽种于花园内的①。剑身不长,并不锋利。

我们不能把这把大裁纸刀改造成“东京剑”,就像在18世纪时说的那样,把护手送到中国,按当地方式加以雕刻。幸亏,我的侄女克蕾斯蒂娜·布尔多巧妙地把

① 根据农村习俗,于阴历上弦月栽花种树易存活。——译者注

我的中国梦变成一种神奇的艺术形式，并且十分完美地与原来的图案结合在一起。她画了剑鞘左右两直角构成的图饰、圆头和尖端部，然后由一位雕刻大师进行巧妙的加工。在上面可以看到构成鞘端的一条龙。当然，这是中国龙，也是我的生肖龙。这是一条汉代的小龙，清代的龙头上竖有许多角。这与象征邪恶和混乱的巴比伦怪兽毫无关系。对我而言，它使人类的一种伟大文明的普遍活力，更新并迸发人性化了。

这条龙出现于云雾缭绕、海水奔腾、佛光四射之中。它召唤睿智，驱除愚昧，引向认知，也引向自然力、生命和运动。脚下显现出高山。这高山表现出中国光秃山峰的影像，但是，对我而言，它也是我父母的摩尔凡和奥弗涅诸山的花岗岩形象。半山腰有阴与阳的符号，符号中空，充有元气。

在这些图案里，有我的爱好、我的好奇心和我的痴迷、某些原则，我曾试图依据这些原则进行研究，并帮助学生在更新研究过程中找到他们个人的道路。十分高兴我们当中来了许多有才华的青年人。

我再一次衷心地感谢你们大家，并请你们根据中国的仪式习惯，畅饮摆在酒菜台上、装饰有飞龙的绍兴黄酒或法国本地的香槟酒。

（译者单位：北京外国语大学）

开展清史研究　加强国际合作

□戴　逸

编者按　2004 年 10 月 19 日至 22 日,为配合北京外国语大学海外汉学研究中心承担的国家清史编纂委员会“清代入华传教士文献档案整理与研究”项目,我们与国家清史编纂委员会共同举办的“清代入华传教士文献档案与清史纂修”国际研讨会如期在北京隆重举行。国家清史编纂委员会主任戴逸先生、北京外国语大学科研处长郑明秋教授在开幕式上致词,海外汉学研究中心主任、“清代入华传教士文献档案整理与研究”项目负责人张西平教授详细介绍了项目情况。会议邀请了法兰西科学院巴斯蒂院士、俄罗斯科学院米亚斯尼科夫院士、天主教法国遣使会档案馆专家、天主教巴黎外方传教会档案馆专家、法国国家图书馆专家、意大利拿波里大学、美国、香港以及中国社会科学院相关问题的专家,围绕着“收集、整理和利用海内外收藏的清代入华传教士文献档案,为清史纂修服务”展开了广泛的讨论。这次会议使国外相关领域的学者充分了解了当前中国清史纂修这个中国最为重大的国家级社会科学课题,加强了中外学界的合作与交流,并为“清代入华传教士文献档案整理与研究”项目的进一步完成提供了丰富的资料。本刊在此特发表戴逸先生和张西平教授的讲话。

这次邀请了来自世界各国的著名学者参加研讨会,有的像法国巴斯蒂院士、俄国的米亚斯尼科夫院士都是老朋友,还有许多是我们闻名已久的新朋友。中国孔子说:“有朋自远方来,不亦乐乎!”我正是怀着十分喜悦的心情,热烈欢迎您们的光临。这次邀请大家来的目的,主要是商讨清史编纂如何开展国际之间的合作。编纂清史是我国新世纪的一项巨大文化工程,主要是总结有清一代 300 年的历史经验。工程已经启动一年多,拟定了编纂方案,讨论了清史框架,制作了92卷清史目录,这是主体工程。目前主体工程正在紧张地进行审议、立项,争取在今年年内基本上完成立项工作。除了主体工程,还有规模浩大的基础工程,共有三类:一类是国内的档案整理,一类是国内的文献整理,一类是国外的档案文献收集整理。第三类国外的档案文献对清史编纂工作极为重要,国外的档案文献数量庞大,中国的学者们对之缺乏研究,过去整理、翻译也较少,基础很薄弱。为了加强这方面工作,我们特邀请诸位专家光临、指导和帮助我们做好外国档案文献的工作。

清代的三个世纪正处在全球一体化的浪潮中。以往处在东亚一隅的中国和外部世界的交往日益频繁,这是清代和汉、唐、宋、明大不相同的一大特点,清朝已成为全球历史不可分割的一部分。清朝300年和世界的关系包括很不相同的三个阶段:

第一个阶段即17世纪,清朝刚刚入关就和西方入华耶稣会士交往,如汤若望、南怀仁、白晋、张诚、雷孝思、郎世宁、蒋友仁等,他们带来了西方的科学、技术、艺术,帮助中国制火炮,定历法,画地图,传数学,绘图画等等。人数很多,时间很久,进出宫廷,深入下层,写下在中国的所见所闻,定期寄回欧洲,这是对当时中国社会的第一手记录,十分珍贵。我们希望有计划地收集、出版他们的各种作品。

第二个阶段即18世纪,由于中西礼仪冲突,在雍乾之际,传教士的活动被禁,中西文化交流逐渐消歇,这是很可惋惜的损失。但中西交流并未因此停止,因为随之而起的中西贸易交往的发展,包括海上贸易和中俄的恰克图贸易,中国的茶叶、丝绸、瓷器、土布大量销往西方。从18世纪初到末期,粤海关的税收增加二十多倍,可见对外贸易增长之速。中外贸易当时掌握在各国东印度公司之手。我曾托人在伦敦询问英国东印度公司的档案。据称数量浩瀚,如果复印购买,需经费五万英镑巨款。这个时期俄国、英国还派来使团访华,使团写的报告、回忆录也很有价值。

第三个阶段是19世纪,中西交往的性质发生了根本变化,以前基本上是和平的平等往来。至此以后,西方以兵戎相见,武装侵略中国。经过两次鸦片战争、中法战争、中日战争、八国联军,一次又一次侵略、欺负中国人民。其间有大批军人、外交官、商人、传教士、探险家深入中国各地,成为中国社会的主宰者。他们也写了许多政府文件、信函、传记、回忆录,多得不可胜计。这时还有了照相术,在中国拍下许多相片。我们希望有选择地收集整理文献与相片,准备建立一个图片库。

总之,清代的三百年自始至终都在和外部世界交往、接触,尽管实行闭关政策,但不可能完全封闭。世界一体化的浪潮在汹涌前进,中外之间相互接触、相互往来,最后列强破关而入。我们要有世界眼光,要有广阔视野,不能局限于中国之内,也不能只收集利用国内的史料,既要从世界的发展来观察中国的历史进程,也要从中国的局部地区和事件,联系世界的历史背景。我们也需要得到国际同行专家的合作和帮助,这种合作和帮助可以使不同国家和人民之间加深理解、加深友谊。

(作者单位:国家清史编纂委员会)

关于清代入华传教士文献收集与整理的设想

□张西平

目前中国正在进行的国家清史纂修工程是新中国成立以来最大的一项标志性学术文化工程，以“世界的眼光”来纂修清史是这次纂修工程的一个极为重要的观点。清代历史不同于中国历代历史的根本之处就在于清王朝从诞生到灭亡，是在与外部世界，特别是在同西方世界的接触、摩擦和冲突中展开的。如果不把清代的历史放入世界史中考察，清史纂修的工程几乎无法完成。正如戴逸先生所讲“这个时候，研究中国历史，已经离不开世界历史”。

在清王朝与外部世界接触、摩擦和冲突的过程中，入华的传教士在其间扮演着重要的角色，无论是清中前期的天主教传教士还是清后期的基督新教传教士，因此对清代入华传教士文献的收集和整理及其研究，成为整个清史研究的一个重要方面。我们今天召开这个小型的学术会议，也正是为了推动这项工作。

下面我从四个方面对这个课题做一个初步的介绍，并根据国内外学术研究的进展，提出一些个人想法，供与会代表讨论。

一、我们目前所承担的清史项目的介绍

我所主持的这个课题是今年清史编译组下设的一个课题，题目为“清代入华传教士文献收集与整理”。这个项目由三部分组成，第一部分是“耶稣会年报表”，这是从1545年沙勿略到达日本到1767年为止亚洲耶稣会给罗马的总会所写的各类报

告及教会内部的通信，全部文献共61卷，三万页。1991年葡萄牙方面和澳门联合整理出版了文献的原始目录。清代入华传教的各修会中耶稣会在中国的影响最大，他们不仅直接参与了清政府的一些重大事件，而且在中国各地的活动也十分活跃。这批文献是耶稣会在中国活动的最重要文献，其目录和部分原始文献的翻译必将为清史研究提供重要的材料。

项目的第二部分是“《中国丛报》总目”。《中国丛报》是入华基督新教传教士裨治文在中国创办的第一份英文报纸，时间是从1832年到1851年。该报详细报道了晚清时的社会经济、政治、文化等各方面的事件和情况，它为我们研究清代历史提供了第一手的外文文献。我们将为清史研究提供一份详细的目录和部分重要文献的翻译。

第三部分是“已经出版的清代俄罗斯东正教驻北京使团成员著作目录”。它将把自1715年东正教使团驻北京以来，使团成员的著作做一项详细的目录，并将其重要的部分文献翻译成中文。

从这个介绍中诸位可以看到两个基本特点：一是这里的入华传教士包括基督教的各个派别，我们认为这样才能反映出清代入华传教士的全貌，从而为清史的纂修服务。第二，从原始文献和档案入手，做一手材料，这样才能使我们的清史纂修用上最真实、最重要的文献。

二、目前国际学术界对清代入华天主教传教士的研究

据我有限的了解，西方对清代入华传教士及各个天主教修会的研究取得了许多成果，多卷本的《方济各会在华传教史》早已出版，去年我在巴黎外方传教会的书店看到他们又再版了多卷本的《巴黎外方传教会在华传教史》，多卷本的《多明我会在华传教史》也早已出版。比利时的南怀仁文化协会出版了《张诚传》、《鲁日满研究》等学术著作。德国的《华裔学志》研究所出版了一系列的重要学术著作，如《白晋生平与著作》、《中西文化交流的桥梁——柏应理》、《西来孔子——艾儒略》、《汤若望研究》、《卫匡国研究》、《戴进贤研究》、《南怀仁研究》、《南怀仁的欧洲天文学史英文翻译》、《中国礼仪之争》。意大利的樊蒂卡教授出版了《马国贤文集》，马西尼教授和卫匡国研究中心出版了《卫匡国全集》的前三卷。法国也出版了一大批有关入华耶稣会的研究著作，如沙伯里神父的《中国基督教徒史》。关于法国的情况，耿昇先生有专文介绍。钟鸣旦的《基督教在中国手册——635—1800》是一本很重要的工具书。我认为西方学术界出版的这些书和文献对于研究清史都是十分重要的，汉学中心一直把翻译这批书做为学术工作的一个重要部分。

在这里我想和欧洲来的学者们就清代入华传教士研究问题交换一下想法，以

说明我们为什么现在这样重视对入华传教士的研究。这几年在研究明清中国基督教史中有个很有影响的说法："汉学的转向"，即在研究中从过去的重视传教士研究转向重视中国人对基督教的接受的研究，或者说从"传教学"转向"汉学"。我认为这种说法有待商榷。一是注重中国文人对基督教接受或反对的研究并不是从这十几年才开始的，就中国来说陈垣先生在做明清基督教史研究时，一直是在做中国文人的接受，以中国本土文献为主来进行研究，如他对吴历的研究；就西方学界来说，《华裔学志》的老主编卜恩礼（Heinrich Busch）所做的《东林党人与天主教会》早在1933年就发表了。"汉学转向"这一说法关键在于混淆了西方汉学和中国本土学术两个领域，就西方汉学领域来说这种说法有一定的意义，因为过去在西方学术界更多是从"传教学"来研究清代入华传教士的，注意中国本土的接受和反应不够。对中国本土来说则是另一种情况，方豪在继承陈垣学术传统的基础上重点从传教学的角度来进行研究，取得了很大的成就，陈寅恪先生称他是"新会学案有后人"。由于语言和其他方面的原因，自方豪以后中国本土学者再没有在传教学研究方面有大的进展，绝大多数当代研究者主要对中文文献进行研究。由于缺乏对入华传教士的深入研究，中国基督教的研究进展并不顺利。但目前不少中国的学者也这样认为，即将研究重点应放在接受方面，我是不同意这种看法的。我认为对传教士的研究和对中国文人对基督教的接受或反对的研究应并重，同时进行。另外，如果只重视所谓接受的研究，就忽略了另一个重要的问题，即明清入华传教士在中西之间所做的另一项重要贡献：把中国文化传向西方，西方人对中国文化的接受问题，这些这里我们不做展开。我只是指出将所谓的"汉学转向"的提法移植到中国的学术传统中，是有问题的，应对其反思。

讲这一点，对我们的清史研究是很重要的，对我们的这个会议也是如此。我们必须从学术上确立进行传教士研究的价值和意义，它对中国学术界来说绝不是一个过时的题目，恰恰是需要加深的方面。

三、关于入华天主教传教士外文文献的收集与整理

从清史纂修的角度来看，入华传教士的外文文献在三个方面有着重要的意义。

首先，对于清史纂修中"典志"中的宗教志，特别是基督教志的撰写有着重要的影响。了解中国基督教史的人都知道，实际上在1927年南京金陵神学院院长被北伐军杀死以前，中国教会的领导权始终在西方修会和差会手里，这就是说如果你不了解西方的传教修会和差会，就根本无法掌握中国基督教会的总体情况。以天主教为例，到今天为止，我们仍不知清代天主教教会一些最基本的情况，如有多少教区，有多少堂口，有多少神甫，有多少西方传教士，有多少教徒，各个西方修会传

教区的分布，各个修会在清代传教的一些重要政策，在晚清时教会和国外势力的关系等。如果连这些问题都不清楚，如何写清代的基督教志？所以必须系统整理传教士外文文献才能厘清清代的基督教史。

传教士和西方修会、差会的这些外文文献不仅对纂写基督教志是必不可少的，对于清史中的通纪、编年、典志、传记、史表等其他方面也有着重要的积极意义，因为许多传教士在中国的各地区传教，他们在信件和各种文献中载有当时中国社会生活各方面的情况，而这些材料在中国的官方文献和地方志中是没有的，这样传教士文献的收集和整理就会弥补中文文献的不足。在清代的历史中，传教士曾在清代的经济、教育、卫生、社会救济等方面的活动中很有影响，对他们这些文献的收集整理和出版会使我们对清代的社会史有新的认识。

最后，清代的入华传教士不少人就直接参与了清代的重大历史事件，这些传教士的外文文献对清史的纂修将产生直接的影响。例如，在清中前期的中俄、中法、中葡和中国与西班牙关系中，在礼仪之争中，在清代科技史，许多传教士都有着重要的作用；在清后期的义和团运动中，在几个涉及到重大历史事件的教案中，不少传教士都有着重要作用。这些传教士的外文文献对研究清史是有价值的。

我想这三个方面既是我们做这个项目的理由，也是我们所希望做的基本内容。

四、关于入华天主教传教士中文文献的收集与整理

清史纂修中的中文文献收集和整理原是在文献组，但我想传教士文献有着内在的关系，所以我希望将其一同考察，这样更好。

从葡萄牙人东来进入亚洲和澳门到1805年新教进入中国为止，在这长达三百年的时间里，入华传教士以耶稣会为主，包括方济各会、多明我会、奥斯定会、巴黎外方传教会在内对中国社会、经济、文化、宗教、哲学作了深入的调查和研究，在传教的过程中留下了大量的中文历史文献。与此同时，中国文人学士、明清两朝帝王、贵族和官吏在同传教士直接或间接的接触中也留下了数量可观的历史文献。这批历史文献大体包括以下几个方面内容：

第一、宣传、介绍天主教的教理、历史、圣人、教规；

第二、向中国介绍西方的科学、文化、历史；

第三、研究如何使天主教与中国文化相结合；

第四、在传教过程中的具体历史文献；

第五、明清帝王、官僚同传教士和罗马教廷接触的历史文献；

第六、中国士大夫教徒们对天主教的接受、理解的文献；

第七、“礼仪之争”中中国有关排斥、反对天主教的文献。

这批文献中有30%左右为手稿、抄本,有70%左右为明清两代的刻本和重刻本,均是中国同西方文化首次直接交流的最重要的一批原始中文文献。而这批文献记载了当时中国同欧洲文化交往的具体过程,具有十分珍贵的史料价值。清史研究中值得关注的一个重要问题就是:如何理解和对待西方文化,包括传入中国的天主教文化。这个问题实际上直接影响了清朝的兴衰。只有在把握了这批文献后才能对这个问题有一个较为全面和深入的认识。另外,这批文献也是研究清中前期社会变迁的最重要文献。传教士引进了西方近代科学,介绍了西方古代和近代文化,使中西文化开始了第一次大规模的、直接的交流。科学的传播,宗教的交流,使中国明清社会发生了变化,特别是许多传教士或长期出入于宫廷或长期生活在中国民间,他们记录了大量关于明清两朝,特别是康、雍、乾三代政治和社会方面的史事,以及有关明清间中国民间社会状况的历史文献,这对研究中国清代社会史有极高的价值。这批文献目前在国外主要收藏于罗马梵蒂冈图书馆、罗马耶稣会档案馆、法国国家图书馆、俄罗斯圣彼得堡图书馆、西班牙国家图书馆。

鉴于这批文献的重要性,从明朝晚期开始,中国著名奉教徒、利玛窦的得力助手李之藻1629年就出版了中国历史上第一部西学丛书《天学初函》。从20世纪60年代开始,台湾学生书局陆续出版了《天主教东传文献》、《天主教东传文献续编》、《天主教东传文献三编》,近年来比利时鲁汶大学钟鸣旦等人又出版了《徐家汇藏书楼明清天主教文献》和《耶稣会罗马档案馆明清天主教文献》,这些已出版的文献共有520份,而这批文献的总数量约有1500份,约有8—13万页,已出版的仅占这批文献总数的30%。因此,对于这批中国天主教文献的整理和出版情况可以作出一个简要的判断:尽管前人和当代学者已经出版了一系列此类文献,但我们认为大部分文献的研究、整理工作尚未进行;再则,已经出版的文献在整理和编辑上存在许多不尽人意之处。所以,在清史纂修中从整体上全面整理、精心编辑并出版这批文献是十分必要的。

以上四点是我本人的一点想法,如有不妥,请大家指正。

我们这次会议是个工作座谈会,通过这个会议我们想倾听诸位专家的意见,如何共同合作做好入华传教士文献的收集和整理工作,并希望明年在适当的时候我们共同合作在欧洲召开一个收藏欧洲来华传教士文献的主要档案馆、图书馆的会议,以进一步推动这方面的工作,从而使我们的文献工作更好地为清史纂修服务。

(作者单位:北京外国语大学)

关于《卫匡国全集》第三卷《中国新地图集》的几点说明

□［意］马西尼(Federico Masini)

编者按 2004年9月20日是欧洲早期著名汉学家、入华耶稣会士卫匡国诞辰390周年，为纪念卫匡国在中西文化交流史和西方早期汉学史的贡献，北京外国语大学海外汉学研究中心与意大利特伦托卫匡国研究中心、意大利罗马大学合作于10月29日联合举办了“让西方了解中国——中西文化交流的使者卫匡国学术研讨会”。会议开幕式上，陈乃芳校长致开幕词，意大利参议员(兼意大利特伦托卫匡国研究中心董事会主席)古伯特教授、意大利驻华使馆文化专员、北京外国语大学海外汉学研究中心张西平教授、罗马大学东方学院院长马西尼教授分别在开幕式上致词，秘鲁驻华使馆大使、乌拉圭驻华使馆大使以及《光明日报》、《中华读书报》、《中外文化交流》杂志社记者出席了开幕式。

来自意大利特伦托卫匡国研究中心、罗马大学东方学院、俄罗斯科学院东方研究所、中国科学院自然科学史所、中国社会科学院历史所、北京大学、清华大学、北京语言大学、浙江大学以及海外汉学研究中心的研究人员向大会提交论文约二十篇。会议以意大利使馆专为此次会议举办的《卫匡国新地图集》首发式拉开了帷幕，远道而来的意大利学者为会议带来了精美的地图，使中国学者第一次接触到卫匡国地图的原图，为中国学界提供了关于卫匡国地图的宝贵信息。俄罗斯科学院东方研究所的米亚斯尼科夫院士的发言使会议的议题获得了更加广阔的视野。出席会议的中国学者大多都是中国地图研究、明清入华传教士研究领域的前辈和专家，他们的发言充分体现了我国地图学界的前沿性研究成就。与会学者普遍感到会议议题得到了深入的讨论，表示将继续支持北京外国语大学海外汉学研究中心的“国际汉学书系”、“中外关系史丛书”和《国际汉学》辑刊等各项学术工作，并期待几年后在中文版《卫匡国全集》的首发式上再次相聚。在此特发表罗马大学马西尼教授的文章。

今天，卫匡国（1614—1661）——这位曾到中国传教的特伦托传教士仍被人们铭记着，这是理所应当的。但我们也不妨说，他更是一位在欧洲传播中国文化的人士。正是他的拉丁文著作，才使欧洲几代学者了解了中国的地理状况、民风民俗、古代和现代历史，甚至她的语言。

卫匡国是一个讲究实干、勤奋写作的人。在中国，于紧张的传教生涯中，他利用难得的休息时间写出了使其名闻遐迩的著作，特别是那部《中国新地图集》。此书是第一部，也是在以后的一个多世纪里的惟一一部记述中国地理的地图集。现在，它将作为《卫匡国全集》的第三卷（分为上下两册）首次以完整的现代版面世。此书由白佐良（Giuliano Bertuccioli）编辑，弗朗科·德马尔奇（Franco Demarchi）主编，特伦托大学卫匡国研究中心印刷。

一、卫匡国著作的缘起

直到成为杭州教区负责人时，卫匡国才开始过上一段难得的平静生活。事实上，从他离开故乡特伦托，直到 1650 年浙江教区神甫阳玛诺（Emanuel Diaz，1574—1659）派他作为数学家去北京，与正在朝廷钦天监工作的汤若望（1592—1666）合作止，卫匡国的生活始终在奔波中度过。然而，或许是因为与汤若望不和，就在 1650 年当年，阳玛诺神甫又委派卫匡国返回罗马，赴罗马教廷就中国礼仪的世俗意义为耶稣会士们的传教事业进行申辩。

于是，卫匡国从北京一回到杭州，就即刻前往中国南方沿海的省份福建，并从那里登上了去菲律宾的船只，此时大约是 1651 年 3 月。陪同他一起上路的是一名 28 岁的中国青年，名叫 Domenico Siquin，祖籍河北，八年前就接受了多明我修士的洗礼。

卫匡国和 Siquin 在菲律宾群岛停留了有近一年时间，直到 1652 年 1 月，他们才重新登上前往欧洲的船只。在这一年的漫长等待中，卫匡国没把心思放在当时在中国的传教士们最关心的商务问题上，而是专心致志地撰写书稿。这些书稿将在他回到欧洲后出版。卫匡国一直利用旅行的间隙写作。由于有那位年轻的中国陪同在语言文字方面提供的帮助，卫匡国从自己由中国带来的地理和历史书籍中搜集到了大量宝贵的资料。

从1652年5月到1653年2月，卫匡国又一次被迫滞留在巴达维亚，也就是今印度尼西亚的雅加达，在这段时间里，情况可能允许他继续写作。在此后的旅途中，卫匡国的写作活动持续到1653年9月在挪威的卑尔根港上岸。

从那以后到1656年初的几年时间里，卫匡国在整个欧洲大陆的各国君主、知识界人士中间展开了紧张的外交和政治活动，他到过荷兰、比利时、德国、奥地利和意大利。尽管如此，其间卫匡国还是将自己在旅途中完成的著作一一出版：1654年，在罗马出版了《简报》（*Brevis Relativo*，收入《卫匡国全集》第二卷，已出版）；在安特卫普出版了《鞑靼战纪》（此书准备收入《卫匡国全集》第五卷）；1655年，在阿姆斯特丹出版了《中国新地图集》（《卫匡国全集》第三卷）；而当1658年11月，《中国历史十卷》（此书将收入《卫匡国全集》第四卷）一书在慕尼黑出版时，卫匡国已经踏上了返回中国的行程，那里有更艰巨的任务在等待着他。

这就是我们所知道的卫匡国著作的缘起。卫匡国的著作使欧洲几代学者和宗教界人士了解了中国：《简报》帮助他们知道了基督教在中国的状况；《中国新地图集》让他们了解了中国的地理状况；《鞑靼战纪》使他们清楚了明朝政权被推翻（1644年）的历史；《中国历史十卷》介绍的是中国上古史。

二、《中国新地图集》的结构

从书名上看，这本著作就与众不同。事实上，题目中选择“地图集”（Atlas）一词作为书名，就已经表明本书是一部现代地理学著作。这一学科在当时的欧洲刚刚诞生，它始于奥代理乌斯（Abraham Ortelius，1527—1598）于1570年出版的《地球大观》（*Theatrum Orbis Terrarum*）和佛兰芒人杰拉杜斯·麦卡特尔（Gerardus Mercator，1512—1594）于1585年出版的《地图》，应归功于他们两人创造了“地图集”这一术语，意指多卷本的地图合集。

《中国新地图集》的扉页上是对当时驻比利时总督——哈布斯堡皇朝的莱奥波尔多·古烈尔摩（Leopoldo Guglielmo d'Asburgo，1614—1662）的献词，接着是写给哈布斯堡皇朝费尔南德三世（Ferdinando III d'Asburgo，1608—1657）的由荷兰出版商让·布劳（Jean Blaeu）出版的特许申请书，1665年获得特许。最后，附有耶稣会的两个批件。

在我们看来，本书最矫揉造作的部分就此结束。之后，卫匡国就开始了他真正的论述。在长长的《前言》中，卫匡国就已声明“本书将全面地介绍整个远东的情况”。《前言》部分介绍了中国的各个方面，不管是重要的还是一般的，共有八十多页，其意大利文版本由已故汉学家焦尔焦·梅利斯（梅文健，Giorgio Melis）编辑出版。卫匡国在《前言》中描述了中国的地理疆界，分析了它们名称的起源，介绍了中国的自然屏障、气候和地形，讲述了物产，最后还说明了各地的人文地理状况——这同时也是卫匡国书中最为宝贵的部分。

卫匡国非常准确细致地描述了中国人以及中国的艺术、科学、信仰和风俗习惯，其中既有赞扬，也有尖锐的批评。比如他曾写道："中国女人的脚仅比羊蹄子或牛蹄子大一点。在这些文明人中间，即使是看到《伊里亚特》中美丽的海伦，也会因为她的脚太大而瞧不起她，这实在是奇怪而又可笑的愚蠢行为。可在这里，所有的女人为了取悦男人，都会心甘情愿地自残（缠足）。"（第 247—248 页）

白佐良教授在本书的第 55 条注释中尖锐地指出，这种对中国人的非人道行为的批评，其他传教士却好像都不同意，如利玛窦（1552—1610）始终避而不提。

在叙述了中国人的衣着甚至饮品等细节后，卫匡国开始描述中国人的聪明才智，介绍了道路、舟船、简朴的房屋与豪华的宫殿、行政管理体制、佛塔和寺院。他还用两大段分别介绍了中国的水系和长城。水在中国被称为"水利文明"，卫匡国在书中说明了水在中国古代文明中所起的重要作用，概括地描述了中国的河流，特别是两条大河——长江和黄河的情况。与马可·波罗有所不同，在卫匡国生活于中国的那段时期里，长城在抵御中亚游牧民族方面起着重要的防护作用。卫匡国用几页的篇幅描写长城，但实际上当时他和马可·波罗一样，差点忘了长城："当我匆忙地记录下这些事时，我差点忘了长城，这个因被很多作家提及而闻名于世的建筑，是值得所有人永远铭记的人间奇迹。"（第 268 页）

最后，卫匡国还增加了"一些便于理解下述内容的很有用的东西"（第 70 页），这也是他的另一部伟大的历史著作《中国历史十卷》所要谈的事情即中国的度量衡及其汉字名称的正确读音法。在他用拉丁文写的信中，对度量衡及其单位都标注了正确读法。在卫匡国之前，是利玛窦用罗马字母确定了给汉字注音的几条规则，这种方法在入华的葡萄牙、意大利和法国传教士中间已经使用了几乎半个世纪之久。

《前言》部分是以下面这段话结束的："在叙述每个省份之前，还要简单讲一下与中国相邻地区的情况，特别是要听听中国地理学家们是如何说的。关于日本、朝鲜和辽东的情况，我将配合它们的地图分别予以介绍。"（第 276—277 页）

事实上，我们在书里找到了一段关于"东鞑靼"（"Tartaria Orientale"）的简短描述。"东鞑靼"也就是后来的满洲，当时那里居住着通古斯女真；在这里，我们读到了关于奴儿干（Nurkan）和 Ezo 王国的介绍。奴儿干王国位于满洲的东北部，那里居住着女真人。Ezo 王国则是如今日本的北海道，这个地方在 1869 年以前并不为人所知，直到 1869 年才有了现在的名字，并被最终认定为岛屿，而不是以前很长时间里被认定的半岛（参见《前言》注释第 121 条）。

在描述了中国东部的王国之后，卫匡国又介绍了西部的一些王国：那里有东方鞑靼人蒙古部落建立的王国，即撒马尔罕(Samarcanda)王国，以及西番的几个王国。一般来说，后者是指那些非中国人所居住的在中国西部国境线以外的地区，包括西藏和缅甸。卫匡国还专门介绍了老挝，也许是因为卫匡国从曾在老挝传教的耶稣会士焦瓦尼·玛丽亚·莱里亚(Giovanni Maria Leria，？—1665)那里了解到不少关于这个国度的信息。最后，卫匡国还简短地介绍了安南，也就是现在的越南，在很长一段时期内，安南在政治上一直处于中国的控制之下，卫匡国对于这一地区的描述虽然简短，却是准确且有史可查的。

卫匡国叙述这些王国时，是以它们相对于中国的地理位置为顺序的，先东北，后西南。他的描述显然是以中国史料为基础的，有时他通过间接方式进行转述，这在书中可以看出："……中国作家说这是……"(第295页)。与此不同的是，《前言》的核心部分，也就是本书的第一部分，则完全是卫匡国的概括，虽然其中也有揣摩和不及时的补充(比如关于长城那一部分)，但基本上是一气呵成，留给读者的感觉是既清晰又简洁，同时又十分准确。可以说，即使没有对中国15个省份的描述，《前言》本身也可以成为一部独立的著作。它以卫匡国的亲身经历为基础，也有"从绝对值得信赖的中国宇宙志研究者那里得到的资料。另外，我从中国带回意大利的地图和书籍对我也很有帮助，它们对我而言无疑是一个宝藏"(第297页)。

卫匡国生活的那个时代，中国的15个省分别为：1. 北京；2. 山西；3. 陕西；4. 山东；5. 河南；6. 四川；7. 湖广；8. 江西；9. 江南；10. 浙江；11. 福建；12. 广东；13. 广西；14. 贵州；15. 云南。在《中国新地图集》一书中，每个省为一章，每章之前配有一幅符合标准的彩色地图。

在每章中，卫匡国首先介绍该省的边界、主要特点、省名的历史沿革、人口及其性格特征、主要物产，比如浙江的丝绸或陕西的大黄等。随后系统地介绍该省的每个行政辖区的情况。根据中国传统的金字塔式行政区划，一个地区的政府分为：省、府、州、县和镇。在对每个省的描述中，卫匡国都分别介绍其下辖的每个府的情况，提供的资料涉及该府的边界、名称的历史由来，主要物产，山川形势特点以及各府所辖之州、县的名称表(都用中间有黑点的圆圈标出)。

在中国的很多省份——确切地说，是在北京、山西、陕西、山东、四川、浙江、福建、广东、广西、贵州和云南——特别是在那些和外国接壤或濒海的省份里，都有军队驻扎，驻军也同行政区划一样被划分在下辖的府、州和县中。此外，还有要塞，都是海防军事基地，规模大的称为"卫"(5000人)，中等规模的称为"所"(1100人)，规模小的也称为Suo"所"(100人)。此外，还有瞭望塔，称为"烽火台"或"烽堠"。

在第十五省云南省这章后边的附录中，可以找到有关中国与外国的三个交界地区的简短描述，这三个地区在文化和政治上都与中国有着深刻而紧密的联系，它们分别是：一个是东北的辽宁，就是如今的辽宁省。卫匡国指出："从面积和人口数量上来讲，这里绝对可以成为一个省，但大明朝廷却不愿把省份的名号赐予它……"（第842页）再一个，就是几个世纪以来一直在中国保护下的朝鲜半岛；第三个是日本国。

关于这些地区，卫匡国提供的资料非常有限。卫匡国当年写中国各个省份时所依据的中文著作中，比如《大明一统志》，关于这些地区的信息就非常少。在他写作的那个时代，卫匡国能够为西方提供的这些资料，显然有限，但很有用。特别值得一提的是，就在这些有限的资料中，卫匡国反驳了"朝鲜是一个岛"的说法，他在书中写道："朝鲜到底是一个岛还是一片陆地，不是所有的欧洲人都确切知道，但我相信它是一个半岛，是绝对不可以在海上环绕它航行的。"（第846页）

卫匡国对日本的处理则有不同，他在书中这样写道："我曾许诺过要补充一些关于日本的信息，但鉴于在我之前，有人特别是耶稣会士，如马费伊和托塞里尼等人，已经非常准确地描述了这个国度，因此我只在附录中补充很少的一部分信息，这些信息或许是被其他人忽略或遗忘了的。"（第852页）也许正是因为耶稣会士吉安皮埃罗·马费伊（Giampiero Maffei，1535—1603）和奥拉奇奥·托塞里尼（Orazio Torsellini，1544—1599）两人在1571和1594年出版的两部书中详细介绍了日本的情况，因此卫匡国对日本的处理才采取了地图在前、附录说明在后的方式，并在附录中强调了日本是独立王国这一事实。

三、纬度和经度

在《中国新地图集》一书的最后，列出了书中每个省所涉及的所有地区的经纬度。这是一项十分宝贵的资料，因为它不仅以一览表的形式标明了中国每个省、每个府的位置，更主要的是提供了书里提及的所有地方的经纬度数据。

这是卫匡国为当时的制图学史做出的杰出贡献。如果说书中的叙述部分大多有中文资料可资参考，那么我们可以推测，经纬度表里的数据则是卫匡国亲自计算得到的。纬度的计算问题不大，卫匡国提供的数据和现在测得的数据并没有什么不符合的地方；而测量经度的方法则不同，这在当时仍是科学家之间争论的话题。为此，卫匡国本人也曾多次写信，向他在罗马教团的老师基歇尔（Atanasius Kircher，1602—1680）（这些书信在《卫匡国全集》的第一卷及《卫匡国书信集》的第三、四、六和第七部分可以查阅到）请教和探讨一些问题，比如磁针在经度测量中的使用，又比如采用穿过北京的子午线作为零度子午线，并以此为依据计算中国所有地区的经度等。

在卫匡国提供的丰富数据中，我们发现尽管当时经纬度系统还不为中国人所知，但中国地理在当时已经发展到了很高的水平。其实即使是在欧洲，经纬度系统也是到了1735年才被广泛承认的。在《中国新地图集》一书的17幅地图中，卫匡国画出了经纬线，并在最后的经纬度表中明确标注了书中提及的所有地区的准确位置，总共有2100个地区，其中除了中国的，还包括日本和朝鲜的。卫匡国本人在《中国新地图集》的前言中这样写道："中国的宇宙志研究者们撰写的书中指明了府、县和山川的名称、地理位置以及其他有用的资料，他们仔细注明了两地间的距离，但并没有经纬度记录。"（第297页）所以，这样的经纬度表被认为是卫匡国的研究成果，可以夸耀地说这也是近代同类经纬度表中最杰出的。在中国的制图学方面，经纬线直到1832年仍出现在地图的坐标方格上，这种中国传统的制图分度法，只有到了19世纪下半叶，才最终被取代。

如果我们试图从卫匡国严谨的制图法中找出欧洲文化与科学传统之功，那么也必须突出强调，卫匡国非常娴熟地把中国制图学传统融入了他的著作中。中国制图学传统不仅包括自然地理的诸多方面，尤其是水文学方面，而且还包括人文和社会方面的描述。正是由于欧洲文化科学的理念和严谨与中国传统的地理学之完美结合，才造就了《中国新地图集》一书的辉煌成就。

四、《中国新地图集》的史料

由于《卫匡国全集》第三卷《中国新地图集》译注本的出版，关于卫匡国在此书中到底引用的是何种史料这一难题，有望得到彻底解决。

研究《中国新地图集》的意大利和外国学者们，就卫匡国的这部地理学著作所引用的资料发表了完全不同的意见。其中，以路易斯·费赖之（Louis Pfister，1833—1891）为代表的一些人认为，卫匡国在写作时主要参考的是陆应阳于1600年出版的《广舆记》，即"明朝的中国地理"；另外一部分人认为，卫匡国参考的是罗洪先的《广舆图》，该书于1541年首次面世，后来曾多次再版，此外还有1595年出版的《广舆考》，此书被旅行家弗朗切斯科·卡莱蒂（Francesco Carletti，1573—1636）带到了意大利，如今收藏在佛罗伦萨的国家图书馆内（la Biblioteca Nazionale di Firenze）；还有一部分人，以中国学者马雍为代表，则提出了一种假设，即卫匡国将以上这些材料补充进书中，还广泛采用了中国地方志的材料。这些地方志是内容极其丰富的丛书，它以编年体记载着历朝历代在中国的各个地方发生的重要事件。看起来，过去学者们的观察是粗心的，不够专心致志。只有今天的新版《中国新地图集》中所附的译注才能够把关于史料的问题最终理出头绪，彻底解决此书的资料问题。实际上，编者白佐良教授非常仔细地将《中国新地图集》的文本与此前出版的中国已有的13部地理著作逐段地进行了对照（卫匡国参考的中文著作目录表,见《卫匡国全集》第三卷,第一册,第10—12页),得出的结论是:这些中文著作正是《中国新地图集》一书所参考和引用的资料来源!事实上,本书的编者在这些书中找到了卫匡国所引用的每个引文的出处。当然,卫匡国对这些著作以及其他可能想得到的著作的参考程度是不同的,他更多地引用了关于人口和物产方面的统计资料。这些中文著作根据其重要性排列为:《广舆考》、《广舆图》、《图书编》、《三才图会》、《皇舆考》和《明史》。这最后一部书,特别在第七省湖广和第八省江苏中,在那些最难以解释的地方,曾多次被引用。

利用资料如此广博和完整的参考书(当时中国可资利用的所有主要史料),不仅说明了卫匡国在撰写这部地理著作时寻找史料的精心细致,而且还特别证明了,无论是那些关于卫匡国汉语知识有限的说法,还是某些人关于卫匡国仅限于翻译中文书籍的推测,统统不攻自破。这些人中有18世纪末的让·阿米奥特(Jean Amiot,1718—1793)神甫,更不用说多明我会士多明戈·纳瓦莱特(Domingo Navarrete)了,此人认为《中国新地图集》充满了谎言和错误。对卫匡国的指责已被与他同时代的耶稣会士南怀仁(Ferdinand Verbiest,1628—1688)驳斥得哑口无言。

正因为卫匡国出色地掌握了古汉语,他才能在这么多部用古汉语写就的中国地理著作中汲取对自己最有用的信息。当然,也不要低估那位陪他从中国返回欧洲的中国青年给予的有力帮助。不过,从另一方面讲,书中的中国地名,有几处有错字,不好解释。这正如中国学者马雍所强调的那样,是由于卫匡国阅读得过快而搞混了一些字形形似的汉字所造成的。中国本地读者是很难犯这类错误的。

本书在撰写过程中所面临的困难是可想而知的,在从中国回欧洲的危险旅途中,卫匡国几乎不可能去参考中国所有的地方志。这些地方志记载着每个行政区域的特殊事物,不可能在《中国新地图集》这样一部内容涉猎广泛、描写详尽但同时又是非常概括性的著作中都加以引述。毕竟,中国的疆域太辽阔了,而地方志实在是太多太细了。

为了使书中的中国地名所指的地理位置更为准确,并使该书成为一本准确的地理指南,卫匡国没有用拉丁文标注这些中国地名。这与他在《中国新地图集》和《中国历史十卷》中系统地使用拉丁文标注地名有所不同。

在地名学方面,卫匡国的功绩在于他成功地识别并确定了马可·波罗所提到的所有中国地名。在利玛窦确定了Cambalu(汗八里)就是北京城之后,卫匡国考证出马可·波罗所说的Quinsai就是杭州,Singui是苏州,Cugui是衢州,Cingiam是镇江等。卫匡国对地名的考证不是一个纯粹的地名学问题,它的更大功绩在于最终为马可·波罗的地理观察提供了制图基础,并在几个世纪以后最终确认了马可·波罗的讲述是真实的。因为当马可·波罗成为批评和怀疑的对象时,已经有人开始怀疑马可·波罗是否真的到过中国。可以说,卫匡国完成了联接历史的任务,这一工作的完成直到今天仍有很重要的现实意义。

此外,卫匡国还成功地搜集到了当时西方极其有限的有关中国的情况,特别是有关中国地理状况的资料:除了我们刚刚提到的《马可·波罗游记》,还有奥多里科·达·波德诺内(Odorico da Pordenone,约 1265—1331)的《报告》(*la Relatio*),以及由焦瓦尼·巴蒂斯塔·拉姆西奥(Giovanni Battista Ramusio)从 1550 年起在他的《航海和旅行》(*Navigationi et Viaggi*)一书中提供的所有缺乏根据的资料。卫匡国参考得最多的著作是金尼阁(Nicolas Trigault,1602—1667)的《中华传教史》(*De Christiana Expeditione apud Sinas suscepta a Societate Jesu*(*Augusta* 1614)),这是利玛窦著名的《回忆录》的拉丁文版评注本,而它的意大利文版本直到 20 世纪才得以面世。

《中国新地图集》出版后取得巨大成功的原因之一,就是史料的丰富性和多样性:现已查实,卫匡国在中国至少游历了七个省:北京(即北直隶)、山东、南京(即江南)、浙江、福建、江西和广东。他将自己在旅行中的所见所闻,与他在当时西方文献中读到的有关中国的东西,特别是那些他在回欧途中于所带的中国地理书籍里寻找到的内容,合在一起写入了书中。

由于白佐良教授的耐心,他逐段整理出了《中国新地图集》所引用的西方和中国史料,这些史料在他所作的注释中一一列出。今天,我们可以肯定地说,《中国新地图集》并不是中文书籍的简单翻译,而是一部才华横溢的研究成果。希望这能最终消除人们对此书写作缘起和撰写过程的诸多怀疑。

五、《中国新地图集》的幸运

1655 年下半年,在著名出版商让·布劳(Jean Bleau,1596—1673)的努力下,《中国新地图集》很快就在阿姆斯特丹出版了。同年,出版了法文版和荷兰文版,1656 年出了德文版,1658—1659 年间出了西班牙文版,在出版界取得了空前的成功,以至于其他传教士绘制的中国地图根本无法与之相提并论。事实上,或许是为了抵制《中国新地图集》一书的出版成就,出版商布劳最大的竞争对手——法国出版商尼科拉斯·达贝维尔·桑松(Nicolas d' Abbeville Sanson,1600—1667)于 1656 年出版了被认为是罗明坚(Michele Ruggieri)和利玛窦绘制的中国地图;1655 年,曾德昭(Alvaro Semedo,1582—1649)的《大中国志》(*L' Imperio de la China*)一书的英文版在伦敦出版;1670 年,桑松的合作者——另一名法国出版商皮埃尔·马里耶(Pierre Mariette)出版了波兰耶稣会士卜弥格(Michael-Pierre Boym,1612—1659)的《中国地图》(*Mappa Imperii Sinarum*)。但这些书中没有一部书能获得《中国新地图集》所达到的高度,因为此书并不是一本简单的地图汇编,而是一本地图集,每张地图之后，即是书的正文，都有极为丰富的有关中国的第一手信息。正如巴尔达奇（O. Baldacci）所说的："自卫匡国的《中国新地图集》问世后，从前在公众中广泛传播的所有介绍中国的印刷品通通成了废纸。"

卫匡国的地图集至少在近一个世纪里都保持着最权威的地位，直到1735年，法国的耶稣会士唐维尔（Jean Baptiste Bourguignon d'Anville，1697—1782）才在荷兰海牙出版了《中国新图》（*Nouvel Atlas de la Chine*），采用的是西方传教士在北京奉康熙皇帝之命绘制的《皇舆全览图》的副本。尽管如此，当19世纪新教进入中国，并由此开创了东西方关系的新时代之际，卫匡国的《中国新地图集》一书仍是研究中国制图学不可或缺的参考书。

如果说利玛窦和艾儒略让中国认识了欧洲，尤其让中国认识了欧洲的地理，那么卫匡国则是在马可·波罗带回那些根据不足的信息后，第一个将中国的自然面貌、经济和人文地理的现状系统地介绍给欧洲的人，为欧洲在19世纪对中国先后进行的文化和商业开拓铺平了道路。这个伟大的功绩确实应归功于卫匡国。《中国新地图集》一书在图书馆里尘封多年，仅在少许汉学著作中被引证过。直到今天，才以意大利文的全译本面世。不是简单的资料罗列，这是因为它有了详尽的书目和注释，可以说是做到了尽善尽美。总而言之，这不是一堆杂乱无章的信息，而是一部罕见的充满智慧的著作。

（作者单位：罗马大学东方学院）

关于中西方文化的第一次实质性接触

——访谢和耐教授

□钱林森

法国科学院院士、法兰西学院教授谢和耐(Jacques Gernet)先生于1921年12月生于当时的法国殖民地阿尔及利亚,青少年时代在阿尔及尔接受正规教育。1942年反法西斯战争开始,投笔从戎,1945年回巴黎,入巴黎国立东方现代语言学院学习汉语,1948年毕业于法国高等实验学院。1949—1950年间为法兰西远东学院的成员,1951年进入法国国家科研中心,在1955—1976年间,曾先后任高等实验学院的研究导师、巴黎大学文学院教授、巴黎七大教授,1975年起任法兰西学院教授,主持"中国社会和文化史"讲座,1976年出任享有盛名的汉学刊物《通报》法方主编,1979年以惟一一名汉学家的身份入选法兰西学院院士。谢和耐教授专事中国社会和文化史研究,著述等身,是法国汉学界的头面人物。1982年利玛窦入华传教400周年时,谢和耐先生在巴黎伽利马出版社出版了他的名著《中国和基督教》(*Chine et Christianisme*),这部著作一出版就引起了学界的高度重视,曾先后被译成多种文字,在世界广泛传播,在我国也相继有两种中文译本为读者所知。1999年2月23日和2001年6月11日,我曾两次在巴黎汉学研究所拜访过谢和耐先生,就他这部著作的写作背景、成书后的反响,特别是他在这部大作中描述的东西方两种不同形态的文明首次相遇、对话时所碰到的困难,所引发的矛盾与冲突及由此而提供给我们的教训和启迪,进行了长时间的交谈。据此我整理了若干问题寄给他,谢和耐先生又据我的提问,先后两次逐一笔答,下面的文字就是依据我们两次交谈和谢和耐教授的笔答整理而成的,谢和耐先生两次法文笔答由马利红女士译成中文,在此一并致谢。

(钱林森,2002 年 1 月 28 日,南京大学)

钱林森(以下简称"钱"):您的大著《中国与基督教》(*Chine et Christianisme*)从 1982 年在巴黎出版以来,受到了西方和东方读者的广泛欢迎,引起学界的重视。据我所知,法国老资格的比较文学大家艾田朴先生(R. Etiemble)就把您这部著作视为研究中西文化关系的权威性著作,给予了极高评价,在其两卷本的代表作《中国之欧洲》(*L' Europe chinoise*;1988—1989;Gallimard)中多次加以引述。中国先后有两种译本问世,在中国读书界广泛流传。我首先想问的是,您花了多长时间酝酿、撰写这部著作?为什么要写这部书?这部书问世后在学术界和宗教界引起了怎样的反响,这也是中国广大读者和学者感兴趣的问题。

谢和耐(以下简称"谢"):大约从 1970 年起,我开始对基督教与中国这个主题产生兴趣,那时我正应历史学家费尔南多·布罗代尔之邀,准备撰写一部关于中国通史的书《中国世界》(1972 年法文第一版,1980、1990、1999 年修订重版。这本书有一个很好的译本,开始面向中国读者,即由黄建华先生和黄迅余女士翻译的《中国社会文化史》,湖南教育出版社 1994 年出版)。它也促使我尝试去更好地了解明朝。我的第一篇文章(不太好)事实上开始写于 1972 年,即《关于第 17 和 18 世纪中国和欧洲的接触》(《亚洲学报》,东京学会,东京,1972,72—92;《东方学报》日文版,东京 1972 年;中文翻译为《国际汉学》,商务印书馆,北京 1995 年),紧接着 1973 年写了另一篇文章即《将近 1600 年时利玛窦的政策和中国精神生活的演变》(宗教的社科档案,巴黎,1973 年,71—89;中译本收入《国外中国学研究译丛》,西宁,1986,281—97 和《明清间入华耶稣会士和中西文化交流》,巴蜀书社,成都,1993 年,91—122)。另有 1976 年的《从 16 世纪末到 17 世纪中叶的基督教主义和中国哲学》(《尚蒂伊国际汉学讨论会文集》,美文学,巴黎,1976 年,12—25;中译本,见耿昇《明清间入华耶稣会士和中西文化交流》,55—67)。因此,我准备和编写这本书花了十多年时间。

写这本书时,我的想法是,中国人对传教士行为和传教的反应提出一些根本性的问题,由于存在一些根深蒂固的观念,这些问题在西方并没有研究过。西方人仍旧认为世界历史从他们的历史开始,并且从他们自身出发判断别的事物,认为现代西方人拥有所有时代,对其他文化具有价值典范的想法、西方原则优越性的偏见也没有完全消失。因此,仔细研究 17 世纪中国人对传教士言行的反应,是把这些观念再次提出来加以审视的途径。这也表明,除非人类有所意识,他们是受其时代、阶层,尤其是在一个不同于欧洲和中国的氛围中,以及所有代代相传的历史传统所制约的。社会组织、政治体系、思想、行为,所有的历史传统,尤其是宗教传统,所有这一切在既定的时代和文化中形成相对固定的整体。所有这些方面都得予以考虑。相反,如果人们认为一个人在任何地方都是一样的,那就没有什么可研究的了(在一段历史中人们是被设想为一个叙述。这个历史可能非常艰深、博学,有时甚至具有教育性或娱乐性,但是在历史和文明过程中它提不出异于其他的根本的思想问题)。

我并不很关心我的书出版后的反响。我相信总体反应应该是好的(除了耶稣会士杂志《学习》中一位耶稣会士写的一篇恶意文章。文章影射我不懂中文,因此我无法阅读自己曾译过的文章)。内容上惟一的批评是基于最后三页,关于语言和思想的关系问题(这个问题一直使我挂虑。我认为人们不能借口剔除所有的思想和哲学,这一语言与思想的关系问题是可以从一种语言译成另一种语言的)。

钱:您的这部书有一个副标题:第一次冲撞(*La première confrontation*)。据此,中国的第一个译本书名干脆改为《中国文化与基督教的冲撞》,表明本书的主旨在于描述东西方两种不同的文明首次相遇时所存在的差异,所发生的矛盾与碰撞,正像您的“导言”和“再版前言”里所强调过的那样。这是您的书有别于同代人和前辈同类作品的地方。我以为,正是这种独特性,才决定了您这部著作的价值,使之赢得学界的重视。您以丰富翔实的第一手资料,精辟地论述了中西方文明首次对话时所遇到的困难、所发生的冲突及所提出的教训,使得您这部书不仅是一部精湛的历史著作,也是一部耐读的典范性的比较文化著作,给比较学者提供了较多的启发。我想请您就这部“充满深刻智慧的著作”(Simon Leys 语),就其独特性:构思、选材、论述及主旨诸方面,发表您的看法。

谢:您问及我这本书的特色。我上面刚刚说过,我的观点是社会组织、政治体系、思想、行为、传统,尤其是作为这一整体主要要素的宗教形式,所有这一切成为一体,所有这些方面应该予以考虑。相反,如果人们认为面对的只是可互相替代的个体,如果人们假设一个人在任何地方都是不变的,而大部分情况则首先他不是赖以生存的世界之产物(即使他个人是独特的),那么则没有什么可以研究的。

至于工作方法,在我看来应该以文献为基础。在撰写著作时,我最重视的就是中国和西方同一时代的文本比照,即中英文本、法文和意大利文文本的对照。可以说,这本书就是中西文献的杂集。文献的对照和分析使得我给自己提出问题,于是一点一点组成这部书的材料。若从先验的观点出发,注定只能讲些平庸的见解,或者从一开始就走上歧途。正如最伟大的中国哲学家王船山所言,有即事以穷理,无立理以限事。

钱:在推动东西方全然不相了解的两大文明于1600年第一次相遇中,首批入华传教士担当了重要的角色,他们是基督教在中国的先驱。他们最初的成功得益于灵活、机巧的方针策略:即如您在书中所描述的迂回、平和、回避对抗的文化策略。这种传教策略在当时基督教和中国文人内部就存在分歧，后来一直在学术界争论不休，成了颇为棘手的课题。您作为法国有声望的汉学家和历史学家，对这一策略总体上如何评价？

谢：传教士初来中国时，他们深信自己掌握着真理，基督教不仅应在中国而且应在世界各地战胜一切困难。他们是怀着典型的西方人的固有想法和中国现实的既定框架来中国的：有极力与他们和上帝争斗的魔鬼撒旦，就应有驱魔的人；是上帝使人们归化；在他们及其受洗的朋友中也理应有殉道者，因为真正的宗教往往是人们恶意攻击的目标。而殉道者证实了基督教的真理（总的说来，这是一套不太中国化的思想）。在头脑里有这样一套想法，对于理解他们用以阐释中国人反应的策略和方法是很重要的，因为中国人完全属于另一种文化，他们没有绝对的信仰，更没有不可触犯的信条。传教士尤其是基督徒之所以表现得那么迎合并随机应变（尽管他们不会因自己毁坏中国的寺庙和佛像而感到如此局促不安），是因为情况不同于在美洲、印度、菲律宾等地，他们本身在中国并没有实力。日本和中国远远不同于美洲海岸国家。您应该读读那些讲述西班牙人如何在美洲定居下来的著作。17 世纪的中国人对此有一定印象，今天的中国人似乎已经忘记了。他们似乎也忘记了那些在欧洲、印度果阿、菲律宾等地所惯常实施的信德行为，似乎忘记了那些可怕的宗教仪式、异教徒、同性恋者和犹太教徒，以及一些仍在秘密进行其从前的宗教仪式的归化教徒被活活烧死。基督徒是想使皇帝改变宗教信仰（他们认为这样做才坚决彻底），为了达到目的，就要首先赢得统治阶级和文人阶层的同情。因此应该随机应变，要点手腕，混入其中，而这样就不会被他们视作狡诈无礼，这在他们看来，都是为着中国人的利益和上帝最无上的荣耀。他们野心勃勃，要让整个中国都信仰他们的宗教，于是他们不择手段，根据不同的阶层使用不同的手段。利玛窦著名的“适应说”就在于此。但是他的一些同党却倾向采取严厉手段，短时间内达到目的。中国礼仪之争由此产生（到底该不该允许中国人膜拜他们的祖先和孔子，以及人们能否把上天和《圣经》中纯洁的神灵——造物主等同对待）。这丝毫不是对话的问题：而只是想知道如何妥为进行的问题：先在某些观点上看似退让或者从一开始就丝毫不退让。

钱：就严格意义上的中外文化交通史而言，在促进基督教文化和中国儒家文化真正意义上的交融中，利玛窦无疑具有举足轻重的作用，他是近代罗马天主教在中国传教的真正奠基人，保罗教皇在 1982 年庆祝利玛窦到达中国 400 周年纪念会上，称利氏为“欧洲文明与中国文明之间的真正桥梁”。他的重要尝试和贡献在于，寻求地球两端独立发展的两个伟大文明首次对话的共同话语，即致力于“合儒”、“补儒”的方针大略，力图将两种不同文化进行“调和”和“会通”，从而构成了中外关系史上永恒而迷人的话题。您作为这方面的权威专家，对此有何看法？作为两种不同形态的文明，基督教文明和儒家文明能够“会通”和“调和”吗？

谢：看上去可以，实质上不可能，利玛窦曾经尝试过，有其历史功绩，但失败了。要想理解传教士的行为和他们诠释中国人反应的方式，就必须按照他们的思想来思考：罚入地狱或灵魂得到救赎的思想；在人类生活的一切领域，在归化和圣迹中都有上帝永恒干预的思想；在头脑中有撒旦的干预和着魔的思想；相信洗礼、圣水、十字架和圣像的效力；善与恶的根本对立。传教士来到中国时深信自己掌握着由上帝亲自默启的真理。他们深信基督教应该在世界各地获得胜利。在他们看来，他们的胜利应该是笃定的，既然他们已经进驻到美洲、非洲、印度和东南亚，他们认为正如在别的地方所做的一样，他们也能拯救中国人于永恒的地狱，把他们从魔鬼的束缚中解脱出来，借助上帝的帮助使人们归化。因为真正的宗教总是撒旦和人类恶行的目标，他们随时准备在必要时为了证明基督教的真理而献身。中国人的所言所行，应该与这些先验的心理模式相协调。

传教士在进入中国之前，从16世纪中期起已经进驻日本，但是日本的情况非常特别。日本是一个被尚武阶级所统治的，深深浸透着佛教传统的国家。日本在16世纪分裂为彼此战火纷飞的无数的小封建王国，而这些小王国出于商业的利益想吸引葡萄牙的船只。传教士在那里开始很受欢迎，但从德川吞并各国后，他们就处于危险的状况之中。此外，因为传教士在那里须求助于翻译官，基督教和佛教之间就产生了众多的混淆。在中国当时的情况完全不同，也与传教士跟随西班牙和葡萄牙征服者进入中国时的情况不同。由于采取了一些抵制海盗劫掠和风行于国内的间谍活动困扰的措施，直至那个时候，不管他们愿不愿意将其宗教强加在当地民众身上，中国是都难以接近的。从16世纪初起，南海地区葡萄牙人的尚武行径使当局非常头痛。之后，1603年马尼拉20 000华人被屠杀的消息似乎也传到中国。欧洲人曾一度想到在中国发动自美洲以来的军事远征，并在中国强制推行基督教。但是，他们最终还是放弃了，因为中国离秘鲁海岸太遥远了。16和17世纪的中国人并不知道（可能今天的中国人也一直不知道），传教士在印度或菲律宾等地是如何传教的。在果阿，印度神庙被捣毁，印度节日和仪礼被禁止，难对付的婆罗门被剥夺了财产，或者被罚做苦工。归化的印度儿童在传教士的引导下不得不齐声唾骂印度神明的名号。在利玛窦时代，在所有被征服的国家，甚至在欧洲本土所施行的将异教徒、同性恋者和犹太教教徒，以及被迫归化并被指控仍秘密继续进行过去的宗教仪式者活活烧死的可怖的火刑仪式，中国人对此一无所知。1575和1578年在果阿就曾有过两次很大的火刑仪式。1571年在果阿被任命的宗教裁判所的大法官，甚至还以那些其父辈、祖父辈被活活焚烧并被掘出尸骨的人为荣耀。

中国不是一个易于被征服的国家。因此最初的两个传教士，罗明坚和利玛窦在1583年时，被人们当做异邦人，不得不万分小心地开展活动。中国人在他们身上首先看到的是一种佛教和尚的新面目。中国不同于被征服的其他国家和日本，她是一个由国家高级官员统治的疆域广阔的国家。在中国文化与政治权力之间有着紧密的联系(这一特点也使其有别于印度，葡萄牙人通过武力定居在西海岸的几个城市里)。而基督徒在他们自身是修道士的同时，也是一些学识渊博、颇有修养的人。因为他们想使皇帝改变信仰——他们相信，这样将会改变整个中国的信仰——最初也是最知名的基督徒利玛窦认为首先应该赢得统治阶层和文人们的同情。他著名的绥靖政策就是受到这一计划的启发。他在进入广东时的艰难情况，逐步使其认识到他以修道士(正如基督徒在日本、菲律宾和其他所有地方所做的一样)自居的错误，以及以讲学的西士身份出现的优势，因为这是那个时代的潮流。为了能够受到大学士和高官们的欢迎，为了能够和他们对话，他努力去掌握中文知识以及四书五经，并且从1595年起，即在他到达肇庆12年后，他改换了服饰，穿着儒服，开创了一种几乎为其所有同胞和后继者使用的方法。他想不仅通过对古典文学的了解，而且通过他惊人的记忆力，他在数学和天文学方面的知识，他的伦理著作，他带来的新奇玩意儿(钟表、宗教图画、西欧的书籍……)来震撼和感动中国的精英们。从他旅居肇庆开始，他在居住的寺庙中所绘制的《世界地图》，或称《万国舆图》引起了极大的好奇。从1590—1591年起，他开始教授欧洲数学(他的第一个弟子就是著名的抵抗运动成员，爱国人士瞿式耜的一个远亲瞿汝夔)。

因为利玛窦明白中国文人对伦理问题很感兴趣，他效法基督教作者和希腊罗马古代文化的作者撰写了一些伦理的小册子，如《交友论》、《二十五言》、《畸人十篇》(《天主实义》的成功也要归功于被他处理成伦理的部分)。对于利玛窦，这些文章已经是基督教的入门介绍。它们取悦了文人阶层，因为它巧妙地让他们想到自己的历史传统。基督徒为了在所有的方面展现西方的优越性，勾勒了一幅美化过的带有假象的欧洲图画。他们把欧洲完全描述为一个世界上和平的并有着良好社会秩序的地区。其实一个世纪以来，血腥的暴力和宗教战争从没停止过。也是为了表现欧洲的优越性，他们在中国翻译了许多的新技术和科学知识。我们可以看到的有利玛窦、徐光启的《几何原本》，艾儒略的《职方外纪》，熊三拔的《简平仪说》、《泰西水法》，金尼阁的《西儒耳目资》，汤若望的《远镜说》，邓玉函的《奇器图说》等等。然而，这一以巩固他们的宗教为目的的策略，其结果却是出乎他们所料的，因为中国的精英们感兴趣的是那些新颖的东西，但是当他们更好地了解宗教以后反而将其摈弃了。

在阅读古典文学的时候，利玛窦相信《尚书》和《大雅》中的上帝就是《圣经》中的纯洁神灵，造物主上帝；他相信中国在基督之前的上古时代，经历过一次最初的基督的默启。利玛窦和他的一些后继者们认为在任何情况下，他们所关注的是将基督教的意义，赋予古典文学作品和孔子的言行录来改造加工这些神灵。但是，这个方法从中国文人方面而言可能与宋朝（基督徒们视之为无神论和唯物主义的时代）评论权威们发生冲突；而另一方面，也遇到一些基督教徒和其他嫉妒基督教的宗教阶级（奥古斯丁教派、多明我会、方济各会修士，在17世纪已自菲律宾进入福建）的强烈反对。这些反对利玛窦策略的人拒绝去适应中国传统或者怀疑其效力。他们认为不用这么谨慎，而应该严格地传授教义。这一敌意自然也延及到利玛窦及其策略的认同者为赢得中国精英们的赏识所做的事情中（科学和技术的教授、伦理著作或宇宙志）。尤其使那些反对利玛窦所创的如此谨慎的方法的人震惊的是，构成基督教精髓本身的东西没有被传授，亦即基督是上帝的化身，基督教在中国可能会以伊斯兰教和犹太教的简单变种出现。然而，对于中国人来说，耶稣被钉于十字架上是一种侮辱性的酷刑，钉在十字架上的耶稣的图像令他们不寒而栗。利玛窦很快就意识到这一点。那场应该激起欧洲高涨情绪的宗教仪式的著名论战，正式涉及的只是古典文学作品中的上天和《圣经》中的相似之处，以及对已归化的中国人仍旧继续崇拜孔子的许可。事实上，这触及一个更加根本性的问题：想知道基督教是否确实被传授给了中国人。

但是，在谨慎派和坚定派之间，归根结底，只是策略不同而已。对于他们所有人来说，目的就是改变中国。尽管今天我们很自然会说到这是传教士头脑中的“两个文明的对话”，但这并不是对话的问题，而是知道要使得中国人信奉宗教应怎样去行事：给中文文本一个新的意义，渗透到文人的思想中去，暂时允许对祖先、孔子的崇拜。利玛窦的尝试在便于混淆基督教和中国人概念的范围里，可能允许一些“宗教信仰的改变”，因为“改宗”一词所隐瞒的事实从没有那么简单。但是借助古典文学，并想说服他们并不完全理解的文人阶层，利玛窦与他的信徒们走进了一个死胡同。此外，从中国人的观点出发，一方面不能接受其以文人自居的方法；另一方面也接受不了耽于那些驱魔法中。

我认为，不应该把这“两个文明冲撞”的结果看得太重要。基督徒的确使得一些西方传统得以传播（尤其是技术和科学），但是应该睁大眼睛，分析一下这些东西带来的后果。《几何原本》（《欧几里得数学基础知识》的前六个章节）就是通过利玛窦的讲解，由徐光启翻译的。这本书非常不适应中国传统，中国人又以自己的方法重新诠释。该书有一些影响，但不是以其最初的形式。从普遍的方法看，许多中国人欣赏那些以“求问和探索”为主的他们称之为“西方方法论”的东西（质测：质问的质，测定的测），要看的不是理论的方面，而是适用于那个时代的方面，在那个时代经过东北方向的威胁和16世纪的佛教偏移之后，人们想回到一些具体的事物上（史学）。当人们研究利玛窦的主要著作《天主实义》时，会看到他在书中铺陈了一系列的抽象论据。这些论据完全不同于中国传统（中国人喜欢的是利玛窦那与中国道义有着人为的相合之处的道义）。利玛窦的论据是基于亚里士多德理论上的11至16世纪的中世纪经院派论据。这一极其贫乏的经院派理论，已经被那个时代正在发展的从伽利略到牛顿的古典主义理论的学者所摒弃。这里我并不想花时间谈论这些细节。归根结底，基督徒带来的革新在中国的影响之所以不可能十分深远，是因为思维模式、历史传统、知识基础是大不相同的。大体上，我认为尤其存在着对两根肋骨的鄙夷和错误解释——对于宗教、天、上帝和道义尤为如此。而就传教士本身，为了促成他们所构想的"转变"，也有着一些故意的歪曲。就是这样才达成了一致。

钱：事实上，利氏这种"合儒"或"补儒"、"调和"、"妥协"的文化策略，在当时具有开放心态的知识精英如徐光启、李之藻中得到了积极真诚的回应。利氏与这些基督文明的归化者（确切地说是接受者）在解读儒家经典，特别是儒家著作中阐释"天"和"上帝"与Dieu时，"达成了以误解为基础的默契"（见原著第100页），甚至是"共谋"，因而播下了达一个世纪之久的"礼仪"之争的种子（见原著59页）。不管利氏与中国文人之间这种"误解"与"默契"是否有意（见原著51页），但却是客观存在的事实，您如何评价它呢？特别是这种误解已达到了一种心照不宣的"默契"，甚至"共谋"的程度，您是怎么认识它呢？而当"误解"又是两种不同文化交流中无法避免的认知现象时，应赋予它何种文化内涵呢？

谢：今天中国有一些人认为，欢迎基督徒的大学士和高官比那些抨击它的人更为开明。这是一个必须仔细研究的复杂问题。应该区分清楚，在"西士"的传道中，中国精英们眼里的宗教的东西和技术与科学方面新颖的东西。舶来品为了能够被理解和接受，就不得不符合其所处阶级的普遍特征和时代的需要。举一个技术方面的例子，传教士使中国人认识了自远古以来在欧洲使用的螺杆。这种新的装置并没有被接受，或者因为它不符合需要，或因为它不适应包含着并不为欧洲人所知的传动皮带和曲柄的中国整体技法所构成的体系。在数学和天文学方面，如果说计算制度曾被接受，那么理论对于中国的传统来说，相当陌生以致不能接受，比如说《几何原本》（前六章由利玛窦释意，徐光启翻译）就是如此。徐光启长期受到利玛窦的教导，他可能理解抽象的推理，但是中国的数学家习惯于使用图形和数字，他们以自己的方式重新解释这本书。他们认为该书废话连篇并急于去除那些废话。该书有着不可否认的影响，但是在第一次编辑之后是间接的：它激励中国人去重新找回他们古老的数学传统，并在某些方面加以完善。就这样中国的数学传统能得以流传至19世纪。同样，当我们研究利玛窦主要的著作《天主实义》时，能从中找到一系列完全不同于中国传统的抽象论据（亚里士多德的四因素、灵魂的三类型、内涵的三形式、恒等式的七种形式……）。这些曾在11—14世纪的中世纪经院派辩论中使用的论据再次在16世纪的学校中讲授，是为了以一整套对抗异教徒观念的逻辑论证来武装未来的传教士，并将其作为基督教真理的证明。利玛窦就是这样极力反驳他不能理解的中国传统(阴阳,太极,性善……)和佛教概念的谬论(业缘,生死,不杀生……)的。这一经院派理论在那个时代是被那些将欲发展从伽利略到牛顿的古典科学的学者所摈弃的。我在这里并不想做稍嫌复杂的解释。然而,在中国这种经院派理论被认为太做作。

在天文方面,传教士很晚才取得了与在欧洲相当的进步。从清朝开始,他们将自身局限在对建立历法和日月食计算有用的东西方面。归根结底,基督徒带来的新鲜玩意之所以很受欢迎并被接受,是因为它们没有与中国的习惯相左(如令王征深感兴趣的《奇器图说》,或令徐光启感兴趣的《泰西水法》中的一些机械,又如刘献廷在他关于书写和语言的研究中获取灵感的《西儒耳目资》的副本,或者还有丝毫没有困难就被接受的地球经纬线划分)。然而,所有的抽象理论和推理太不同于中国知识分子的传统,以致不能真正改变他们的思想模式。

徐光启"补儒易佛"的用语,应该根据时代和利玛窦的策略来理解。利玛窦研究了古典作品(他相信于其中能够重新发现一次古老的基督默示的痕迹),并且一心想要成为文学传统的捍卫者和佛教的劲敌。那是一种手腕——在传授技术和科学的同时——明确地和与佛教影响及宦官党为敌的文人阶层的步调相一致。这样,就有几个的确为基督徒带来相当重要帮助的东林书院成员。满族的进驻改变了许多东西,而欧洲为了发展教理,原本丝毫没有妥协的、更加严格的宗教制度也发生了转变。您看到我很关心从历史沿革的角度来确切地定位事物。人们忘记了在这半个世纪或四分之一世纪里世界正在发生着变化,在那些年代中国和其他地方一样都在变化。所以,当人们论及"两大文明的冲撞"时,用语未免太泛、太模糊以致表达不出什么东西……

钱:再看传教士的另一个传教的策略:"辟佛"。基督教东进之初,曾与中国佛教僧侣(见原著 103 页)有着良好关系,利氏入华之初还身披袈裟,因而世俗人把传教士视为新的和尚(见原著 103 页)。后来传教士"辟佛合儒"的政策出台,才正式把佛教徒当成了公开的敌人。而 17 世纪敌视传教士们的一大批著作均出自僧侣和同情佛教的文人之手(见原著 108 页)。如果基、佛两宗教如您所说,"不仅具有纯粹形式上的相似,而且还有深刻的类比性"(参见原著 108 页),那么,据您所见,传教士辟佛的用心和实质何在?作为东西方两种不同的宗教,基、佛到底存在怎样深刻的类比性?对照 20 世纪佛教进入基督教故乡的文化现实,到底如何评价基督教东进时的"辟佛"方针?

谢:在中国民间传统中尤其是在佛教概念中,可能有一些与传教士的信仰和训导相似的地方:在民间教派中相信未来世界的终结,在那里只有信徒获救,在佛教中相信天堂和地狱、苦行禁欲……但是一个特殊的因素使得传教士的宗教与众不同,那就是他们专横和惟我独尊的特征。对基督教的迷恋意味着一个根本的选择:所有归化的人应该彻底与过去决裂，烧毁其住所中所有可能被当做异教徒的东西（佛祖塑像或画像、道教护符、佛经、相书……）。相反，中国人心甘情愿地将教义和宗教崇拜混为一谈，甚至甘心在他们的崇拜之中包含欧洲人的上帝的方法，这种方法包含一种非常有别于那些以仪礼的效力而不是以信条为重的宗教事物的概念。这种组合和概括的风格，直到今天在中国的其他地方仍存在着。龙华民神父在其专著中，特别提到他曾就《中国之宗教》写道，17 世纪初最著名的归化人士之一、也是人称“开教三大柱石”之一的杨廷筠（1557—1628）认为，“三教”与传教士的训道完全一致。杨廷筠还说到正如中国人一直所做的，在将天与地、乾与坤结合被传教士视作是一种可怕的亵渎的同时，应该尊重“天与地”。如果一个如此著名的归化徒这样表述，人们就可以设想不太有学问的归化徒对基督教的理解程度。当传教士以一种根本的方法区分真理和错误时，当他们的宗教建立于不可触犯的教义之上时，中国人认为人们总会处理好的，事物从来不能如此清晰地以善恶和真假来区分。

徐光启“补儒易佛”中的用语，应该既可以根据利玛窦的策略也可根据时代来理解。利玛窦相信能够在《尚书》和《大雅》的诗文中找到古代基督默启的痕迹，他还研读了“四书”和“五经”，他一心想要表现为古文学传统的捍卫者和佛教的敌人。刚好他摈弃佛教和颂扬孔子与古典文学的政策——同时还教授科学技术——完全与那个时代高官和文人阶层的潮流相合。最先使得基督徒，尤其是利玛窦获得成功的正是这种特别的历史的结合。这些阶层的人，强烈敌视自陈白沙（1428—1500）、王阳明（1472—1529）、王心斋（1483—1541）、王龙溪（1498—1583）、李卓吾（1524—1602）以来玷污了一部分智慧的佛教影响。这些非常君子的人作为盛行的腐败的敌人，决心去与宫廷太监制造的恐怖活动做斗争，他们想恢复更加严格的道德伦理和对古典文学的正确注释。他们摈弃 16 世纪流行于佛教和孔学之间的概念混淆，利用李卓吾和王阳明学派的左派方法，根据佛教观念谴责那些关于古典文学的解释。此外，他们对那个时期力量被削弱并受到威胁的中国东北边界的管理和防御的具体实施问题予以极大关注。这股潮流尤以围绕东林书院和一些确实给予基督徒相当重要帮助的人为代表。“补儒易佛”从字面应该被理解为古典传统复兴的希望，是以回归到政府的具体问题和严格的伦理思想为特征的。就是在这个意义上，利玛窦和他的同胞带来的科技新产品和伦理道德的讲授“补足”了孔学。因此，徐光启的用语包含着一种宗教于其中不占多大角色的诸说混合的新形式。

对于佛教和基督教之间的相似处，我在您引用的 108 页已经指出。这是个体灵魂得救的思想，对报偿的信仰，至少是对世界理论上以及作为所喜好的事业意义上的摒弃。根据一些学者的观点，西方的修道生活起源于印度。当然在基督教和佛教传统之间也有着巨大的差别。

钱：当然，无论是“合儒辟佛”，还是“辟佛补儒”的策略，在 17 世纪都没有使基督教最终赢得胜利。除了其根本对立的属性外，还有重要的一点，它遭到了中国文士中大部分顽固派的强烈反对，他们毫无例外地把基督教视为具有祸国殃民颠覆性的“邪教”，正如您在书中多次描述、多次指出的，这种认识是由中国大多数文人的思维定式、恐惧的心理倾向，或曰“文化主义”所决定的（见原著177页）。如何理解、评价中国文人中这种反基督教的心理和行动？他们比较敏锐地看到了中西文明冲击的实质，却又拒绝对话和交流。这种“文化主义”是否就是弱国知识分子的一种危机意识或危亡意识的一种反映？

谢：应该称那些敌视传教士活动和影响的文人为保守派吗？依我看，他们中的一些人从中看到对中国文明的威胁是正确的，正如他们从外族的满洲军队入驻中原的现实中所看到的危险一样。这些反对传教士活动的人也是爱国人士。在中国基督教不代表着“进步”。在我看来，自19世纪末，尤其是自五四运动以来，中国人对他们自己的传统怀有歧视和严重的无知。谴责文化传统，全部摈弃中国带来的关于人类和宇宙的细腻而深邃的思想，这在我看来是极大的遗憾。在中国令人赞叹的不同于人们在西方哲学和思想史所发现的历史传统中，有着生命的以及世界运行方法的意义。为了极端简化——但是基督教概念显示了非常的不同——想到创造世界和从外部指挥世界的能量——中国更倾向自然本身拥有其自己的动力：就是这种自然的东西是好的，而不是那些人为的东西。对于那些不停地与被原罪所污染的人文、自然做斗争的基督徒来讲，如果老天是上帝的一种称呼，那么在中国常常有一个自然的等同物，在那里，天然就意味着自然的。

我不明白您为什么将那些敌视传教士影响和活动的文人称作保守派。首先，在文人中，有一些非常不同的潮流和非常有修养和智慧的人能够清楚地看到，存在于传教士的传授和布道活动中的对于中国文化的威胁。对于人们的爱国心和为捍卫文明而忧心忡忡是无可指摘的。不过，在我看来，自五四运动以来，中国人中存在着对其自身文明的轻视和严重的无知。批判“孔学”（我呢，并不太懂孔学），全盘否定中国带给世界和人类的所有一切，我认为是一大遗憾。中国的历史传统有着生活和世界运行方法的意义，这是令人羡慕的。

我非常理解今天中国人的担心（甚至还可以说是恐慌）：从前有着宗教基础的世界（与上天的概念，还有19世纪以及政治体系相联系的自然秩序的思想）失去了这一基础。由此，宗教研究在今天成了一种集体自杀的形式。对于他们，宗教在那个整个自然界被人类加速毁坏和改造的世界里是可以接受的。但是，我认为很显然，基督教就其道德总则而言，无论是其丰富性还是在不同的观点上都是与中国历史传统相悖的。

（作者单位：南京大学）

普天之下:儒—耶对话中的典范转化

□[美]白诗朗 著
□彭国翔 译

好仁不好学,其蔽也愚。
好知不好学,其蔽也荡。
好信不好学,其蔽也贼。
好直不好学,其蔽也绞。
好勇不好学,其蔽也乱。
好刚不好学,其蔽也狂。

——《论语·阳货》

双向转化

本文以比较神学的方式,用“普天之下:儒—耶对话中的典范转化”为题,包含两层含义。首先,我认为,对基督教群体来说,现代的儒—耶对话是一件严肃的事情,它富有相当广泛的神学意涵。虽然我相信通过对话,我们的儒家搭档会有同感,但是对他们而言,儒—耶对话的重要性和地位,则更是为了儒家之道的。①

---

① 有些现代新儒家学者对基督教神学传统感兴趣并非常乐意对话,例如,刘述先在其1989年发表的文章中,对田立克(Paul Tillich)关于上帝和基督学(Christology)从儒家的角度提出了批评。在儒学和基督教之间,这两个问题显然居于现代信仰论辩的中心。有意思的是,刘述先在其论文中引用了一些哈特桑恩(Charles Hartshorne)对田立克立场的分析。而在这个论题上,通过在《中庸》的文字中增加有关儒家传统宗教属性的一章,杜维明也表明了其兴趣。另外,成中英在其最近的哲学文字(1991)中,也谈到了儒学传统的宗教向度。其他儒家学者的回应编入李景雄(Peter Lee)采自第一届国际儒—耶对话会议的论文集中。

像杜维明、刘述先、成中英这样的学者们近来论述儒学传统宗教向度的一系列论文,是对话中这种儒家学者式兴趣的标志。尽管儒—耶对话只是更大范围内神学热点的一小部分,但它表明了信仰对话运动的许多问题和回报。就基督教神学通过与其他信仰群体自觉对话而进行更新来说,儒—耶对话作为其中一个重要的乐章,规模不大却富有生气,从而成为那种更新之中被关注的基本内容。

其次,信仰间的关系和比较神学的领域,是根据基督教对多元主义问题的回应而发端的。但是,对话中主要的神学或哲学问题是什么,在全球教会和北大西洋与东亚更为广泛的知识分子群体中,②这种对话在理论与实践上会产生什么样的影响,显然并没有一致的看法。不过,目前正在形成这样一种共识:在宗教多元主义的神学评价以及全球宗教对话中教会的适当角色这两个方面,目前基督教徒们正处于典范转化的过程之中。③ 争论并不单纯地限于基督信仰的思想和系统方面,那些寻求宗教和谐、政治公正和经济稳定的各类宗教群体为了实际而合作,这常常是对话的动机。

宗教(或世俗)多元主义的问题并非教会如今所面对的惟一重要的问题。除了宗教多元主义的挑战之外,我确信,教会如今正面对至少其他三种正处于转化之中的遭遇(encounters),这三种遭遇是人类日益增长的对于全球宗教历史的自觉的一部分。虽然这四种典范转化在某种意义上是彼此独立的问题,但是,它们却又都是由同一种东西所导致而产生的,这种东西就是世俗化的西欧和北美现代主义这种溶解剂的蔓延,④以及北大西洋传教运动的全球漫游所导致的宗教激变(religious upheaval)。这种现代的基督教传教运动曾经并且仍然是如今被称为北大西

---

② "北大西洋世界"(North Atlantic World)这一用语需要作些解释。除亚洲和非洲以外,对于对话的主要驱动力来自根源于北大西洋周边国家的那些教会。我意识到这不是一个完全令人满意和愉快的词语,但它的确指出了以往基督教世界的区域,这一区域如今与信仰对话和宗教多元主义的问题关联最为密切。

③ 信仰对话运动中对多元主义兴趣的增长,其例之一是克吕格(David J. Krieger)的《新普遍主义:一种全球神学的基础》(*The New Universalism:Foundation for Global Theology*,1991)。克吕格在第一章中专辟一节以分析普世基督教日程中激进多元主义的出现。过程运动的哲学家们也对该问题颇感兴趣。譬如,郝大维(David L. Hall)从一种怀特海式文化理论的视角,对激进多元主义的问题有所探讨(1973,1982a,1982b)。鉴于怀特海自己服膺一种宇宙论的多元主义,其大部分门人弟子也均如此。郝大维更为关注道家而非儒家传统,而南乐山(Robert Neville)则认为儒家传统颇具启发性。

④ 南乐山有一个非常有益的有关"现代性"的界定,即视之为对神学反思的一种文化动力。他说:"为了神学讨论,现代性能够被准确地加以界定。现代性是一种文化,这种文化对世界的基本感受具有闭合性(closure)。闭合性是一个数学意义上的观念,它将一组东西限定于某些特定的性质,并且同那些可能具有相反性质的东西区别开来。"(1990,4b)。

洋现代主义的伙伴和批评者。交通和通讯的科技手段以及帝国扩张的意识形态，曾经是基督教传教过程中异常模棱两可的物质性推动因素——对于一种创立者常常指出其王国不属于此世的宗教而言，这是一种不稳定的混合物。然而，宗教多元主义的问题最终会被证明是当今教会所面对的四种宗教与社会问题中最具挑战性的，因为它是如此明显地对许多神圣的神学信条构成挑战，甚至对北大西洋自由主义的后启蒙教会也不例外。

四种转化中的遭遇

首先，对于主要发生在基督教世界北大西洋部分的争论来说，在几乎所有的宗教机构和组织里，女性和男性变化中的角色，目前是一种观念、实践和情感上的问题。但是我相信，它很快就会成为整个全球教会所关注的问题。女性主义（Feminism 和 womanism）⑤思想将在犹太教、伊斯兰教、印度教、耆那教、佛教、儒家、道家、神道教以及所有其他宗教传统中得以体现，以回应女性主义者议程的传教冲击，这种议程是北大西洋现代主义的一个重要组成部分。⑥ 此外，我相信，当今主要的西方传教运动便是女性主义，即使这对于许多女性主义者来说似乎是令人震惊的。但无论如何，作为一种扩张和侵略性的文化，女性主义参与了西方模棱两可的历史及其全球性的扩展。

这种女性主义者为了不同的风格，甚至对于女性心理所做的争辩，并不意味着她们没有充分意识到她们给所有不同的人和文化带来了一种真正和转化中的消息，和女性主义运动在社会、道德和思想方面的种种要求相比较，再没有哪一种东西更能够像是一场传教征讨了。

对于我所指的多元主义问题，许多身为女性主义者的神学家会对其神学优越性的主张产生争议。她们辩称（欧奈尔/ O' Neill，1990），所有这种有关对话的谈论都只限于男性之间，并且，只有当女性在辩论桌上获得一席之地时，这种谈论才会大致像男性思想家们所设想的那样富有戏剧性。女性主义者们宣称，在涉及到她们以性别为基础的议程时，所有的宗教传统都面临着一项真正深远的任务。欧奈尔指出，许多卷入对话运动的神学家们对于宗教多元主义之利弊的鼓吹颇为敏

⑤ 笔者在翻译时不知 womanism 一词与 Feminism 有何区别，为此曾专门请教过白诗朗教授。据白教授所言，这两个词的区别在美国有着种族背景。前者多为非洲裔美国妇女所使用，而后者多为欧洲裔美国妇女所使用。——译者注

⑥ 随着女性主义神学家们声音的加入，女性主义神学也将在北大西洋基督教群体中，对于对话的方式产生影响。这种形式的批评例证之一便是欧奈尔（Maura O' Neill）的《女士们在诉说，女士们在倾听》（*Women Speaking Women Listening*，1990）。

感,但却无视于人类多元主义的一个最基本和重要的因素,即两种性别的存在这一事实。在欧奈尔看来,大多数多元主义的神学家们恰恰忽略了他们实际生活中最为明显的多元主义的成分。除非性别的多元主义得到关注,否则,所有的对话神学将难免偏向低于半数的人性经验。

在转化中遭遇的第二项,是全人类对政治、经济和文化自由的激动人心的呼吁,这种自由常常根据社会正义的分配而得以体现。用黑格尔的话来说,如果你告诉人们他们现在是自由的,他们便很可能像曾经是自由的那样去思想和行为。一旦他们发现了自由的概念,便会追求在人类文明生活的各个领域内去实现它。争论之所以错综复杂,恰恰在于整个自由的问题是否仅仅由西方个人主义来限定。争论中的一个关键问题便是:现代主义者的自由概念是否能够适合那些并不像西方那样将个体至上概念做为人权所在的其他社会型态。东欧和前苏联的戏剧性转化以及中国正在进行着的有关人权的争论,均为这一现象提供了见证。显然,所有的人都追求自由。但是,什么是一个自由的人和自由的社会,在各种不同的文化脉络之中,其定义并不是那么清楚。

在基督教会中,这种有关个人和集体的自由者权利的争论,在种种政治和解放神学(Political and liberation theologies)中已经有所表达。这种神学是否由纯粹的宗教关怀发展而来,或者它们在其东道主文化(host cultures)中是否反映了强烈的非宗教性意识形态力量,对此存在着大量的争议。探讨的结果之一便是,一切不合法的特权的所有自然而然的形式,均会受到无情的挑战。顺从的观念以及似乎是理所当然的权威的种种观念被抛弃,冲突支配着所谓压迫者和被压迫者之间的话语。随着冷战的结束,我们如今正看到种族间紧张的增长。在中国,作为政治生活的一种合法化因素,冲突的角色正在激烈的争论之中,即便这是对儒家礼仪观念十足的背离。那种礼仪的观念,体现在如今正急剧消退的帝国时代准儒家意识形态(quasi-Confucian propriety)的记忆之中。⑦

随着左翼马克思主义者的崩溃,在社会正义的领域中,普世心态的教会如今正面临着一个真正的两难。对于最近的几代基督教社会伦理学家而言,在有关社会正义的问题上,一种改良马克思主义或者某种民主社会主义的观念一度支配北大西洋和南美那些神学家们的运思。正如彼得·伯格(Peter Berger,1992)曾经指出的:假如你想去发现在左翼方面什么在政治上是正确的,你只管去咨询北美教会僧侣集团主流的政治宣言即可。这些理论如今必须面对这样一个事实:在其计划经

⑦ 列维斯(Mark Edward Lewis,1990)详尽地阐明了合法性暴力(sanctioned violence)在汉帝国的形成中扮演的重要角色。这种战国和汉代对暴力的角色诠释,尤其在其儒家化的表达方式中,被证实是一套极为牢固的意识形态,只有西方的冲击能最终导致其崩溃。

济的严格形式下,所有的国家社会主义对每一个人承诺的只是贫穷和落后。无论在政治抑或经济上,就经验而言,北大西洋和太平洋圈子中各种形式的市场经济,是惟一能够增加财富并给人们以经济发展机会的社会体制。但是,彼得·伯格(1986)同样指出,相对于左翼社会主义者的理想之梦来说,市场经济不幸并不足以使自己体现为一种富有同情心的替代物。如此一来,我们便面对着这样一种局面:大获全胜的自由市场如今并非人见人爱,社会主义者的社会合作与群体的种种理念现在也很少为人们所相信。作为一个全球社群,我们应该何去何从?对此,基督教社会伦理的整个领域缺乏任何参与或启动的眼光。

虽然基督教解放神学家、入世的佛教徒以及忧患的儒家学者,更不必说伊斯兰复兴主义者,所有这些人都在寻求某种行之有效的社会伦理,但是当面对左翼势力的崩溃时,他们却明显缺乏一种希望与现实的眼光。然而,我们不能因为陷入在自由和政治神学的旧有社会主义翻版中丧失信仰而导致的绝境中,便不再顾及社会正义的问题。对所有的社会而言,什么有益于一个正义的社会?我们如何去使社会正义的理念成为现实?这仍然是一个至关重要的问题。在某些方面我认为,对于解答社会正义的问题,宗教多元主义的问题同样重要。在现代世界,对于社会正义的问题,设想存在着单独分离的基督教式、伊斯兰式、印度教式、儒家或儒教式的解决之道,这是不现实的。正如我们对生态的关怀一样,如果委实存在某种解决之道的话,那么也是一些需要某种共通解决之道的问题。

第三,全人类如今正面临着一场巨大而持久的生态危机。我们正在以一种可怕而惊人的速度降低着环境的品质,消耗着不可再生的自然资源。这不能不令人感到不知所措。对此,审慎之士应当深感忧患,但却不必歇斯底里。虽然开明的生态技术和全球化的科学,有助于首先取消进而扭转那种不加限制的破坏性工业技术所造成的影响,但是,这在根本上却是一场价值危机而不仅仅是一个技术调节的问题。⑧

来自于任何一种宗教群体甚或任何不论在群体上如何强有力的国家集团的单一方式,均无助于生态危机的解决。就像社会正义的问题一样,这不是一个仅仅由基督徒、犹太教徒、穆斯林、印度教徒、耆那教徒、佛教徒、锡克教徒、儒家、道家、神道教徒、世俗人文主义者、马克思主义者甚至本国的元老们便能够解决的问题。事实上,可以得出这样一个结论:雅斯贝尔斯(Jaspers)所谓轴心时代的各个伟大的宗

⑧ 在最近十年中,出现了相当一批讨论生态危机的神学意涵的文献。以基督教的观点为例,参见 Charles Birch, Willian Eakin, Jay MacDanil 的著作(1990)。对于架构一种生态伦理学而言,或许最为深刻和持久的系统性尝试,要算 Charles Birch 和约翰·小柯布(John B. Cobb, Jr.)的工作了(1981)。

教传统,对于生态尊严的整体运作,并未尝多言,至于生态的拯救问题谈得更少。只有当这些宗教传统对现代全球化的科学以及这种科学对于生态学完善技术的潜力有了相当精确的了解之后,情况才会改变。科学和宗教之间的战争是一种错误的战争。就解决生态危机而言,我们需要的是科学与宗教的合作。或许所有所谓"普遍性的"宗教传统的所有成员们,都需要意识到一种其传统中基本性的但却长期受到忽视的见解,即声称在人类的经济需求和有限的自然资源之间要保持较好的平衡感。正如战国时代伟大的儒家学者荀子(? 298BC—238BC)所言:"欲恶同物。欲多而物寡,寡则必争矣。"(诺布洛克,1990,121)。⑨ 如今所急需的,是如何以一种人性化、正义和持久的方式来讨论和安顿这些问题,来展开一场全球范围内的论辩。

尽管有关生态的许多问题和答案来自人类文化的技术和经济领域,但是,这一课题显然具有一个宗教的向度(religious dimension)。这种宗教因素的一个主要部分,就是对于所有信仰群体而言的宗教多元主义问题。作为宗教性的人群,我们如何群策群力来解决生态危机? 当然,这无疑会常常将各个宗教群体引向思考整个宗教多样性的问题。这也就是第四种典范转化。

第四,其余三种转化性的遭遇都不可避免地导致这种或那种形式的宗教多元主义问题。我们生活在一个自觉的宗教多样性的时代,这种对宗教多样性的自觉来自于现代科技在通讯和交通方面所产生的奇迹。对基督徒而言,这一多样性的课题作为宗教多元主义的问题或者为表达一种充分且虔信的宗教神学的要求而被突显。在基督徒看来,为了在20世纪末的各种危机中生存下来,各种宗教必须谋求共存之道。也许基督教会需要理解这样一个事实,即多元主义或许是古已有之甚至是天经地义的东西,并非只是某种暂时性的插曲。

不幸的是,历史上大部分宗教群体之间的互动是灾难性和十足可悲的,尤其在西亚的犹太教、基督教和伊斯兰教之间。犹太大屠杀大概是迄今为止人类种族灭绝这种顽固癖性的最令人发指的一幕。在缺乏全球政治清明(political sanity)的这一情况下,对所有人来说,军事技术正在使得日益缩小的地球变得颇不安全,假如没有为了比这更为紧要的理由,我们就必须找到宗教互动的积极形式。孔汉思(Hans Küng)认为,除非世界上的各大宗教学会生活在朝向共同利益的和睦相处状态之中,否则,国家之间就不会有和平存在。"宗教之间的和平是国家之间和平的先决条件"(Hans Küng,1988,209)。在反省根本性的思想定位以及在此世中的生存之道方面,新一轮的儒—耶对话可以为这种遭遇提供一种尝试性的个案。

当然,对于对话的希望有可能转变成不过是又一种乌托邦的梦想。常言道,熟悉有时反而导致轻慢。宗教间更好的理解不会解除现代世界的所有疾患。对于世

---

⑨ 此句见《荀子·富国》。——译者注

界上那些其历史大多相对均衡与和平的地区来说，日益增长的宗教差异甚至会产生各种新的问题。除了相对平衡和尊重之外，宗教差异也可能激发更多的战争。对于其他宗教的暴力性回应在历史上似乎更为常见。目前我们所需要的是这样一个世界：身处其中的所有人都能够原谅以往的过失，一个能够产生文明对话（civil dialogue），从而不使双方问题的解决诉诸暴力的世界。我相信这种最低限度的期望基于更好的相互理解。理解并不必然意味着欣赏，但它的确意味着敌对方之间的谈判与妥协是可能的。

在许多方面，所有这四个问题都标志着典范性的文化转换，这种转换与现代主义影响所凸显的文化与宗教的差异性问题存在着难解难分的关联。如果说上个世纪我们看到的是"历史主义"的震撼，以及对神学反思而言不可摆脱的科学世界观，那么在20世纪最后十年，我们对于意识形态上和宗教上多元主义之必然性的感受，则时常出没于基督教神学之中。宗教多元主义那似乎无可减弱的属性，侵袭着古典基督教神学有关统一和一元的观点。完美而正统的心灵镜像被差异和色彩斑斓所打破。所有追随巴特（Karl Barth）的男性（偶尔也有女性，尽管女性主义神学家们天生更加倾向对多元主义持积极的看法）都无法再令 Humpty Dumpty⑩ 复合如初了。虽然教会史学家们习惯于提醒我们，这并非是我们初次处于一个多元的世界，不过目前的挑战却是全球化的，并非是地域性的或者昙花一现。现代自觉的多元主义，是教会面对的一项崭新的神学挑战。

基督徒们被我们这种从古至今、由贫到富、男男女女的差异性和特异性的景象弄得茫然不解，不知所措。对于一个寻求令其信徒的心灵与"基督的心灵"相一致的传统而言，这种状况尤为尖锐难耐。如果可能的话，迫切的需要是为这种至关重要的基督教神学律令找到一种多元并且虔信的注解。假如做不到这一点，基督徒们便面临这样的危险：鼓励一种神学精神分裂症（theological schizophrenia）的形式，或者鼓励一种退缩到昔日辉煌之梦的形式。在那种昔日的辉煌之中，一个真正的信仰形式便是律法，至少是那种16至20世纪伟大传教运动所输出的律法。反讽的是，当基督徒意识到传教过程中的内在多样性时，他们对统一性和独特性的主张在其东亚接纳者那里常常并未丧失。譬如，这一点导致了中国官方一直对基督教作为"天主教"的罗马天主教和"耶稣教"的新教形式区别对待。基督徒们会辩称，他们只有一个信仰，中国人则并不尽信。事实上，我们应当发现，较之大多数文化，中国文化更能够与思想和宗教的多元主义共处。

---

⑩ Humpty Dumpty 出自童话《爱丽丝漫游奇境》，原来是指一个巨蛋，从墙上跌落后破裂为许许多多碎片，任凭国王的众多仆人们如何努力，它再也无法回复成原先完整的一个了。因此，Humpty Dumpty 喻为一经损坏后再也无法修复的东西。——译者注

只要不是通过自命认为有一种更甚于其实际所是的统一性,从而消解世界固有的多元主义,作为一种神学目标,统一性就并没有什么错误可言。显然,对于任何东西的根本存在,甚至对于一种多元主义视野之下的实在而言,必须有某种形式的统一性。恰如儒家学者会指出的,无限多的事物需要界线的完整以便彼此有所区别。对于人类来说,这一点更为精致复杂。而我的更为强势的哲学主张就是:这种宇宙论的多元主义在宗教多元主义中事件化(eventuates)。像所有的神学和哲学主张一样,这需要通过仔细的论证来确立。从过程的角度来看,无论是本体论、宇宙论抑或宗教性的任何形式的一元论,都是错误的。然而,这并不意味着所有的种种事物、看法或宗教,在真理或者价值方面是等量齐观的。多元主义者只不过注意到了世界实在是多元的而已。至于多元主义在等级、序列方面的看法则完全是另一个问题。而对于根据两种各具特色的传统来阐明有关宗教多元主义重要性的更大的神学与哲学论题而言,儒—耶对话的园地恰恰为此提供了场所。

我以为:上述作为典范转化的四个问题,对神学而言都是颇为严肃的问题。并且,这四个问题也将改善基督教观点的形态,使之更好地进入21世纪。只是,作为社会运动,所有这四个问题正在不同程度上以不同的方式困扰着形形色色的基督徒们。在本文中,我将仅仅集中于一个问题,即展现于儒家学者和基督徒对话之中的宗教多元主义的问题。我认为,现代信仰之间的对话运动是现代大公运动(ecumenical movement)的合法产儿。当基督徒们引导其神学和实践的视阈超越各种教会的谱系时,信仰之间的对话便开始了。随着勉力学习如何作为基督徒而彼此共处,如今他们正面对着与其他繁荣昌盛的宗教传统一同生存这一并行的问题。一个主要的不同在于:较之20世纪第一个50年的大公运动,接受宗教多样性将引起基督教在教义与实践方面更为戏剧性的转化。[11]

我们不能过高估计由许多基督徒对宗教多元主义的积极性理解所导致的潜在的神学上的不均衡。这种断言对基督学(christology)、护教学(upologeticos)和传教学(missiology)(克吕格/Kreiger,1991,25—28)而言,相当于一种根本的典范转移。信仰间的对话对于基督教系统神学引发了颇具争议性的挑战,这里所提及的只是其中的三项而已。并且,这种对话中的兴趣如果不足以扰乱人心,甚至有人开始提出:我们需要根据各种信仰传统之间的多元宗教参与而重新回到折衷主义(syncrctism)的观念。某些基督徒不仅正在学习与犹太教徒、穆斯林、印度教徒、佛教徒、锡克教徒、耆那教徒、神道教徒、长老教徒、儒家和道家相处,还开始尝试从这些人之中有所取益。从某一种宗教伸展至话语的新世界,以宗教间的对话为基础发

---

[11] 这里我所指的时间架构是从1910年爱丁堡的大传教会议到1964年的梵蒂冈二世。这一在传教领域内的开始,最终导致了约翰十三世的大公性(ecumenical)开放。

展丰富一种的基本传统。正是经由这样一种图像，南乐山（Robert C. Neville）对此问题作出了说明（1991 a，163—64）。对南乐山而言，古典理学家们有关圣人境界的文献已成为一种媒介，通过这些文献，他能够更好地理解基督教有关神圣的传统。这样的例子为数不少。

当然，这更多地有赖于如何理解以往基督教历史上典范转化的性质与范围——或者是那些典范转化的事实。[12] 并非所有的基督徒都同意，当面对各种新的文化和古老宗教时，基督教信仰群体的内容和结构发生了改变或者应当有所改变。殊为奇怪的是，正统派和现代基要主义者（原教旨主义者）（fundamentalists）们一致认为，如果福音书的宣扬是确信无疑的，便没有理由根据典范转化来说话。信仰在文化上的表现的确各式各样，但是，这并不表示像典范转化那样的东西在信仰上有其必要性。这当然并不意味着那种激烈变革是好的。并非所有的变革都趋向于更好的结果。某些变化非但不意味着更新，反而是一种信仰形式的彻底堕落，是一种对不同时代各种符号善意的但却是全然误导的解读，是一种对自身传统批判性自觉的丧失。有这样一些严肃的基督教神学家，他们辩称，信仰间对话的某种根本性的多元主义含义，只是对教会声明了这种负面消极的变化而已。

然而，许多保守主义以及自由主义的基督徒们一致认同田立克的看法，即尽管福音书的根本信仰并无基本的改变，但教会内部在本体的、道德的和精神的方面已经发生了重大的转化。对于基督教历史上三次主要的典范转化或者焦虑时期（periods of anxiety），田立克的理解是（1952，57—63）：（1）早期教会被一种对命运和死亡的关怀所驱使；（2）中世纪的教会则为罪与罚（guilt and condemnation）的观念所支配。而当对这两点作出论证时，田立克的结论则是：（3）北大西洋世界现代、后启蒙时代的教会，所密切关注的是终极意义的存在的问题（existential question），或者在一个充满着各种可能性、空虚和无意义的世界之中任何意义的存在的问题。如果说意义的内在问题对于北大西洋世界后启蒙的教会来说还不足够，现在则又有了宗教多元主义的问题。除了他们自身历史上的种种问题，北大西洋的教会如今开始思考：是否必须全面重新估价他们对于其他宗教的回应。在一个被现代性

---

[12] 对于将库恩的典范假设应用于神学史，孔汉思倾注了相当的关注。他论证说："各种典范的分析有助于我在一个更大的历史脉络中照察当代的危机。冲突和矛盾并不仅仅牵涉到各种各样的神学家和神学，而是涉及到大范围的种种典范。"（Küng，1988，123）他在这段文字稍后勾画出了基督教会发展史中 11 种主要的典范。在他看来，虽然种种典范在基督教的历史中的确发生了变化，但大部分典范继续存在于当今全球的某些地方。在某些情况下，以严格的认识上的不和谐为代价，个体的基督教徒们能够保持各种各样的典范。并且，孔汉思也注意到了对所有基督教徒而言，那被接受了的传统的连续性。这种连续性有助于将神学方法同自然科学的方法区别开来。

的风潮所驱动的世界之中,缺乏哪怕一刻的松弛,思想的疲倦便会成为迷惑。

削弱这四种典范转化之神学价值的另一种方式,便是指出它们在本质上是社会学或历史学而非神学意义的。基督教会总是对其周围的文化有所回应,这一点尽管是事实,但福音书既不证实任何特定的文化是正当的,也不在根本上被特定于某种具体历史文化的相对问题所转化。尊重传统而缺乏对单纯个别性认知的关注,构成了基督教和儒家思想双方在其古典时代共同的特征。典范性文化转化所提出的问题,可能是些有益的问题,但是历代以来它们从未成为福音书的中心。关于这一点,早期经典性的现代表述是路德(Luther)关于两个世界的主张——对于世俗世界的现实合理性,我们不应当从中有过多的希望,同时,世俗世界也从不会与天国相混淆。如果我们认为有任何一种文化能够给予我们答案,这种答案又正好属于处在规范性传统之中的教会所提供的启示性教谕,那么,我们对那种文化就不免期望过高了。

对于宗教多样性的现代意识产生了典范转化,典范转化又导致了痛楚,对于这种痛楚的深刻程度,我并非等闲视之。由这种多元主义争论所引起的神学不安(theological unease)的一个很好的例子,我们可以在卡尔·布莱登(Carl Breaten,1992)从一个保守视角对该问题的研究中发现。即便布莱登拒绝多元化的选择,但他也接受这样一个事实,即多元主义是摆在教会面前的最重要的问题之一。正如布莱登以及每个其他人都认可的,无论在何时何地,假如一个传统不能作为一种通向由该传统的教导、礼仪和信仰所表达的解放性真理的道路而为人们所相信,那么,该传统便没有太大的价值。所有的传统都意味着是通向真理、光明和大道的途径,虽然他们会以各自特殊的方式来突显这一主题。于是,对在任何时间、地点和条件下的人们而言,当某一种特定的学说被断定为真理、光明和大道的体现时,问题便产生了。⑬ 在那些由一种主导性宗教传统支配的历史性文化内部,对于理解真理而言,这似乎是通常的人类准则,但历史上那些非主导性的传统为此种主导性的观点所付出的代价,则常常是极其惨痛的。就此而言,犹太人、基督教徒和穆斯林三者关系的苦难历史便是一个恰当的例子。占主导性的欧洲移民文化与美洲古

---

⑬ 对于佛教、基督教和伊斯兰教这三大历史上传教性的宗教而言,这是一个尤为迫切的问题。当现代新儒家为儒家思想的普遍有效性进行争辩时,它也将对之构成一个问题。正如牟宗三曾经指出的,儒家传统不像佛教或者基督教那样在历史上是一种"普遍性"的宗教,但随着东亚地区各种伟大的文化在现代世界中占据其一席之地,儒家传统也将成为一种普遍性的宗教。今后,真理性和独特性的问题将对如今那些儒家的好学深思之士们构成一系列的问题,即使这些问题在过去不曾出现过。有些传统,譬如犹太教,即使有一种明确的普遍性传教使命感,却决定在现代世界中不再成为一种传教性的宗教。我应当指出,对于现代犹太教而言,这仍是个有待讨论的问题。在希腊—罗马的世界中,犹太教传统是为早期基督教会所迫而放弃其传教事业的。

代本土传统之间的最初接触也是一样。

有些学者会争辩道,对于基督教世界追求统一性的经验而言,中国人宗教经验的景象提供了一种对比。从佛教一开始进入中国,较之任何其他主要的文明,中国人对于宗教多元主义这一事实的经验也许就更为丰富。保罗·马丁森(Paul Martinson)指出(1987),中国人迄今为止经历了对所有世界性宗教谱系的接受,其中,除了儒、释、道三教和中国的各种民间宗教之外,还包括诸如西方的犹太教、基督教以及南亚的伊斯兰教。⑭ 在贯穿其历史经验的各个主要时代,中国人的生活一直伴随着宗教差异性,并且在某些情况下,甚至发展出了诠释这种精神性差异的积极态度。当然,中国文化的统一性并不基于所有的中国人均接受一种宗教传统这样一种情况。

中国(以及东亚)接受一种社会性约定俗成的宗教礼仪,这种倾向并不总是会得到基督教传教运动中更多归化人士或者保守派人士的激赏。对于大多数基督教徒而言,人们可以属于不只一个信仰群体,看起来这种情况的最佳结果是迷惑,最差的结果则会受到诅咒。然而,正如我在此所应当指出的,北大西洋基督教世界多元宗教参与的问题如今正开始作为一种信仰和实践的严肃问题出现。⑮ 其原因在于:在北大西洋世界中,对于宗教多元主义的认识超越了单纯基督教和犹太教教派的差别。

我需要赶快补充一点,即中国这种一般性的宗教礼俗并不意味着对真理问题无动于衷。毋宁说,就中国人而言,接受某些人是道家,某些人是儒家,某些人是佛教徒,某些人是穆斯林以及某些人是基督徒这样的事实,并不值得大惊小怪。但是,你承认其他的传统,并不意味着你就认为那些传统就是诠释实在或者生活的最佳方式。例如,就理学传统而言,任何相信这一点的人都应当重读陈淳(1159—1223)在当时对释老的严厉责难(见陈淳《北溪字义》,陈荣捷译本,第168—173页)⑯。然而,正如狄百瑞所绝妙阐释的:无论是特别而言在儒家传统内部,还是通常而言在东亚的思想生活之中,都存在着一种对话的冲动。相对于和古典基督教世界

⑭ Livia Kohn(1991b)和Michael Saso(1990)均审慎地指出,古代的道教和被称为中国大众宗教的那种道教并不是一回事。中国宗教的状况非常复杂和丰富,远远超出了儒、释、道这种旧的类型学所作的提示。

⑮ 多元宗教参与的问题在印度也有着一段相当长的历史。对于19世纪和20世纪初期的基督教和印度教徒而言,在许多方面这却是十分迫切的问题。从印度教方面来说,似乎该问题经常被这样问及:是否一个人能成为一种具有印度教徒和基督教徒双重身份的人,对于该问题神学意涵的评伦,参见Jacques Dupuis的著作(1991)。

⑯ 在陈荣捷杰出的英文注释本(1986)中。陈淳在《北溪字义》中有一整节专门表达了对佛老二家主要观念诸如"空"、"无"的拒斥。例如,陈淳声称"且如轮回一说,断无此理"。虽然陈淳没有进而号召一场辟佛运动,但是,他并未回避他认为佛教是一套错误理论的观点。

常常联系在一起的一致性梦想(dream of uniformity),这种对话的冲动构成一种必要的对照。

诸如希克(John Hick,1989)和斯威德勒(Leonard Swidler,1990)这样的当代神学家们所试图处理这一问题的一个方式,是发展出一种"相对的绝对"(relative absolute)的说法。迄今为止,这一观念还没有赢得太多的拥护者。对终极性信仰忠诚的宣称,构成宗教信守(religious commitment)的基础,而"相对的绝对"这一观念则意味着对这一宣称的嘲弄。不过,这些新相对主义意义上的神学声明,其伦理的冲击力(ethical thrust,Driver 1981)则是很重要的。观念在世界中有其实在的影响,并且,由于那些相对于多数民族群体(the majority community)宗教信念的宗教信念,我们还有一种道德的责任去发展那些使人们获得自由同时既不奴役也不扼杀人类的观念。这种需要就是去发现一种神学,使我们具备深厚的个人和公共信念,不去损毁那些具有不同思想和信仰者的权利。借用前世界教会委员会主席和加拿大联合教会长老会主席威尔森(Rt. Rev. Lois Wilson)的话来说,我们怎么才能既赞美耶稣同时又不诅咒佛陀呢?如果我们不再打算将自己禁锢在一个大多数人不够容忍而少数人遭受欺压的世界,那么,我们就必须学会一套全新的方式去接受一种认可多元主义的神学。儒—耶对话恰恰在这一点上颇为有益,因为它使得基督徒与一种传统发生关系,这种传统在伦理上成功地处理了多元主义的问题,既未变成相对主义,又不丧失追求真理的热情。

过程选择与神学论说

基督教是什么?在20世纪的最后十年,就自我的界定和自信心来说,基督教在北大西洋世界的日子并不比儒学好过。正如怀特海在1933年论新教教会(Protestant)时所指出的:

> 自从路德、加尔文和英国圣公会的北美定居者们以来,在关注建制和教义形式方面,基督新教繁荣过三百年,但如今,它正在定然不移地显示出衰败的全部征兆。其教义不再处于支配地位,其分化不再令人关注,其建制也不再指导生活的模式。(1933,205)

这是何等地真实!对于北大西洋世界所有的基督教家庭而言,这又是何等地痛切。⑰

⑰ 我们必须承认,这是北大西洋世界的一个特有问题,并不针对基督教世界的所有部分。就像著名宗教人口统计学者巴雷特(Barrett)所指出的(1982),这是基督教会在亚洲和非洲增长的重要时代之一。但是在所有的宗教,甚至是那些增长的宗教中,存在着对于根据文化和时代来表达福音的一种新需求。每个地区均将有其特定的任务。要么是为了增长、更新,要么只是为了有某种尊严的生存。

顶多我们只能说基督徒们生活在令人厌倦的神学时代。在当代神学家中,没有像上一代诸如巴特(Barth)、田立克或尼布尔(Niebuhr)那样巨匠式的公众人物。除了丑闻和幽默之外,教会通常为更大范围的世俗世界所忽视。但是,这并不意味着教会内部没有争论。基督徒们仍然擅长争论,问题是没有人在聆听陈旧的论辩或者真正关心教会的言行。只有那些脱离了教会的边缘基督徒们是个例外。由于教会在其生活中不再能够提供任何清晰可辨的需求,那些边缘基督徒们便作出了一种消极的选择,放弃了那曾经是一种宏大的传统的东西。

我确信,如今之所以没有人倾听基督教的布道,部分原因和这样一个事实有关,即大多数基督教的论说没有涉及经验的复杂性和多样性。而经验的复杂性和多样性恰恰构成现代生活的特征。一个简单的事实就是,我们生活在一个多元的世界之中,但却缺乏任何一种试图对此多元性作出解释的基督教神学。史密斯(W. C. Smith)不时提及这样一个事实,即较之《可兰经》(*the Quran*)、《薄伽梵歌》(*the Gita*)⑱或者《易经》的存在而言,现代神学在解释银河系的属性方面作出了更好的尝试。⑲ 就通常意义上的银河系或现代科学来说,大多数神学家们是否真的讲出了什么非凡的东西,我想在这一点上史密斯是过于乐观了。我确信,对于其他的信仰传统,大多数神学家很少能够说出什么有益之言,因为较之现代科学,他们通常对比较宗教知之甚少。鉴于许多非神职人士对其他信仰传统的了解和欣赏急剧增长,神学家们对比较宗教的缺乏了解,便正在成为一个关乎信任性的问题。面对当前宗教人口统计中日益增长的多元境况所呈现的挑战,单纯重复其他所有宗教不可信这一新正统(neo-orthodox)的警告,并不能成其为一条有效的因应之道。

另外一个复杂性在于,如今,人类中来自不同宗教传统的人们,纷然杂处于我们的各大城市之中,当隔壁叫玛雅的女孩是一名印度教徒,并且是令爱最好的朋友时,"教会之外无救赎"(outside the church there is no salvation)的古训便无法与现实若合符节。此外,只有在神学变得与宗教生活无关的很长时间之前,现实才能够受到神学的忽略。对于其伟大的神学信念,田立克在生命的最后时刻声称,假如天假以年,令其重新来过,他将根据宗教多元主义的问题来重写他那伟大的系统神学。田立克未能再享寿十年,以实现其根据基督教系统神学去认真考量其他宗教

---

⑱ the Gita 是 the Bhagavad Gita 的简略写法。——译者注

⑲ 或者像史密斯在一篇论述基督教和宗教多元主义的文章中指出的(Oxtoby,1976,9):"哲学和科学对神学思想冲击的效果远较比较宗教为甚,但这不会持久。"史密斯在这篇文章中还指出,哈佛大学的学生在其论文中,能够阐明田立克对其他传统的确所知甚少。正如我们从田立克在芝加哥大学任教时最后出版的著作中可知,那些大学生指出田立克对其他宗教的细节知之不多,对此似乎他也并不十分遗憾。这一点过于苛刻。田立克似乎对此已有充分的认识,并且在基督教与世界其他宗教相通的基础上,已经处在重新思考其神学立场的途中了。

的意愿,这对基督教思想而言,是一个小小的悲剧。此外,还有这样一个令人难过的事实,即芝加哥大学60年代中期的毕业生们,对于其他宗教传统的了解或许要比他们伟大的导师为多。再者,正是对于田立克的信念而言,他恰恰理解了问题的所在:在其富足、多样的活生生的现实中,是对其他宗教的无知。

许多名义上后基督教的(post-Christian)的北美人士,对基督教并没有一致的敌意。他们只是将基督教作为古董而加以忽视,或者连古董也不是。基督教成为一种与现代生活的现实包括宗教多元主义不相接触的东西,成为一种对他们的生活根本无法发生影响的东西。基督教如今从属于有关过去的文化博物馆。一个人可以将其作为一种文化形式而对之产生正面积极的感受,一个人也可以不喜欢它,但是,当针对一个人存在的境况时,它却空无一物。在部分教会神学家方面,对问题的一个通常反应是重复旧有的神学阐释的那种强烈愿望,并且自命这便是在捍卫传统。这种防御性的理论谴责基于现代传统和经验之上的问题。基督徒们得到的建议是生存在思想的贫民区中,重复着过去那伟大的话语阐释,盼望着这会保护并把信仰传播给更年轻的一代。这或许不无作用,但是,对于习惯上被称为主流教会(mainline church)内部的许多人来说,这一点则是不够的。而主流教会如今正在迅速变得只能被称为"旧流"(old line)了。

在这一点上,我的怀旧是对于一个不同的历史。这个历史是,其中基督教传统曾经对世界有过非凡睿智的见解。并且,在那个历史阶段,文化曾被教会在各个向度上加以严肃对待,神学也曾经感受到了来自人们经验的挑战。虽然我并不想重复阿奎那、威斯利(Wesley)或者爱德华兹(Edwards)的神学,但我的确觊觎了这样的事实,即他们同那个时代高度发达的文化保持了联系,并且事实上对其同代人有所诉说。神学委实是一种对经典、传统、理性和经验进行反思的群体工作。今天,我们所拥有的,是一个自命代表圣经的被割截了的(truncated)传统,伴随着被抛进来的一种既经取舍了的教派传统的狭小尺度,似乎这样便将会满足人们终生依赖福音书而足以生活在一个多元宗教世界之中的愿望。当这些东西搅扰了北美"旧流"教会新正统的沉睡时,理性或者经验却几乎没有受到注意。如果我们对它们只是采取长期忽略的态度,真的会有任何人相信有关性别、种族、文化或者宗教的各种现代多元主义将会消失吗?

对于从基督教的视角来处理宗教多元主义的任务,我有一个神学候选者可堪此任,这一点将不会令人惊奇。正如我已然表明的,我认为过程神学恰恰提供了一种朝向对有关基督教信仰的神圣和经典文本具有一种现代信守的方式,也提供了一种对宗教多元主义开放的手段。代表过程传统提出这种主张并无任何神秘之处,恰恰在这一传统的核心之处,有着一种有关宇宙多元属性的肯定。除了这种多元主义的肯定之外,还有一种对于宇宙的关联性本质(relational essence)的主张。

这种宇宙的关联性本质使得宗教间的对话成为可能而合理的。鉴于许多在不同程度上忠于过程神学的神学家们参与信仰间的对话运动已有数十年,这种洞见也就并不显得有何独特之处了。

我将运用哈特桑恩“双向超越性”(dual transcendence)的理论去捍卫这样一种主张,即对于诠释宗教多元主义而言,过程神学提供了一种有效的神学选择(哈特桑恩,1976,22—29)。提出双向超越性的选择,目的在于更为明确地聚焦在由儒—耶对话的现代经验所产生的神学典范转移这一极具启发性的问题上。这种神学转移的关键,与上帝—世界(God-world)关系之中的超越——内在(transcendence-immanence)的问题有关,而该问题则是哈特桑恩双向超越性理论一个主要关注之所在。虽然说明这一问题的方式非常曲折隐蔽,但我的论点是认为,有关由儒—耶对话所启发的一种调适(adjustments),过程神学容纳了一种信仰的基督教式理解。对于宗教之间的遭遇(interreligious encounter)而言,事实将显示出基督教传统以及被感知的现代律则与这种调适是相一致的。

我的重点在于哈特桑恩的贡献,尤其在其双向超越性的观念。对此,需要有一个特别的说明。尽管有一点毋庸置疑,即怀特海是过程哲学和过程神学运动的现代奠基人,但很少有人会否认哈特桑恩在过程传统(process tradition)神学方面的发展中所扮演的关键性角色。哈特桑恩是第一个承认与怀特海有争议的人(1972,1—7),虽然前者发展了自己的理论。这种被哈特桑恩自己名为“新古典有神论”的理论,显然不同于对怀特海的一种严格的学术重读。哈特桑恩与怀特海之间的差别暂时还不会影响我们,但记住哈特桑恩并非在重复其导师的话这一点,则是有益的。

怀特海当然涉及了宗教哲学和神学的领域,但他所基本关注的并非是根据机体(organic,怀特海对于机体自己的用语是“过程”一词)思想来重新阐释基督教神学。⑳ 怀特海更多的是在当与发展和丰富其自己的机体哲学有关时,才对哲学性的神学和宗教满怀兴趣。而作为一种扩展,在其长期而杰出的生涯中,哈特桑恩则始终对作为自然的神学问题(而非教会神学)情有独钟。他尝试涉猎各类古典神学理论,并提出:对于古典基督教传统来说,过程神学(或者用他所命名的新古典神学)在哪些地方提供了积极的修正(1964,1967,1984b)。他是一个不折不扣的有神论者,更加相信较之传统体系化或哲学化的神学,他对于过程神学的解说,在

⑳ 假如 Lucian Price 所言(1954)确凿,至少在哈佛大学期间,怀特海对组织化的宗教缺乏热忱。但怀特海不会是第一个对其周围的教会缺乏感受的哲学家或神学家,尽管他仍然为有关生活、教导和耶稣之死的福音说明所感动。没有找到一所教会作为家园,一个人仍然能够为基督教运动所感召。

实际上与基督教传统的宗教证据更为一致。

虽然哈特桑恩从未过多地卷入正式教会的信仰间讨论,但他力图让自己的神学对更多的而不只是西欧式的关于神学问题的思考作出回应。例如,他常常提到怀特海的哲学观和佛教传统内部的谱系有一种特殊的亲和性(1967,21—25;1984b,108—19)。对于古代印度教哲学及其关于神圣实在的理论,他也显示出了相当的兴趣(Hahn,1991,235—69),但他却从未对儒家传统显示出特别的兴趣。

除了阐明我发现过程神学有益于促进同儒家的对话这一点之外,对于充分的比较神学而言,在为了一种充分的比较神学的神学探究中,还有其他一些丰富的取径。譬如,我也将运用一种类型学(typology)的方法。这一方法是由崔西(David Tracy)最近对于现代神学论说的风格和听众进行的分析所提示的(1981,1987)。我发现,崔西有关神学话语的三重划分,对于讨论基督教内部的对话而言,是一种极其有用的启发性工具。他对于基要神学(fundamental theology)、系统神学(systematic theology)和实践神学(practical theology)的区分,有助于我们对于复杂的对话采取适当的论说方法。那种复杂的对话需要在儒家学者和基督徒之间、那些已经和儒家学者进行对话的基督徒与尚未和儒家学者对话的基督徒之间来进行。此外,劳克海德(David Lockhead,1988)也论证道,在有关一种大公的功勋(ecumenical tour de force)的东西之中,人们甚至可以将巴特晚年的某些洞见,应用到圣灵对于鼓励信仰间对话的普遍作用当中去。无论是崔西还是劳克海德都一致认为:我们生活于这样一个时代,为了使现代世界的宗教多元主义富有意义,我们需要对基督教信仰的某些已经被接受的典范进行转化。

神学重建的问题

如今的情形是,我们生活在一个可以自觉得到的多元世界。在这样一个世界之中,人们不再真的希望哪一种宗教会胜过其他的宗教——至少在短时间内。这是对于正在增长的世俗性认可的一种宗教类比。这种世俗性认可是:没有哪一种社会经济系统或者文化,对于所有的国家而言会是一种普遍的模式。正如越来越多的经济被认为是“混合”经济一样,越来越多的文化也被视为在宗教上是多姿多彩的。有些人会对这一事实哀恸不已,他们会梦想有朝一日这一切将会有所改观。并且,这些梦想家常常会是一个既定文化系统内部的多数(majority),他们通常不会记得,在单一文化霸权的时代里,在种族、宗教方面属于少数人(minority)是何等情形。大部分的少数人并不愿意回到在宗教和种族方面单一贫乏的所谓“过去的好日子”(the good old days)。希望之所在是这样一种情形:多数人文化(majority cultures)的许多成员们,如今正在感受到一种文化上可以接受的多元主义的日益丰富(尽管令人困扰)的可能性。

在北美(至少加拿大的某些地区),多元文化主义(multiculturalism)这一用语作为对文化多元主义(cultural pluralism)之可能性的尝试性认可而发挥作用(Bibby,1990),但同时需要留意的是,这只是对于某些基督徒而言是积极性的,对许多北美的学术界人士来说,这当然不是一个积极性的用语。那些学术界人士认为,对于自现代大学兴起以来便主导西方学术界文化卓越性的那种价值而言,这种多元主义文化是一种挑战。㉑ 在许多美国大学中,关于多元文化主义是否是一种值得表彰抑或避免的东西,是一桩生动的思想争论。甚至对于多元文化主义作为一种理念值得赞赏,这一点是否可以接受,许多学者提出了这样的问题,任何社会是否能够获得充分的社会凝聚力,以便提供一种文明的生活,即除非一种属于主导地位的文化传统对社会给予一种基本方向、目的及卓越性的感受。

在多元文化主义的讨论中,一个常常被忽略的重要观念是:在一个多元文化的脉络中,是什么东西使得卓越性成为文明社会品质的一种通常的社会条件。每种特定的文化都有关于卓越性的经典。问题是多元文化并不使某一种经典具有优先权。一种充分的多元文化主义的真正诀窍,将是发展一种公共论说的多元模式。其中,社会卓越性和品质的普通规范,将会得到公开的表达。当然,在目前,这种对话自不必说还只是一个希望。而对于多元文化主义的批评,则恰恰拥有权利和义

㉑ 在此插一段。我应当指出的是,在比较哲学的领域内,还没有过多地讨论对话神学或者宗教多元主义的著作问世。关于这一点,显而易见的原因在于:现代的专业哲学家即使对西方的经典宗教问题也很少有兴趣。与这一问题纠结在一起的是,那些在哲学系中寻求专业化操作的人,当他们在力求掌握南亚与东亚传统的丰富性、以在有声望的哲学出版物上的占有量来衡量,对于东亚哲学为何根本不大像西方哲学这一问题甚感困惑时,同样兴趣索然。

此外,在哲学的名义下列出的许多著作过于书生气。有几个显著的例外,例如哈布法斯(Halbfass,1986)讨论印度哲学的书,以及沃森(Walter Watson,1985)和狄尔沃斯(David Dilworth,1989)的近作。我认为那种非实在性的到处弥漫的感受,大多来自于这样一个事实,即哲学家们很少涉入现代信仰对话运动的日常活动中去。在对话中,一个人会更为迅速地了解到:人类不是书本,而且人类倾向于诉说那些在表面上似乎不太可能脱离他们所来自于的传统的东西。

我们经常谈论目前的典范转化,并且,涉入到信仰对话之中的人们不仅相信这种转换,而且他们耳闻目睹了这些转化的发生。那种冷漠和不感兴趣大多能够依据一种专业内部的权力来加以分析。在将其观念模式与其基本学术语言——英语强加于其余世界近三个世纪以来,北大西洋世界取得了重大的成功。全球历史的这一阶段,似乎以引人的方式被拉近了。显然,东亚与南亚的思想家们经由与西方的接触获得了丰富和转化,但西方思想家们是否如此则不那么明确。理智、好奇心,更有那甚至影响到北美学术人物经济福利的正在增长的贸易不平衡,这两方面因素的刺激,使得目前的情况正在发生变化。越来越多的人正在试图弄清楚东亚为什么是一个在经济上如此成功的地区。这种目前的成功,其中一部分显然与该地区的思想遗产有关。因此,与之相伴,人们重新引发了对儒家、儒教、道家、神道教和《易经》的兴趣。长期以来,西方知识分子可能首次倾向于考虑:并非所有的真理和光明均来自于北大西洋世界的海岸。

务对这样一种多元社会视野的可能性尤其是可行性提出挑战。对于话语、礼貌和卓越性而言,人们真的能够希望找到一种跨文化的规范吗?㉒ 这种对卓越性的多元文化主义的希望可能与否,信仰间的对话是讨论的关键因素。因为只要当人们谈到他们的宗教时,才达到了对他们来说作为人意味着什么这样的深度。

如今,对基督教谱系来说,承认世界上有其他不同的谱系,并且上帝视之为独特的宗教传统加以关照和养育,这大概是个历史转折关头(Kairos)的时刻。这是一种艰难的学习过程,同时它还存在着分裂教会的潜势。虽然如此,社会学和历史学的问题是,这恰恰是当前的逻辑所需要的东西。我们可以拒斥多元文化主义的宗教逻辑,就像我们可以在学界拒斥对于差异性文化理论的创造性进程那样。我们可以开诚布公地说,那些基督教谱系之外的人是在受诅咒。但是,更多的是我们对事实的哀叹。或者我们可以开始发展一种神学,这种神学能够反映通过人类宗教传统和经验的多样化属性和上帝的意图。就像潘林得(Geoffrey Parrinder,1977)所说的那样,我们需要第三次变革,这是一种洞见的变革,它将使我们在其他信仰的真实性中领会到上帝的仁慈临在。简言之,我将基于过程神学来论证,当面对其他信仰群体的经验时,我们需要成为真正的一神论者。

虽然我充分理解基督徒在他们对现代状况的分析中将不会从这里出发,但是,这种有关根本性的宗教和宇宙论的多元主义,却是我的神学反思的关键环节。㉓ 有些人会希望对经典、传统、理性或其他有关经验的各种形式进行仔细的解读,以之作为他们神学的出发点。而我之所以从以宗教多元主义作为一种社会历史实在的经验出发,是由于我相信,正是在有关宗教多元主义的实存性和需求性的经验中,信仰间的对话才得以开始。我深深感到,在现代的传统圣经神学、系统神学或者护教神学之中,没有能够使我们趋于这一方向的东西,而毋宁说,恰恰是在我们的城市和大学之中,现实的宗教差异性的影响给对话注入了兴趣。系统神学和圣

㉒ 某种通常论说的整个问题的确是个难题。谁能摆脱其自身基本传统的根本视角和偏见呢?现在正有一种不断增加的文献,与试图处理该问题的比较神学相关。参见克吕格(1991),Nakamura(1975)和哈布法斯(1988)的著作。它们以三种不同的方式说明比较神学是如何可能的。

㉓ 有些现代的宗教学者,像林德贝克(George A. Lindbeck,1984)在其颇有影响的《教义的本性:后自由时代的宗教和神学》(*The Nature of Doctrine*:*Religion and Theology in a Postliberal Age*)中所论,认为即使始于"经验",预先判断神学方法也已涉及到神学分析。我对此论有部分同感,但我仍然认为没有北大西洋世界宗教多元群体的现代经验,西方的神学家们将无法认真而严肃地考虑这一问题。只有一个多元世界的经验,才将他们从巴特式的(极为有趣的是,就此而言,老巴特不会接受)蛰伏和一种统一的宗教世界的正统之梦中唤醒。至少在系统或者圣经神学中,不存在那些十分关注宗教多元主义或者其他信仰群体的动态。

经学研究(biblical),只是到如今才开始意识到由基督教王国之梦所引出的这种宗教多元主义的现实性。

在这种思想的典范转换中,我们也不应忘记现代交通和通讯技术的作用。在开始于1954年的有关中国科技史的不朽研究之中,李约瑟(Joseph Needham)反复指出:相对于传统科技,现代科技在世俗的意义上真正变得具有普世性了。李约瑟论证说,如果有相应的智力和恰当的训练,任何人都能够成为一名现代科学家。对技术而言,可以得出同样的结论。而某些神学家认为,任何传统都可以利用技术的成果,在这个意义上,他们将技术视为宗教中立的。霍梅尼(Khomeini)不会骑着波斯马回到德黑兰,他仍然宁愿坐美国的波音飞机。但是,有一个问题显然在德黑兰方面是有着充分理解的,即现代科技的某些影响并不像最初看上去那样是文化中立的。

在这个问题上,我自己的例子很能说明这一点。当50年代我在俄克拉荷马的诺曼(Norman)成长时,对于文化、种族或者宗教多元主义的现实,我的了解相当有限。在人权运动之前的那些时候,除了浸信会教友(Baptists)和卫理公会信徒(Methodists)之外,诺曼很少有非洲裔美国人(African-Americans)或者其他宗教背景的人士。我整个青年时代对宗教差异性的感受仅仅限制在这样一种自觉之上,即有一部分人叫罗马天主教徒,一部分人叫路德教徒,另一部分人是长老会教友。直到进入中学,我才遇到一个犹太人。对于我如今所经验到的人类在宗教、种族以及文化上的差异性,这几乎无法成为一个有代表性的例子。然而,这一切都改变了。在国内晚间新闻(nightly national news,以及每天的CCN节目)的影响之下,一位在诺曼长大的男孩或女孩,对于现代世界的宗教差异性显然会有一种扩展了的自觉。在美国中西部或者加拿大草原地区省份的一个男孩子或女孩子,实际上甚至会认识另一个种族或宗教群体的某个成员。他或她会有一位非洲裔美国人后代的朋友,或者一位犹太伙伴,或者会和一位印度教徒、锡克教徒、佛教徒、耆那教徒、穆斯林甚至一位其家庭属于某个美国本土信仰群体的年轻人一起打球。

但是,只是对世界上文化或者宗教的差异性有一种感受,还并不等于说对于这些异在群体的性质和历史有一种通达的理解。例如,电视每晚播出的新闻,在教育北美的主流传统(majority tradition)有关伊斯兰的生活实际方面,还没有作过一件较为出色的工作。也没有使北美的大多数人意识到儒家思想在东亚的持续影响。不过,与西方对伊斯兰的敌意相对照,虽然对儒家之道的理解和对伊斯兰的了解同样之少,但是,对儒家之道却很少有公开的敌视。北大西洋世界对世界的其他部分正在一致显示出感兴趣的征兆,这一点是令人鼓舞的。北大西洋世界的人们始终有一种好奇心和旅行热(Wanderlust),这一点驱使他们超越自身物质和思想上的畛域。但是在另一方面,随着日本及太平洋沿岸其他“小龙”经济力量的崛起,所有这种积极的初期文化间的对话会有所改变。关于儒学对东亚以及东亚之外工业文化的影响,人们的自觉正在日益增长。而对于日本或太平洋沿岸其他国家经济的勇猛精进,许多人并不觉得很高兴。就经济的现代化而言,当中国加入(一定会)太平洋沿岸的行列中时,会发生什么,这不能不让人们的想像力畏缩不前。

在所有这种神学和社会的变革之中,表达了一种基本的多元宇宙论世界观的过程神学,对于大多数寻求神圣统一性之临在,以及存在和行为单一性的古典神学的天性而言,这将会是一种冲击。古典神学寻求在一种信仰中所表达的统一性和绝对真理,而这种信仰是由罗马天主教会所教导的。在实践中,教会或许从未依赖过这种理念,但这并不意味着这一理念从来都不重要。然必须,我得承认,我发觉世界无可挽回地多元化了,因而,我的哲学和神学范畴将突显这种多元的确信。我同意怀特海所谓"哲学建构的真正方法就是架构一个观念的图式,最佳的图式就是人们能够根据它去无畏地探索对于经验的诠释"(怀特海,1978,xiv)。我将尝试无畏地去面对多元主义,而我将赖以反映对话中所发现的"他者"的镜子,将是体现于宋代新儒家以及现代新儒学运动之中的儒家传统。

儒家传统

Confucianism 这一概念本身便是一个语意暧昧的用语,它代表着一个非常广阔的观念领域。那么,我们打算与之对话的是何种"儒学"呢?我将从儒家传统的历史发展中进行如下的一套基本区分:首先,儒学这一用语代表由孔子(C. 551—479 B. C. E)、孟子(C. 372—289 B. C. E)和荀子(?298—238 B. C. E)开始,是那些自己宣称信奉某种学说的儒家学者们所界定的一个完整传统。我们应当记住,Confucianism 这一用语是一个西方的新字,它是当欧洲人发明了宗教这一观念作为某一种文化的精神性格之组成部分时所创造的。我用 Confucianism 来大致表达中国人(以及韩国人、日本人和越南人)所谓"儒家"或"儒教"以及宋以后新儒家所谓"道学"的意思。㉔

对于信仰之间对话颇为重要的,是儒家这一传统的第二个阶段,即 Neo-Confucianism,这又是一个西方的新字,这个西方新字的中文对应物,无疑是"道学",包括中国宋、元、明、清各种学派及其在韩国、日本和越南的延伸。在许多方面,这是一个今天在整个东亚依然具有生命力的儒家谱系。正如怀特海所意识到的,任何

㉔ 麦克穆伦(David McMullen,1988)注意到,对解读传统而言,这是一种非常新儒家(Neo-Confucian)式的方式,并且,这种方式只是自从宋代儒学的复兴才有。唐代儒家学者对看待历史有另外一种不同的方式。他们给予那些注释家们和像孟子或荀子那样并非孤立的师儒以很高的地位。

传统均难以同某一个伟大的思想家所引发的震荡分开(1978,11),或者说,在这个意义上,新儒学传统与被朱熹(1130—1200)经典化的北宋和南宋时代的一个伟大思想家群体紧密相关。事实上,正是朱熹本人的思想塑造了从宋代至今东亚文明的许多部分,无论是根据朱熹自己的学派抑或是根据那些与之不同的思想家们。

儒家传统的第三阶段是 New Confucianism(现代新儒学)(张灏,1976),这个用语界定了一组在20世纪寻求复兴、重建儒学传统的现代学者。正如怀特海被认为是现代过程运动的奠基者一样,对大多数现代新儒家学者而言,熊十力同样是一个奠基性的人物。这些现代新儒家学者们不仅以一种以往新儒家(Neo-Confucian)所同样具有的精严的感受力在诠释的范围内著书立说,并且,对于西方哲学和神学他们亦有相当的了解。这一运动的主要代表人物是唐君毅、钱穆、徐复观以及牟宗三,还有一批比以上这些人物更为年轻的学者,他们通常是以上这些人物的学生,例如刘述先、成中英、秦家懿、杜维明、柯雄文、余英时、蔡仁厚,以及其他一些能够在中国思想的论域之内来阐释现代新儒学的学者。

我打算将我的讨论集中于现代新儒学运动从第一代到第二代的两个代表人物——牟宗三和杜维明上。我之所以这样做,是因为我相信人们必定能够而且愿意同其他传统活着的代表进行对话,以便让他们去界定、描述和举荐他们的传统。牟宗三之所以格外令人感兴趣,是由于他对儒家传统基元系统式(metasystematic)的重新阐释。而杜维明之所以具有感染力和吸引力,则是由于:对于他所刻画为信赖社群的儒家传统的社会向度,杜维明极具感受性。总之,在同其他世界性哲学和宗教的对话中,牟宗三和杜维明表达了儒家学者对于自我和群体的长期关注。

选择牟宗三和杜维明的主要原因,在于我认为这两位具有师生关系的学者很能够而且很有效地来作为现代新儒学的代表。牟宗三在当今老一代的新儒家之中,无疑是一位在哲学方面最为敏锐和具有争议性的人物,并且,这一点得到其余所有的新儒家学者的承认。并非每个人都同意牟宗三的立场,但是,每个人都以最严肃的态度来对待牟宗三的著作。[25]

直至最近,杜维明一直在从事这样一项工作,即无论在中国知识分子圈子中还是对那些感兴趣的西方知识分子,他都力图阐发和改善儒家传统的现代意义。杜维明谋求视社会为一种信赖社群的儒家感受,作为目前对于人类的一种可能性来加以复兴。在最近十年中,杜维明用英文出版了一系列的著作,通过对儒家这一不断积累的传统的主要经典和人物所作的"信赖式的注释"(fiduciary commentary),

---

[25] 在当代新儒学中,我总是发觉,牟宗三的著作在哲学性方面最为精彩,即便我不能同意他的立场,我也不能不如此说。我比他更倾心于朱熹及其传统,然而,阅读牟宗三的著作向我表明了这样一个老生常谈的道理,即我们能从批评者那里,比从朋友那里学到更多的东西。

来寻求描绘、举荐并更新儒家之道。在宗教之间的联系与接触方面,通过与基督教神学家的对话,杜维明对于界定儒家之道的宗教向度也极为感兴趣。

贯穿于其漫长和特别的生涯,牟宗三力图为现代世界分析并重新诠释儒家之道。他对于儒家思想史的贡献无疑是非常著名的,对于推动比较哲学和思想史的贡献也同样如此。虽然并非其研究工作的中心,但是,牟宗三也同样对儒家思想的宗教向度颇感兴趣。这在他那一代的同道之中相对而言是较为独特的。鉴于他对宗教生活的定义,牟宗三力图显示出儒家学者对于人类心性的考察是一种深刻的宗教探索。他对这一方面问题的概要式说明,凝练地总结在两部不长的著作中,即《中国哲学的特质》和《中国哲学十九讲》[26]。我个人认为,就儒家思想的宗教属性而言,牟宗三的研究工作是现代最为重要的阐释之一。由于这项工作是由儒家传统内部最为著名的现代儒家学者之一来完成的,因而它甚至是更为重要的。

儒—耶对话的容纳

在英国圣公会(Anglican)的传统中,当一个重要或者有争议的论题被推荐给教会以便研究和反思时,常常采用"容纳"(reception)这一用语(Rush,1988)。通过敦促接受那个论题,教会的某个适宜的议庭会指出:该议庭觉得,这一论题的报道或者建议能够被忠实地视为对于切近问题的一种基督教的回应。"容纳"这一观念并不意味着对于该论题建议的绝对接受;"容纳"只是谦退地指出:这些建议所包含的观念或者行为,是一个基督教徒能够根据信仰的生活和见证来真诚而恳切地加以审度的。"容纳"意味着一种可行的选择——它不排斥讨论,也不意味着那是一位基督教徒可以接近切近问题的惟一可能方式。当考虑到信仰间的对话和关系时,我认为,"容纳"这一用语非常准确地显示出:大多数基督教徒发现他们自己身在何处。

正如我一再强调的,就对我们这个世界持久的宗教多元主义的日益增长的意识而言,基督教徒们正处于一个巨大的典范转化之中。这一转化基本上是经由那标志着二战和殖民时代终结的人口统计上的巨大变化而来的。基督教神学的重大和未竟任务之一,便是同其他信仰的个体和群体达成协议。如今,这些个体和群体常常是传统上基督教王国大本营中心所在的居民。

为了理解宗教多元主义产生的争斗,常常是我们至深的伦理动机与我们对所

---

[26] 在这方面我也将参照一部更为晚近的著作(牟宗三,1983)。在其《中国哲学十九讲》中,他大体持同样的立场,但不只是针对儒学的发展,而是将兴趣放在中国哲学传统的整个范围。在这两部对中国思想传统的主要部分——儒释道的综论著作中,牟宗三的诠释有着相当的连续性。

继承的种种神学结构(至少如同它们在最近三个世纪左右对于西方新教教会而言所被表达的那样)之忠诚这二者之间的一种争论(Hutchinson,1987)。无论是天主教还是东正教传统,我们的宗教改革力图教导我们尊重所有按照上帝形象所创造出的人类。这种对人类的尊重基于一定的对话需求之上,当这种需求在基督教徒群体中实行时,常常困难重重。并且,当其他的信仰群体出现于我们的意识世界之中时,处境变得甚至是更加令人感到有所需求和困惑。显然,我们热爱上帝及我们的邻人,但是,当我们的邻人成为穆斯林、佛教徒、长老教徒、犹太教徒、儒家学者或其他信徒时,在实践和神学的意义上所发生的,就不是那么明确。因此,通过现代移民模式的惊人作用,我们正在接受一种新的责任。并且,我们也还感受到,我们的神学不应当仅仅是一种有关体面和斯文的福音,无论这些品德在基督教传统之内是多么地高尚。

怀特海在数十年前就曾经指出,我们仍然绝望地等待着一场新的改革(1933,205—21)。我们在自己的历史和其他民族的累积性传统中东寻西找(rummage around),为的是去寻求我们至深的伦理动机与我们所继承的神学传统之间的和解之道——那种神学传统是根据拿撒勒(Nazareth)的耶稣之生、死和复活的一种方式、真理和独特性来言说的。这很可能不是一个容易的题目!探索具体对话的条条道路,将需要时间、耐心和意愿。所有的基督教团体都将需要一种明辩的博爱(charity of discernment),为的是能够感受到上帝对教会的意志。对于普世性的信仰间对话运动的存在而言,再没有比教宗约翰·保罗十三的告诫更好的信条了:“在本质性的问题上,我们需要统一;在值得怀疑的问题上,我们需要自由;在所有的问题上,我们需要仁慈。”

折衷主义与多元宗教参与的危险

就有关宗教多元主义的正在发展着的争论而言,在其通常性的母体内部,折衷主义(syncretism)和多元宗教参与(multiple religious participation)的问题,是支持信仰之间对话的西方学者们所面对的最困难的题目之一。一方面,在正式的对话圈子中,没有人在实际上有意识地为创造新的宗教进行争辩。但是另一方面,显而易见的是,对话的结果之一是原初立场的丰富和转化。这样一种结果能够而且已经被贴上了信仰折衷主义的标签。指出某一个人的折衷主义是另一个人的创造力之所在,这并没有多大的益处。同一类型的问题集结在这样一个观点上:一个人是否能够在保持自我完整统一(integrity)的情况下参与一个以上的宗教传统。在西方的各种宗教传统中,这种多元宗教参与从未被视为一种真正严肃的选择。但是,恰恰是这种多元宗教的尝试,是看起来正在发生着的东西。

中国人的宗教经验使得这种多元参与(或者也可称之为双重宗教公民权/dual

religious citizenship)不太成其为问题。诸如参与不同宗教传统之类的事情,在东亚有着悠久而成功的历史,情况的确如此。令人感兴趣的一点是,对于中国过去的三种重大传统(译者按:儒、释、道三教)而言,没有一个被完全吸纳到另外二个之中而丧失了其自身。如今,除了穆斯林和基督教徒,我们在中国仍然能够发现道教徒、儒家学者和佛教徒的人数在增长。教训似乎在于:每个传统均有一个本质特征的复合体或者一个根源隐喻(root-metaphor),这种本质特征的复合体或者根源隐喻在整个历史上为其传统提供了一种稳固和可以被承认的轨道(trajectory)。

正是在这一点上,过程神学同样也是有所助益的。由于强调宇宙论的多元主义以及对每个生命体包括神圣实体(the divine reality)的内在创造性,对于如何处理相关的转化、丰富和生长而又不丧失一个传统自身的本质特征这种观念,过程神学提供了种种启发。我将论证,过程神学决然是多元主义的,因而在其根本的思想信念方面,过程神学不会认为宗教多元主义是特别令人困惑的。

对于哈特桑恩所谓的"双向超越性",过程多元主义也提供了理解的基础。"双向超越性"阐明了神圣实在(the divine reality)同每个受造物的出现如何关联,也表明了受造物的出现如何能够丰富神圣实在,从而对其他新的受造物的出现有所贡献。如果承认双向超越性的说法,则各种宗教之间的相互转化,在宇宙论方面看起来就不是那么令人震惊了。和老子的看法一致,现代过程神学家们认为,有生命力的东西的标志之一,就是柔软有弹性,善于接受。而无生命力的东西,其标志则是僵硬、封闭、不善于接受。或许一种有生命力的宗教,其标志之一始终是善于接受新的观念,而接受性如今已成为一个非常自觉的观念。这一点是信仰间对话运动的重要特征之一。

虽然就历史而言,儒家和基督教徒以往并未过多地彼此有所交涉,但是,这种互相孤立的状况,如今正在急剧地被思想和经济两方面的相互刺激所取代。这究竟是件好事还是坏事,只有时间才能说明。我相信这是件好事。再者,对基督教徒和儒家方面的学者而言,为了各自的传统,而厘清这些切近的问题,是颇为重要的本职工作。学术讨论当然不等于事情的全部,但它确然可以发挥必要的作用。这一点尤其有助于架构一套概念,以便用于讨论那些涉及到对话的种种问题。我们如今所面对的,正是这些问题。

参 考 文 献

—Cheng Chung-ying,1991. *New Dimensions of Confucian and Neo-Confucian Philosophy. Albany*,N. Y. :State University of New York Press.

—David L. Hall, 1973. *The Civilization of Experience: A Whiteheadian Theory of*

Culture. New York: Fordham University Press.

—David L. Hall, 1982a. *Eros and Irony: A Prelude to Philosophical Anarchism*. Albany, N. Y.: State University of New York Press.

—David L. Hall, 1982b. *The Uncertain Phoenix: Adventures Toward a Post-cultural Sensibility*. New York: Fordham University Press.

—Maura O' Neill, 1990. *Women Speaking Women Listening: Women in Interreligious Dialogue*. Maryknoll, N. Y.: Orbis Books.

—Robert C. Neville, 1991. *Behind the Masks of God: An Essay Toward Comparative Theology*. Albany, N. Y.: State University of New York Press.

—Peter Berger, 1980. *The Heretical Imperative: Contemporary Religious Affirmation*. Garden City and New York: Doubleday.

—Peter Berger, 1992. *A Far Glory: The Quest for Faith in an Age of Credulity*. New York: The Free Press.

—Mark Edward Lewis, 1990. *Sanctioned Violence in Early China*. Albany, N. Y.: State University of New York Press.

—Charles Birch and John B. Jr. Cobb, 1981. *The Liberation of Life: From Cell to the Community*. Cambridge: Cambridge University Press.

—Hans Küng, 1988. *Theology for the Third Millennium: An Ecumenical View*. New York: Doubleday.

—David J. Krieger, 1991. *The New Universalism: Foundations for a Global Theology*. Maryknoll, N. Y.: Obis Book.

—Paul Tillich, 1952. *The Courage to Be*. New Haven: Yale University Press.

—Carl E. Braaten, 1992. *No Other Gospel! Christianity among the World' s Religions*. Minneapolis: Fortress Press.

—Paul Varo Martinson, 1987. *A Theology of World Religions: Interpreting God, Self, and World in Semitic, Indian, and Chinese Thought*. Minneapolis: Agusburg Publishing House.

—Livia Kohn, 1991b. *Early Chinese Mysticism: Philosophy and Soteriology in the Taoist Tradition*. Princeton: Princeton University Press.

—Michael Saso, 1990. *Blue Dragon White Tiger: Taoist Rites of Passage*. Washington, D. C.: The Taoist Center.

—Jacques, S. J. Dupuis, 1991. *Jesus Christ at the Encounter of World Religions*. Trans. By Robert R. Barr. Maryknoll, N. Y.: Orbis Books.

—John Hick, 1989. *An Interpretation of Religion: Human Responses to the Tran-*

scendent. New Haven: Yale University Press.

—Leonard Swidler, 1990. *After the Absolute: The Dialogue Future of Religious Reflection*. Minneapolis: Fortress Press.

—Tom F. Driver, 1981. *Christ in a Changing World: Toward an Ethical Christology*. New York: The Crossroad Publishing Company.

—Alfred North Whitehead, 1933. *Adventure of Ideas*. New York: Macmillan.

—Alfred North Whitehead, 1978. *Process and Reality: An Essay in Cosmology*. David Ray Griffin and Donald W. Sherburne, eds. Revised ed. New York: The Free press.

—Chan Wing-Tist, 1986. *Chu Hsi and Neo-Confucianism*. Honolulu: University of Hawaii Press.

—David B. Barrett, 1982. *World Christian Encyclopedia: A Comparative Study of Churches and Religions in the modern World AD 1900-2000*. Oxford: Oxford University Press.

—Willard G. Oxtoby ed. 1976. *Religious Diversity: Essays by Wildred Cantwell Smith*. New York: Harper & Row.

—Charles Hartshorne, 1964. *The Divine Relativity: A Social Conception of God*. New Haven: Yale University Press.

—Charles Hartshorne, 1967. *A Natural Theology for Our Time*. Lasalle, Ⅲ.: The Open Court Publishing Co.

—Charles Hartshorne, 1972. *Whitehead's Philosophy: Selected Essays, 1935-1970*. Lincoln: University of Nebraska Press.

—Charles Hartshorne, 1976. *Aquinas to Whitehead: Seven Centuries of Metaphysics of Religion*. Milwaukee, WI: Marquette University Publications.

—Charles Hartshorne, 1984b. *Omnipotent and Other Theological Mistakes*. Albany, N. Y.: State University of New York Press.

—David Tracy, 1981. *The Analogical Inmagination: Christian Theology and the Culture of Pluralism*. New York: Crossroad.

—David Tracy, 1987. *Plurality and Ambiguity: Hermeneutics, Religion, Hope*. San Francisco: Harper & Row.

—David M. Lochhead, 1988. *The Dialogical Imperative: A Christian Reflection on Interfaith Encounter*. Maryknoll, N. Y.: Orbis Books.

—Lucien Price, 1954. *Dialogues of Alfred North Whitehead*. Boston: Little, Brown and Company.

—Wilhelm Halbfass, 1988. *India and Europe: An Essay in Understanding*. Albany,

N. Y. :State University of New York Press.

—Walter Watson, 1985. *The Architectonics of Meaning*: *Foundations of the New Pluralism.* Albany, N. Y. :State University of New York Press.

—David A. Dilworth, 1989. *Philosophy in World Perspective*: *A Comparative Hermeneutics of the Major Theories.* New Haven: Yale University Press.

—William R. Hutchinson, 1987. *Errand to the World*: *American Protestant Thought and Foreign Mission.* Chicago: Chicago University Press.

—Geoffrey Parrinder, 1987. *Encountering World religions*: *Questions of Religious Truth.* New York: The Crossroad.

—David J. Krieger, 1991. *The New Universalism*: *Foundations for a Global Theology.* Maryknoll, N. Y. :Orbis Books.

—Hajime Nakamura, 1975. *Parallel Developments*: *A Comparative History of Ideas.* Tokyo: Kodansha.

—George A. Lindbeck, 1984. *The Nature of Doctrine*: *Religion and Theology in a Postliberal Age.* Philadelphia: The Westminster Press.

—David McMullen, 1988. *State and Scholars in T'ang China.* Cambridge: Cambridge University Press.

—Walter G. Rusch, 1988. *Reception*: *An Ecumenical Issues in Inter-religious Relationships.* Geneva: World Council of Churches.

—Chang Hao(张灏), 1976. "New Confucianism and the Intellectual Crisis of Contemporary China." In *The Limits of Change*: *Essays on Conservative Alternatives in Repulican China*, Charlotte Furth, ed. Cambridge, Mass. :Harvard University Press.

牟宗三:《中国哲学十九讲》,台北:学生书局,1983。

（译者单位：中国社会科学院哲学研究所）

亚洲文会与中西文化交流

□王　毅

一、亚洲文会

1857年9月24日，在上海的外侨尼克逊（Capt. Sir Frederick W. Nicolson）、裨治文（Dr. E. C. Bridgman）、帅福守（E. W. Syle）、艾约瑟（J. Edkins）、纳尔逊（R. Nelson）、亚希逊（W. Aitchison）、戴维思（T. Davis）、纳尔逊（Dr. Nelson）、雒魏林博士（W. Lockhart）、西柏多（Sibbald）、蒙克里夫（Mr. Moncreiff）、康普东（Compton）、荷魏尔（Howell）、凯丝威（Keswick）、卫三畏（S. W. Williams）、汉璧礼（Hanbury）、弗兰克（Franks）和立德（Reid）等18人聚集到互济会礼堂（Freemason's Lodge），讨论研究认识中国的重要性。经商议决定成立一个学会，以调查中华帝国及其周围的国家，学会名称为"上海文理学会"（Shanghai Literary and Scientific Society）。成立之际确立以下目标：1. 调查中国及邻近国家的各项事情；2. 出版会报；3. 建立一个图书馆和博物馆。1858年，该会加盟英国皇家亚洲文会（Royal Asiatic Society of Great Britain and Ireland），遂更名为"皇家亚洲文会北

中国支会”(The North China Branch of the Royal Asiatic Society)。[1] 1952 年 5 月 19 日,亚洲文会在华停止活动,8 月由中国政府接收。

亚洲文会的日常活动主要是举行演讲,每月一到两次。一般先由作者本人宣读自己的文章,然后经听众评议,一致同意后方可在该会会报上发表。文会会报(*Journal of the North-China Branch of the Royal Asiatic Society*)不仅在上海出版,而且在伦敦、巴黎、莱比锡、法兰克福设有代理销售处。鼎盛时期,文会会员每年达七八百余名。其图书馆“被誉为中国境内最好的东方学图书馆”[2]。博物馆(又名“上海博物院”)收藏有远东地区丰富的生物标本和中国的文物古董,不但种类繁多,而且数量也是同时代中国境内的其他博物馆所无法企及的,在近代远东地区颇为著名。美国斯密生博物馆(Smithsonian Institution)、芝加哥自然历史博物馆(Field Museum of National History)以及大英博物馆都将文会博物馆作为其长期合作的伙伴,一些西方学者来到中国后,多参观文会博物馆。1930 年,一名英国外交官曾称赞“文会是上海的一盏明灯”[3]。

文会不仅在中国开展调查研究活动,而且积极参与世界性的文化交流活动,主要是参加世界有关学术会议和文物展览活动。1874 年 12 月,理事会推选阿立果和谭微道(J. A. David)参加巴黎国际地理学会。1881 年,夏德(F. Hirth)代表文会参加了柏林举行的东方学大会。1935 年,文会参加英国伦敦举办的中国文物古董展览。通过这些活动,文会不断地把中国介绍到西方,在改变西方人对中国的认识方面起到了积极作用。

组织机构的多元化和会员的广泛性使得亚洲文会形成了多元化的交流媒介和途径;演讲、展览、出版、发行、参加国际性文化活动造就了亚洲文会多元化的文化交流方式,事实上,它形成了综合型的文化交流模式。因此,对于该机构的研究不仅可以弥补以往文化交流史研究的不足,而且可以拓展文化交流史研究的领域,推进文化交流史研究的深度。本文仅就该机构在近代中西文化交流中的贡献和地位进行分析。

---

① 20 世纪初,中外学人对 The North China Branch of the Royal Asiatic Society 有多种不同的译法,笔者认为胡道静的翻译最接近英文原意,本文遂采用他的译法。该会成立后《北华捷报》经常以“The Royal Asiatic Society”为题目报道该会的有关情况,《申报》则以“亚洲文会”称之;该会大门口匾额上的中文名字也是“亚洲文会”,演讲厅内悬挂的布料上也写着“亚洲文会”,所以该会在近代上海的通用名称应该是“亚洲文会”,为了叙述方便,本文以“文会”代之。关于亚洲文会的概况参见拙作《皇家亚洲文会北中国支会述论》,《复旦学报》2003 年第 5 期。

② 见胡道静:《外国教会和外国殖民者在上海设立的藏书楼和图书馆》,转引自李希泌、张淑华编:《中国古代藏书与近代图书馆史料(春秋至五四前后)》,中华书局,1982 年,第 513 页。

③ Proceedings, *Journal of the North-China Branch of the Royal Asiatic Society*, Vol. LXIII, 1930, p. viii.

二、亚洲文会与近代国际汉学

文会创建时提出“希望通过对华调查研究为西方的汉学提供令人满意的成果”④,汉学指19世纪以来外国人对中国历史、文化、民族、语言、文字、宗教、艺术等方面的研究。汉学本身也是与“东学西传”和“西学东渐”同时发生、进行的中外文化交流的一个组成部分,因此对于汉学史的研究,除了复原其本身——历史上研究了什么外,也应该从文化交流的角度来考察汉学的发生和发展。

从已有的中外汉学史论著看,⑤论及近代汉学的发展都会提到亚洲文会及其会报,尤其是会报,几乎被一致认为是近代国际汉学的重要园地之一。但是这些著作也仅仅是简单介绍文会与会报,没有论及文会与近代国际汉学,尤其是与西方汉学的关系。

这里从近代西方汉学研究专题的开辟、研究机构的建立、汉学人才的培养、汉学研究方法的探索、相关资料与工具书的编纂等方面,来论述亚洲文会的成就与不足,进而展现文会在近代国际汉学发展史中的位置。

1. 研究领域

文会是否为近代国际汉学开辟了新的研究领域,这要从近代国际汉学发展的脉络谈起。遗憾的是至今未有一册全面系统的近代国际汉学发展通史,已有的各国汉学史几乎都是列举各历史时期的主要人物及其著作,对于前后的学术流变尚未谈及,至于各国间的汉学互动更无分析。而且19—20世纪的国际汉学史更是少有深入论述和分析,已有的论著也多是简单介绍近代欧美各国国内的汉学发展史,而对东方各国侨民定居地内的汉学研究却鲜有触及。近代欧美各国在亚洲各地建立了不少研究机构,如法国设在越南的法兰西远东学院、德国设在日本的东亚研究机构和英国亚洲文会在东亚各地的支会。中国境内,除了亚洲文会外,还有中德学会、哈佛燕京学社、俄国的传教士团、中法大学汉学研究所。欧美设在东方居住地境内的这些汉学机构与各国境内的汉学发展密切相关,很多著名的汉学大师都曾经在这些侨居地的汉学机构中工作和学习过。伯希和是法兰西远东学院最早的成

④ Preface, *Journal of the Shanghai Literature and Scientific Society*, No. I(1858).

⑤ 见莫东寅:《汉学发达史》,上海书店1989年;方豪:《中西交通史》,岳麓书社1987年;袁同礼:《西方论述中国文献目录:续考狄〈中国书目〉》(*China in Western Literature: a Continuation of Cordier' a Bibliotheca Sinica*, *Yuan Tung-li*, *Cordier*, *Henri*. Far Eastern Publications, Yale University, 1958.);(日)石田干之助:《欧米人に於けろ支那研究》,东京创元社昭和十七年(1942);(美)谭维理:《1830—1920年美国之汉学研究》,《清华学报》新二卷第二期(1962);法国考狄(Henri Cordier,也译作高第)的《西方汉学研究:1895—1898》(*Les Etudes Chinoises 1895-1898*)。

员之一，他的学术生涯头几年就是在那里度过的（1900—1904）[⑥]；鲍乃迪则于1849—1858年任俄国东正教驻北京第十三、十四届传教士团领班[⑦]；傅吾康（Wolfgang Franke）一度担任中德学会的学术秘书和学术研究员[⑧]；洪煨莲（Hung William）、戴德华（Goerge Edward Taylor）、饶大卫（David Nelson Rowe）等人曾在哈佛燕京学社北平办事处（北京部）工作和学习过，费正清则受哈佛燕京学社的资助来华进行研究。[⑨] 而在文会中工作过的著名汉学家就有夏德、金斯密（T. W. Kingsmiall）、翟理思（Herbert Allen Giles）、福开森（J. C. Ferguson）、卜舫济（Rev. Dr. F. L. Hawks Pott）等人。这些后来成名的汉学家在侨居地的学习和工作经历，对于他们各自国家汉学发展的促进作用，应该是汉学史研究不可回避的课题，也是近代中西文化交流史值得注意的内容。

全面分析欧美设在东方各个侨居地的汉学机构与所属国的汉学发展关系，目前还存在困难。皇家亚洲文会北中国支会则为我们提供了一个窗口，结合文会对华调查研究的成果和各国近代的汉学发展史，一定程度上可以透视出近代欧美各国在东方的侨居地汉学和各国境内的经院式汉学间的互动状况。

文会对中国的调查和研究，就其范围而言，是近代其他任何机构所不能比拟的，在此过程中，文会开辟了汉学的一些研究领域。

就哲学而言，佛尔克（A. Forke）在华期间（1897）就在文会会报上发表了《王充、柏拉图关于死亡与永恒的论述》（Wang-Chung and Plato on Death and Immortality）一文，该文叙述了王充的生平和《论衡》的内容，而且比较了王充和柏拉图二人对生死、永恒的论述。在此基础上，佛尔克1906年翻译和出版了《〈论衡〉——王充哲学散文选》英文本。张国刚在《德国的汉学研究》一书中说："这是《论衡》第一次被译成欧洲文字的作品，在中国哲学概念术语的翻译和界定上具有示范性意义。"[⑩]那么，上述文章应该也是最早介绍和分析《论衡》的西文作品了，换言之，佛尔克开辟了对王充和《论衡》的研究。佛尔克在华期间还研究了战国时期的诡辩派、扬雄、杨朱等人的哲学思想，并发表在文会会报上，这些专题研究也是近代汉学（哲学领域中）较早的。经过对中国多位哲学家思想的不懈钻研，佛氏于1927年

---

⑥ 戴密微：《法国汉学研究史》，见戴仁主编，耿昇译：《法国当代中国学》，中国社会科学出版社，第50页。

⑦ 孙越生：《俄国的中国学家》，见中国社会科学文献情报中心编：《俄苏中国学手册》，中国社会科学出版社，1986年，第39页。

⑧ 丁建弘、李霞：《中德学会与中德文化交流》，见黄时鉴主编：《东西交流论谈》，上海文艺出版社，1998年，第282页。

⑨ 张寄谦：《哈佛燕京学社》，《近代史研究》，1990年第3期，第155—161页。

⑩ 张国刚：《德国的汉学研究》，中华书局，1994年，第54页。

出版了《中国古代哲学史》,1934 年完成三卷本恢宏巨著《中国哲学史》,由此他也成为汉学史上的一颗璀璨明星。

俄国著名汉学家贝勒(E. Bretschneider)开辟了近代西方人对中国植物的研究。贝勒在华期间对中国植物作了认真研究,先后在文会演讲和发表了数篇文章。其中《先辈欧人对中国植物的研究》(Early European Research Into the Flora of China)论述了从晚明来华耶稣会士到林奈植物分类法诞生期间欧洲人对中国植物的研究。全文分为六个部分:第一部分介绍 16—18 世纪来华耶稣会士利玛窦、曾德昭、J. Nieuhof、Dr. Dapper 等人对中国植物的记载,主要是曾德昭的 *Relation Della Grande Monarchia Della Cina*(1643 年)和杜赫德(J. B. du Halde)的《中国全志》(*Description de L' empire de la Chine*)以及卜弥格(Michael Boym)的《中华植物》(*Flora Sinensis*)等书中记载的近 600 种植物,包括这些植物的产地、性状、颜色、中葡名称、用途(食用、医用),很多特点作者都引用原文。第二部分再现了 1702—1703 年英国《哲学会报》(*Philosophical Transactions*)上面刊登的坎立安(James Cunningham)讨论中国植物的两封通信,并且收录了坎立安所收集的其他耶稣会士在华期间记录及 600 种中国植物名称简介。第三部分记录了瑞典博物学家林奈(Carolus Linnaeus)的学生 Peter Osbeck 等人于 1751—1766 年间在华南收集的 400 余种中国植物标本。第四部分介绍 P. Sonnerat 关于中国植物的论著。第五部分介绍了 Loureur 的 *Flora Cochin-chinensis* 一书内容及书中所列的 680 种植物。第六部分介绍 Grosier 的 *Description Generale de la Chine*(1785)。该文"遥遥领先于同时代同类的研究,并且被公认为后来研究的奠基石"⑪,因此获得了汉学最高奖——"儒莲奖"(Prix Stanislas Julien),1881 年上海美华书馆(American Presbyterian Mission Press)又单行出版,后来在伦敦和巴黎多次再版。贝勒的另一巨著就是《中国植物志》(*Botanicon Sinicum*),该文洋洋洒洒 1200 余页,会报 16 卷大部,25、29 卷两册都是该文内容。该文第一部分介绍了近百种中国医学与植物学文献述评,农学典籍,早期中国与印度、西亚洲间的植物交换,日本的医学和植物简史,朝鲜、满洲、蒙古、西藏的植物知识;第二部分:汉语植物文献中的科学论断;第三部分:1148 种与植物有关的中国典籍、出版年代及其作者;第四部分:欧人对中国植物学文献之翻译和研究述评;第五部分:《尔雅》、《诗经》、《书经》、《礼记》、《周礼》及其他经书中所记载的植物及《神农本草经》和《别录》中记载的药用植物;第六部分:中国植物之类别。该文是中国植物研究的开创之作,也是研究中国植物学不可或缺的参考资料。

文会会员还带动和促进了一些汉学领域的研究进展。最明显的就是文会会员

---

⑪ Ferguson, J. C., "Bretschneider", *The China Journal of Science & Arts*, Vol. XIII. Oct., 1930, No. 4, p. 248.

对开封犹太人遗址的考察,促成了犹太人成为近代汉学研究的一个重要议题。

对于开封的犹太人,1605 年利玛窦在北京会见赴京赶考的举子艾田后,外国入华传教士便开始了调查研究。利玛窦、龙华民都曾派人到开封调查当地犹太人的情况,艾儒略和毕方济还亲自到开封实地调查,礼仪之争使得外国人对开封犹太人的调查中断。鸦片战争后,伦敦会为了将基督教传播到中国大地,尤其希望"那些中国犹太人成为基督徒,1849 年在华传教士斯密斯(Bishop Smith)、麦都斯遂派遣两个中国基督徒到开封考察,他们收集到一些希伯来文手稿和汉文碑刻拓片抄件",他们的旅行游记,后来由艾约瑟译成英文,即《英国伦敦基督教和犹太教促进会对开封犹太人的调查报告》⑫,1851 年在上海出版。这些材料公开后引起了争论,19 世纪 50—80 年代《北华捷报》和《教务杂志》(*The Chinese Recorder*)上有不少文章讨论开封犹太人和西安景教碑的问题,以及二者之间的关系,仅伟烈亚力前前后后就撰写了 11 篇⑬。伟烈亚力认为中国史书所记载的"袄教"就是犹太教⑭,有人认为是摩尼教,或者是波斯火神教(Persian fire-worshippers)⑮。由于没有定论,开封犹太人现象的神秘性日增,文会会员遂着手对开封犹太人调查研究。

1866 年丁韪良由北京到上海,路过开封时,专门考察了犹太教堂的遗迹,并与当地的"犹太人"交谈。根据丁韪良回忆,他是近代第一个亲历实地考察的外国人。此后文会会员施约瑟、精琦、万卓志分别于 1870、1904 年到开封考察犹太人,1905 年丁韪良又将内地会传教士 Bevis 收集的开封犹太碑拓片翻译成英文《开封的犹太教纪念碑》(*The Jewish Monument at Kaifengfu*)发表在会报 37 卷(1906 年)上。丁韪良等人都发现开封犹太人不仅十分贫困,而且犹太人社群处于不断解体之中,已成为贫穷无助的群体,更为严重的是他们很多都放弃了自己的宗教,为了生存还卖掉了当地所藏的希伯来文献和其他经文。⑯

---

⑫ Martin, W. A. P., "Account of an overland Journey from Peking to Shanghai," *Journal of the North-China Branch of the Royal Asiatic Society*, Vol. III(1866), p. 30. 笔者未见到该书英文名称,这里的译名引自耿昇:《西方汉学界对开封犹太人调查研究的历史与现状》,《西北第二民族学院学报》,2000 年第 4 期。

⑬ 《伟烈亚力著述目录》,见汪晓勤:《中西科学交流的功臣——伟烈亚力》,科学出版社,2000 年,第 150—151 页。

⑭ Wylie, A., *The Roll from Kai-Fung-Foo*, Notes and Queries on China and Japan, 1868, Vol. II, Oct., pp. 159-160.

⑮ Martin, W. A. P., "The Jewish Monument at Kaifungfu," *Journal of the North-China Branch of the Royal Asiatic Society*, Vol. XXXVII(1906), p. 2.

⑯ Martin, W. A. P., "The Jewish Monument at Kaifungfu," *Journal of the North-China Branch of the Royal Asiatic Society*, Vol. XXXVII(1906), pp. 19-20.

文会会员的调查结果引起了西方学者和世界犹太人的注意，他们在援助开封犹太人的同时，也纷纷致力于开封犹太人的调查研究。1905 年法国外交官贝特络就在《法兰西远东学院校刊》上发表了他实地考察开封犹太人的调查报告《一个赴中国的外交使团之科学考察结果》。[17] 但是对于开封犹太人研究最深入的还是徐家汇耶稣会士管宜穆（Tobar，Jerorme），他经过多年潜心搜集、调查研究，1912 年出版《开封犹太人碑刻之研究》——作为《汉学杂纂》（*Variétés Sinologiques*）第 17 卷专辑出版。该书分为九章：第一章：开封犹太教堂内遗留之碑刻；第二章：开封犹太教堂的匾额；第三章：教堂之对联；第四章：犹太教堂内所收藏的经文与流传情况；第五章：明弘治碑（重建清真寺记，1489 年）译注；第六章：明正德碑（尊崇道经寺记，1512 年）译注；第七章：清康熙碑刻（重建清真寺记，1663 年）译注；第八章：中外学者对这些碑刻的研究文章目录及摘要；第九章：关于犹太人的一些拓片。[18] 由于开封犹太教堂已经破败不堪，该书收录的文献在当时就已很难见到，因此该书史料价值十分高，成为研究开封犹太碑的必备书。

文会还有一些研究，虽然不是开创之作，但其开拓之功亦为当时汉学界所称赞。1881 年，德国汉学家甲柏连孜（Georg von der Gabelentz）出版德文《中国语言文法》（*Grammatik der Chinesischen Schriftsprache*），该书是近代西方第一次对古汉语语法作的初步分析和归纳，成为西方研究中文语法的奠基性作品。[19] 由于该书是用德文出版的，没有拉丁文和英文版，夏德用英文对该书作了评介，将该书中的三大汉语语法予以详细叙述，因此夏文被认为“大大帮助了德国之外人士对于汉语语法的学习，推动了国际汉学的发展”[20]。

1923—1924 年文会与美国斯密生博物馆合作进行的《中国鸟类文献目录》（*A Partial Bibliography of Chinese Birds*）出版后，《中国科学美术杂志》（*The China Journal of Science & Arts*）就评价该成果“为从事中国鸟类学研究的学者扫除了多年的障碍”。[21] 而钢和泰在《玄奘与现代佛教研究》（Hsuan-Tsang and Modern Research）一文中提出的“西藏和突厥佛教都源于中国而非印度”的观点被《教务杂志》评为“为下一步佛教研究打开了局面”。[22] 1928 年季理斐（D. MacGillivary）的《河南的犹

---

[17] 耿昇：《西方汉学界对开封犹太人调査研究的历史与现状》，《西北第二民族学院学报》，2000 年第 4 期。

[18] LEP. JER ME TOBAR. S. J.，*Inscriptions Juives de K' Ai-Fong-Fou*，Chang-Hai Imprimerie de La Mission Catholoque Orphelinat de T' ou-Sè-Wè，1900.

[19] 张国刚：《德国的汉学研究》，第 24 页。

[20] “Notices of Recent Publications，” *The Chinese Recorder*，Vol. XIII，p. 477.

[21] “Biological notes and Reviews，” *The China Journal of Science & Arts*，Vol. I，Nov.，No. 6，p. 604.

[22] “Our Book Table，” *The Chinese Recorder*，Vol. LIV.，p. 497.

太人》(The Jews of Honan)在当时被誉为是"关于此主题最好的论述"。㉓

可以说,文会为学者们提供了学术交流的机会,促使他们迸发出学术研究的火花,进而推进汉学研究领域的不断扩大和深度的不断增加,所造就的近代汉学学术空间大大推进了近代汉学的发展。

2. 研究机构

文会是远东地区较早建立的汉学研究机构,远远早于俄国设在海参崴的东方语言学校(1898)、法国在河内创建的法兰西远东学院(1901)、中国科学美术协会(1923)、哈佛燕京学社(1934)、中法大学汉学研究所(1938),说她历史悠久一点都不过分。文会不仅创建得早,而且还参与和帮助了不少汉学研究机构的创建。如果我们回顾一下西方各国在远东地区创建的汉学研究机构,可以看出,这些机构多是在文会的引导和帮助下建立起来的,见下表。

文会帮助或参与创建的汉学机构

时间	名称	说明
1874	教务杂志	系传教士办的宗教刊物,后一度停刊。1874年伟烈亚力将其复刊,扩展范围,刊登许多中国历史与地理方面的论文,并成为著名的汉学期刊之一。
1885	北京东方学会	旨在研究东方(特别是中国)的各项事宜。创建人全是文会会员。会长:丁韪良;秘书:柔克义;会员:艾约瑟、阿恩德、卜士立。
1886	香港民俗学会	会长是文会名誉会员骆人廷。
1908	中国碑刻学会	文会会员慕家谷、夏德、傅兰雅、甘伯乐、精琦、佛尔克、翟理思等人参与创建。
1914	北京美国学校	旨在建立一个远东调查中心,由此获得更准确的东方知识,另一个目的就是研究中国历史、文化、艺术、文学、伦理、民俗等问题。该机构成立时受到了文会的帮助。见该会会长致文会的信。
1922	华西边疆研究会	六名创始人中五名是文会会员,他们是:会长莫尔思(W. R. Morse)、副会长赫文德(G. G. Helde)、秘书冬雅德(E. Dome)、理事J. Hutson、名誉会员叶长青(J. H. Edgar)。只有会员E. C. Wilford不是文会成员。
1935	中国钱币学会	该会是在文会帮助下成立的,会所就设在文会博物院,演讲时就用博物院货币标本,并采用博物院编的《中国钱币目录》代替他们自己编的目录。

资料来源:1. 宋晞:《美国的汉学研究》,见陶振誉等著:《世界各国汉学研究论文集》(第一

㉓ "Our Book Table," *The Chinese Recorder*, Vol. LIX., p. 794.

辑)，台湾国防研究院印行，1968 年，第 143 页。

2. "The Peking Oriental Society," *Journal of the North-China Branch of the Royal Asiatic Society*, VOL. XX. ,p. 101.

3. "Notes and Queries," *Journal of the North-China Branch of the Royal Asiatic Society*, VOL. XL. ,p. 115.

4. Proceedings, *Journal of the North-China Branch of the Royal Asiatic Society*, VOL. LXVI. ,p. iv.

5. Lockhart, Jams. Haldance. Stewart. , "The Folk-Lore Society (of Hongkong)," *Journal of the North-China Branch of the Royal Asiatic Society*, VOL. XXI. ,p. 120.

6. *Journal of the West China Border Research*, VOL. I. ,p. ii.

还有一些汉学机构虽然文会没有参与创建工作，但是这些汉学机构中也有文会的成员。如法兰西远东学院中的伯希和在该校创建的同年(1901)就加入了文会，哈佛燕京学社的戴德华很早就是文会会员。

文会也推动了近代西方各国国内汉学机构的创建与发展。文会的很多会员回国后参与或帮助了欧美各国汉学研究机构的创建。考狄回国后创办了当时西欧惟一的汉学杂志《通报》，终身会员伯希和担任巴黎法兰西学院亚细亚考古学讲座教授。1924 年卫礼贤(Pastor Richard Wilhelm)任法兰克福大学首任汉学讲座教授，并创办《汉学杂志》(*Sinica*)。1902 年文会会长夏德到美国后任哥伦比亚大学华学教授，1897 年翟理思担任剑桥大学汉学讲座教授，1888 年威妥玛(Thomas F. Wade)担任剑桥大学首任教授。1876 年卫三畏任耶鲁大学中文教授，是美国创设最早的中文讲座首任教授。傅兰雅于 1896 年成为加州大学首任东方语文讲座教授，1915 年退休后，由文会会员江亢虎和卫理(E. T. Williams)担任。拉佛(Berthold Laufer)后到芝加哥自然历史博物馆工作，继续从事对中国的研究，"成为美国汉学界的泰斗，学术界的第一流人才"㉔。1928 年密亨利(H. F. MacNair)在芝加哥大学讲授亚洲历史、宗教及国际关系课程。文会会员也帮助西方的汉学机构搜集中文图书。"拉佛多次到中国考察，受芝加哥各学术机构之托，搜集重要图书，经多年之搜集，于 1907—1910 年间带回了中、日、满、蒙和藏文等书籍；为纽贝里图书馆(Newberry Library)搜集 21403 册的古典文学和历史书籍；为约翰·克里拉图书馆(John Crerar Library)搜集 12819 册的社会和科学图书；为芝加哥自然历史博物馆搜集了数千册的考古和人类学的书籍。"㉕部分会员还把自己的藏书捐献给欧美各图书馆以资助当地的汉学研究。容闳去世前就将自己的藏书捐献给了耶鲁大学，使得该图

㉔ 谭维理:《1830—1920 年美国人之汉学研究》，《清华学报》第二卷第二期，第 277—278 页。

㉕ 宋晞:《美国的汉学研究》，见陶振誉等著:《世界各国汉学研究论文集》(第一辑)，台湾国防研究院印行，1968 年，第 149 页。

书馆最早的中文图书，构成了该图书馆中文藏书的基础。1916 年江亢虎则把自己的约 13000 册藏书捐献给了加利福尼亚大学。

文会会员还担任一些汉学研究项目的主要负责人。1931 年赖德烈（Kenneth Scott Lataurett）就担任美国“远东研究促进委员会”（Committee on the Promotion of Far Eastern Studies）发行的《美国的中国研究年报》（*Progress of Chinese Studies in the United States*）首任主编。1960 年，傅路德（L. C. Goodrich）、恒慕义（A. W. Hummel）担任美国亚洲学会主持的“明代名人辞典编纂计划”（The Ming Biographical Dictionary）顾问。[26] 恒慕义还曾担任美国国会图书馆东方部主任，主持编写过《清代名人传略》。从个人的零散研究发展到有组织、有系统的科学活动，汉学形成了全球化的学术交流网络。在这个过程中，亚洲文会的确起了不小的作用。

3. 汉学研究资料及工具书的编纂

中文是汉学的基础，无论是田野调查还是书斋研究。文会创始人裨治文在开幕词中也提到要重视对汉语的学习，它是了解与研究中国的基础。编纂各类中外词典和相关工具书是汉学研究的初步工作，在近代尤为迫切。翟理思之所以能够蜚声汉学界，主要还在于其编纂的《英华词典》。然而文会既没有组织会员编纂中外词典，也没有像哈佛燕京学社那样编纂名人辞典和相关中文文献索引之类的学术工程，因此这方面文会没有突出贡献。

其他汉学研究资料方面，亚洲文会方面所做的贡献主要体现在图书交换、编印汉学论著目录、翻译出版相关文献几方面，但是由于资金不足，文会在汉学研究资料方面所做的贡献十分有限。图书交换方面：文会曾与世界一百余个文化机构交换各自的出版物，借此，文会向世界汉学界提供了一些最新的汉学研究成果。文会所编辑的《图书馆藏目录》、《文会会报论文索引》和《中国评论论文索引》，无疑为学术界提供了学术资讯。珍贵典籍方面主要有：1868 年文会再版了《中国丛报》这套鸦片战争前后最能反映外国人对中国认识的重要文献；1875 年资助徐家汇天文台出版了上海气象观测资料；1915 年骆人廷（Sir James H. Stewart Lockhart）的《中国货币综录》（*The Stewart Lockhart collection of Chinese copper coins*）。遗著方面：整理出版了《卫三畏日记（1858—1860）》这份关于第二次鸦片战争期间美国公使入京谈判的重要史料，还有在美国国会图书馆发现的中国学者王国维的未刊稿《过去 19 个世纪以来中国人的步测量法》。翻译方面：文会会员翻译了一些中文文献，为汉学界提供了资源，也促进了中学西传。他们翻译了《西洋纪闻》、《〈佛经〉序》、《东华录》和一些地方志等文献，其中益乐（Esson M. Gale）、林振翰（T. C. Lin）

[26] 宋晞：《美国的汉学研究》（第一辑），第 151—152 页。

等人第一次将《盐铁论》翻译完整。[27] 此外,文会会员也翻译了一些中国境内的碑刻文献,如大禹碑、汉口天主教堂内的碑、黄土高原上的庆典碑、雁荡山北部的石刻、西安的大秦景教流行中国碑、开封的犹太碑。上述翻译都是文会会员自己的兴趣所至和个人行为,这些作品也被有些学者所引用,因此不能忽视他们在东学西传方面所做出的贡献。但是由于文会没有组织统一的文献翻译工程,文献翻译工作也不是文会工作的重点,会报上所刊出的翻译作品只能是点缀而已,影响是很有限的。这些文献的刊布是否促进了相关研究的进程,现在尚无直接见证材料,但是一定时期内汉学领域内的研究热点并没有导致文会对相关中文文献的翻译和刊布。因此,在资料翻译方面文会贡献不是很大。

4. 人才培养

文会是一个松散的团体,其经费主要来源于会员会费和工部局拨款,不像欧美各国境内的皇家学院、研究所、大学拥有较为强大的政府财力的支持,文会连语言培训的功能都不具备,又谈何专门培养学术人才。就汉学发展而言,19 世纪以来欧美产生两支汉学家队伍,一支是完全在欧美各个国家内培养成长起来的汉学家,如法国的沙畹、雷慕沙,德国的帕拉特、甲柏连孜,他们多半是通过自学中文,然后在本国大学等研究机构中成长起来的汉学家,可以称之为半自学半经院式汉学家。另一支是 19 世纪中叶中国门户被武力打开后,纷纷涌入的各国传教士、外交官及部分商人,他们在工作之余从事对中国的研究,并逐渐成长为汉学家,如美国的卫三畏、裨治文;英国的伟烈亚力、庄延龄(E. H. Parker);德国的穆麟德(P. G. von. Möllendorff)、卫礼贤;俄国的贝勒、斯卡奇科夫(К. А. Скачков);意大利的晁德莅(Père Angelo S. J. Zotolli)、武尔披齐(C. Z. Volpicell),他们可以称为侨居地汉学家。

文会为那些后来成为汉学家的早期在华外交官、传教士、部分商人提供了学习交流的外部环境,促成他们进入了汉学的研究领域。很多近代汉学家都有一段在中国,尤其是在上海工作的经历。工作之余他们光顾文会的图书馆、博物院,参加文会的演讲会,一些人的研究成果就是依据文会图书馆的藏书和博物院的标本做出来的。浏览会报便会发现一些汉学家的作品最初就是发表在会报上的,尤其是那些来华旅行者,文会给了他们发表作品的机会,这是近代任何一家文化机构都没有的。可以说,文会的存在客观上促使了越来越多的来华从事考察与探险的军官、学者、旅行家等人加入到介绍、研究中国历史文化的队伍中,并引导他们走向汉学家的道路。当然,成为汉学家更多的还要归功于他们自己的勤奋和努力,他们对于汉学的研究几乎也可以说是个人行为。不过,文会为他们提供的学习交流平台也

---

[27] "Discoursis on Salt and Iron," *Journal of the North-China Branch of the Royal Asiatic Society*, Vol. LXV, p. 73.

不可忽视。

5. 研究方法

这方面至今尚无可资借鉴的学术史论著，已有的相关研究论及汉学发展史，也只是收录论著目录而已，却没有触及百余年来学术的传承和内在关系。这是由近代汉学和现今汉学史研究的水平决定的。近代百年汉学虽然不乏研究精品，但更多成果的还是搜集、翻译和整理资料，汉学的真正发展还是到了二战之后的事，而对世界汉学史的研究，现在还是在收集以往的汉学研究资料，整理阶段尚未达到。

17 世纪以来西方学术的发展为研究东方学提供了方法，与中国学者相比，19 世纪西方学者已经采用了 17 世纪以来形成的语言学、民族学、考古学、社会学等新兴学科的方法来研究中国历史和社会，为中国传统的学术研究注入了新的血液，这已经为 20 世纪 20、30 年代的中国学者所承认。

就文会而言，会员们在运用上述方法来调查研究中国的同时，也将汉学研究引向规范化和制度化。文会的调查报告是建立在完备的资料和可靠的数据基础上的，个案论述则注重实证的方法，研究型的文章一般都是立论有据、引文规范。文会会员以自己的辛勤汗水和不懈努力将汉学研究纳入到了国际学术平台上，成为东方学中的一支显学。但是必须看到能够称得上研究型的论文不多，只有少数关于民族和民俗学的论文能够将田野考察和历史文献相结合来论述，其余多数论文还是“只事阐幽，不知博览；只事辑佚，而无根本”㉘。因此在方法论上面，文会对汉学的贡献不能过高评价。

综合如上五个方面，皇家亚洲文会北中国支会对近代汉学史的贡献，可以表述为：亚洲文会为近代在华外侨的汉学研究提供了一个良好的环境，客观上培育了一些汉学家。通过广大会员的努力，汉学被纳入到了欧美学术阵营中，成为东方学中的一门显学。文会也成为世界汉学在远东的学术交流中心。

三、亚洲文会与西学东渐

文化交流是双向的。文会的宗旨是调查研究中国，不是向中国传播西方的文明和科技，但文会建立于上海，设有图书馆、博物院，发行会报，成员足迹遍布中国和欧美各国。文会在调查研究中国、向西方世界提供中国社会知识的同时也向中国传播了一些西学。

首先，体现在学术研究方面，文会向中国学界传播了部分领域内的西方研究成

㉘ 伯希和曾提出汉学研究者有四弊：一、只凭对音，不考实事；二、只凭类书，不察史料；三、只事阐幽，不知博览；四、只事辑佚，而无根本。《世界各国汉学研究论文集》，第 200 页。

果。文会的一些研究成果受到中国学者的称赞，有的也成为相关研究领域的主要参考文献。董作宾在《方法敛博士对于甲骨文字之贡献》提到了会报23卷中方法敛的《秦代度量衡制度》，[29]艾约瑟之《中国之建筑》，“叙述中国建筑之文献、技术、装饰等，受到中国学界注意”[30]。1924年姚从吾的《欧洲学者对于匈奴的研究》一文在论述当时西方人的研究现状时就专门提到了金斯密的《夏特博士与匈奴》（会报34卷）和查得利的《中国文化来源于欧洲吗？》。[31] 陆懋德的《中国人发明火药火炮考》引用了梅辉立的《中国火药、火器的发明及应用》（6卷）。[32] 1948年芮逸夫《僚（獠）为仡佬（犵狫）试证》一文在论述仡佬族时首先就引用会报1859年旧刊第3卷14页禆治文关于倮倮的翻译，并指出禆氏错误“但因白列居门氏（禆治文：E. C. Bridgeman），英译《黔庙图说》（*Sketches of the Miautsze*）译倮罗（即倮倮）为Lolo……本应为犵狫（Toleman or Coloman）”。[33] 穆林德（O. F. von. Möllendorff）的《直隶脊椎动物汉名考释》叙述了直隶地区48种哺乳动物、14种爬行动物、316种鸟、27种鱼的特征、体型、习性、种属以及动物的中文记载和西方人士的相关研究成果。该文50年后还被中国科学界誉为“虽非巨著，实为名作”。[34] 苏柯仁（A. C. Sowerby）的《中国自然历史》、H. Von C. E Heidenstam的《长江三角洲的成长》当时就被誉为“具有永久的价值”，就连50年后的今天还有人肯定该文的价值。[35] 祁天锡（N. Gist Gee）的《苏州及其附近地区植物研究》列举了各类植物名录，在此基础上，作者修订出版了《江苏植物名录》，1921年由我国著名植物学家钱崇澍译成中文，由中国科学社刊出版，“凡研习植物分类学者，莫不手执一卷”。[36] 可以看出，这些文章已经被当时国内外相关专业的一流学者所认可。文章被引用说明会报在当时已进入中国学者的视野中，而且拥有比较稳定的读者群体。不过，文会会报的被引用率并不是很高，甚至有许多期刊数十年几乎仅被引用过一次，三次以上者极为罕见。但是正如葛兆光先生所言，一份杂志“被允许用缩略号意味着它已经司空见

---

[29] 《图书季刊》二卷三期，第229页。

[30] 福开森著，毛一心译：《中国建筑史概论》，《民国丛书》第五编第87辑，上海书店，1989年，第37页。

[31] 姚从吾：《欧洲学者对于匈奴的研究》，《国学季刊》二卷三期，第494页。

[32] 《清华学报》五卷一期，第1489页。

[33] 芮逸夫：《僚（獠）为仡佬（犵狫）试证》，《国立中央研究院历史语言研究所集刊》第二十册，上册，民国二十七年，第344页。

[34] 张孟闻：《中国科学史举隅》，《民国丛书》第一编第90册，上海书店，1989年，第63页。

[35] “Recent Literature”, *The New China Review*, Vol., IV, Oct., 1922, No. 5, pp. 422-424；胡道静：《历史上以上海为研究对象的学术团体》，《档案与历史》，1998年第2期。

[36] 王志稼：《祁天锡博士事略》，《科学》24卷1期（1940年1月），第70页。

惯,常常被引用则表明它在学界人心目中的分量”。[37]

1936年《史学消息》辟专栏介绍世界汉学有关杂志,高度评价会报,称赞“在许多方面都有佳作和珍贵资料。百余年间,对中国有价值之探讨数见不鲜”。对文会会报作了详细介绍,对1936、1937年会报上的论文一一作了提要。[38] 此外,中国学者编著的有关学科的论文索引也会引用亚洲文会的研究成果。袁同礼编的《中国音乐书举要》收录会报中的两篇音乐文章;杨遵仪编的《中国地质文献目录》收录了文报上发表的地质学论文。1960年中国科学院地理研究所编的《中国地貌学文献目录1855—1958》收录了九篇。[39]

从现有的资料看,文会在自然方面的研究成果,对于中国相关学术领域的发展应该说是起了一定推动作用,尤其是地质学方面受到中国学界的重视。但是在人文方面,文会的研究成果被中国学者引用的次数屈指可数,非常之少。20世纪中外之间的学术交流已经形成,中国学者对西方学者的研究是比较注意的。1914年蔡元培就十分惊叹欧美人士所开拓的汉学研究新领域,为此感慨“庖人不知庖,尸祝越俎而代之”。[40] 就连早期对西方汉学评价不高(“其用功甚苦,而成功殊微”)的胡适也认为“然其人多不为吾国古代成见陋说所拘束,故其所著书往往有启发吾人思想之处,不可以一笔抹煞也”。[41] 20、30年代,陈寅恪、王国维、赵元任等人与西方汉学都保持着密切的联系,冯承钧、张星烺还翻译了不少西方汉学家的论著。然而这一时期,中国学者对于亚洲文会这个设在中国的远东汉学重镇却记录不多。曾经被文会邀请去演讲并发表过文章的蔡元培、胡适两人在日记中对自己参加演讲一事均有记载,而对该机构除了“亚洲文会”四字之外,没有任何过多的说明。曾经设有“学界消息”栏目——专门记载国内外学界消息的《国学季刊》和《清华学报》,从创刊到停止从没有提到任何有关文会的消息;相反对于伯希和的去世,有数家报纸和期刊都登了讣告和悼念文章。因此可以说文会对中国学术的影响是极为有限的。

文会在人文领域的调查研究成果未能进入中国学者视野的主要原因在于:对于中国学者来说,文会研究成果的学术含量相对较低,在整个汉学领域,文会的水

---

[37] 葛兆光:《域外中国学十论》序,复旦大学出版社,2002年,第9页。

[38] 《西洋汉学论文提要》,《史学消息》,第一卷第一期,第10页。

[39] 袁同礼:《中国音乐书举要》,《图书馆季刊》第四卷第三期;杨遵仪编:《中国地质文献目录》,国立北平研究院总办事处出版科印行,民国二十四年;中国科学院地理研究所编:《中国地貌学文献目录1855—1958》,科学出版社,1960年。

[40] 蔡元培:《学风·发刊词》,见高平叔主编:《蔡元培文集——卷八·语言文字》,台北锦绣出版事业公司,1995年,第329页。

[41] 曹伯言整理:《胡适日记全编》(二),安徽教育出版社,2001年,第315页。

平尚未进入顶尖行列。翻阅一下20世纪的中外汉学杂志，便能看出文会在整个汉学领域中的地位。笔者参阅1933年贝德士编的《西文东方学报论文举要》中列举的19种欧美汉学杂志，并加上1934年《远东季刊》所附的汉学杂志目录表，列出以下23种当时汉学界比较著名的西文杂志（见下表），这些汉学杂志大体上可以分为两大类：法国、荷兰、德国所创办的刊物，所刊登的论文大多是针对个别问题所作的深入研究，很少就大问题作泛泛之论，可以归之为考证派；英美所创办的刊物所刊登的文章翻译多于论述，理论多于考证，可以归之为翻译派。现在看来这两派的贡献各有千秋，难分高下，但是在上个世纪20、30年代就不同了，因为当时中国学术界，尤其是国学方面，"整理国故"是学者们所追求的方向。所以《通报》、《法国远东学院汇刊》、《汉学》（中法大学汉学研究所创办）、《华裔学志》等考证色彩较浓的刊物能为中国学者所重视。而文会就不同了，无论其演讲还是会报，都有很大篇幅的游记和一些泛泛而论的文章，这自然不会被中国学者所重视。严格意义上讲，文会并不是一个严谨的学术机构，20年代后文会为了吸纳社会资金，对于会员的要求已大为放松，文会理事会经常呼吁社会人员加入来增加文会的收入。为了能够吸引读者，会报的编辑方针日益向趣味性、可读性转变，后期刊登的文章游记类文章较多而深入研究型文章日益见少，这样也就大大降低了会报在学界的地位。

20世纪各国发行的汉学期刊

名 称	代号	发行地	文字	创刊年份
东方语言学会会刊	MSOS	德国	德	1898
亚洲艺术	ArA	德国	德、英、法	1905
大亚细亚	AM	德国	德、英	1924
亚洲艺术杂志 *	OZ	德国	德	1912
汉学杂志 *	Sinica	德国	德	1924
东洋文库研究纪要	MTB	东京	英	1926
亚洲学报	JA	法国	法	1922
亚洲艺术评论	RDAA	法国	法	1912
法兰西远东学院校刊 *	BEFEO	河内	法	1900
东方学报	AO	荷兰	法、英	1922
通报 *	TP	荷兰	法、英	1890
东方艺术	EA	美国	英	1928
远东季刊 *	FEQ	美国	英	1934
哈佛亚洲研究 *	HJAS	美国	英	1936
远东博物院汇刊 *	BMFEA	瑞典	英	1929

续表

名　称	代号	发行地	文字	创刊年份
东方学院学报	BSOS	英国	英	1917
皇家亚洲学会会报 *	RAS	英国	英	1827
华裔学志 *	MS	北京	英、法	1933
中国科学与美术杂志 *	CJSA	上海	英	1923
中国评论 *	C-Re	上海	英	1872
教务杂志 *	CR	上海	英	1861
文会会报 *	JNCBRAS	上海	英、法	1858
新中国评论 *	NC-Re	上海	英	1919

注：①选自贝德士编：《西文东方学报论文举要》，金陵大学中国文化研究所印行，民国二十二年。

②这里未列举俄国的《学士院汇报》(IAN)、《亚细亚论纂》(AN)两份期刊，因为笔者翻阅上述期刊时，发现俄文杂志被学界引用较少。

③关于标 * 的杂志，笔者翻阅了1950年以前出版的全部期刊，未标注的只是见到每份刊物的部分数册。

其次，文会向中国人传播了近代西方的公共文化观念。亚洲文会拥有图书馆、会员、博物院，而且发行会报、举办演讲、接待来往学者，在近代上海社会文化生活中有着特殊的地位。文会的会员近一半在上海，19世纪末每年平均在150人左右，20世纪平均在300人左右，他们参加演讲、免费获得会报。文会的演讲活动是向社会敞开的，20世纪《北华捷报》和《字林西报》刊登文会演讲的消息，都有一句"Open to the Public"，每次参加的具体人数现在已很难得知，就1935年在天安堂举办的《台湾》演讲来看，有100余人，根据文会理事会记录，19世纪在20—30人左右，20世纪已上升到百余人左右。

在近代上海，外侨办有三家较大的图书馆：徐家汇藏书楼、租界工部局图书馆和文会图书馆。但是徐家汇藏书楼"只准本教堂之人入观或借阅，其非本堂之人，无论何人均不准观"，工部局图书馆须是会员方可借阅，西人"何时均可入会，至于华人入会极难，非体面之人介绍不可"。[42] 文会的图书馆虽然没有工部局图书馆和徐家汇藏书楼藏书丰富，[43]但是书目专业，且对外开放，"在会者可借出，不在会者

[42] 《上海指南·卷四·公益团体》，商务印书馆，1909年，第11页。

[43] 文会图书馆不收藏小说之类的文学图书。工部局图书馆则藏有大量的英文小说，因而后者的借阅次数要远远地多于前者。

可入览”。[44] 对于那些热衷于远东事务——尤其是中国——的中外学者来说，文会图书馆功效自然要大于前者；对于那些在华的外国人来说，如果要了解和认识中国，文会图书馆的便利更是不言自明了。开放的亚洲文会给国人的启示是：文化资源应该向社会开放。这大大冲击了中国人之“藏”重于“看”的传统观念，为晚清沪上公共图书馆的建立起了示范作用。此外，图书馆还向中国人传入了近代图书馆学及相关思想，这方面主要体现在图书馆出版的馆藏书目上。文会曾编过六次馆藏书目，1872 年考狄最早编辑了图书馆分类书目，采用的是克拉勃罗德（Klaproth）的分类法。考狄所编之馆藏书目出版后，《北华捷报》和《中国评论》都专门予以了介绍，称赞“该书使得我们无须再咨询图书管理员，文会也将得到上海社会的进一步支持”[45]。1894 年夏士（Joseph Haas）又作了修订再版。1907 年“艾斯科夫人（Mrs. F. Ascough）对所有书籍进行重新编号、装订，并根据杜威分类法（Dewey System）将书重新放置”。[46] 在当时很多中国人自己的图书馆还采用传统四库分类法时，文会比较早地引进了这种科学的西文图书分类法。同年图书馆又制作现代书目卡片，这些卡片有作者索引卡片、同类书目卡片和书名卡片。“自从用了这种卡片之后，它的无限制展拓的可能性，包括的广大和其他等等的长处是非常的明显。”[47]

文会博物院最早向中国人传播了近代博物学知识。1874 年建立博物院后，文会致力于收集中国及远东地区的自然标本和历史文物，逐渐成为远东地区著名的博物馆。该馆免费向世人开放，影响极大，在近代“上海博物院”的名声要远远大于亚洲文会，《北平博物馆馆刊》就不时刊登有“上海博物院”的消息，《东方杂志》、《申报》也时常单独报道博物院的有关信息。民国年间论述上海近代文化机构的中外文专著也经常是把“上海博物院”作单独词条予以介绍。[48]

文会为中国近代博物馆的发展提供了模式。历来中国人对于文物古董的收集都系私人行为，只藏不展，大大降低了藏品的价值。鸦片战争后，来华西人向中国引进了“博物馆”这种文化设施。最早建立的是 1868 年天主教耶稣会创建的徐家

---

[44] 《上海指南·卷三·公益事业》，商务印书馆民国三年。

[45] “Short notices of new books,” *The China Review or Nortes and Queries of the Far East*, vol. I-no. 4, 1873, p. 270.

[46] The Royal Asiatic Society Library, North-China Herald, Vol. LXXXVIII, No. 2135, 11th, July, 1908, p. 95.

[47] 胡道静：《上海图书馆史》，《上海通志馆期刊》，第二卷四期，民国二十四年，第 1457 页。

[48] 参见 W. Y. Chyen（庄文亚）Compiled and Edited, *Handbook of Cultural Institutions in China*, Chinese National Committee on Intellectual Co-operation, Shanghai, 1936；冯陈祖怡：《上海各图书馆概览》，中国国际图书公司，1934 年。

汇博物院,但是1883年才建立馆舍。而且该馆附属于宗教事业,藏品虽然丰富,却不公开开放,游人参观有种种限制,“起初须有熟识之人引导介绍方可入门参观,以后规定每日午后准人参观,但须经负责管理的法国传教士准许后方可入内”[49]。1874年文会会所建成后,就在二楼设立了标本陈列室,并向社会开放,每日早9点到下午5点,周六下午2点到4点,任人入览,不取游资。实际上,文会博物院是上海最早建成并向社会开放的博物院。与徐家汇博物院相比,文会博物院开放程度更大,其藏品又多靠社会捐助,更加体现了公共文化机构的社会性之本质。

文会博物院则向中国传播了西方的近代博物学知识。文会博物院建成后不久,《申报》就予以报道:[50]

> 泰西各大城池夙有成例,凡在该地方人,必公建一院,将飞禽走兽以及各动物并列于内,以便博物者随时赏玩。如在府城,则将阖郡之物实之;如在都城,则将天下之物实之,名曰博物院。现在旅居上海之西商亦仿效泰西规模,在本埠设立一院,将中国与东洋各物齐集院中,事虽创始,而所罗列者亦不少。计属毛虫者,有震泽湖旁之野猪;羽族者,有鹰鹊麻雀等;又有水族中名物,不能殚述。余知螳螂、蚱蜢、蝴蝶之类亦各分其种,各表其名。每一物件系从何处来,何人相赠,必署名悬贴于上。中外人往观者,俱不取值也。珍藏羽毛各类,西国向有妙法,虽皮已干枯而毛可不落。现在此法华人已习之。且又从外国购到玻璃眼镜,故无论是何异兽珍禽,一经装点,便栩栩大有生气。

该报道表明文会博物院向中国人传播了以下西学:

1. 博物院这一新生事物的概念,换言之,中国人知道了什么是博物院;
2. 博物院之功能,即收藏、展览,供人欣赏;
3. 动植物分类学。

中国的动植物分类学首先是由法国传教士谭微道建立的,“以科学方法研究鸟类,在吾国当推谭氏”[51]。19世纪50、60年代谭微道在华北等地采集中国鸟类标本,后撰写《中国鸟类图谱》(*David et Oustalet*, *Les Oiseaux de Chine*, Pairs, 1877),该书是最早对中国鸟类作科学分类的研究论著,可惜它未在中国出版。中国学界真正了解动植物分类,是到了20世纪的事了。谭氏也是文会会员,且是首任博物院监院(馆长),他虽未将其著作传向中国,但是博物院内标本的早期制作、分类和整理都是由他完成的,这些标本的分类恰是体现了他个人在动植物分类学方面的思想。

---

[49] 熊月之主编:《上海通史·晚清文化》第六卷,上海人民出版社,1999年,第204页。

[50] 《创设博物院》,《申报》1875年11月4日。

[51] 经利彬:《谭微道在中国生物学上之贡献》,《真理之光》第一卷第四期(1944),第459页。

4. 标本制作方法。文会博物院的标本制作是由谭微道传授给中国人王树衡的,标本制作技术已通过文会博物院传到了中国人手中。

5. 藏品之摆放,摆放分类,并置标签;展品要处理好,尽可能地生动活泼。

6. 博物馆之性质。博物馆是公共事业,向社会开放,人人均可免费参观,如果深入地讲,可以说博物院将人人有受教育权利的民主观念传播给中国人。

博物院的建成不仅将这一新生事物即博物学知识传播到中国,而且"时时举行展览会、讲演会,为国人所注意"[52]。实物是博物馆传播知识信息的载体,它在传递信息中具有极大的说服力、可信性、简捷性。30 年代每年都有数万观众来参观博物院,这说明已经有不少的中国人接触到了博物学知识。也正是在文会博物院的示范作用下,中国人自己创办了博物院。1905 年张謇在南通创建了南通博物院,分天然、历史、美术三部,并设有陈列馆。1912 年教育部设立历史博物馆。1912 年成立中央观象台、农商部地质调查所陈列室。中国人自己的自然和历史博物馆正是在文会博物院和其他在华西人创办之博物馆影响下的结果。

需要指出的是,19 世纪文会的公共文化机构的示范作用并没有促成中外文化之间的交流。主要原因是文会是由外国人创办,藏书又系英文,演讲也是英语,又不翻译、发行西学书籍。这一时期中国人能够熟练听懂和读写英文的人可以说是寥寥无几,所以 19 世纪文会只是在外侨中有些影响,主要促进了中国文化的西传。就引进西学方面,中国人除了通过博物院了解到了一些初步的博物学和动植物学知识外,文会对于西学东渐贡献甚微。20 世纪后随着文会的日益壮大和更加开放,客观上向中国人传播的西学在深度和广度上也超过了 19 世纪。这一时期,文会的研究成果已为中国学者所注意,中国学者在研究相关问题时也都会吸取文会成员的研究成果,并进一步推进。会报上的"汉学新书评"专栏和图书馆实际上向中国学者传播了西方学者对于中国研究的最新成果和信息;博物院则通过出版《中国博物学:上海博物院指南》进一步加深了国人的博物学知识,通过展览、讲解又向国人传播了西方近代自然科学知识,尤其是地质学和动植物分类学。文会举办演讲、接待来往学者,尤其是邀请中国学者演讲,使得中国学者认识到学会这种文化机构存在的价值——它能为同行提供理论探讨和技艺切磋的平台,促进开展学术交流,造就社会学术氛围,提高大众科学素养。正是在文会的示范作用下和学者的认识基础上,20 世纪中国学者纷纷自筹经费、聚集同仁创建了各类学术团体和文化机构,如 1910 年成立的中国医学研究会,1914 年成立的中国科学社。这些学会的运作方式很多与文会并无二致,也都建立图书馆、博物馆,举办演讲活动,发行刊物,出版研究论著。因此也可以说文会向中国提供了学术研究机构的模式。

---

[52] 傅振伦:《中国博物馆史略》,《东方杂志》11 卷 15 号,第 36 页。

余论

皇家亚洲文会北中国支会是近代外侨在上海创建的一个文化机构，无疑，它是殖民侵略的产物，但它却不是为殖民侵略服务的文化机构。文会建立的最初动机是帮助在华外侨了解中国社会，方便他们在中国的生活。正如创建者所说“把它看做是自己从日常生活和烦琐事务中恢复精神的方式”，“它将成为迈向较高知识分子之路和便利社会的公共资源”。1858 年，文会加入大英皇家亚洲文会，并成为其支会，但是前者与后者必须区别看待，因为后者为殖民侵略服务的倾向要大于前者。大英皇家亚洲文会的建立有着浓厚的东方学背景。18 世纪以来，随着殖民扩张运动，西方对东方的研究也进入了职业化阶段，标志是拥有一批专门的研究人员和机构。西方各国先后在欧美和亚洲各地成立了各类“亚洲学会”，旨在对亚洲进行调查研究。1781 年，荷兰人首先在爪哇巴达维亚设立巴达维亚学艺协会。1784 年，英国人乔恩思（William Jones）在加尔各答成立孟加拉亚细亚学会。此后，英国人又在孟买创立孟买文学会（Bombay Literary Society）。1823 年 3 月 15 日，考尔勃克（Henry Thomas Colebrooke）、斯当东（George Staunton）和 Sir Alexander Johnston 等人在伦敦创建了大英及爱尔兰皇家亚细亚学会（简称“大英皇家亚洲文会”），在成立大会上，考尔勃克说大英及爱尔兰皇家亚细亚学会的研究范围要包括亚洲各国的政治事务、哲学经典，也要注意他们的神话、地理方面的知识。[53]“政治事务”是大英皇家亚洲文会首要关心的问题，而上海文理学会创建时的目的主要在于丰富寓沪外侨的精神生活，创建动机上已经反映出二者的差异。此外，历史上二者的联系并不密切。文会的发展历程显示，除了加入大英皇家文会成为其支会外，二者之间没有其他的联系。而加入的目的也只是为了借助后者以便获取更多的社会资源，“文会会员若在伦敦可以参加总会的会议，有权使用总会的图书馆”[54]。从文会的会议记录看，除了交流各自的会报外，并没有其他方式的交流记录。从各自会报的内容看，也发现不了太多的关联，大英皇家亚洲文会会报几乎不转引文会会报的文章，也从不在书评栏目中介绍、评价文会会报上所刊登的文章。[55] 大英皇家亚洲文会会报上不乏关于中国的文章，但是内容和风格与文会会报都完全两样。前者以学术性见长，后者可读性较强。文会虽然加入大英皇家亚洲文会，但自己的风格

---

[53] Frederick Eden Pargiter Compiled, *Centenary Volume of the Royal Asiatic Society of the Great Britain and Ireland 1823-1923*, Published by the Royal Asiatic Society, London, 1923, p. viii.

[54] Royal Asia Society, *North China Herald*, VoL. XVI, No. 848, 27th., Oct., 1866, p. 171.

[55] 相反，《通报》则对文会会报每期的目录都作简单介绍。

并没有改变,可以说,文会是完全独立于大英皇家亚洲文会之外的。当然,大英皇家亚洲文会为殖民侵略服务的程度究竟有多大,还有待于学界来研究,不过背后英国政府的背景是比较明显的,因为它和英国皇家学会一样,虽然也是学者自己创立的,但是“政府可以自由地就各种科学问题请求学会提供咨询意见和帮助”[56]。而皇家亚洲文会北中国支会却无这方面的功能,尽管从成立到结束,文会与工部局关系密切,数任会长也是英美等国驻上海领事,但是文会从向英国政府申请土地建立会所起,实际上已经被定位是社会公共文化机构。[57]作为一个社会公共文化机构,文会不同于欧美各国在亚洲各地建立的东方学会,也不同于日本的满铁调查机构,可以说文会没有强烈的殖民侵略色彩。故而文会在文化交流方面,尤其是向西方传播中国的方方面面知识相对要客观许多。不可否认,文会会报中也有不少能够为殖民侵略服务的文章,但是这并不是文会的主观目的,只是客观上的效果。

皇家亚洲文会北中国支会也不同于那些近代外国在华建立的宗教文化机构。近代外国传教士在中国建立了为数不少的宗教文化机构,这些机构也从事对中国的调查研究,在向西方传播中国的真实信息方面也做出了巨大的贡献。如《教务杂志》对中国的历史文化也有不错的研究文章,它在改变西方人对中国的认识方面起了重要作用。但是,不言而喻,宗教机构的主要任务在于宗教传播,它有着明显的关注领域和研究目标。皇家亚洲文会北中国支会则不同,它旨在“调查研究中国各项事情”,从文会会报所刊登的内容看,文会的调查研究涉及地理、历史、民俗、动物、植物、哲学、语言、宗教、法律、音乐、考古、医药、化学、物理、工程、地磁、地质、绘画、交通、商业贸易、社会经济、科学总论、图书馆学、人类学、政治学、文献学、星象学、碑刻、货币、陶瓷等三十余个学科,宗教只是其中一部分内容。值得注意的是,文会会员也有很多传教士,但是他们在文会的活动几乎没有宗教色彩。因此,可以说,文会关注的对象和调查研究的内容要比宗教文化机构宽泛。

殖民侵略和宗教传播都在客观上促动了文化交流。无疑,皇家亚洲文会北中国支会的产生得益于这两个因素,但是文会却是以一种新的方式——公共文化机构——向西方传播中国的各方面知识,因此,文会关注的领域要相对广泛,研究也

---

[56] 安德拉德著,中国科学院图书馆情报室供稿:《英国皇家学会简史》,中国科学院计划局1979年,第1页。

[57] 阿礼国代文会向英国政府申请土地时是以“建立一个包括图书馆、博物馆、演讲厅之用的土地”为名,“它能够帮助英国人了解中国”。见1928年会报;See:Alexander Michie,*The Englishman in China During the Victorian Era*,*as illustrated in the Career of Sir Rutherford Alcock*,Edingburg Blackwood,1900。工部局也一直把亚洲文会作为租界社会公共文化机构看待,在性能上将文会与工部局图书馆等同,见上海档案馆编:《工部局董事会议记录》(第五册),上海古籍出版社,2001年,第665页。

相对客观。

皇家亚洲文会北中国支会主要调查研究中国，而不是致力于西学东渐。因此，它在近代中西文化交流方面的贡献也主要体现于它在近代汉学史上的地位。文会在近代汉学史，尤其在近代西方汉学史上的地位是本文需要总结的第二个问题。因为汉学是与"东学西传"和"西学东渐"同时发生、进行的文化交流的一个组成部分，而文会在汉学方面也做出了一定的贡献，前文已有论述，这里主要再深入论述一下文会在近代西方汉学史上的地位。

汉学，英文名称 Sinology，目前学界尚有不同的解释。[58] 已有的概念对于汉学研究对象之界定，侧重于强调外国人对中国历史、地理、语言、文化的研究，亦即主要还是人文社会科学方面，而且尤其强调对中国古代方面的研究。至于外国人对中国自然科学的研究和外国人对当时中国现象的研究，学术界尚有不同认识。[59] 实际上，这样的汉学概念界定过于狭隘，因为自 16 世纪以来，西方人对中国的研究有很多是针对中国当时的现象，如费正清等人对近代中国的研究；还有的是在科学方面，如李希霍芬对中国地质的考察。这些研究成果，无论是当时还是现在，其学术价值并不低于那些对中国古代史地语文的研究，同样释放出璀璨的光芒。因此，汉学研究对象的界定从时空两方面都应该予以延伸和拓展，研究方法也不能仅仅拘泥于考证之法。

论述皇家亚洲文会北中国支会在近代西方汉学史上的地位，首先要涉及整个汉学史的发展脉络，尤其是 19 世纪以来的西方汉学发展史。目前学术界对汉学史的发展阶段尚有不同的看法，但是也大都认为 19、20 世纪是汉学的繁荣、发达、建

[58] 详见阎纯德：《汉学和西方的汉学研究》，《汉学研究》第三集，中国和平出版社，1998 年；张国刚：《德国的汉学研究》，中华书局，1994 年；李学勤：《法国汉学 · 序》第一辑，清华大学出版社，1996 年。计翔翔：《十七世纪中期汉学著作研究》（前言部分），上海古籍出版社，2002 年。计翔翔对学术界关于汉学之不同概念和汉学史之不同分期作了梳理。张国刚对"汉学"和"中国学"二者作了论述。

[59] 李学勤认为 Sinology 专指有关中国历史文化、语言文学等方面的研究。有些学者则把外人对作者当时所处的中国社会现象的研究称之为"中国学"，而不能称之为"汉学"。周晓红甚至认为"中国学"只是在二战之后才出现。

立时期。[60] 实际上，西方汉学19世纪与20世纪有明显的不同。[61] 笔者认为，这两个阶段如下划分比较合适。

第一阶段：汉学初创时期，19世纪初至1890年《通报》建立。

一个学科或者说一门学问的建立要有三个条件：1. 建立专门的研究机构，培养专业的研究人才，如各国汉学机构的建立、大学汉语系的创建；2. 学科体系的建立：研究对象相对明确、研究方法相对成熟、研究队伍比较稳定；3. 相关资料、工具书、专著的编纂和出版。就汉学而言，19世纪还没有达到上述三要件。虽然法国、英国、德国也建立了汉学研究机构，几个大学也设立了汉语系，但是远没有达到培养汉学人才的程度。这一时期各国还是兼学满语，通过满语来解读中国经书，1814年法兰西学院设置的汉学讲座全称是"汉族和鞑靼——满族语言与文学讲座"。而且汉语的学习主要是为培养通商外交人才，并不完全当成学问来研习。即便如此，学习汉语的人也不多，1888年剑桥大学就设立了汉语系，但翟理思在汉学教授任上33年，也不过才收了三个汉学学生。[62] 1887年柏林创立的东方语言学校，内设华、日语两部，只为造就外交及通商人才，至于汉学的高深之研究则付之阙如。1893年甲柏连孜去世后，汉学科也没有了。[63] 因此这一时期各国的汉学机构在汉学上的贡献并不大，很多人的汉语主要是在中国学习掌握的，他们在本业之余，又兼治汉学。

这一阶段，各国的汉学成果主要还是"学习介绍型的汉学，也就是西方的汉学

---

[60] 莫东寅写到18世纪前的汉学都是用"西方人关于中国的知识"的提法，19至20世纪则称为"鸦片战争后汉学之发达"。阎纯德的划分是：汉学萌芽时期（公元前后至15世纪）、初创时期（16至18世纪）、繁荣拓展时期（18世纪末至20世纪中叶）、汉学的当代意识和发展趋势（20世纪中叶以后）。计翔翔对近代西方汉学史的发展阶段是这样划分的：前汉学阶段（公元前后至16世纪80年代）、早期汉学时期或古典汉学时期（16世纪末至18世纪）、现代汉学时期或发达汉学时期（19世纪以后）。张国刚提出：西方汉学发轫时期是16至18世纪，19世纪汉学在欧洲成为一个学科；吴孟雪认为：欧洲汉学缘起于明中后期，即16世纪中叶至17世纪中叶这百年间。张西平把西方汉学划分为游记汉学（从《马可·波罗游记》到耶稣会入华）、传教士汉学（从1601年利玛窦进京到19世纪初）和专业汉学（1814年雷慕沙在法兰西学院开设汉语课）三个阶段，见张西平：《应重视对西方早期汉学的研究》，《中华读书报》2000年11月9日。

[61] 周振鹤将1814年法兰西学院汉学讲座正式开始以后的汉学分为两个阶段：第一阶段的汉学是学习介绍型的汉学，第二阶段的汉学则是研究型的汉学。两个阶段的分点以《通报》创刊的1890年为标志。详见：《马伯乐对中国历史地理学的贡献》（该文系周振鹤2004年2月27日在北京大学的演讲稿）。

[62] 陈尧圣：《英国的汉学研究》，见陶振誉等著：《世界各国汉学研究论文集》（第一辑），台湾国防研究院印行，1968年，第186—189页。

[63] 莫东寅：《汉学发达史》，第112页。

家通过学习中国的语言与文献，了解了中国的历史与文化，并将中国的有关文献以翻译的形式介绍给西方读者。这些翻译往往要加上一些必要的注释，如沙畹对《史记》的翻译。这种介绍还包括对中国现状的介绍，这一方面英美的汉学家做得较多。这一时期的汉学还有一个特点，那就是汉语与欧洲语言对照的双语词典与汉语语法书籍以及其他工具书的编纂出版，这也是为了学习汉语文献与了解中国的需要”[64]。汉学的研究方法还处于摸索阶段，各个汉学家也都是各自为战，研究内容五花八门，学界缺乏共同探讨的主题。由于多是翻译介绍中土文献于西方，精深的研究寥寥无几。1890 年，《通报》创办之后，汉学进入一个新的发展阶段，尤其到了 20 世纪 20 年代汉学几乎在欧美各国正式建立。这一阶段称之为汉学建立时期。这一时期，汉学在很多方面都明显超越 19 世纪。

就汉学机构而言，这一时期欧美各国大学的汉语系远多于前期，而且执教者也多是汉学领域内的名家，他们几乎都有在中国工作的经历，汉语水平远高于 19 世纪的执教者。如 1896 年到美国成为加州大学首任东方语文讲座教授的傅兰雅，1902 年到哥伦比亚大学任华学教授的夏德，1909 年执教于汉堡殖民地学院中国语言文化系的福兰格，1918 年任教于柏林大学东方语言学校汉语教师的佛尔克，1924 年法兰克福大学汉学首任讲座教授卫礼贤，此外还有曼彻斯特大学汉语讲座教授庄延龄、耶鲁大学的赖德烈（K. S. Latourettee）、哈佛大学的嘉讬马（C. T. Gardner）、奥斯陆大学的喜龙士（O. Siren）、维也纳大学的倭色讷（De Arthur von Rosthorn）。

除了在大学设立汉语系之外，各类专业水准较高的汉学研究机构也纷纷出现，如哈佛燕京学社、法兰克福汉学研究中心。这一时期也涌现出了一批高水平的汉学杂志，除了 1890 年考狄创办的《通报》外，还有德国的《柏林东方语言学校校刊》（1903）、《东亚杂志》（1912）、《大亚细亚季刊》（1924）、《汉学》；荷兰的《东方学报》、美国的《哈佛亚洲研究》、《远东季刊》；英国的《东方学院报》（1917）、瑞典的《远东博物馆学报》等等。这些汉学专业刊物的主编也都是当时著名的汉学家，如《通报》的伯希和、考狄，《哈佛亚洲研究》的嘉讬马，《汉学》的卫礼贤，他们的加盟大大推动了汉学的研究。

在研究方法上“新的一批汉学家在语言能力方面已经大大超越了前人，不但用中国传统的考证手段在历史编纂学方面取得了突出的成就，而且还用语言知识为武器，做出中国学者不能解决的问题来。在法国这方面可以伯希和与马伯乐为代表，他们的研究论文与中国乾嘉时期的考证文章可以说没有实质性的分别”。

---

[64] 周振鹤：《马伯乐对中国历史地理的研究》。

审音、勘同、考证等方法也为学界所掌握。⑮ 在研究对象上,19 世纪末学界对汉学研究的对象已初步达成共识,语言、哲学、三大宗教、蒙藏及中西交通成为西方汉学界的主要研究对象。⑯ 20 世纪初敦煌文献发现后,中亚史地也成为学界研究的热点。可以说整个汉学界有了大家共同研究的问题,这大大不同于以前各个汉学家单兵作战的局面,自然在有关问题的研究深度上也超过从前。

此外,经过 19 世纪资料的整理工作,欧美学者已经认识到"撰写一部全面的、完整的中国历史的时机到了……现在我们应该将我们的精力平均分布于中国历史的各个方面"。⑰ 因此 19 世纪末 20 世纪初,中国通史和专史与其他方面的专著也纷纷面世,如贝勒的《中国植物学》(1892)、赖德烈的《中国基督教史》(1892)、翟理思的《中国文学史》(1901)、葛鲁贝的《中国文学史》(1902)、福兰格的《中华帝国通史》(1903)、夏德的《中国古代史》(1908)、马士的《中华帝国对外关系史》(1910)、李希霍芬的《中国》(1912)、高本汉的《中国音韵学研究》(1916)、戴遂良的《中国宗教之信仰及哲学思潮史》(1917)、拉佛的《中国伊朗篇》(1918)、福开森的《中国艺术总览》(1920)、葛兰言的《中国人之宗教》(1922)、密亨利的《现代中国史》(1923)、佛尔克的《中国哲学史》(1927)、卫礼贤的《中国文学史》(1928)、马伯乐的《中国古代史》(1928)、卡德的《中国印刷术源来史》(1934)等等。这些通史和专史的出现,无论是研究领域还是深度,都反映出汉学进入了一个新的阶段。可以说,20 世纪 20、30 年代,汉学作为一门学科所要求的条件已经达到,汉学已经确立。皇家亚洲文会北中国支会是一个重要的汉学研究机构。文会的发展与近代西方汉学的发展历程是同步的,19 世纪亚洲文会也是处在资料搜集和整理的阶段,很多文章是翻译介绍中国的文献,少有深入研究具体问题。20 世纪后亚洲文会会报上刊登的文章除了游记外,其余多是就中国历史、语言、考古、艺术等方面某个具体问题作的分析和论述。但是在 19、20 世纪这两个阶段,文会在近代西方汉学史上的地位和贡献却有着明显的不同。

19 世纪,文会在西方汉学发展史上的地位,主要表现为以下两方面:第一,文会为汉学初创时期培养了不少汉学家。前文已述,19 世纪欧洲各国的汉学机构并

---

⑮ 周振鹤:《马伯乐对中国历史地理的研究》。

⑯ 1892 年国际东方学会议上已提出当时东方学研究的六大热点:1. 印欧语系之研究,尤其是汉语语言孤岛的问题;2. 佛教进入中国的过程及其对中国和东方社会的影响;3. 蒙藏语言研究的必要性;4. 古代埃及文明及其对中国的影响;5. 中国的三大宗教;6. 中国的哲学研究。实际上,主要还是汉学。见:Proceedings, *Journal of the North-China Branch of the Royal Asiatic Society*, Vol. XXVII, pp. 231-246.

⑰ Latourette, K. S., *A Survey of the work by Western Students of Chinese History*, JNCBRAS., VOL. XLVII., pp. 113, 114.

不具备培养高水平汉语学者的功能。19世纪的汉学家多数在华工作过，客观上促使他们掌握了汉语，并达到了治汉学的语言要求。亚洲文会为在华工作的外国人提供了一个治汉学的环境和走向汉学家的途径，为他们提供了语言学习的平台、学术交流的机会和发表研究成果的园地。很多后来成为各个汉学机构负责人和汉学家的人都曾经在上海驻足过，并且是亚洲文会的会员，如英国的伟烈亚力、庄延龄、威妥玛、翟理思、理雅各、傅兰雅；法国的考狄、沙畹、伯希和；俄国的贝勒、史禄国、孔琪庭、阿列克谢耶夫；德国的卫礼贤、夏德、福兰格、佛尔克、梅泽；美国的卫三畏、丁韪良、赖德烈、密亨利、德效骞、恒慕义、马士；瑞典的安特生、高本汉、喜龙士、斯文赫定；意大利的武尔彼齐，他们早年的学术生涯与亚洲文会有着密切的关系。亚洲文会是当时上海惟一一个机构健全、学术氛围较强的文化机构，文会为他们提供了科研环境和图书资料，他们很多人经常光顾文会图书馆。他们早年的研究成果也是在亚洲文会演讲的，演讲过程中得到听众的指正与批评，获得了修改的建议。这些成果又通过文会会报而声名远扬，进而确立了这批人在汉学界的地位。如贝勒对中国植物学的研究就是首先在会报上发表的，后来才被欧美各国单行出版。可以说，文会促成了很多在华外国人走向汉学研究之路，客观上培养了一批汉学家，而且这批汉学家在20世纪又成为各国汉学机构的主要负责人。

第二，19世纪亚洲文会居于汉学研究的前沿。这一时期，侨居地的汉学水平要高于欧美各国。从这一时期的汉学成果看，多是在侨居地完成的，尤其是在中国完成的，至少也是作者在华期间完成的初步工作。如马礼逊的《英华词典》、理雅各翻译的中国经书（由王韬协助在香港英华书院完成）。这一时期亚洲文会处于调查阶段，和整个近代西方汉学发展是同步的，但是水平是居于前列的。由于文会设在中国，在资料编纂和调查方面明显要比欧美国内的汉学研究有优势，有关成果也相对客观真实，学术价值相对较高。事实上，这一时期一些重要的汉学成果也都是先出现在文会会报上，除上述贝勒对中国植物学的研究外，梅辉立关于中国火药及火器的研究也是如此。文会会员还做了不少的资料整理工作，如伟烈亚力的《中国史书中的月食》、玛高温的《中国的文献》、裨治文翻译的《苗族概略》、夏德的《中国古代的陶瓷工业》、穆麟德的《论满族文学》、慕阿德的《中国乐器综录》、勃郎翻译的《西洋纪闻》、庄延龄翻译的《圣武记》（军事部分），还有中国皇帝年表、孔子与周公等历史人物之小传。这些文章在介绍中国和文献整理方面的贡献均处于当时的汉学前列。此外，文会关于当时中国社会的调查，更是在西方各国国内不能完成的工作。所以，在学习介绍中国的语言文献，了解中国的历史与文化方面，亚洲文会是居于前列的。

20世纪亚洲文会已经落伍于欧美各国国内的汉学研究水平。这与20世纪西方汉学的发展状况有极大关系。如同周振鹤所言，这一时期汉学已经是研究型汉学。欧美各国国内的汉学水平超过了侨居地,尤其是以伯希和、马伯乐为代表的法国汉学。而且这一时期各个领域内的研究专著也多是在各国国内完成的。当然侨居中国境内的欧美各国人士的汉学研究也在发展,20 世纪亚洲文会也从调查走向了研究,文会会报上也是一些论述型的文章。但是亚洲文会的发展速度落后于欧美各国的汉学发展并渐渐退出了整个西方汉学研究的前列。其原因有三:第一,亚洲文会是英美人士的天下,整个 20 世纪在亚洲文会演讲的主要是英美人士,而 20 世纪以来国际汉学的最高水平在法国。20 世纪法国在华人士也从事汉学研究,并取得非凡的成就,但是法国汉学家很少参与亚洲文会的活动,因为法国人在远东有自己的汉学研究机构,上海有徐家汇的《汉学杂纂》(*Variétés Sinologiques*),北京有中法大学汉学研究中心,河北有献县教堂,越南还专门设有法兰西远东学院,伯希和、马伯乐都曾在远东学院做过汉学研究。这一时期远东的欧美人士主编的汉学刊物和法国人主办的刊物及欧美各国国内的汉学杂志在内容和风格上有明显的区别。《文会会报》、《教务杂志》、《中国评论》都是研究性论文和游记、调查报告并重;而《通报》、《汉学》(德国卫礼贤主编,法兰克福大学出版)、《东亚杂志》、《法兰西远东学院院刊》、《汉学》(中法大学出版)主要是研究型文章,没有游记类文章,从汉学的学术价值看自然后者要高于前者。二次世界大战结束后,美国人的汉学水平逐渐上升,沪江大学和圣约翰大学的美籍教授、讲师经常参加亚洲文会的演讲,但这时候亚洲文会已是夕阳西下,濒临结束。第二,经费短缺。缺乏资金使得亚洲文会在 20 世纪没能成为一个高水平的汉学学术研究机构。亚洲文会本身就不是一个单纯的学术研究组织,创建时期就把外国人在华游记列为主要收集的对象之一,游记和研究型文章都可以在文会演讲,会报也发表有大量游记。20 世纪后文会愈加变成一个社会公共文化机构,其图书馆、博物馆的社会效能已经远远超过其在汉学研究上的影响。20 年代后,为了盖大楼,呼吁社会捐款,而且优先刊登捐款者的文章,结果游记的文章占了较大篇幅,书评也是多评价那些捐赠的书籍。文会的学术研究水平大大降低,已不能与同时期的欧美各国汉学研究机构相比拟。第三,20 世纪,汉学水平高的刊物是《通报》、《东亚杂志》,著名汉学家一般多在这几个刊物上发表他们的大作。本来当时整个汉学界水平高的学术文章也就没有几篇,多数都被《通报》录用,文会会报已不再是西方汉学界重视的头等学术刊物,而变成了一个了解中国认识中国的普及性刊物。新中国的建立正好适时地结束了它近一个世纪的中国研究历程。即使中国没有发生政权的更迭,皇家亚洲文会北中国支会也会自行终结,如果它不改弦更张的话。

(作者单位:中原工学院)

河北大学图书馆所藏西文珍本书基本目录

□[法]梅谦立[①]

一、书的来源与内容

明末清初,天主教传教士来到中国。为了传教的需要,随身带了不少书籍,这就是西书入华的较早阶段。那时,因为传教士不仅直接传福音,而且用学术文化与科学知识来推动基督宗教,所以他们带来的书的范围并不局限于神学方面,而是更为广泛,包括各种各样的学科。20世纪上叶,中国天主教继续其文化传播使命,创办了三所大学:北京的辅仁大学、上海的震旦大学、天津津沽大学。其中第三所是1921年法国耶稣会士所创立,初名天津工商学院(Hautes Etudes Industrielles et Commerciales)。[②]1927年,工商学院盖了图书馆,为了培育学生,曾大量购买国内外书籍。因为耶稣会不仅要培养优秀的职业人才,而且要陶铸完整的人性,因此他们也购买了文学、历史等方面的书籍。在建校时,学校收藏了一些古籍善本,如南怀仁于1674年所著《坤舆全图》。按照图书馆书籍登记册统计,截至1948年,馆藏图书达58万多册,其中西文书有20万多册。1948年,工商学院改为私

① 作者为法籍北京大学哲学系博士。2001年,他偶然发现河北大学图书馆所藏的西文善本书。

② 关于学校的历史,参见侯杰、范丽珠:《天主教大学在天津——天津工商学院》,《基督教文化评论》,第10期,第112—131页。

立津沽大学。1951 年,图书馆藏书达 85 万册之多。③ 是年,私立津沽大学改为河北大学。从那时起,图书馆停止入藏法、英文图书,而几乎所有外文书是从苏联来的。1970 年,学校从天津移到保定。在 80 年的历程当中,图书搬运过好几次。该馆藏书不可避免受到了一些破坏。今天我们发现很多丛书不全。可以推测,该馆不少典藏散失了。此外,"文革"开始后,该馆所藏西文善本书没有得到较好的保护。所幸的是,最近两年来,河北大学的一些教师,特别是外语系的教师,逐步开始重视这些书籍,着手对之加以重新整理。由于这个整理过程目前还处于起步阶段,现有的这个目录还是很粗略的。

河北大学的西文善本书有很高的价值。仅 1811 年前出版的书,就有 110 本(共 250 卷)。为了衡量这些书的价值,我们做了国内国外的比较。在国外方面,我们把法国国家图书馆(BNF)作为一个标准,因为河北大学所收藏的善本书大部分都是法文。在比较当中,我们发现河北大学善本书的近一半都是原版(110 本书当中有 50 本书是原版)。在国内,西文珍本目前主要有两个图书馆收藏,一个是北京的国家图书馆,另一个是上海图书馆。因此,我们把河北大学的藏书与三个目录作了比较:

—H. Verhaeren c. m. ,*Catalogue de la Bibliothèque du Beitang*《天主教北堂的图书馆书目》,Imprimerie des Lazaristes,遣使会印刷厂,1949 年(收入 4101 种善本书)。

—顾犇主编:《中国国家图书馆外文善本书目》*Catalog of Rare Books in Foreign Languages in the National Library of China*,北京图书馆出版社,2001 年(收入 1234 种善本书)。

—上海图书馆编:《上海图书馆西文珍本书目》,上海社会科学院出版社,1992 年(收入 1831 种善本书)。

河北大学所收藏的西文书大部分能在上海图书馆或北京国家图书馆找到。但也有一些是国内独藏,如:

—Thomas a Kempis,*Opera*,*Quibus hac editione accesserunt aliquot tractatus ad vitae spiritualis perfectionem mirum in modum facientes*《著作》,1548 年。

—Jean de Trithème O. S. B(让 · 德 · 特里德姆),*Sermones et exhortationes ad monachos...quorum sermonum duo sunt libri*,*primus vocatur Homiliarum*,*secundus Sermonum*《对修士们的讲理与劝告》,1548 年。

—Martino Martini sj (卫匡国),*Novus Atlas sinensis*《中国新地图志》,1654 年(第一版)。

---

③ 参见吕志毅主编:《河北大学史》,河北大学出版社,2001 年,第 90—92 页。

—Joachim Bouvet sj(白晋),*Portrait historique de l' empereur de la Chine*《康熙大帝传》,1697 年(第一版)。

—Luis de Guzman sj,*Historia de las misiones de la compañia de Jesus en la India oriental,en la China y Japon,desde 1540 hasta 1600*《耶稣会 1540 年至 1600 年东印度、中国、日本传教史》,1600 年(第一版)。

—Michel Le Tellier sj(1643-1719),*Défense des nouveaux chrétiens et des missionnaires de la Chine,du Japon,& des Indes*《中日印三国新教徒及传教士的辩护》,1688 年。

—Charles Dellon(1650-1709),*Histoire de l' Inquisition de Goa*《果阿宗教裁判所的历史》,1697 年(第一版)。

—Adam Smith LL. D(亚当·斯密,1728—1774 年),*Essays on Philosophical Subjects*《哲学论文集》,1795 年(第一版)。

本书目把书分四大类:欧洲汉学(中国地理与科学、中国历史、中国的综合介绍)、中西关系(中国的天主教史、中国礼仪之争、中国外交关系)、印度与东南亚历史、西方著作(西方文学哲学、西方神学与宗教、耶稣会、西方法律政治经济、世界地理、旅游记、其他)。除非特别注明,书目中所列书籍都属法文。如果丛书不全,目录中注明所缺部分。BNF 意指 Bibliothèque Nationale de France,我们注明最早版本的出版年代。Cordier 意指 *Bibliotheca Sinica*,Paris,Guilmoto,1922-1924,5 vol,我们注出书目的书号。BT 意指《天主教北堂图书馆书目》,我们注出书号与出版年代。GJ 意指《中国国家图书馆外文善本书目》,我们注出书目中的相关页码与出版年代。SL 意指《上海图书馆西文珍本书目》,我们注出书号与出版年代。书号粗写表示该书是一个第一版本的原文,而且该书是完整无缺的。如果书号有下画线则表示该书的版本在国内独一无二。

二、基本目录

海外汉学

关于中国地理与科学

1—Martino Martini sj(卫匡国,耶稣会士,1614—1661 年),*Novus Atlas sinensis*《中国新地图志》;这本著作依据罗洪先的《广舆图》

Anvers 拉丁语,1654 年(第一版本)

[BNF:1654 年第一版,1655 年法译本,1655 年德译本,1656 年荷译本,1658 年西译本;BT:2202(1655);SL:1112(1655);中译本:卫匡国的《中国新地图志》,高

永源,《自然科学史研究》,1982 年第 4 期]

2—Etienne Souciet sj(苏西亚,耶稣会士,1671—1744 年),*Observations mathématiques, astronomiques, géographiques, chronologiques, et physiques, tirées des anciens livres chinois*《中国古书中的大量的数学,天文,地理,年代观测》

Paris 巴黎,Tome premier 第一卷,第一版(1729);Tome trois 第三卷,第一版(1732)[缺第二卷(1732)]

[Cordier:1455;BT:656 三卷全(第一版 1729—1732 年);SL:1612 三卷全(第一版 1729—1732 年)]

3—Philippe Avril sj(阿夫里尔,耶稣会士,1654—1698 年),*Voyage en divers États d'Europe et d'Asie, entrepris pour découvrir un nouveau chemin à la Chine, Concernant plusieurs remarques curieuses de physique, de géographie, d'hydrographie & d'histoire. Avec une description de la grande Tartarie & des différents peuples qui l'habitent*《欧亚行记,为开辟一条通往中国的新道路,其中有关于鞑靼帝国的描写以及各种民族的习俗》

Paris 巴黎,1692 年(第一版本)

[BNF:第一版 1692 年;GJ:84(1692 年);SL:104(1692 年),103 英译本(1693 年)]

4—Jean-Baptiste Grosier sj(戈罗西,耶稣会士,1743—1823 年),*Atlas général de la Chine*《中国地图全集》

Paris 巴黎,1785 年(第一版本)

[SL:744(1785)]

关于中国历史

5—Alvaro de Semedo sj(Alvarez Semedo,曾德昭,耶稣会士,1586—1658 年),*Histoire universelle de la Chine*《大中国志》,又译《中国通史》

Lyon 里昂,1667 年,法译本(从意大利文翻译),第二个法文本

[Cordier 24:1638 年葡萄牙文撰写,1643 年翻译成意大利文,1645—1667 年翻译成两种法文译本,1655 年有英文译本;BT:646(法译本,1667 年);GJ:63(法译本,1645 年),49(英译本,1655 年),49(法译本,1667 年);SL:1581(1667 年);中译本:《大中国志》,[葡]曾德昭著,何高济译,李申校,上海古籍出版社,1998 年]

6—Johan Nieuhof(Joanne Nieuhovium,约翰·尼奥霍夫,1618—1672 年),*Legatio Batavica ad magnum Tartariae Chamum Sungteium, modernum Sinae imperatorem*《荷兰代表团觐见中国的新皇帝鞑靼汗顺治》

Amsterdam 阿姆斯特丹,1668 年,Latin 拉丁语,第一个拉丁文版本

[Cordier:2344,原文荷兰语 1665 年;法译本 1665 年;拉丁译本 1668 年;英译

本1673年;GJ:48(荷兰原文第一版本,1665年),47(拉丁本,1668年);SL:1240(英译本,1669年),1241(德译本,1666年),1242(荷兰原文第二版,1670年),1243(法译本,1665年)]

7—Pierre Joseph d'Orléans sj(皮埃尔·约瑟夫·德奥尔良,耶稣会士,1641—1698年),*Histoire des deux conquérants Tartares qui ont subjugué la Chine*《两个鞑靼征服者征服中国的历史》

Paris 巴黎,Tome premier 第一卷(1688年),Tome second 第二卷(1689年)(第一版本)

[Cordier:629,英译版1855年;GJ:68(1688年);SL:1262(1688年)]

8—Joachim Bouvet sj(白晋,耶稣会士,1656—1730年),*Portrait historique de l'empereur de la Chine*《康熙大帝传》

Paris 巴黎,1697年(第一版本)

[BNF:1697年第一版,Cordier:634;SL:310(第二版,1699年);莱布尼茨:《中国近事》第二版中以拉丁文收入;中译本:《康熙皇帝》,马绪祥译,清史资料第1辑,中华书局,1980年;《康熙皇帝》,赵晨译,黑龙江人民出版社,1981年;《康熙帝传》,春林等编,珠海出版社,1995年]

9—Louis Le Comte sj(李明,耶稣会士,1655—1728年),*Nouveaux mémoires sur l'état présent de la Chine*《中国近事报道》,中译本2004年已由大象出版社出版

Paris 巴黎,Tome premier 第一卷(第二版,1697年),Tome second 第二卷(第二版,1697年),Tome troisième 第三卷(第一版,1700年)

[Cordier:39;BT:418(第一二卷,第一版,1696年),419(第一二卷,第二版,1697年);420(第一二三卷,第一版,1697—1700年);GJ:46(第一二三卷,第一版,1697—1700年);SL:963(第一二卷,第二版,1697年);第三卷即郭弼恩1698年出版的《中国帝王宗教法令史》中译本:《中国近事报道(1687—1692)》,郭强等译,国家清史编纂委员会·编译丛刊,大象出版社,2004年]

10—Charles le Gobien sj(郭弼恩,耶稣会士,1653—1708年),*Histoire de l'édit de l'empereur de la Chine*《中国帝王宗教法令史》

Paris 巴黎,1698年(第一版本)

[GJ:15(法文原本,1698年),15(意译本,1699年);SL:966(1698年);这就是李明《中国现势新志》的第三本]

11—Joseph Jouve sj(约瑟夫·优福,耶稣会士,1701—1758年),*Histoire de la conquête de la Chine par les Tartares mandchous*《满族鞑靼征服中国史》

Lyon 里昂,1754年(第一版本)

[Cordier:629—630;BT:370(1754年);GJ:69(1754年)]

12—Joseph de Guignes 德居涅斯（1721—1800 年）,*Histoire générale des Huns, des Turcs, des Mogols et des autres Tartares occidentaux, etc. avant et depuis Jesus Christ jusqu'à présent*《自耶稣基督前后至现在的匈奴突厥族蒙古族及其他西部各鞑靼族通史》

Paris 巴黎, Tome premier, première partie 第一卷第一部分（1756 年）, Tome premier, second partie 第一卷第二部分（1756 年）, Tome 2 第二卷（1756 年）, Tome 3 第三卷（1757 年）, Tome 4 第四卷（1758 年）

［Cordier:2767—2768; GJ:23（1756—1758 年）; SL:754（1756—1758 年）］

13—Marc-Antoine Eidous Traducteur, *Hau Kiou Choaan, Histoire chinoise*《好逑传, 中国历史》

Tome premier 第一卷,《好逑传》的法译本

Lyon 里昂, 1766 年（第一版本）［缺第二三四卷］

［BNF: 英译本 1761 年; GJ:152（法译本第一版, 四卷, 1766 年）, 152（法译本第二版, 四卷, 1828 年）; SL:782（英译本四卷全, 1761 年）］

14—Qian Long 乾隆（1711—1799 年）,*Eloge de la ville de Moukden et de ses environs*《穆克登颂》

traduit du chinois en français par P. Amiot, sj—法译本汉语原著, 译者钱德明, 耶稣会士（1718—1793 年）。"穆克登"指盛京（沈阳）

Paris 巴黎, 1770 年（第一版本）

［SL:1406（1770 年）］

15—Joseph-Anne-Marie de Moyriac de Mailla（冯秉正, 耶稣会士, 1669—1748 年）,*Histoire générale de la Chine, ou Annales de cet empire*《中国通史》

由冯秉正耶稣会神父翻译而成, 戈罗西神父（l'Abbé Grosier）出版发行, M. Le Roux des Hautesrayes 编辑的编年史 - 巴黎 法译本汉语原著

Tome second 第二卷（1777 年）, Tome troisième 第三卷（1777 年）, Tome quatrième 第四卷（1777 年）, Tome cinquième 第五卷（1777 年）, Tome sixième 第六卷（1777 年）, Tome septième 第七卷（1778 年）, Tome huitième 第八卷（1777 年）, Tome neuvième 第九卷（1779 年）, Tome dixième 第十卷（1779 年）, Tome onzième 第十一卷（1780 年）, Tome douzième 第十二卷（1783 年）, Tome treizième 第十三卷（1785 年）（第一版本）［缺第一卷］

［Cordier:583—585; BT:464（13 卷全, 第一版本, 1777—1785 年）; GJ:63（13 卷全, 第一版本, 1777—1785 年）; SL:1058（13 卷全, 第一版本, 1777—1785 年）; 1969 年台湾诚文出版社重版］

16—Philippe Couplet sj（柏应理, 耶稣会士, 1622—1693 年）, Prosperi Intorcetta sj（殷铎泽，耶稣会士，1625—1696 年），*Confucius Sinarum Philosophus*《孔子——中国哲学家》又译《中国儒家哲学》，内有《大学》、《中庸》、《论语》拉丁译文

Paris 巴黎，1687 年，Latin 拉丁语（第二版本）

[BNF：第一版本 1686 年；Cordier：139；BT：1358（1687 年）；GJ：9（1687 年）；SL：843（1687 年）]

关于中国的综合介绍

17—J. B. du Halde sj（杜赫德，耶稣会士，1674—1743 年）*Description géographique，historique，chronologique，politique，et physique de l' Empire de la Chine et de la Tartarie chinoise*《中华帝国全志（中华帝国和华属鞑靼地区的地理、历史、年代、政治及自然情况的描述）》

Paris 巴黎，1735 年

Tomes I，II，III，IV 第一二三四卷（第一版本）

[Cordier：45，48；BT：257（1735 年）；GJ：43（1735 年），43（英译本，1741 年）；SL：533（1735 年），532（英译本，1738—1742 年）；中文译本，《耶稣会士中国书简集——中国回忆录》，郑德第等译，大象出版社，有一二三卷，2001 年，四五六卷，2005 年]

18—Jean-Baptiste de Boyer Argens（1704-1771），*Lettres chinoises，ou correspondance philosophique，historique et critique*《哲学历史与文学评论通信集》

La Haye 海牙，1755 年（第三版本）

5 Tomes（1，2，3，4，6）五卷（第一二三四六卷）[缺第五卷]

[BNF：第一版本 1739 年；SL：70（英译本，1741 年），71（法文第二版，1751 年）]

19—Les Missionnaires de Pékin 北京传教使团，*Mémoires concernant l' histoire，les sciences，les arts，les moeurs，les usages，etc des Chinois*《关于中国历史科学艺术风俗的报告》

Paris 巴黎

Tome premier 第一卷（1777 年），Tome second 第二卷（1777 年），Tome troisième 第三卷（1777 年），Tome quatrième 第四卷（1779 年），Tome sixième 第六卷（1780 年），Tome septième 第七卷（1782 年），Tome neuvième 第九卷（1783 年），Tome dixième 第十卷（1784 年），Tome onzième 第十一卷（1786 年），Tome treizième 第十三卷（1786 年），Tome quatorzième 第十四卷（1789 年），Tome quinzième 第十五卷（1791 年）（第一版本）[缺第五、八、十二卷]

[Cordier：54—56；BT：492（1777—1791 年，16 卷全）；GJ：47（1776—1814 年，17 卷）；SL：1153（1776—1791 年，15 卷）]

20—Pierre Sonnerat（1748-1814），*Voyage aux Indes orientales et à la Chine*《到东

印度和中国的旅行》

2 tomes 二卷

Paris 巴黎,1782 年(第一版本)

[BNF:第一版本 1782 年;BT:653(1782 年);SL:1611(1782 年)]

21—Jean-Baptiste Grosier sj(戈罗西,耶稣会士,1743—1823 年),*Description générale de la Chine*《中国通史》

2 tomes 二卷

Paris 巴黎,1787 年(第一版本)

[BNF:第一版本 1785 年;GJ:44(1787 年,二卷),44(1818—1820 年,七卷),44(英译本,1788 年,二卷);SL:745(1785 年);这就是冯秉正《中国通史》的第十三卷]

中西关系

关于中国的天主教史

22—Luis de Guzman sj,*Historia de las misiones de la compañia de Jesus en la India oriental,en la China y Japon,desde 1540 hasta 1600*《耶稣会 1540 年至 1600 年东印度、中国、日本传教史》

Madrid 马德里,西班牙语,1600 年(第一版本)

[BNF:第一版本 1600 年,第二版本 1601 年]

23—Nicolas Trigault sj(金尼阁,耶稣会士,1611—1666 年),*De Christiana Expeditione apud Sinas*《利玛窦中国札记》

Augustae Vindelicorum,apud C. Mangium1615 年,Latin 拉丁语(第一版本)

[BT:2994(1616 年);GJ:14(拉丁原文,1615 年),20(法译本,1618 年);SL:1746(拉丁原文,1615 年),1749(法译本,1616 年),1748(意大利本,1622 年);中译本:《利玛窦中国札记》(全二册),利玛窦、金尼阁著,何高济等译,中华书局,1983 年、1990 年、2001 年]

24—Gabriel de Magailhães sj(安文思,耶稣会士,1610—1677 年),*Nouvelle relation de la Chine*《中国新游记》

法译本葡萄牙语原著,Claude Bernou 译

Paris 巴黎,1688 年(法译本的第一版本)

[BNF:法译本 1688 年;GJ:46(1689 年);SL:1054(法文本,1688 年),1053(英文本,1688 年);中译本《中国新史》,何高济等译,国家清史编委会·编译丛刊,大象出版社,2004 年]

中国礼仪之争

25—Michel Le Tellier sj (1643-1719), *Défense des nouveaux chrétiens et des missionnaires de la Chine, du Japon, & des Indes*《中日印三国新教徒及传教士的辩护》

Paris 巴黎,1688 年(第二版本)

[BNF:第一版本 1687 年;GT:16(西译本,1690 年);SL:971(西译本,1690 年)]

26—*Lettre des Messieurs des missions étrangères au Pape sur les idolâtries et les superstitions chinoises*《巴黎外方传教士给教宗关于中国偶像崇拜和迷信的信》

Rome 罗马,1700 年(第一版本)

[Cordier:885 在科隆、巴黎和罗马同时出版;GJ:5(? 年);SL:992(1700 年),993(1710 年)]

27—Louis Le Comte sj(李明,耶稣会士,1655—1728 年), *Lettre du R. P. Louis Le Comte à Monseigneur le duc du Maine, sur les cérémonies de la Chine*《李明写给缅因公爵关于中国礼仪的信 》

Paris 巴黎,1700 年

[GJ:61(1700 年);SL:959(1700 年)]

28—*Réponse à la lettre des Messieurs des Missions étrangères au Pape sur les cérémonies chinoises*《回复巴黎外方传教士给教宗关于中国礼仪的信》

1700 年(第三版本)

[Cordier:887;SL:992(1700 年)]

29—Charles Thomas Maillard de Tournon (多罗,1668—1710 年), *Anecdotes sur l' état de la religion dans la Chine*《中国宗教状态叙事》

Paris, Tome troisième première partie et Tome cinquième première partie – 第三卷第一部分(1734 年)与 第五卷第一部分(1735 年)seconde edition [不全]

[BNF:第一版本 1733 年;GJ:12(六卷,1733—1735 年);SL:1742(七卷全,1733—1742 年)]

30—Giorgio Viani (1690—1738 年), *Istoria della cose operate nella China da Geo Ambrogio Mezzabarba*《嘉乐主教到中国的纪实》

Paris 巴黎,意大利语,1739 年(第二版本)

[Cordier:921;BT:3529(1760 年);GJ:16(第一版本,1711 年)]

中国外交关系

31—Guillaume de Rubrouck O. F. M. (罗柏鲁,方济各会士,1215—1270 年), *Voyage remarquable de Guillaume de Rubruquis, envoyé en Ambassade par le Roi Louis IX, en différentes parties de l' Orient, principalement, en Tartarie et à la Chine, l' An de notre Seigneur 1253*《1253 年国王路易九世的大使罗柏鲁在东方各地主要是鞑靼和

中国的伟大旅行》

从英文译成法文,译者 De Bergeron,1637 年

[BNF:La Haye 1735 年;Cordier:1942;BT:2639(拉丁本,1609 年);GJ:82(法译本,1735 年)]

32—Sir George Staunton(士丹顿,1737—1801 年),*An historical account of the embassy to the emperor of China*《派往中国的英国大使马嘎尔尼的历史纪实》(1792—1794 年)

Londres 伦敦,英语,1797 年(第一版本)

[Cordier:2382 英文版 1797 年,伦敦;法文版同年出版;GJ:50(1797 年),50(1798 年);SL:1624(1797 年),1625(1797 年),1626(1797 年)]

33—Sir George Staunton(士丹顿,1737—1801 年),*Voyage en Chine et en Tartarie*《马嘎尔尼在中国和鞑靼的旅行》

Paris 巴黎,Tome 1,3,4,5,6 第一三四五六卷,法译本英语原著,译者 J. B. J. Breton,1804 年[缺第二本]

[Cordier:2384,第一版本 1798 年]

34—Sir George Staunton(士丹顿,1737—1801 年),*Voyage en Chine formant le complément du voyage de Lord Macartney*《马嘎尔尼在中国旅行的补编》

法译本英文原著,译者 J. Castéra

Tomes 1,2,3,5 第一二三五卷[缺第四本]

Paris 巴黎,1804 年(第二版本)

[GJ:51(第二版本,1804 年)]

35—John Barrow(巴罗,1764—1848 年),*Travels in China*《在中国旅行》

Londres 伦敦,英语,1806 年(第二版本)

[BNF:英文第一版本 1804 年;GJ:52(英文第二版本 1806 年);SL:152(英文原本,1804 年)]

36—John Barrow(巴罗,1764—1848 年),*Voyages en Chine*《在中国旅行》

Paris,1805 年,法译本英语原著(法译本的第 版本)

Tomes 2,3 第二三卷[缺第一卷]

[BNF:英文第一版本 1804 年;法译文第一版本 1805 年;GJ:52(法文第二版本,7 卷,1817 年)]

印度与东南亚历史

37—Pierre Du Jarric sj(耶稣会士,1566—1617 年),*Histoires des choses plus mémorables advenues tant ez Indes Orientales que autres païs de la descouverte des Portu-*

gais《发生在东印度和葡萄牙人发现的其他地区的让人难忘的事情的记录》

Tomes 1,2 第一二卷［缺第三本］

Bordeaux 波尔多,1610 年(第二版本)

［BNF:第一版本 1608 年;SL:537(第一三卷,1608—1614 年),538(三卷全,拉丁译本,1615 年)］

38—Giovanni Pietro Maffei sj(耶稣会士,1533—1603 年),*Historiarum Indicarum*《印度史》

Lyon 里昂,拉丁语,1637 年

［BNF:拉丁文第一版 1589 年;意大利文译本 1589 年;法译本 1665 年;GJ:35(意译本,1844 年);SL:1047(拉丁文,1590 年)］

39—Giovanni Filippo de Marini sj(耶稣会士,1608—1682 年),*Histoire nouvelle et curieuse des royaumes de Tunquin et de Lao*《越南及老挝新奇历史》

Paris 巴黎,法译本意大利语原著,译者 François-Célestin Le Comte,1666 年

［GJ:13(意大利文第二版本 1665 年);SL:1101(意大利原文第一版本,1663 年),1102(法译本,1666 年)］

40—Philippus Baldaeus (1632-1672),*Naauwkeurige Beschryvinge van Malabar en Choromandel,der zelver aangrenzende ryken en het machtige eyland Ceylon*《马拉巴,科罗曼德尔海岸,斯里兰卡介绍》

Amsterdam 阿姆斯特丹,荷兰语,1672 年(第一版本)

［BNF:第一版本 1672 年］

41—Guy Tachard sj (耶稣会士,1651—1712 年),*Voyage de Siam des Pères jésuites envoyez par le Roi aux Indes et à la Chine,avec leurs observations*《被国王派遣到印度与中国的耶稣会神父的泰国之旅及其见闻》

Paris 巴黎,1686 年(第一版本)

［BNF:第一版本 1686 年;GJ:30(意译本,1693 年);SL:1661(1686 年),1662(第二版本,1687 年),1663(英译本,1688 年)］

42—Charles Dellon (1650—1709 年),*Histoire de l' Inquisition de Goa*《果阿宗教裁判所的历史》

Amsterdam 阿姆斯特丹,1697 年(第一版本)

(en manuscrit:*exemplaire très rare,faux frontispice*)

［BNF:第一版本 1697 年］

43—Nicolas Gervaise (1662-1729),*Histoire naturelle et politique du royaume de Siam*《泰国自然政治史》

Paris 巴黎,1689 年(第二版本)

［BNF:第一版本 1688 年;SL:688（1688 年）］

44—François-Henri Turpin,（pseud. Henriques Pangrapho）,*Histoire civile et naturelle du royaume de Siam*《泰王国文明与自然史》

Tomes 1,2 第一二卷

Paris 巴黎,1771 年（第一版）

［BNF:第一版本 1771 年］

45—Johannis Koffler,*Historica Cochinchinae descriptio*《越南南部的历史介绍》

Nuremberg 拉丁语,1803 年（第一版本）

［BNF:第一版本 1803 年］

关于西方的著作

西方文学哲学

46—Alexander Pope（亚历山大·波普,1688—1744 年）,*Alexander Pope Works*《亚历山大·波普作品集》

Londres 伦敦,英译本希腊语原著,1757 年

8 Volumes（Volume 2,3,4,5,6,7,8,9）八卷（第二三四五六七八九卷）［缺第一卷］

47—Homerus（荷马,公元前 8 世纪前）,*The Odyssey*《奥德赛》

Londres 伦敦,英译本希腊语原著,3 Volumes 三卷,1763 年

［SL:814（法译本,第二三卷 1716 年）］

英译本希腊语原著,译者亚历山大·波普

48—Homerus（荷马,公元前 8 世纪前）,*The Iliad*《伊利亚特》

Londres 伦敦,英译本希腊语原著,3 Volumes 三卷,1763 年

英译本希腊语原著,译者亚历山大·波普

49—Marcus Tullius Cicero（西塞罗,公元前 106—前 43 年）,*Epistolae*《书信集》

Leipzig 拉丁语,1734 年

［BT:1281（1589 年）;GJ:137（英译本,1808 年）;SL:412（1621 年）］

50—Aristote（亚里士多德,公元前 384—前 322 年）,*Opera omnia graece*《全集》

volume 1 第一卷（1791 年）,volume 2 第二卷（1792 年）,volume 3 第三卷（1792 年）,volume 4 第四卷（1793 年）,volume 5 第五卷（1798 年）

Biponti,Latin 拉丁语

［BNF:第一版本 1619 年;BT:885（1550—1552 年）］

51—Adam Smith LL. D（亚当·斯密,1728—1774 年）,*Essays on Philosophical Subjects*《哲学论文集》

Dublin 都柏林，英语，1795 年（第一版本）

［BNF：1795 年同时在伦敦出版］

西方神学与宗教

52—Thomas a Kempis（Thoma Malleolia Campis，Thomas Hemerken ou Malleolus，1379—1471），*Opera，Quibus hac editione accesserunt aliquot tractatus ad vitae spiritualis perfectionem mirum in modum facientes*（手写的标题，缺最初的 212 页）《著作》

52 bis—在同一卷中：Jean de Trithème O. S. B（让·德·特里德姆 Ioannis Trithemius，Johann von Heidenberg，von Trittenheim，本笃会士，1462—1516 年），*Sermones et exhortationes ad monachos… quorum sermonum duo sunt libri，primus vocatur Homiliarum，secundus Sermonum*《对修士们的讲理与劝告》

1548 年，Latin 拉丁语［Edidit F. Gabriel Putherbeus］

［BNF：1549 年］

53—Matthieu Beuvellet（玛铎·波维勒，1622—1657 年），*Méditations sur les principales vérités chrétiennes*《关于基督宗教主要真理的思考》

Lyon 里昂，1690 年

［BNF：第一版本 1659 年；BT：99（1666—1668 年）；SL：240（1675 年）］

54—Saint Augustin（圣奥古斯丁，354—430 年），*Operum*《著作》

Anvers 拉丁语，1700 年

Troisième tome 第三卷

55—Nicolas Bergier（1718—1790 年），*L'origine des dieux du paganisme*《异教信仰中神的起源》

Paris 巴黎，1767 年

Tome premier première partie 第一卷第一部分，Tome second troisième partie 第二卷第三部分［缺第一卷的第二部分、第二卷的第一二部分］

［BT：84（二卷全，第一版本，1767 年）］

56—François de Salignac de la Mothe Fénelon（费纳隆，1651—1715 年），*Oeuvres*《著作》

Paris 巴黎，1787 年

Tomes 1，2 第一二卷

57—François de Salignac de la Mothe Fénelon（费纳隆，1651—1715 年），*Dialogues des Morts anciens et modernes*《古代祖先与当代人的对话录》

Paris 巴黎，1805 年

［BNF：第一版本 1718 年］

耶稣会

58—Giovanni Pietro Maffei sj（马费伊，耶稣会士，1533—1603 年），*De Vita et moribus Ignatii Loiolae, qui Societatem Jesu fundavit*《耶稣会创始人圣依纳爵传》

Bruxelles 布鲁塞尔，拉丁语，1585 年

[BNF：1585；BT：2141（Rome，1585 年）；SL：1046（1585 年）]

59—Balthezar Tellez sj（1596-1675），*Chronica de companhia de Jesu da Provincia de Portugal*《葡萄牙省耶稣会编年史》

Lisbonne 里斯本，葡萄牙语，2ème partie 第二卷，1647 年［缺第一卷］

[SL：1675（二卷全 1647 年）]

60—Daniello Bartoli sj（1608—1685 年），*Dell' Historia Della Compagnia Di Giesu*《耶稣会史》

L' Asia 1ère partie 亚洲（第一卷，1663 年）；*Il Giappone* 2ème partie 日本（第二卷，1663 年）；*La Cina* 3ème partie 中国（第三卷，1663 年）

Rome 罗马，意大利语

[BT：3174（第一卷，1656 年）；SL：161（第一卷，1656 年），160（第二卷，1660 年），（第三卷，1663 年）]

61—*Systema bibliothecae collegii parisiensis societatis Jesu*《耶稣会巴黎学院图书馆系统》

Paris 巴黎，拉丁语，1678 年

62—Berlin，Stettin，*Nachricht von der wahren Beschaffenheit des Instituts der Jesuiten*《有关耶稣会学院性质之简介》

柏林，德语，1785 年

62bis—同一卷中有：Das Wulf，*Nicolas Boileau Despréaux, ein heroisch-komisches Gedichte*《英雄喜剧诗歌》

Dresdes 德译本，1753 年

西方法律政治经济

63—Theodorus Van Bronkhorst，*Remarques Morales et Politiques*《道德与政治评论》

Paris 巴黎，1650 年

[BNF：第一版本 1646 年]

64—Claude Irson 伊雷森，*Pratique générale et méthodique des changes étrangers*《外汇的一般惯例与方法》

Paris 巴黎，1696 年（第二版本）

[BNF：第一版本 1687 年]

65—Baron Astrid von de Pufendorf（1632-1694），*Le droit de la nature et des gen*

《自然与人类法则》

Amsterdam 阿姆斯特丹,法译本拉丁语原著,二卷,1712 年(第二版本)

[BNF:拉丁原文第一版本,1678 年]

66—Monfr. J. Phoonsen, *Les lois et les coutumes du change des principales places de l'Europe*《欧洲主要外汇交易中心的法律和惯例》

traduit du hollandais en français par Jean Pierre Ricard,阿姆斯特丹,法译本荷兰语原著,译者 Jean-Pierre Ricard

Amsterdam 阿姆斯特丹,1715 年

67—Hugo Grotius(雨果·格罗迪斯,1583—1645 年), *Le droit de la guerre et de la paix*《战争与和平法》

Amsterdam 阿姆斯特丹,法译本,Tomes 1,2 第一二卷,1729 年(法译本第二版本)

[BNF:法文第一版本 1724 年;GJ:105(英译本,1738 年);SL:748(拉丁原文,第二版本,1689 年),747(法译本,第三版本,1759 年)]

68—Jean Domat (1625-1696), *Les lois civiles dans leur ordre naturel, le droit public, et legum delectus*《在自然规律下的民法公法与刑法》Nouvelle édition

Paris 巴黎,1735 年

[BNF:第一版本 1689 年]

69—Louis XIV 路易十四(1638—1715 年), roi de France, *Ordonnance de la Marine d'Août 1681*《1681 年 8 月的海事法令》

Paris 巴黎,1756 年

[BNF:第一版本 1714 年]

70—Cesare Beccaria (1738—1794 年), *Traité des délits et des peines*《违法及其惩治论文集》

traduit de l'Italien,法译本意大利语原著

Lausanne,1766 年

[BNF:法译本第一版本 1766 年,同年在美国费城出版]

71—René-Josué Valin, *Nouveau commentaire sur l'ordonnance de la Marine, du mois d'Août 1681*《1681 年 8 月海事法新释》

La Rochelle, Tomes 1,2 第一二卷,1766 年(第二版本)

[BNF:第一版本 1760 年]

72—René-Josué Valin, *Nouveau commentaire sur l'ordonnance criminelle du mois d'Août 1670*《1670 年 8 月刑法新释》

Paris 巴黎,1769 年(第二版本)

［BNF:第一版本 1753 年］

73—Thomas de Bléville, *Le banquier et négociant universel*《世界性的银行家和商人》

Paris 巴黎, tomes 1, 2 第一二卷, 1767 年(第二版本)

［BNF:第一版本 1760—1761 年］

74—*Instruction sur les affaires contentieuses des négociants, la manière de les prévenir ou de les suivre dans les tribunaux*《商业争端及其避免方法和诉讼处理指南》

Paris 巴黎, 1786 年(第一版本)

［BNF:第一版本 1786 年］

75—Guillaume Grivel, *Principes de politique, de finance, d'agriculture, de législation*《政治、金融、农业、法律原理》

Paris 巴黎, Tomes 1, 2 第一二卷, 1790 年(第一版本)

［BNF:第一版本 1790 年］

76—Giovanni Andrea Neri, *Introduzione alla pratica del commercio*《商业惯例介绍》

Livourne 意大利语, 1799 年(第一版本)

［BNF:第一版本 1799 年］

世界地理

77—*Atlas*《世界全图集》

1695—1750 年

78—Philipp Cluver 柯吕微尔(1580—1622 年), *Introductio in universam Geographiam*《世界地理引论》

Amsterdam 阿姆斯特丹, 拉丁语, 1697 年(第二版本)

［BNF:第二版本 1697 年; GJ:81(1670 年)］

79—Michel-Antoine Baudrand (1633-1700), *Dictionnaire géographique et historique contenant une description exacte de tous les états*《地理历史辞典, 包括所有国家的介绍》

Paris 巴黎, 1 Tome premier 第一卷, 1705 年(第一版本)

［BNF:第一版本 1705 年］

80—Nicolas de Fer, *Introduction à la géographie*《地理入门》

Paris 巴黎, 1717 年(第二版本)

［BNF:第一版本 1708 年; BT:290(1708 年)］

81—Strabon, *Rerum geographicarum libri XVII, Isaacus Casaubonus recensuit*《关于

地理》

Oxonii 拉丁语,Tomes 1,2 第一二卷,1807 年(第二版本)

[BNF:第一版本 1587 年]

游记

82—Charles Dellon (1650-1709),*Voyages*《航行》

Tome premier - 第一卷

Cologne 科隆 1709 年

83—M. Joseph Pitton de Tournefort,*Relation d' un voyage du Levant*《中东旅行游记》

Amsterdam 阿姆斯特丹,tome 1 第一卷,1718 年(第二版本)[缺第二卷]

[BNF:第一版本 1717 年]

84—De La Barbinais Le Gentil,*Nouveau voyage autour du monde*《世界新旅行》

Amsterdam 阿姆斯特丹,Tome premier 第一卷,1728 年(第二版本)[缺第二卷]

[BNF:第一版本 1727 年;SL:906(二卷全,1728 年)]

85—Antoine-Francois Prevost d' Exiles (1697-1763) et Étienne-Maurice Chompré (1701-1784),*Histoire générale des voyages,ou nouvelle collection de toutes les relations de voyages par mer et par terre*《海陆旅行全集》

第一二三四卷,海牙,1747 年(第一版本);第五六卷,海牙,1748 年;第七八卷,海牙,1749 年;第九卷,海牙,1749 年;第十卷,海牙,1753 年;第十一卷,海牙,1755 年;第十三卷,海牙,1755 年;第十四卷,海牙,1756 年;第十五卷,海牙,1757 年;第十七卷,海牙,1763 年;第二十卷,阿姆斯特丹,1773 年;第二十一卷,阿姆斯特丹,1774 年;第二十二卷,阿姆斯特丹,1777 年;第二十三卷,阿姆斯特丹,1778 年。[缺第十二、十六、十八、十九卷]

[BNF:第一版本 1746 年;BT:586(第一卷,1749 年);SL:1386(20 卷,1746—1789 年)]

86—James Cook (库克,1728—1779 年),*Troisième voyage ou voyage à l' Océan Pacifique,ordonné par le roi d' Angleterre*(*1776-1780*)《受英国国王的命令到太平洋的第三次旅行》

Tomes 1,2,3,4 第一二三四卷,法译本英语原著,Jean-Nicolas Démeunier 译

Paris 巴黎,1785 年(法译本第一版本)

[BNF:英文原本 1784 年;SL:446(法译本,四卷全,1785 年)]

87—André Sparrman (1748-1820),*Voyage au Cap de Bonne Espérance et autour du monde avec le capitaine Cook,et principalement dans le pays des Hottentots et des Caffres*《和库克船长到好望角及环球旅行》

Tomes 1,2 第一二卷,法译本,译者 M. Le Tourneur,Paris 巴黎,1787 年

[BNF:法文第一版 1787 年]

88—Peter Simon Pallas (1741-1811), *Voyages de M. P. S. Pallas en différentes provinces de l' Empire de Russie et dans l' Asie septentrionale*《巴拉斯在北亚和俄帝国各省的旅行》1772—1773

Tomes 1,2,3,4,5,6 第一二三四五六卷,法译本德语原著,译者 Gauthier de la Peyronie

Paris 巴黎,1788—1793 年(第一版本)

[BNF:德文第一版,圣彼得堡,1771—1776 年;BT:541(六卷全,1789—1793 年);SL:1279(六卷全,1788—1793 年)]

89—Charles-Marie de La Condamine, *Supplément au journal historique du voyage à l' équateur*《赤道旅行历史记录补编》

Paris 巴黎,1752 年(第一版本)

[BNF:第一版本 1752 年]

90—Andreas Everard Van Braam Houckgeest, *Voyage de l' ambassade de la Compagnie des Indes orientales hollandaises vers l' empereur de la Chine dans les années 1794 et 1795*《1794—1795 年东印度公司大使觐见中国皇帝旅行记》

从荷兰文译成法文,圣梅立(Moreau de Saint-Méry)译

Tome premier 第一卷 - Philadelphie 费城,1797 年

Tome premier 第一卷 - Paris 巴黎,1798 年;Tome second 第二卷,Paris 巴黎,1798 年

[Cordier:2350;德文版 1798—1799 年;荷兰版 1804—1806 年;英文版 1798 年;GJ:42(法译本,1798 年);SL:1780(法译本,1798 年),1779(英译本,1798 年)]

91—Louis-Antoine Destouff baron de Milet-Mureau (1756-1825), *Voyage de la Pérouse autour du monde*《皮鲁兹的环球旅行》

Paris 巴黎,1798 年(第二版本)

Tomes 1,2,3,4 第一二三四卷

[BNF:第一版本 1797 年]

92—Louis-Mathieu Langlès(1763-1824), *Voyages du chevalier Chardin en Perse et autres lieux de l' Orient*《贵族查尔丁到波斯和东方其他地方的旅行》

Tomes 1,2,3,4,7,8,9 第一二三四七八九卷 [缺第五六卷]

Paris 巴黎,1811 年

93—Jean-Baptiste Du Halde et Charles le Gobien editeurs,杜赫德与郭弼恩编 *Lettres édifiantes et curieuses, écrites des missions étrangères*《耶稣会士书简集》

Lyon 里昂,1819 年(第四版本)

第一二三卷(Mémoires du Levant 中东回忆录),第四卷(Mémoires d'Amérique 美国回忆录),第五卷(Mémoires d'Amérique 美国回忆录),第六卷(Mémoires des Indes 印度回忆录),第七卷(Mémoires des Indes 印度回忆录),第八卷(Mémoires des Indes 印度回忆录),第十、十一、十二、十三卷(Mémoires de la Chine 中国回忆录),第十四卷(Mémoires des Indes et de la Chine 印度与中国回忆录)[缺第九卷]

[GJ:13(三十二卷,第一版本,1717—1774 年),14(意译本,三卷,1751—1752 年);SL:968(第一版本,三十四卷,1717—1776 年),969(第三版本二十二卷,1780—1781 年)]

其他

94—Barthélemy d'Herbelot de Molainville,*Bibliothèque orientale, ou dictionnaire universel* -《东方藏书,通用词典》

Paris 巴黎,第一卷(1781 年),第二卷(1783 年),第三卷(1783 年),第四卷(1782 年),第五卷(1783 年),第六卷(1783 年)

[BNF:第一版本 1697 年]

95—(Naukeurige) Olfert Dapper Voor,*Beschryving der Eilanden*

Amsterdam 阿姆斯特丹,荷兰语,1688 年

96—Simon Thomassin(西蒙·托马森,1652—1732 年),*Recueil des figures, groupes, thermes, fontaines, vases, statues, et autres ornements de Versailles-Les statues antiques et modernes de Versailles Les groupes de Versailles Les fontaines de Versailles Les thermes et vases de Versailles*《凡尔赛宫的装饰》

Amsterdam 阿姆斯特丹,法语、拉丁语、荷兰语、意大利语,四种语言,1708 年(第三版本)

[BNF:第一版本 1694 年;SL:1709(第二版本 1695 年)]

97—Charîf Al Din Ali,*Histoire de Timur-Bec, connu sous le nom du Grand Tamerlan*《铁木耳大帝传》

Paris 巴黎,法译本波斯文原著,二卷,1722 年(第一版本)

[BNF:第一版本 1722 年]

98—Joseph-François Lafitau sj(耶稣会士,拉费德),*Moeurs des sauvages americains, comparées aux moeurs des premiers temps.*《美洲野人风俗史》premiere edition

Paris 巴黎,二卷,1724 年(第一版本)

[BNF:第一版本 1724 年]

99—J. B. Thiers (en manuscrit),*La guerre séraphique*

La Haye,1740 海牙

100—Pierre-Curel Parisot, (pseud. abbé Platel, 1697-1769), *Lettres édifiantes et curieuses sur la visite apostolique de M. de La Baume évêque d' Halicarnass* (*pour servir de continuation aux 'Mémoires historiques du R. P. Norbert' par M. Favre*)《关于拉伯母主教访问信集》

Venise 威尼斯,1746 年(第一版本)

[BNF:第一版本 1746 年]

101—M. l' abbé de Marigny, *Histoire des Arabes sous le gouvernement des Califes*《哈里发统治下的阿拉伯史》

Paris 巴黎,第一二三卷,1750 年(第一版本)[缺第四卷]

[BNF:第一版本 1750 年]

102—Karl Peter Thunberg (1743—1828 年), *Flora Japonica, sistens plantas insularum Japonicarum, secundum systema sexuale emendatum redactas ad XX classes, ordines, genera et species*《日本花卉》

Lipsiae 拉丁语,1784 年(第一版本)

[BNF:第一版本 1784 年]

103—M. Hales, *Histoire des tremblements de terre arrivés à Lima, capitale du Pérou, et autres lieu*《利马秘鲁首都的地震史》

Première partie 第一卷 - traduit de l' anglais en français, 法译本英语原著 premiere edition

La Haye 海牙,1752 年(第一版本)

[BNF:第一版本 1752 年]

104—Francisci a Mesgnien Meninski, *Institutiones linguae turcicae, cum rudimentis parallelis linguarum arabicae et persicae*《土耳其语言原则》

Tome 1 第一卷(第一版本)

Vindobonae 拉丁语,1756 年(第一版本)

[BNF:第一版本 1756 年]

105—Baron Samuel von Pufendorf (1632-1694), Antoine-Augustin Bruzen de La Martinière (1662-1746), Thomas-François de Grace, *Introduction à l' histoire moderne, générale et politique de l' Univers*《当代世界政治通史概论》

第三卷 (1755 年), 第五卷 (1757 年), 第六卷(1758 年), 第七卷 (1759 年), 第八卷 (1759 年) [缺第一二四卷]

Paris 巴黎,1753—1759 年(第一版本)

[BNF:第一版本 1753—1759 年]

106—Pascal-François-Joseph Gossellin, *Géographie des Grecs analysée, ou les*

Systèmes d'Ératosthènes, de Strabon et de Ptolémée comparés entre eux et avec nos connoissances modernes《希腊地理分析》, premiere edition

Paris 巴黎,1790 年

[BNF:第一版本 1790 年]

107—William Belsham, *Memoirs of the Kings of Great Britain*《大不列颠国王回忆录》

Londres 伦敦,二卷,1796 年

108—J. L. Barthélemi Cormon, *Dictionnaire portatif et de prononciation espagnol français et français espagnol*《西法法西发音袖珍词典》

Lyon 里昂,第一卷,1803 年(第二版本)

[BNF:第一版本 1800 年]

109—Jacques Necker(雅克·内克), *Manuscrits de Monsieur Necker publié par sa fille* [*Mme de Staël*]《内克的手稿》(第二版)

Genève 日内瓦,1805 年

[BNF:第一版本 1804 年]

110—Joseph de Maistre(麦斯特,1753—1821 年), *Les Soirées de Saint-Petersbourg ou entretiens sur le gouvernement temporel de la Providence suivi d'un Traité sur les sacrifices, par M. le comte J. de Maistre*《圣彼得堡晚会》

Paris 巴黎, tome 1 第一卷,1821 年(第一版本)

[BNF:第三版本 1836 年]

(作者单位:北京大学哲学系)

何大化——一位被历史遗忘的耶稣会历史学家

□金国平

在明清天主教入华史研究中,学者多着墨于少数著名教士,如罗明坚、利玛窦、艾儒略、柏应理、汤若望、南怀仁等人以及有"开教三大支柱"之称的徐光启、李之藻、杨廷筠等入教大吏,而忽略了对基督教入华队伍中其他成员及广大华人教民的研究。只有尽可能地广泛研究传教士的情况,才能从整体上评估天主教对中国社会所产生的巨大影响。

葡萄牙王室从罗马教廷获得对整个东方的保教权,加上葡萄牙人得以租居澳门,使其成为天主教在远东传播的辐射中心,故早期传教士中以葡人居多,例如我们在此作为个案研究的耶稣会会士何大化(Antoine de Gouvea)。

何大化于1614至1619年间入耶稣会。他曾在科英布拉耶稣会学院学习哲学与神学,1623年东来,在果阿耶稣会学院教授文科四年。何大化抵澳日期不详,但据其所言,1633年已在澳门,1636年入华,初于上海学习汉语及中国社交礼仪,1637年11月,他在杭州完成该年的《耶稣会年札》,同年受副省长傅凡际(Francisco Furtado)派遣前往湖广武昌府成立耶稣会住院。1638年1月,他抵达该地,随即传教五年,1643年年初因清军占领武昌被迫出逃,后由艾儒略(Giulio Aleni)副省长任命为福州住院主持。

何大化的主要著作在福州完成。其间,他经历了清军围困、攻打该城的战役,因此为我们留下了福州之役的目击录,是研究福州明清鼎革史的珍贵资料。费赖之称:

> 大化被派至福建,管理福州所属八堂。时届鞑靼南侵之

时，大化请总督及本城长官出示禁止鞑靼搜索教堂，由是教内外人在一六四七至一六四八年间匿居教堂者尽获免。然福州无新入教者，大化遂赴连江县。其地被劝化入教者凡九十人，并在附近 Ki-Ken 及 Nganhang 两地各建教堂一所（杜宁·茨博特《中国历史》一六四七年部分）。

一六五二年时，大化始被派至江南之苏州，是年受洗者有二千二百五十九人，已而重莅福建，目击此省及沿海一带，经鞑靼与海盗之残踏，而在福州被围时，几死于饥馑（鲁日满《鞑靼中国史》七〇页、二三四页）。

事平之后，大化鼓励教众修复教堂。一六五六年省会中有教徒二千人。总督佟某[①]为立一碑，赞扬天主之教，后来佟某亦入教。大化虽年七十，仍往来兴化、连江等处传布宗教，有举人贡生数人助之（毕嘉书，第一编，五章）。[②]

1665 年，何大化因教案被逮至北京，1669 年被遣送广州。同年，在广州被任命为副省长。1669 年，康熙诏令弛禁后，何大化再返福州传教至逝世。艾儒略为耶稣会开教福建的元勋，何大化也功不可没。

费赖之与荣振华二书是目前最详尽、权威的在华耶稣会会士传记工具书，但难免有所疏漏。尤其是在作个案研究时，还要钩稽原始资料。费赖之与荣振华二书对何大化的出生地及遗著语焉不详。我们试图从葡语文献的角度，对上述问题进行新的探考。

一、出生地及卒期考

费称“何大化（Antoine de Gouvea）神甫字德川，出生于葡萄牙维森区之卡萨尔小城”[③]。荣谓“诞生：1592 年于维泽乌教区的卡萨尔（274/134/312V）”[④]。维森区与维泽乌教区的葡语对音为 Viseu。卡萨尔（Casal）为何大化出生地三说之一，尚有科维亚（Gouvea）及特拉万西尼亚（Travancinha）二说。上述两地在科英布拉，相距不远。“如果要分析持上述各地观点的资料，工作很大。根据我们对此问题的研究及依据何大化本人之言，我们以为可以完全排除维泽乌主教区卡萨尔说。至于其他二说——科维亚及特拉万西尼亚，二者不仅不可排除，而且相互补充，因

① 佟国器。

② 费赖之（Louis Pfister）著，冯承钧译：《在华耶稣会会士列传及书目》，中华书局，1995 年，上册，第 228 页。

③ 同上，第 227 页。

④ 荣振华（Joseph Dehergne）著：《在华耶稣会会士列传及书目补编》，中华书局，1995 年，上册，第 283 页。

为特拉万西尼亚距科维亚不远。据此，我们有理由说，尽管何大化不是该地人，一般提及他的出生地应该是科维亚镇，其理由为该镇是当时这一贝拉(Beira)地区最有名的村镇。而何大化的姓 de Gouvea 也十分可能来自上述二地附近。"⑤

费、荣二者均认为何大化卒于 1677 年 2 月 14 日，但据同年的《耶稣会年札》，其卒期为 22 日。⑥《耶稣会年札》成于 1678 年年初，由当时耶稣会在华负责人撰写，更具可靠性。何大化 1677 年 2 月 22 日卒于福州，享年 85 岁。

二、著作考

与同明清时期来华的多数传教士一样，何大化为我们留下了汉、拉丁及葡语著作数种。根据费赖之，其遗著列下：

(一)《蒙引》一卷，佟总督刻于福州。

(二)《无罪获胜》，记一六六九年中国大臣会议宣告天主教无罪。一六七一年奉副省会长何大化神甫指令，用拉丁文、汉文写于广东省会广州。一六七一年是为康熙十年，礼部提奏，将通晓历法之西士起送入京，不晓历法者，令各归本省本堂。

(三)呈福建总督之《圣经颂碑刻》。

(四)对一六六九年十月三日闵明我神甫在广州发表的两份论中国礼仪书面材料的答复，见一七〇〇年鲁汶出版的《为教皇亚历山大七世通谕辩护书》。法文译文附见郭弼恩(Gobien)《中国皇帝敕令史》，二八四页。

(五)《中国六阶段分期史，摘自中国与葡萄牙书籍，备有清朝附录》(索默尔沃热尔《书目》，卷三，一六三七栏)，是为大化所撰之中国史，撰写凡二十年，至一六五四年始脱稿。

(六)《耶稣会在远东传布信仰、宣传天主律法》，是编历述耶稣会传教东亚之经过(索默尔沃热尔《书目》，卷三，一六三七栏)。⑦

《蒙引》的全称为《天主圣教蒙引要览》。梵蒂冈图书馆藏有顺治十二年刻本及无日期旧刻本各一种⑧。

---

⑤ 何大化著，奥拉西奥·佩索托·阿拉乌热(Horacio Peixoto Araújo)编辑：《东亚传教史》，里斯本，东方基金会，1995 年，第 19 页。

⑥ 同上，第 21 页。

⑦ 费赖之前引书，上册，第 229—230 页。

⑧ 余东：《梵蒂冈图书馆馆藏早期传教士中文文献目录(十六至十八世纪)》，梵蒂冈图书馆，1996 年，第 47 页。

梵蒂冈图书馆藏有《无罪获胜》康熙十年初刻本一种⑨。里斯本国家图书馆亦收藏有初刻本两册。1999年,澳门东方葡萄牙学会与里斯本国家图书馆影印出版了初刻本及葡译本。

《中国六阶段分期史,摘自中国与葡萄牙书籍,备有清朝附录》的葡语名称为 *Monarquia da China dividida por seis idades*,似译为《六部中国王朝史》为宜。1654年1月20日脱稿于福州,未刊。马德里国立图书馆有抄件⑩。

《耶稣会在远东传布信仰、宣传天主律法》的葡语名称为 *Asia Extrema Entra nella a Fé, promulga-se a Ley de Deos pelos Padres da Companhia de Jesus*,因此可译为《东亚天主教信仰之传入——耶稣会神甫弘扬上帝圣法》。其葡名过长,我们建议将汉名定为《东亚传教史》。

费著录此书的资料采自索默尔沃热尔的《书目》⑪,对其是否留存至今或得以刊行,并无任何说明。此书成稿的日期为1664年,现知有三种抄件存世⑫。里斯本东方基金会于1995年出版了原书第一部分第一卷,2001年又出版了原书第一部分第二—六卷⑬,其余正在排印。

葡人占领马六甲后,开始系统收集东亚情报。皮莱资的《东方简志》便是这一时期的代表作。中葡直接来往后,广州葡囚信、福建葡囚信、克鲁斯的《中国事务及其特点详论》,门多萨的《中华大帝国史》,巴罗斯的《亚洲旬年史》,利玛窦的《中国札记》,雅辛托·德·德乌斯(Jacinto de Deos)的《方济各会圣母省英烈传》(*Vergel de Plantas e Flores da Provincia da Madre de Deos dos Capuchos Reformados*)及曾德昭的《大中国志》⑭,均可被视为早期西方汉学著作。

16世纪末,欧洲所掌握的中国讯息不仅支离破碎,而且常常自相矛盾,最主要的特点还是数量偏少。葡囚信、克鲁斯的著作虽较《东方简志》翔实了许多,但仍令读者常有隔靴挠痒之感。1583年罗明坚及利玛窦入华后,西方对中国才有了可靠的了解。利玛窦著作的重要性便在于此。利玛窦著作记录了天主教入华传播的初期历史。继之,是曾德昭的《大中国志》。该书的第二部分保存了南京教案的翔

---

⑨ 余东:《梵蒂冈图书馆馆藏早期传教士中文文献目录(十六至十八世纪)》,梵蒂冈图书馆,1996年,第47页。

⑩ 马德里国立图书馆,第2949号抄件。

⑪ 其法语名称为 Carlos Sommervogel, *Bibliothèque de la Compagnie de jésus—Bibliographie*. Bruxelles/Paris, 1890—1909。

⑫ 阿儒达宫图书馆《耶稣会会士在亚洲》,第49-V-1号抄件及第49-V-2号抄件。

⑬ 《东亚传教史》,里斯本,东方基金会,2001年。

⑭ 原稿以葡语写成,但最早的刊本为西班牙语版,题目为《中华帝国及其境内之福音文化》(*Império de la China y Cultura Evangelica en El*),里斯本,1731年。

实史料。何大化的《东亚传教史》堪称一集大成之作，不仅吸取了利玛窦及曾德昭著作中的丰富资讯，又补充了其亲身经历的明清鼎革之际的史实。何著中这方面的目击记录，对研究明亡清兴过程中天主教在华情况及明清史本身具有重大的史料价值。例如，根据各地差会的报告而记录的清军占领有差会地方的日期及过程均不见于中国史书，连方志也鲜有记载。原因很简单，入清后，满人大兴文字狱，故有关记载阙如。因此，何著的史学价值不在利玛窦及曾德昭的著作之下。

何大化除了对在其著作之前的上述资料加以参考之外，还利用了汉籍撰写中国通史部分。费、荣未涉及何大化所撰写的七份《耶稣会年札》。这是何大化著作的重要部分，因此有必要加以介绍。按照耶稣会的教规，会员之间、会员向总会长必须定期通信，通报传教情况。这便是所谓的"传教信札"⑮。此外，分布世界各地的耶稣会传教省及副省负责人也必须撰写年札，向罗马总部汇总。这些私人信件及年札，成为了今日研究天主教在华传播史宝贵的第一手史料。近年，学界对私人信件有了一定的利用，但年札中蕴藏的珍贵信息仍有待开发。

（作者简介：旅葡的中葡关系史学者）

⑮ 比较著名的是法国18世纪出版的 *Lettres Édifiantes et Curieuses*, *Écrites des missions Étrangères mémoires de la chine*, Paris: Chez Nicolas le Clerc, 1717。近期中国大象出版社翻译出版了部分内容，题为《耶稣会士中国书简集——中国回忆录》，已经出版三卷。译文准确、流畅，为中国传教史及清史的研究提供了宝贵的第一手资料。从学界反映热烈的程度来看，这是一项值得称道的出版计划。我们认为，对传教士书简的出版不应局限于耶稣会。其他在华会团也有信件传世，如10卷15册的《在华方济各会会志》便记载了该会在福建、山西及山东的活动事迹，涉及时况甚多，诚为亟待开发的中国传教史、地方史及清史研究的富矿。

史景迁的中国历史研究

□齐克彬

史景迁(Jonathan Dermot Spence)是当今学界最负盛名的学者之一,现任耶鲁大学历史系 Sterling 讲座教授,东亚学系研究生教育委员会主任。2003 年初,当选为美国历史学会(American History Association)会长,任期为 2004—2005 年度。

史景迁 1936 年出生于英国伦敦的郊外,1949—1954 年在温彻斯特学院学习,1954—1956 年在英国军队服役。1959 年从剑桥大学的克立尔学院(Clear College)毕业,获历史学学士学位。1959 年,他获得了美国梅隆奖学金,成为耶鲁大学的交换学生。在一堂关于中国历史的讨论之后,史景迁感到了中国历史对他的吸引力,于是决定留在耶鲁大学攻读中国近代史的博士学位。1961 年获历史学硕士学位。在写作博士论文期间,接受他的导师、耶鲁著名中国历史学家芮玛丽(Mary Wright)教授的推荐,远赴澳大利亚跟随著名清史专家房兆楹教授学习。1965 年以《曹寅与康熙皇帝:奴仆与主子》获耶鲁历史学博士学位。这篇论文十分精彩,获得了波特论文奖(Port Price),并在第二年正式出版,史景迁也破格留校任教。三年后(1968) 即获终身教职,1971 年又晋正教授。史景迁还先后获得了克诺克斯学院(Knox College)(1984)、惠灵学院(Wheeling College)(1985)、纽黑文大学(University of New Haven)(1988)、葛底斯堡学院(Gettysburg College)(1995)和香港中文大学(1996)的荣誉学位。

一

史景迁教授是一位勤奋的学者，也是位多产的作者。在近40年的研究、教学和写作生涯中，史景迁共发表了16本专著：

《曹寅与康熙：奴仆与主子》(1965)；

《改变中国：一六二零年至一九六零年间西方顾问在中国》(1969)；

《中国皇帝：康熙的自画像》(1974)；

《妇人王氏之死》(小说)(1978)；

《从明到清：17世纪中国的征服、地区与延续性》(与小约翰·威尔斯合著)(1979)；

《对中国、东亚新规则的历史先例》(与柯文、斯迪芬·列文合著)(1980)；

《天安门：知识分子与中国革命1895—1980》(1982)；

《利玛窦的记忆宫殿》(1984)；

《胡教士的疑问》(传记)(1988)；

《追求现代中国》(文献集，主编)(1990第一版，1999第二版)；

《中国的旋转木马：中国历史论文集》(1992)；

《上帝的中国之子：洪秀全的太平天国》(1996)；

《可汗的大陆：西方人眼中的中国》(1998)；

《基督教中国的太平梦想》(1998)；

《毛泽东》(1999)；

《文字叛逆》(2001)。

1996年，史景迁还和夫人金安平女士联合推出了画册《中国的世纪：镜头里最近一百年的中国历史》，由英国著名的兰登书屋出版。

这些著作集权威性与可读性于一身，不仅是专业人士的必读之作，也是坊间的畅销书。其中《中国皇帝：康熙的自画像》在1975年获克里斯托弗图书奖；《天安门：知识分子与中国革命1895—1980》在1982年和1983年分别获得洛杉矶时报图书奖和美国艺文研究院的哈罗德纪念奖；《中国的旋转木马：中国历史论文集》在1990年获吉尔伯奖，1996年获美国中国研究协会最佳著作奖；《可汗的大陆：西方人眼中的中国》在1998年被列为《纽约时报》年度最值得关注的著作；《追求现代中国》在1990年《纽约时报》的书评中连续三周名列非小说类最畅销书的前十位。有著名书评人说他每一部著作的出版都是值得庆贺的事情。史景迁是耶鲁最受学生欢迎的教授之一，选修他的中国近代历史课程的学生总能达五六百之多，教室挤得满满登登，有的学生只好在走廊听课。

史景迁曾被授予耶鲁杰出教学和学术奖章(1978)、古根海姆奖(1979)、麦克阿瑟奖(1988);曾当选全国人文学科捐助小组主任(1977 和 1979)、美国艺术与科学院院士(1985)、国会图书馆学者理事会成员(1988)、美国哲学协会成员(1993)、英国学术院通讯会员(1997)、耶鲁大学出版社执行董事(现任)。

史景迁在美国中国学研究领域里有着举足轻重的作用。从 1977 年至今,他在《纽约时报书评》杂志上发表 20 余篇文章,对中国学领域内的历史著作发表评论,如费正清的《观察中国》、魏克曼的《上海的地下战争:统治上海 1927—1937》和《上海的不毛之地:战时的恐怖与城市犯罪 1937—1941》、墨子刻的《逃离困境:新儒家与中国政治文化的发展》、黄宗智的《华北的农民经济与社会变化》、艾尔曼的《从义理到考据:中华帝国晚期的思想与社会转变》、黄仁宇的《万历十五年》、叶文心的《学术联盟:中华民国的文化和政治 1919—1937》等,还涉及中美外交研究,如基辛格在北京的会谈纪要《与毛会谈》;中国经典如《论语》、《孟子》;中国文学如《牡丹亭》、《金瓶梅》、钱钟书的小说《围城》、张贤亮的小说《草汤》、柏扬的短篇小说集《告别》、《台湾短篇小说选集》、马波的小说《血色黄昏》、张艺谋的电影《秋菊打官司》等等。他经常受邀到全国各地的大学、研究机构作中国历史的讲座。《纽约时报》以及其他大媒体在评析中国问题时常常邀请他置评。他是欧美中国问题和汉学问题最著名的撰稿人之一。美国历史协会推举他为 2004—2005 年度会长,就是希望能发挥他在美国国内外历史学界和公众中的影响力,推动美国历史学的发展。

曾经在 1987 年作过北京大学访问教授的史景迁于 1989 年春,应北京大学邀请,又回到北大作了题为《文化类同与文化利用:世界总体对话中的中国形象》的八回系列讲座,介绍西方对中国的研究。除写作博士论文期间到台湾故宫博物院查资料外,史景迁还多次到台湾举办学术讲座。世纪之交,他又到台湾,以《世纪交替中的中国知识分子》为题进行了"跨世纪对谈"。香港的中国学研究学术机构也多次邀请他举办学术讲座。

二

史景迁十分景仰中国伟大的历史学家和文学家司马迁,所以他把自己姓氏的第一个字母 S 定为汉姓"史",符合自己史学家的身份;名景迁,意思是要以司马迁为榜样,写出《史记》那样的"史家之绝唱,无韵之离骚"。的确,史景迁的著作在作为史家不可欠缺的史料基础上,更具有文学家丰富的想像力、细致的心理描写和引人入胜的叙事能力。他的著作并不注重传统学院派对资料的分析和理论与诠释范式的建构,善于在僵化的史料背后,重新塑造或捕捉逝去的时空和人物的生命。他是为大众写作,因而更注重于情节的安排、悬念的制造、叙事的流畅和表达的幽默。

有评论家说他消除了学术著作、虚构小说与传记三种体裁间的界限,而批评者则说他是不成功的历史学家。

史景迁对中国历史的复原以通过讲述中国人的故事的方式来实现,被称为最会讲故事的历史学家、讲故事大师①。在《妇人王氏之死》中,他以1668年的一场地震将读者带到了17世纪的山东郯城。史景迁为读者勾画了事件发生地的老百姓在明末清初经历的一连串灾难:天灾(地震、旱涝、蝗灾)伴着人祸(土匪的劫掠、清兵的扫荡),因饥荒而发生为食物争斗,因饥饿而倒毙,活着几乎是一连串死亡和屠杀夹缝间的苟且偷生。书的后半部才开始讲述一个普通农妇王氏的故事。生活极度贫困的王氏与人私奔,但出走后又遭抛弃,生活无着,她只好又回到了夫家,就在一个雪夜被愤怒的丈夫勒死了。史景迁的材料来源是《郯城县志》和周边其他几个地方的方志、郯城县官黄六鸿的《福惠全书》和《聊斋志异》。就从这些普通的资料中,史景迁生动地讲述了王氏的个案和郯城人的苦难,使该书成为读者想像17世纪中国华北大众社会、了解当时庶民生活心灵的启示录。

《中国皇帝:康熙的自画像》的叙事方式就更奇特了。不同于其他纪传体、编年体的传记,史景迁匠心独运,以康熙自述的方式展开他的故事。康熙从讲御花园的景色开始,接着讲顺治皇帝的遗诏,逐渐将读者带入当时的情境中去。史景迁说,这本传记是在康熙的"帝国世界的一次旅行。旅行的意图是探测一下他思想的维度"。具体来讲,就是"他统治中国振兴事业的内在条件是什么?他从周边世界里学到了什么?他又是如何关心其臣民的?什么使他快乐?又是什么使他愤怒?他是怎样安排时间的?他记住些什么东西?作为一个具有征服性的满族勇士的后裔,又是如何适应汉族文化和政治氛围的?而通过耶稣传教士带进宫廷的西方新科学和宗教思想,又使他受到哪些影响?"②为了回答这些问题,史景迁以六个范畴组成康熙的世界,他将全书分为游(康熙的游历,以及他在游历中丰富多彩的感受)、治(治国,即在康熙治下发生的著名历史事件,包括平定"三藩之乱",制定"滋生人丁永不加赋"政策等)、思(康熙对外部知识的思考)、寿(康熙对饮食、医药、养生的重视)、阿哥(康熙对自己儿子的教育)、谕(临终遗诏)六章,并附录了康熙在外出巡游时给宫中顾太监的17封信。全书以每一章为一个主题,展开康熙对自己的叙述,为读者塑造了感情丰富、关心臣民、求知欲旺盛、富于人情味的一代名主。史景迁"寓论断于史实",全书不置任何评论,而将政治与人性的冲突、文化发展中的社会历史因素等历史问题直接推到读者面前,发人深思。普通读者从康熙

① 许倬云教授曾说,给史景迁一本电话号码本,他可以将第一页到最后一页的人名串起来编成一部故事书。

② 史景迁:《中国皇帝:康熙的自画像》前言,吴根有译,上海远东出版社,2001年。

的亲自叙述中可以感同身受,专业学者又可以从这本一百七十多页传记正文后所附的42页注释中了然作者的史料工夫,史景迁为书中康熙的每句话详细标明了资料来源,真正做到了"无一字无出处"。[③] 这本著作以巧妙的构思、优美的文笔、高超的写作技巧树立了"史氏史学"的特色。

《胡教士的疑问》则是一个来自广东的教士胡若望在法国的离奇遭遇。史景迁的资料来源,是在梵蒂冈图书馆发现的一封随法国耶稣会士傅圣泽(Jean-Francois Foucquet,1663—1740)到欧洲的中国人胡若望(John Hu)的一封汉文信[④]。天主教徒胡若望是广州天主教会的看门人,自愿随研究、翻译《易经》的传教士傅圣泽回法国作他的助手,这样他既可以得到一笔钱赡养老母和儿子,又能实现觐见教皇的梦想。但在中国一直被灌输纯洁的基督教信仰的胡若望所看到的法国社会,远远不是他所想像的天主净土。甫一上岸,他就将傅圣泽买给他的高级西服外套送给了乞丐,被傅斥责;他拒绝教会方面为他安排的舒适食宿,认为这过于浪费,宁愿乞讨;他拒绝帮助傅圣泽为聚集一堂的男女信众同时宣教;他不学习外语,却自制了一面写着"男女有别"四个汉字的小旗,敲着鼓跑到巴黎中心的圣保罗教堂前,以没人能听得懂的广东方言向法国人宣讲男女有别的中国规范,引来如潮的观众。种种怪异行为最终导致他被巴黎当局关进了精神病院,两年半后才被确认没有精神异常的症状而获准出院,回国之后,随即消失了音信。

在这个离奇的故事中,史景迁有着强烈的问题意识:在17—18世纪欧洲大陆开始强烈关注中国,要了解中国的时候,中国人对欧洲是如何认识的?他们到欧洲要寻找什么?[⑤] 胡若望的个案是东西方文化冲突、理想与现实冲突的典型范例。《胡教士的疑问》一反长期以来以欧美人观察中国、到中国寻梦为题材的"欧美中心观"作品,让欧美读者通过胡若望的眼睛,看到在中国人眼中的欧洲形象。

洪秀全和他领导的太平天国因其对中国近代历史发展的巨大影响和独特的宗教背景,在海内外中国近现代历史研究界颇受注目。1996年,史景迁推出了他对洪秀全的解读:《上帝的中国之子:洪秀全的太平天国》。中国历史学家对太平天国的研究一直是以马克思主义史观为分析工具,或要挖掘太平天国之所以发生的阶级矛盾背景,或要证明清王朝的腐败、政权的衰落。而史景迁要探索的是洪秀全的心灵世界是如何受到《圣经》的启示,真诚地相信可以在人间建造天国,这一信念又如何被当时两广地区的社会动荡刺激,从而终于爆发了影响中国十四个省,使两千多万生灵遭涂炭,让清政府费时十年才肃清的农民反抗运动。史景迁的创作

③ 可惜的是,远东出版社的中文版本(2001年)删除了所有的注释和参考文献。

④ 荣新江:《梵蒂冈所藏汉籍目录两种简介》,《中西初识》,大象出版社,1999年。

⑤ 史景迁:《有历史记载的最早赴法的中国人》,《世纪中国》,2002年5月A期。

灵感来自一些太平天国的天父显灵记录文书⑥。据称这些显灵是由耶稣和天父传达给他们在凡间的太平天国忠实信徒的。“显灵的场合和时间确定得是如此精确,而且是如此详尽地描述了一些太平天国首领及其信徒们的行为举止。”这些文书对于擅长心理和细节描写的史景迁来讲是再好不过的素材了。1836 年洪秀全乡试落榜而患病,在恍惚中见到天父耶和华、天母以及天兄耶稣。七年后认真研读梁发刻印的《圣经》,从而意识到自己就是“耶稣的弟弟,被他父亲上帝赋予特殊的使命,前来将中国解救出满洲妖族征服者的统治,并带领他特选的子民前往他们自己的人间天堂”⑦。史景迁认为,这种信念的产生,是“洪秀全个人心灵中的某些断裂面与时代的脉搏引导他对新遇到的宗教——基督教的一些成分作了牵强附会的理解”⑧。史景迁进而追问,洪秀全“为什么执著于他的梦想,为什么在他寻求他的梦想时有那么多人愿意追随他并为他献身?”史景迁认为问题的关键是“洪秀全个人的性格与他所发起的那场神圣事业之间的关系”⑨。所以,呈现在读者面前的史景迁的洪秀全既有细致入微的细节和心理描写,又有当时边远的广西山区和受基督教影响的广东、香港的社会信息,还有对《圣经》的介绍及洪秀全所理解的基督教义的偏差。对于已经厌倦了历史学枯燥的材料堆积、幼稚的脸谱化分类的中国读者,信息量和趣味性都是出乎意料的。伯克利加州大学的中国历史教授魏克曼(Frederic Evans Wakeman Jr.)说,这是史景迁史学的顶峰之作。

史景迁最近讲的一个故事是《文字叛逆》。⑩ 这是从雍正朝一直延续到乾隆朝著名的吕留良、曾静文字狱案的历史。史景迁再一次以他天才的讲故事的能力将翔实的史料转化成了极具现场感的生动画面。故事背后的支撑是清王朝的皇权运作。这部书不禁使我们联想到了几年前孔飞力的《叫魂》,一部深受欢迎的清史研究杰作。孔飞力通过乾隆对席卷全国的巫术恐慌事件的处理,诠释了清代中央与地方权力之间的关系。而史景迁为我们展现了满族专制主义的皇权在运作时的政治文化、种族与法律因素的影响。皇权至高无上,可以生杀予夺。而异族统治的政权又要格外考虑以仁政笼络人心,但法律的威严又终究不能弃之不顾。因此,吕留良的被戮尸,曾静先被开恩释放后终被处死的结局正是这种政治文化下的结果。雍正与乾隆对曾静的不同处理,考虑的其实同是皇权与法律的运用:当种族矛盾激化时,皇权要格外考虑施仁政而置法律于不顾;而在种族矛盾不那么尖锐时,皇权就要维护法律的尊严了。

---

⑥ 由著名太平天国研究专家王庆成发现,整理为《天父圣旨》和《天兄圣旨》出版。

⑦⑧⑨ 史景迁:《天国之子和他的世俗王朝》序,朱庆葆、计秋枫等译,上海远东出版社,2001年,第 5 页、12—13 页。

⑩ 《历史研究》2002 年第 1 期,有陈意新为《文字叛逆》所作的书评。

三

史景迁的中国故事从不同的角度为英语世界的读者打开了了解中国的窗口。上至皇帝、皇权专制主义的权力运作，下至社会最底层的农村生活，还有传统之外的接受了西方基督教影响的传教士及其与外部世界的联系。当然，史景迁是不会忘记中国传统文化的载体——知识分子的。一方面，史景迁描写了小知识分子对传统文化的叛逆，如洪秀全；另一方面，还描写了知识分子对自身传统角色的承当，《天安门：知识分子与中国革命1895—1980》(1982)就是这样的著作。

史景迁这次的叙述主线是三个人物，清末改革家康有为、新文化运动的主将鲁迅和新女性丁玲。三个人活跃的时代是中国近代化最重要的一百年，所以可以将这本书看做是中国近代史的浓缩。史景迁以编年体的事件史为主线，将三个主要人物串联起来，另外还穿插了其他配角，如梁启超、秋瑾、邹容、徐志摩、瞿秋白、沈从文、闻一多、老舍等人。史景迁认为，“这些人从整体上表现出了中国人在面对时代危机时是多么灵活，多么勇敢，多么敏锐”。从他们身上，“可以反复看到，明知政治行动充满危险却义无反顾，明知没有结果仍一如既往。生活在一个四分五裂、险象环生的世界上，他们表现出了非凡的生存能力和勇气”。史景迁希望，通过他的这部著作，可以“有助于清除我们西方主流意识中长期存在的关于中国人‘冷漠’、‘狭隘’的陈词滥调”⑪。这里，我们可以清楚地看出，史景迁对中国历史的研究和写作是出于“了解的同情”之立场。《天安门》一书，基本建立在所涉及人物亲笔所写的文章、小说和诗歌等材料之上，通过对这些文本的直接引用，树立人物的形象，表现人物的思想。史景迁并未在书中对他的研究对象作任何评价，读者却通过他的描述了解了这些人物及其思想和行动的背景，并且能够对所读到的故事感同身受。

对于中国知识分子在中国近代史中的地位，史景迁有一个非常形象的比喻——“人们可以在某种意义上把他们比作希腊歌剧中的合唱班，恐惧而又着迷地在注视着舞台中央结局已定的人与神的搏斗”。但史景迁并没有把他们仅仅定位在旁观者的位置，“可他们还是同传统的合唱班不一样，仍拥有离开自己的既定位置走向舞台中央的巨大力量。不过，这样做的人往往比别人早些死去。但无可否认，他们常常表现出惊人的智慧，已经看出了这种特殊剧目的潜在方向，明白了决不是那种可以让置身于场外的人平安无事的戏”⑫。中国知识分子在近代史上为追求救国真理而上下求索的精神，对学界一直是最富魅力的篇章，对他们的分析

⑪⑫ 《天安门：知识分子与中国革命1895—1980》英文版前言。

和研究吸引了海内外史学界的注意，对他们的解读也是见仁见智。史景迁此书给出了一个美国历史学家的观点。费正清说它是“美国研究中国的一流作品”。

史景迁从1970年起就为耶鲁大学的本科生开讲 Modern History of China 一课。史景迁认为MODERN一词是一个动态的发展过程，“一个MODERN的国家既融会一体，又能兼容并蓄；既有明确的自我认同，也能以平等的地位竞争新市场、新技术、新观念”，“不能把MODERN规定在我们生活的当今世界，而将过去托付给传统，把未来寄托于后现代”。基于此，史景迁将他中国历史研究的范围定在1600年以后，“到了1600年，已经存在具上述意义的现代国家。然而在这段时间，中国一直都算不上是现代国家，到20世纪也没达到”⑬。最能体现史景迁对中国近代史理解的著作是他在1990年出版的《追求现代中国》(*The Search for a Modern China*)一书。美国大学生曾一直以徐中约的《现代中国的崛起》(*The Rise of Modern China*)为教科书。上世纪90年代以来，《追求现代中国》的出现已经将其取而代之，成为近现代中国历史研究的权威著作。在为《追求现代中国》第一版所写的序言中，史景迁说：“我的叙事起自1600年，因为我认为惟有从这个时间点启始，才能认清中国当前问题的缘由，以及中国人该凭恃何种知识、经济、情感来解决这些问题。”⑭

史景迁希望通过《追求现代中国》一书，向读者说明“中国历史上的统治者和中国历史的批评者都试图建立行之有效的方针来强化边防，理顺官僚机制的运行，避免外人干预，而利用自身的能力，掌握必要的知识以平衡政治行动中的效率与道德。只不过两者采取的途径不一样罢了。中国并不必然走与西方或日本同样的发展之路，中国努力去适应、扭转西方之路，并努力保持一些终极的价值观”。因此，《追求现代中国》所展现的近四百年间的中国历史，充满了中国为追求进步而展开的瓦解与巩固、革命与演进、征服与运动的交替循环。

史景迁研究中国的历史，是为了更好地理解中国的现状。“中国历史源远流长，没有一个社会能像中国一样纵贯历史近四千年而依旧绵延不绝，而且不厌其烦地记录下所作所为的每一个细节。”这样丰富的历史资料，为历史研究者提供了追溯当今的宝藏，他乐于“从任何一点钻进这个历史记录之中，找到与现今相呼应的种种事件、典范人物和文化氛围”，⑮以此为历史、文化资源，去理解当今中国的社会、政治和人民。

（作者单位：华东师范大学历史系）

⑬⑭⑮ 以上引自史景迁：《追求现代中国》之序言，纽约诺顿出版社，1990年。

佛教与二程思想的发源

□[美]克捷博格(Paul Kjellberg) 著
□王志春 译

本文将就佛教对二程哲学的影响进行探讨。在论述过程中,我将就此阐释三个论点:第一,要想更好地理解二程与佛教的冲突,与其从二者学说的差异入手,不如从二者"范式"(paradigm)的不同入手。在此我借用了托马斯·库恩的"范式"这个词,但这个词在我的文中有其特定的含义,对此我将在后文中进行说明;第二,二程范式的独特之处不仅使其与佛教发生冲突,也使其不同于后世的新儒学;第三,了解二程的范式也将有助于解决"心学"与"理学"之辨对后世学者所造成的困扰。

"道学"(或称"新儒学")思潮是作为佛教的对立面出现的,主张摒弃佛教思想。正如程氏兄弟所言:"今只有望于诸君尔,直须置而不论,更休曰且待尝试。若尝试,则已化而自为之矣。要之,决无取。"[1]然而,学者们很早就注意到二程理学和道学都从佛学思想中进行了大量借鉴。而尤为重要的是,他们毫不犹豫地吸取了佛学中我们所说的"佛教非二元论的形而上学",就像我们接受科学唯物主义那样自然而然。简单地说,这种非二元论的形而上学认为万物最终是统一的,因而人们感觉到的差异只是幻觉或是错觉。我在这里使用"形而上学"这个词是相当慎重的。"形而上学"在西方哲学中还同时包含伦理学

---

① 中文原文引自《国学基本藏书》,《遗书》卷二上。参阅 A. C. Graham:*Two Chinese Philosophers*, London: Lund Humphries, 1958, p. 83, from *Honan Cheng-shi Yishu*《河南程氏遗书》,24/1—6。

以及认识论范畴的含义,这与我上文所提到的思想体系的范畴是一致的。

在大量中国古籍中都隐含着非二元论的世界观,而直到佛教传入中国,这种潜在的思想才得以发展成为一个完整的体系。虽然这种观点还存在着争议,但不管怎样,重要的是,道学家从佛学中借鉴了非二元论的形而上学,并反转过来以此为武器,批判佛教为二元论。他们认为,佛教徒未曾认清现实世界,是不可能真正做到弃世的。因此他们以“私”指责佛教徒,即“自私”。这不是西方概念中将个人利益凌驾于他人之上的自私,而是佛教徒错误地将自己置身于世界之外的自私。

由于道学和佛学似乎享有共同的理论结构,现代的史学家们很难准确界定二者的差异。这两个学派都坚持各自的理论,并以此来批判和驳斥对方,争论从未间断。道学家指责佛教弃世的二元论,而佛教徒反驳说他们抛弃的只是独立存在的世界的幻影。道学家指责佛教执著于死而忽略了生,而佛教徒否认生死之间存在着明确的界限。从两派的理论来看,很难切实妥当地论述二者的分歧所在。

库恩的“范式”概念将有益于解决这个问题。在他的《科学革命结构论》及后来的著作中,范式并不是一种理论,因为它只构成一种理论被理解和验证的背景。因而它被视为理论的框架,也被称作“世界观”。但库恩明确指出范式的含义不止于此,还包括导致不同世界观形成的实践活动及行为方式。我对它的理解更为宽泛,它是一种生活方式,并不排斥各种特定的理论,而是将它们全部囊括(这就是我选择“范式”而没有用“实践”的原因是实践与理论常被看成相对的概念)。

如果我们从道学和佛学范式的不同,即从他们实际的生活、工作和思想方式的不同出发进行思考,就很容易找到二者的分歧所在,这远比单纯强调它们的理论差异有效。尽管二者在形而上学这一层面上十分相似,他们的生活方式却截然不同。佛教徒深居于禅林,而道学家则在宦海中沉浮。他们一个读佛教戒律,一个读儒家经典,言谈中运用着各自的词汇。他们确实属于不同的流派。最重要的是,对道学家来说,家庭是人性之根本,而佛教徒则有悖于此,他们必须出家、改名,与其他佛家弟子一起过一种新的生活。因此,虽然佛教徒和道学家都接受了非二元论,但是这种理论在二者完全不同的生活模式中得到了不同的体现。仅在理论的基础上理解他们之间错综繁杂的批判与反驳是不够的,要看到这是两者不同范式发生冲突的表现。以上是本文的第一个论点。

不同的范式使他们体验到各自的真理,也使他们产生了各自的矛盾。二程之后道学的主要矛盾表现为心学和理学之争,也可以看做是“内省”(introsection)和“外学”(book-learning)两种治学方法的不同。两派的争斗由来已久,可以上溯到《大学》中“诚意”与“格物”(“sincerity”and“investigation”)的分裂,以及孟子的性善论与荀子的性恶论(the goodness and badness of human nature)的分歧,甚至可以上溯到《论语》中“思”与“学”之辨。但正如冯友兰先生所说,道学产生的心学和理学之争,最终还是由程明道和程伊川学说的不同造成的。② 这两种不同的治学方法使后世道学家都分门别派，最终导致了程朱理学与陆王心学两大流派的产生。然而值得注意的是，程氏兄弟却从未涉及这一矛盾。当然二者的分歧还是存在的。伊川明确阐述了他对研究与分析的偏好：

穷理亦多端；或读书，讲明义理；或论古今人物，别其是非；或应接事物而处其当，皆穷理也。③

明道也明确提倡内省：

学者不必远求，近取诸身……

至于圣人，亦止如是，更无别途，穿凿系累，自非道理。④

伊川比较圆融，认为得道有很多途径，包括在日常事务中的体验。而明道主张"不必远求"，提倡抛弃繁冗的细枝末节，这似是针对伊川所说的"或论古今人物，别其是非"。既然程氏兄弟观点分歧，他们为什么未曾就此展开讨论？是因为他们没有看到这一分歧吗？这似乎不可能。因为他们各自的观点表述得十分明确。也许是出于兄弟之义而回避冲突？程氏兄弟是不可能为了彼此的感情而放弃对真理的追求的。他们是否有什么独特的方法来绕开这个遗留至今的绊脚石呢？

我想，问题的答案在于一个被我们所忽略的、十分明显的事实：明道和伊川是亲兄弟！张载和他们的父亲是表兄弟。周敦颐是他们的老师。邵雍是他们的邻居。为道之学（study of the way）对于他们来说是一种家事。不要忘记道学与佛教范式根本的分歧就是对家庭的责任，因而这一事实是异常重要的。对于二程来说，投身于家庭是求学的必经之路，脱离了家庭必定会如闭着眼睛摸索，难有成就。⑤

如果是家庭的重要性使二程反对佛教，这也可能是造成他们的理论与后世道学家不同的原因。像王阳明和王夫之这些思想家都是幽居独处的，朱熹和陆九渊也仅在鹅湖书院见过面。再没有任何人像程氏兄弟这样周围学者云集，众人共同思考和研究。这可能就是心学与理学的冲突所在。后世的学者为此困扰，是因为他们未能注意到二程对在家庭内部求学的重视程度。以上是本文的第二个论点。

到这里，我得出的结论是要从生活方式的范式角度来理解道学与佛教的分歧。二程独特的家庭范式不仅使他们的理论有别于佛教，还使它有别于后世的道学以及现代哲学。对这一点的认识也将解决我们认为无法调和的内省与外学的矛盾。在本文的最后一部分，我将就二程的家庭范式对矛盾的调和作一些探索性的解释。

我的假设基于一种二程从传统儒学中继承到的独特的自我模式，我称之为

---

② Fung Yu-Lan, *A History of Chinese Philosophy*, v. 2, Princeton University Press, 1983: p. 500.

③ Graham: p. 76, from *Ho-nan Cheng-shi Yishu* 209/7-10.

④ Graham: p. 101, from *Ho-nan Cheng-shi Yishu* 205f.

⑤ Graham: p. 86, from *Ho-nan Cheng-shi Yishu* 69/4.

"结构模式"(architectural model)。当二程谈及"心"(mind)时,他们指的是知识、感情以及思想。⑥ 这种通过内在主观性达到自省的观念来自于佛教,与西方的思维方式也有共同之处。我希望大家注意的是在此之前就存在着一种方式,也探讨了内在和外在的不同。例如《论语·子张》,内容如下:

> 叔孙武叔语大夫于朝曰:"子贡贤于仲尼。"
>
> 子服景伯以告子贡。子贡曰:"譬之宫墙,赐之墙也及肩,窥见室家之好。夫子之墙数仞,不得其门而入,不见宗庙之美,百官之富。得其门者或寡矣。夫子之云,不亦宜乎!"⑦

《论语》的其他某些篇章正是借助这种结构模式进行论述的。在这种模式中,内在和外在(inner and outer)所指的并不是形而上学或者认识论中的两种不同的范畴,而仅指公众与私人两种不同的场合。在这种模式中,内在自我也不是指独立的主观,而仅指活动在家庭中的自我,与在公众场合下那个有意识的自我相对立。内省(examing within)和审气度(observing oneself alone)也不属于内在心理的范畴,而是指人们独处时的行为。这当然是秉承了《大学》的教诲。

我并不是说二程的"心学"探究的不是人们的内心,而是人们的私人生活。然而,不可否认,无论对自己还是对别人来说,一个人的内心——真实的思想、感情和意图——在家中会比在公众场合表现得更为真切。当人们觉察到别人在注视自己时,便会伪装自己,说一些言不由衷的话,并常常连自己都意识不到。但如果一个人对于善恶的好恶能像被老虎教过的农夫惧怕老虎那样出于本能,那么他的好恶会体现在他的日常行为当中。这样,要研究人们的内心,最好是在他的家中。对二程来说,道学就是家学,因此他们可以同时探求天理和内心:心学和理学不应被视为两种独立的行为,而是同一行为的两个方面。如果人们在两种独立的场合下探求天理和内心,它们就会发生冲突。以上是本文的第三个论点,在此我具体阐释了二程的家庭范式是怎样解决心学与理学之间矛盾的。

总之,值得注意的是,不管我们各自的哲学观点如何,也不管我们认为自己是儒家还是佛教徒,现代人的范式更接近佛教徒而非儒家。在中国和美国,人们离家求学。为了"格物",我们告别亲友跨越半个地球来参加会议。作为知识分子,我们的职业与学术生活同私人生活是互相分离的。如果二程对佛教的批判属实,这种分裂应该引起大家的注意,因为它可能会潜移默化地影响我们的思维。

(译者单位:北京外国语大学)

---

⑥ Graham:p. 61.

⑦ Ames and Rosemont, *The Analects of Conucius:a philosophical translation*, Ballantine, 1998:pp. 223—224. See also 11.2, 11.15, and 11.20.

王尔德对道家思想的心仪与认同

□葛桂录

正如儒家学说因17、18世纪耶稣会教士的传播得以登上欧陆，道、释两家也是靠他们的译介而进入西方文化圈。不过，儒道在近二百年的西行历程中，各自的境遇却冷热甚殊。如果说儒家学说经过耶稣会教士的倾慕推崇、启蒙思想家的礼赞接纳，早已在西方思想界生根开花，成为当时构建知识、信念体系的重要思想资源的话，那么，道、释两家则丝毫不受关注，与儒家学说所受到的隆遇相比，道家智慧在一段时间里仍处于未被“发现”的沉寂状态，其中的缘由是颇值深究的。

在道家原典中，老子《道德经》最早被译成欧洲语言。1788年译成拉丁文后尚未付梓印行的《道德经》，作为献给皇家学会的礼物送到伦敦，标志着中国道家思想的欧洲之旅由此肇始。译文将“道”译作“理”，意为神的最高理性。法兰西学院的第一位汉学教授雷慕沙成为欧洲研究道家思想的发轫者。他选译了《道德经》(第1、25、41和42章)并加以评论，认为“道”的概念难以翻译，只有“逻各斯”庶几近之，包括绝对存在、理性和言词这三层意义。雷慕沙的学生和继任者儒莲于1842年完成了《道德经》的第一个加注全译本。他遵从原中文注释，将“道”译作“路”，更贴近中文本意。在道家思想的西行历程中，他的注译不失为一项出色的开拓之举。欧洲的学界精英正是通过这个译本初步结识了道家学说，并惊讶于它的玄远深邃。例如谢林，他在《神话哲学》(1857年)中提及雷慕沙和儒莲，并写道：“‘道’不是以前人们所翻译的理性，道家学说亦不是理性学说，道是门，道家学说即是通往‘有’的大门的学说，是关于‘无’（即纯粹的能有）的学说，通过‘无’，一切有限的‘有’变成无限的‘有’……整部《道德经》交替使用不同的寓意深刻的表达方式，只是为了表现‘无’的巨大的、不可抗拒的威力。”①这段话表明道家思想的核心部分，如有无之辩，且它那独特的哲学言说方式已经激起了西方学者的兴趣。

与这一学理兴趣相伴出现的是老庄学说的大量翻译。从 19 世纪 60 年代到 20 世纪初出现了老子翻译热。英文译者有查尔姆斯、巴尔弗、理雅各、卡鲁斯和翟理思，德文译者有普兰科纳、施特劳斯、科勒尔、格利尔和卫礼贤，法文译者有阿尔莱。最早的德语《庄子》译本也出现在该时期，接着翟理思的英译《庄子》于 1889 年问世，1891 年理雅各的《庄子》及《道德经》英译稿一起发表在米勒主编的系列丛书“东方圣典”中，它们均为西方《庄子》接受史上最具影响力的译本。

尽管西方接受道家的第一个高潮姗姗来迟，然而却热烈得多。它那特有的社会批判色彩，一旦被施诸现实，所掀起的强烈冲击是人们始料未及的。

19 世纪后期，迅速发展的资本主义制度在极大地推动物质文明进步的同时，也在摧毁着许多传统观念的基础。根深蒂固的基督教世界观，以及建立在其上的道德观念与制度观念不断受到质疑。在一片惶惑疑虑的气氛中，许多知识分子深感严重的精神危机，对社会现状极端不满，于是纷纷寻找各种心灵出路。正是在这样的期待之下，人们试图从新的思想源泉中汲取力量以弥合社会变革带来的精神断裂。

对这一期待，王尔德（Oscar Wilde，1854—1900）是这样描述的：“在这动荡和纷乱的时代，在这纷争和绝望的可怕时刻，只有美的无忧的殿堂，可以使人忘却，使人欢乐。我们不去往美的殿堂还能去往何方呢？只能到一部古代意大利异教经典称作 Cilla Divina（圣城）的地方去，在那里一个人至少可以暂时摆脱尘世的纷扰与恐怖，也可以暂时逃避世俗的选择。”②作为唯美主义者，他向艺术和古典文明倾吐了强烈的心灵诉求。古老的东方及其精美的艺术、东方式逃离尘嚣的处世哲学，便在这一诉求的召唤中顺理成章地进入他的知识视野，成为批判现实的有力武器。与东方哲人庄子的邂逅相逢并一见倾心自然也成为情理之必然。

在唯美者眼中，艺术的纯美即是对丑陋现实的超越。心灵若流连于“美的殿堂”中，自然可以不染尘垢。所以王尔德身着奇装异服，与中国花瓶、日本扇子、孔雀羽毛、向日葵、玉兰花为伍，亦无非刻意让美的氛围包裹自己以便与世俗隔绝。

---

① 转引自卜松山：《与中国作跨文化对话》，刘慧儒等译，中华书局，2000 年，第 76—77 页。

② 王尔德：《英国的文艺复兴》，《王尔德全集》（第 4 卷，评论随笔卷），杨东霞、杨烈等译，中国文学出版社，2000 年，第 27 页。

他用两个中国青瓷花瓶装饰房间，朝夕观赏，以至觉得自己越来越配不上它们的清雅了。因为这些精致器物本身的完美结构就象征着艺术世界——一个以形式美统治生活的超现实领域。

中国瓷器的莹润幽美征服了王尔德，他看中国人的生活也无处不散发着优雅的气息。1882 年，他应邀去美国巡回演讲，宣扬他的唯美主义理论，引起轰动。在其后所作的《美国印象》一文，他提到了中国人的生活：

旧金山是一座真正美丽的城市。聚居着中国劳工的唐人街是我见过的最富有艺术韵味的街区。这些古怪、忧郁的东方人，许多人会说他们下贱，他们肯定也很穷，但他们打定主意在他们身边不能有任何丑陋的东西。在那些苦工们晚上聚集在一起吃晚饭的中国餐馆里，我发现他们用和玫瑰花瓣一样纤巧的瓷杯喝茶，而那些俗丽的宾馆给我用的陶杯足有一英寸半厚。中国人的菜单拿上来的时候是写在宣纸上的，账目是用墨汁写出来的，漂亮得就像艺术家在扇面上蚀刻的小鸟一样。③

王尔德之所以偏偏对中国劳工所谓艺术化的生活兴趣盎然，因为他只注重艺术细节自身的独立性，这也符合唯美主义原则。这种对东方国家的审美化、理想化是唯美主义"为艺术而艺术"以及"生活为艺术"理念的另一种表现。因为他们从东方艺术品看到的只是线条、色彩、结构、装饰性等纯形式美。王尔德对东方艺术的推崇也正是由于其装饰性和形式美，以及这种"装饰艺术"与当时现实主义艺术的对立。在《英国的文艺复兴》(1882)里，王尔德说："我们现代骚动不宁的理性精神，是难以充分容纳艺术的审美因素的，因而艺术的真正影响在我们许多人身上隐没了，只有少数人逃脱了灵魂的专制，领悟到思想不存在的最高时刻的奥秘。这就是东方艺术正在影响我们欧洲的原因，也是一切日本艺术品的魅力的根源，当西方世界把自己难以忍受的精神上的怀疑与其哀伤的精神悲剧加在艺术上时，东方总是保持着艺术最重要的形象条件。"④他认为东方艺术所代表的是一种"物质的美"，"一种绚丽多彩的表层的美"。这种风格与唯美主义所倡导的"纯美"、"形式美"以及"外在的品质"等等审美理想正好是吻合的。⑤

如果说以中国瓷器为代表的东方艺术契合了唯美主义对西方艺术传统的厌弃、对纯形式美的爱好，那么，当王尔德跨出艺术的疆域，涉足东方哲学发现庄子思想时，后者则为他反叛传统观念、抨击社会风尚援以武器。而这两者之间多少存在些微妙的关联，不妨这么说，正是古韵悠然的东方艺术为王尔德跻身西方庄学研究

③ 王尔德：《美国印象》，《王尔德全集》(第 4 卷，评论随笔卷)，第 35 页。

④ 王尔德：《英国的文艺复兴》，《王尔德全集》(第 4 卷，评论随笔卷)，第 19 页。

⑤ 参见周小仪：《消费文化与日本艺术在西方的传播》，《外国文学评论》，1996 年第 4 期。

的堂奥启户开牖。

在19世纪后期，王尔德对庄子思想的吸纳是一件值得注意的事，它标志着庄子思想与西方知识阶层开始在精神深处进行对话。1889年，汉学家翟理思（H. A. Giles）翻译出版了他的著作《庄子：神秘主义者、道德家与社会改革家》（*Chuang Tzu：Mystic，Moralist，and Social Reformer*），并评论说："庄子虽未能说服精于算计的中国人'无为而无不为'，但却给后代一种因其奇异的文学美而永远占有首屈一指之地位的著作。"王尔德怀着极大的兴趣读完后，于1890年2月8日以《一位中国哲人》（"A Chinese Sage"）⑥为题，在《言者》（*Speaker*）杂志第1卷6期发表书评，评论翟理思所译《庄子》。在这篇评论中，王尔德的思想与庄子哲学产生共鸣，他的一些社会批评与文艺批评观念也借此得以成形。

在这篇评论文章里，王尔德把庄子放在西方哲学传统的坐标上，在与西哲的比照中，指认他们的相似点。作为异质文化的接受者，认同是对话的第一步，王尔德亦不例外。比如，他认为庄子像古希腊早期晦涩的思辨哲学家那样，信奉对立面的同一性；他也是柏拉图式的唯心主义者；他还是神秘主义者，认为生活的目标是消除自我意识，并成为一种更高的精神启示的无意识媒介等，因而在他看来，庄子身上集中了从赫拉克利特到黑格尔的几乎所有欧洲玄学或神秘主义的思想倾向。

与诸多译介者不同，王尔德的独到之处是不停留于表面的认同，而是心契于庄子"无为"思想这一精髓，将之运用于社会批评与文学批评中，成为一种准新思想。

他"发现在博学的庄子的文字中，包含着一段时期以来我所读过的对现代生活的最尖锐的批评"。可能正是由于这一点才引起他的强烈兴趣。王尔德想像说："庄子在耶稣诞生前四个世纪，他出生在黄河边，一片布满鲜花的土地上；这位了不起的哲人坐在玄想的飞龙上的图画，仍然可以于我国最受敬重的坐落在郊区的许多宅子里，在造型简洁的茶盘和令人愉悦的屏风上找到。拥有宅子的诚实纳税人和他的健康家庭无疑曾经嘲弄这位哲人穹隆般的前额，哂笑他脚下风景的奇特透视法。要是他们真的知道他是谁的话，他们会发抖的。因为庄子一生都在宣传'无为'的伟大教导，指出所有有用之物的无用。"他料定英国人不会接受庄子的"宣传"，因为"一切有用之物的无用的教导不但会威胁我国在商业上的霸权，而且会给小店主阶层的许多殷实、严肃的成员脸上抹黑"。如果接受这位中国哲人的观念，那些受欢迎的传教士、埃克塞特教堂的讲演者、客厅福音主义者们，还有政府和职业政治家就会遭到致命的打击。所以，"很清楚，庄子是个极危险的作家；在他死后两千年，他的著作译成英语出版，显然还为时过早，并且可能让不少勤奋和

---

⑥ 王尔德：《一位中国哲人》，谈瀛洲译：《王尔德全集》（第4卷，评论随笔卷），第273—280页。

绝对可敬的人身受许多痛苦”。借庄子的态度,以揶揄的口吻调侃了英国社会种种奔竞营求之举。

庄子反对人为的营求,提出“自然无为”思想是有其时代背景的。战国时代“纷纷淆然”的社会现状,各政治人物的嚣嚣竞逐,弄得“天下瘁瘁焉人苦其性”。庄子洞察这祸乱的根源,认为凡事若能顺其自然,不强行妄为,社会自然便趋于安定。所以庄子的“自然无为”主张,是鉴于过度的人为所引起的。在庄子看来,举凡严刑峻法、仁义道德、功名利禄、知巧权变以及权谋术数,都必将扭曲自然的人性,扼杀自发的个性。“凫胫虽短,续之则忧;鹤胫虽长,断之则悲。故性长非所断,性短非所续”(《庄子外篇·骈拇》)。任何“钩绳规矩”的使用,都像“络马首,穿牛鼻”,均为“削其性者”。

“橛饰之患”(人为的羁勒),乃为造成苦痛与纷扰之源,凡不顺乎人性而强以制度者亦然。“乃至圣人,屈折礼乐以匡天下之形,悬跂仁义以慰天下之心,而民乃始踶跂好知,争归于利,不可止也,此亦圣人之过也”(《庄子外篇·马蹄》)。人类最不该被这些礼俗、法规和制度所拘囚。王尔德本人立身行事放达不羁,蔑视传统,无视道德伦理的检束。他高张唯美主义旗帜,彻底背弃维多利亚中期的生活和艺术方面的价值观,不断向现实社会发问。本着这样的心性,他惊喜地“发现”了庄子,旋即引为同道。于是唱出了和庄子一样的调子:“它们(指人为)是不科学的,因为它们试图改变人类的天然环境;它们是不道德的,因为通过干扰个人,它们制造了最富侵略性的自私自利;它们是物质的,因为它们试图推广教育;它们是自我表现毁灭的,因为它们制造混乱”,“随后出现了政府和慈善家这两种时代的瘟疫。前者试图强迫人们为善,结果破坏了人天生的善良。后者是一批过分积极、好管闲事的人。他们蠢到会有原则,不幸到根据它们来行动。他们最后都没有好结果。这说明普遍的无私和普遍的自私,结果一样糟糕。这一切的结果使这个世界失去了平衡,从此步履蹒跚”。善意的矫造进取同样在戕伐人类淳朴自然的本性。

当王尔德将“甘其食,美其服,安其居,邻国相望,鸡犬之音相闻,民至老死不相往来”的“至德之世”用来批判社会时,遂发出了对维多利亚时期乃至整个西方文明最尖刻的抨击。“那时没有竞争性的考试,没有令人厌烦的教育制度,没有传教士,没有给穷人办的便士餐,没有国教,没有慈善组织,没有关于我们时代对我们的邻居的义务的烦人训诫,完全没有关于任何题目的乏味说教。他(指庄子)告诉我们,在那些理想的日子,人们相爱却并未意识到慈善,或写信给报纸谈论它。他们是正直的,却从不出版论无私的著作。正因为所有人都对自己的知识缄口不言,所以世界逃脱了怀疑主义的诅咒;所有人都对自己的美德闭口不谈,所以没有人去管别人的闲事。……人类的作为未留下任何记录,没有愚蠢的历史学家来使这些事迹成为后人的负担。”可以说,正是依循庄子对人类文明,以及社会批判的思路,王尔德自己的价值判断才变得更加清晰坚定。

王尔德说庄子的整个一生就是对站在讲台上说教的抗议,而他自己对英国社会的市侩哲学和虚伪道德更是深恶痛绝。因此他别出心裁地将“无为”思想运用到文艺批评上。用艺术之“美”同现实之“丑”抗衡,反对艺术的功利目的,宣扬艺术不受道德约束。这些也都是对维多利亚时期各种道德说教的抗议,他说“一个艺术家是毫无道德同情的”,这种“超道德”的艺术观既是唯美主义主张的自然延伸和具体化,更是他对庄子思想的深切感悟,是王尔德艺术哲学的重要组成部分。

王尔德的文艺评论中常常隐现着庄子的一些思想。比如他在《社会主义制度下人的灵魂》(“The Soul of Man under Socialism”,1891)里说:人根本不该受外部事物的奴役。外界的事物对他应该是无关紧要的。人们有时候会问,艺术家最适合在什么形式的统治下生活?对这个问题只有一个答案,最适合艺术家的统治形式就是根本没有统治。这显然是“自然无为”式的文艺观。

《作为艺术家的批评家》(“The Critic as Artist”,1890)是王尔德一篇非常重要的批评文章。这篇长文有两部分内容,分别有一个副标题“略论无为而为的重要性”、“略论无所不谈的重要性”。在这篇长文里,王尔德通过吉尔伯特(Gilbert)与厄纳斯特(Ernest)两人的对话,表明“无为而为才是世界上最艰难而又最聪明的事,对热爱智慧的柏拉图而言,这是最高贵的事业形式。对热爱知识的亚里士多德而言,这也是最高贵的事业形式。对神圣事物的热爱把中世纪的圣徒和神秘主义者也引入这样的境界”,“我们活着,就是要无为而为”,“行动是有限和相对的,而安逸地闲坐和观察的人们的想像和在孤独与梦境中行走的人们的想像才是无限的和绝对的”。⑦

这里王尔德提到了思想和艺术的最高境界问题。所谓有为即有限,无为即无限,那么无为即最高境界。正如庄子所说:“道不可闻,闻而非也;道不可见,见而非也;道不可言,言而非也。”(《庄子外篇·知北游》)道是无限恍惚、无从捉摸之物,靠有限的理智与逻辑根本无从追攀,只有弃圣绝智,打通一切人为的壁障,宅心玄远,才能体道悟玄,精神活动臻于弘大而辟、深闳而肆的最高境界。其实,庄子悟“道”,与其说意在陈述事理,毋宁说是表达一种心灵的境界。若从文学或美学的观点去体验则更能捕捉到它的真义。说到底,悟“道”乃属感受之内的事,而感受本质上也是一种情意活动。王尔德将庄子哲学意义上的终极追寻拿来审视文学,认为情境活动的最高境界就是“安逸地闲坐和观察的人们的想像”和“在孤独与梦境中行走的人们的想像”。这俨然如庄子所谓“涤除玄览”、“澄怀静观”一类的境界了。由此出发,他对文学受到道德之类人为刻意的干预大为不满。

⑦ 《王尔德全集》(第4卷,评论随笔卷),第431页。

王尔德指出所有的艺术创作都是完全主观的,作家无法超越自身,作品中也不能排除创造者的存在,一部作品越显得客观,实际上就是越主观。按他的理解,这就是文学创作中的"无为而为"。他以莎士比亚为例来说明"无为而为"的重要性,说莎翁创作上"无为而为,所以他能够无所不成",或者说"因为他在戏剧中从未向我们诉说他自己,他的戏剧才把他向我们表现得一览无余,并向我们显示他的本性和禀赋"⑧。

文学创作要遵守"无为而为"原则,反对各种律法限制的艺术批评家也应该标举这种无为精神。王尔德说具有这种精神的人,或者为这种精神支配的人,就会像兰陀为我们描述的为蓝色水仙和紫色不凋花包围的那个可爱而忧郁的珀耳塞福涅一样,将得意地坐在"深沉不动的安静之中,令世俗之人感到怜悯,而令神感到愉悦"。这样的人展望这个世界,洞察其奥秘,通过接触神圣的事物,自己也变得神圣,因此他的生活也将是最完美的。⑨ 王尔德追求生活和艺术的完美,才有如此别样的艺术批评理想。坎坷多变的人生经历又让他清醒,不得不承认要做到这样的无为而为,确实是世界上最难的一件事。但他这种对道家无为思想的心仪和认同,让我们看到了一个唯美主义者的心灵诉求和精神追寻。

(作者单位:江苏淮阴师范学院中文系)

⑧ 《王尔德全集》(第 4 卷,评论随笔卷),第 440—441 页。

⑨ 《王尔德全集》(第 4 卷,评论随笔卷),第 460 页。

傅圣泽对于《道德经》及其他中国古代经典的解读[1]

□[德]弥维礼(W. L. Müller) 著
□韦 凌 译 陈锡禹 校

当我在罗马传信部的档案馆里偶然发现傅圣泽(Jean François Foucquet)《神学问题》的一份抄本时,兴致顿生。抄本与其他许多有关著名的"礼仪之争"的文件一起被束之高阁。最近人们才又重新发现了它们,并大致将其归类为:"东印度及中国文稿(1623—1799)",文稿第 20 号:"关于汉字'道'的论争"(即它是否等同于基督宗教之上帝)。首页上的完整标题为:"博闻饱学之士,无上荣耀的耶稣基督的虔诚信众们,以及在中国进行传教归化工作的传教士们所面临的神学问题:即人们是否可以认为,且在怎样的意义上认为,中国古代经典惟一正解中,'道'字意指基督宗教信徒所信奉之上帝。"

魏若望教授在写作《中国与欧洲的思想争论:耶稣会教士傅圣泽(1665—1741)传》[2](耶稣会档案馆历史研究丛书,第 43 卷,罗马,1982 年)时,参考了他留在手头的傅氏惟一的传世手稿(现存于耶稣会档案馆,编目 *Jap. Sin. iv.* 3,1—301)。而我没能有足够的时间将上述抄本与这一手稿进行详细比较[关于他写在中国透明纸上的手稿之详细情况,请参看魏若望,第一卷,第209页,注137和138,并见于第347页上的参考书目。据魏若

① 本文原为作者于 1998 年 11 月在杭州召开的中西文化交流史(1500—1840)国际学术会议上的发言。——译者注

② 此书中译本《中国与欧洲的思想争论》,即将由大象出版社在国家清史编纂委员会主持的《编译丛刊》中出版。——编者注

望教授的研究，这一写在透明纸上的手稿（原稿第 9 至 52 页）现存于 *BAV*，*Borg*，*Cin*. 371（1），第 1 至 58 页，以及（2），第 159 至 321 页；*Borg*，*Cin*. 374（1）第 5 至 228 页]。傅氏是于 1718 年 8 月至 11 月 10 日写作这篇文论的（我所发现的抄本日期为是年 11 月 16 日）。他使用的是中国纸张和墨汁，手稿长达 321 页。手稿行文中时有汉字出现。而抄本的年代已经难以溯考，使用欧洲纸张和墨水，由一位不知名的抄稿人以精美的法式洛可可繁体字书写（比傅氏手迹更为悦目），并以羊皮封面装订，全书共 399 页（27cm × 20cm × 5cm）。汉字则描画在书前半部宽大的页边，而并没有写在本文中。从字体上可以看出，书写者并不惯于书写汉字（第一部分结束后，他似乎已经倦于此务）。

在前文提到的魏若望教授所著的傅氏传记中，作者简短分析了《神学问题》（见魏若望第 209 页至 213 页）以及傅氏的其他文论，如《智慧的神殿》（见魏若望第 214 页至 221 页），其中包括《神学问题》论点的拉丁译文。尽管我并无意穷形尽相地铺叙这一著作的丰富内容，但还是认为应就傅氏的写作目的以及本书所试图论证的主要论点作一简要概述（以下根据传信部抄本原文的页序）：“博闻饱学之士，无上荣耀的耶稣基督的虔诚信众们，以及在中国进行传教归化工作的传教士们所面临的神学问题即人们是否可以认为，且在怎样的意义上认为，中国古代经典惟一正解中，‘道’字意指基督宗教信徒所信奉之上帝。”书中为上述命题提供了论据。然而，如果取证于持下述看法的人，傅氏在其他著述中则又提出了反对这一论点的论据。

“这里需要就此做一序论，它包括以下三点内容：其一，我们应对促使我们青睐于这一著述而暂且忽略其他更为紧要的论著的原因做出应有的解释；其二，我们必须清楚地判断我们引文之作者及引文本身的权威性；其三，我们应制定一些规则，使我们更明确地理解这些古籍经典以及有关他们的评论文章。”

著作计划与简介

“此书分为两部分：该命题的第一部分，即（我们认为）中国古代经典中的‘道’字，意即基督宗教信徒所膜拜之最高存在。我们甚至还提出，上述古籍中所百谈不厌、无出其右的圣贤之士，即‘圣人’，即是我们《圣经》中所描绘之弥赛亚；命题的第二部分，我们认为《圣经》中所描绘之弥赛亚亦即圣贤之士，就是中国古代经典中所不厌其详地为之歌功颂德之‘圣人’。我们甚至还认为，中国古代经典中的‘道’，即为基督宗教信众所崇拜之最高存在。如此，命题的两方面，将以不同的方式得以论证，双方相辅相成，无懈可击；而其二者之合二为一，信而有征，足以证实在这锦绣神州，传世古籍中蕴藏着基督宗教虔信的最高真理以及宗教登峰造极的神秘性。证明'道'之所指即为基督宗教信众所膜拜之最高存在,意味着必须证实这一存在具备神之全部特性:这一志愿鸿图远大,且必然旷日持久,但是,如果我们心如静谷、得天独厚,将会实现这一鸿鹄之志。"

"在这篇问题近乎于杂文的文论中,我们将重温基督宗教教义中教导我们的五项关于上帝的训辞。我们将证明这五项训辞在中国古代典籍中'道'之特性中得到充分的体现。因此,我们认为完全能够证明我们所提出的观点。

第一项训辞

作为无比质朴(第5页)、神圣、天然且无与伦比的上天之神,他具有无限的完美。此外,还有必要的、崇高而凌驾于一切人类智慧之上的礼仪和精湛的运作。这一永恒的惟一存在的美德在其运作和仪仗中发展自身,并在其内部进行分化,也就是说,成为三位一体。三位与一体在此并不互相矛盾,而是统一为不可分割的一体。这一具有无出其右的智慧而又丰富多产的一体产生出三位,而三位亦无碍于一体的存在。

第二项训辞

这一至高无上的存在,既是一体又为三位,既充实又虚无,因他充满了全部善德,通过宇宙的创造而自愿地走出自身。他欲显赫褒誉其造物之功,且仅需一言之力,以展示他本性中的无限完美:如他的智慧、他的力量、他的广袤无边、他的公正之至(第6页)、他的善良美德、他的仁慈为怀、他的神圣无右、他的深谋远虑以及他无穷无尽恩惠的宝藏。

第三项训辞

这一最高存在,通过他创世的圣迹而显身扬名,但这并非他惟一使天下信服的教义,他同时还创造了智能生物。他是万灵之父,是他们知识与智慧的源泉。他首先使人类对其心领神会。他指示人们万古不变的智慧、真理和公正之道。他是全方位的主——永世无穷、无所不在,是启迪来到世间的每一个人的真理之光。我们目光中映射的阳光,仅仅是他辉煌的一种美丽象征,以及它对于人类身心之作用,即智能生命的造物之主精神创造的光辉表象。

第四项训辞

这位身为光辉、睿智、真理本体的最高存在幻形入世,向世人展示万圣之圣的面貌(第7页)。他通过人类之体貌而为世界树立极致英雄美德的可观榜样,并召唤世人再度追随为他们所背弃之美德,以恢复他们原初的神圣,使天地之美德交融一体。

第五项训辞

这一被我们称作上帝的最高存在,在我们的经典及神学语言中,还有许多其他称谓。有时称他为至高之主、造物之父、世界主宰、宇宙之主以及全能之主。而在其他情况下，则称他为真实理性、圣言、圣灵、智慧、真理等等，以象征他无所不在的圣行和完美，并表现他与经他由非人点化为仁人的人类之间的关系。然而无论我们赋予这位神祇多少称谓，这些称谓也只是从不同角度来称呼同一位世界主宰；而它们如果显然已经表现他无以尽述的完美，它们则完全无碍于他不可分割的一体性。

在谈及上述五项训辞时，我们应涉及宗教关于最高存在的最基本的训导（第8页）。这些训辞与中国古典文献中关于理性，即被称为'道'的最高存在异曲同工。对此我们将分五个部分加以说明。最后，在第六部分，我们将讨论中国古代典籍中关于'道'至善至美的种种描述。'道'之神性绝不亚于主之神性，这一点即是这篇文论的中心议题。

1.'道'之内观与本性。

2.'道'乃天地之成就者兼守护者，其神谋化力尽现于其造化万物之功。

3.'道'为万灵之光，以难以名状的光辉导引人心。

4.'道'本与天地之总领、君王及宇宙主宰坚实、紧密相关，且是其不可分割之一体。

5.'道'乃古代经籍颂以盛名而罄竹赞誉之主题。

6.最后，全部论据中存在可能引起疑惑之缺陷，这种疑惑亦自古有之，且亦持之有故、言之有理。

通过对于上述六点的全面研究，将'道'这一神秘的名词、奇异的象形文字总结为基督宗教信徒所膜拜之上帝也就并非难事了。……"

而后，傅氏着意于讨论"作为先于天地万物而生，且为人类之悟性所无法理解的'道'"（第12页）。他认为早期基督宗教教义中所崇尚之逻各斯及理性，即等同于"道"。他所使用的参考文献之一是虞德升所著的《谐声品字笺》（十卷本，1677年版。请参看魏若望第211页，注142）。他在书中看到下述内容："道乃最古老之物质，最原始之存在，神圣而永恒。乃人类之悟性所无法领会之物，且亦无它物可与之相提并论。"③而后他提出下述四点"道"之特性：

"1.'道'天然自生，意即应时而生。

2.'道'自为一体，且见素抱朴。

3.'道'无尽完美，尽管他朴素无华。

4.'道'一而已，但亦集难以名状之三位于一身。"

在对于上述四点细心体切的过程中，傅氏就每一特点遍览古代及当代西方传统中形而上学思想的论著。而在研究中国古典传统，尤其是道家经典时，他得出如下结

③ 译者因无法查找原文，只能依据原文译成现代汉语，请读者谅解。——译者注

论：即两种传统中关于终极真理、最高存在的理论及性质不分畛域，同条共贯。并且在多处表现出他对于中国传统钦佩之至，认为她比其他文化更纯真地保持了人类应有的卓识与智慧。

在谈及最高存在之必然性——亦即构成“道”之最基本内容时，他认为这正是神学家们关于上帝的基本性质的理论，即一个必然的存在，自生自在（ens necessarium, ens a se），自在为自身存在之因，无理、无源亦无因，这一存在由于其自身而存在（ens incausatum, fons flumins sui, ens quod, quidquid est, sibi debet），无父无母（古希腊语：autophyäa, autogenäs, apator, amätor）。“上述这些令人景仰的特征同时也出现在被中国人津津乐‘道’的最高存在身上（第14页）。”而后他继续引用《道德经》第25章的第一段：“有物混成，先天地生，寂兮寥兮，独立而不改，周行而不殆。”列子在谈及“道”时提出：“道终乎本无始，进乎本不久。”（《列子》，卷一，“天瑞篇”）庄子认为，“（夫道……）自本自根，未有天地，自古以固存”（《庄子》，“大宗师第六”）。《淮南子》也提出：“夫道者，覆天载地，廓四方，析八极，高不可际，深不可测，包裹天地，禀受无形。”最后，唐明皇写道：“吾不知道所从生，明道非生法，故无父。”通过对于这些至理名言的取精用弘，傅氏做出如下结论：“我们教义中关于这些问题的理论与中国古典文集中的观点之异曲同工是不言而喻的。”拉克坦斯（Lactance）说过，上帝无父。唐明皇认为“道”亦如此。而如果我们意欲在中国的典籍中找到与其他作者关于上帝的如下论述不分轩轾的著述，即上帝乃“无因之存在，既为源又为流，无源自生，自生于自在，自生于自存”（ens incausatum, fons fluminis sui, ipsum esse absque origine, ens ex seipso, ens quod quidquid est sibi debet），那么，那一段闳论比下面这一节更为至当不易：“自然”，“无自”，“无本”，“无根”，“自来”，“自根”，“无生”，“故能生生”。“若欲在我们圣贤之士及满腹经纶的作者们流芳百世的拉丁文鸿篇巨制中寻找与上述汉语经典如出一辙的论述，何处还能找到比上述引文更为恰当的陈述呢？在此我们只能点到为止。如果我们讨论宇宙之创生，而它的创始者则是被我们称为‘道’的最高理性，我们本应全文引用。这一存在之必然性将通过他与其所创万物之多变性的强烈反差而更显得卓而不群。”

第二点，在谈及“道”之一体性及惟一存在时，傅氏首先引用中文典籍：“道一而已”；“天下无二道”（《孙子》）；“一之生自生也，非有使之生者也”（明·朱梗）；而后，他则旁征博引西方哲学家及中世纪神学家们的学说。在这一点上，傅氏追随当时的潮流，即认为学术研究应依据半神话时代所遗留下来的古代典籍，以及那些将古代人类的经验和顿悟付诸文字的古代作者。这里我们见到毕达哥拉斯（Pythagoras）、奥尔甫斯（Orpheus）、阿基米德（Archimedes）、赫尔墨斯（Hermes）、《牧人》（*Poemander*）的作者特里斯美吉斯托斯（Trismegistos）、迦勒底人（the Chaldeans）和埃及人与苏格拉底（Socrates）、亚里士多德（Aristotle）、柏拉图（Platon）、欧多克索斯（Eudoxus）、达马斯基奥斯（Damascius）、拉克坦斯、西里尔（Cyrillus）和亚历山大的克雷芒（Clement of Alexandria）、狄奥尼修斯（Dionysius），以及普洛丁（Plotinus）、奥古斯丁（Augustinus）、托马斯·阿奎那（Thomas Aquinas）、克赖弗的贝尔纳（Bernard of Clairveaux）、费耐龙（Fenélon）及许多圣贤之士并驾齐驱。当然，如果用批判的眼光审视之，那么，他用以证实其论点的引文将会大大减少。然而，确凿无疑的是，与上述古代思想一脉相承的基督宗教神学始终如一地坚持一神论的观点，不仅在这层意义上否认任何其他主神或最高原理的存在，并且坚信上帝之抱朴无瑕、无源无本，因此上帝被称为"一体"或"整体"，然而上帝之存在并非任何称谓足以尽言的。基于西方传统，傅氏将他关于上帝惟一性的长篇论述总结如下（第36页）："任何人都不能否认'整体/一体'是用以描绘神的最为恰如其分的名称。我们并非旨在于着手收集如此众多的证据，而忽略那些对此失去兴趣的人们，并放弃帮助他们消除偏见的努力。我们认为有必要在此将这些既名垂青史而又俯拾皆是的论述搜集起来。如果这些人能够看到我们摘自于该国古典文献中颂扬神之惟一性的文论，来自于上帝亦复颂扬上帝，如果他们仍然拒绝承认这一点，那么，他们的完美主义是否过于多虑和极端了？试想，早在基督宗教诞生之前，万国万代的智者哲人们均以'整体'（第37页）这一词语描绘上帝，在他们的书籍中，在哲学家们和百姓的口中，它被赋予神圣的意味；试想，在耶稣诞生之后，这一词语传入教会，它的创始者及他著名的导师们将'整体'这一词语奉为描绘神的最美丽的辞藻之一；在史实面前，这些持偏见者的成见也应涣然冰释。无论如何，我认为我可以断言，中国古典和现代语言中对于这一词语的使用与上述引用的西方哲学家们同样清晰或正统。而如果西方的哲学家们能够从特里斯美吉斯托斯教义的思想中得到深远的启发，并述之于他们的鸿篇巨制之中，为什么东方的高士哲人就不能同样地引经据典呢？并且，由于中国古典文献来自于这位经天纬地的'人'——正如我们在其他文章中所陈述的一样（《中国文学之真正起源》），他们以'道'这一象形文字来形容上帝、最高主宰或必然理性，并且他们用'整体'一词来描绘这一最高理性的最高尚的特性之一，又有什么可大惊小怪的呢？在这些中国典籍及哲学家们错彩镂金的著述中，理性即为'整体'，反之亦然的观点俯拾皆是（第38页），我们不知道在基督宗教圣贤名士关于上帝的著述中，是否能够发现更为精彩而怀瑾握瑜的描述。这一点还有待证实。"

傅氏又继续写道："中国古典与当代的经籍在谈及'道'时，从五个方面探讨了它的'整体性'，即：

1. 道一而已。由于它之不可分割性，无构体及无名之朴、纯洁之至，剔除一切异端、构体及观念的延续。

2. 道一而已。由于它卓越的存在带有不可言状的完美和绚丽，胜于一切荣誉的价值，以不可逾越之崇高排除一切欲与之分享其领地、权威及荣耀之存在。它之为‘一体’出自于它之为‘整体’，是由于不可能有高于它的权威之造物主存在（第39页）。

3. 道一而已。由于它是滋生世间万物真正取之不尽、用之不竭之源泉。这一源泉实为一整体，独一无二。

4. 道一而已。由于它为万物制订了秩序，即它是这一秩序之惟一始作者，并且是我们在《圣经》中所颂誉之神工造化独运之匠心。

5. 最后，道一而已。由于它是万物变化之理，遵循一条不变之规律，因为万物变化本身并无力自相维护。”

在上述介绍性文字之后，则继之以《道德经》及其他古典文献的节选及有关评论，旨在证明“道”之惟一性及其形而上学的本质。尽管就此深入于傅氏的论述必将使人受益匪浅，但由于时间关系我们在此无法深入探讨。

最后，我想讨论傅氏论题的基本点，即“道”与基督宗教信众所崇拜之上帝的理念灵犀相通。这是上帝人格化的一面，他以“我”自称，且可以被称作“你”，即逻各斯、“圣言”，基本上是人际关系的上帝。傅氏在《道德经》第70章中读到下述内容：“吾言甚易知，甚易行；天下莫能知，莫能行。……夫唯无知，是以不我知；知我者希，则我者贵。”任继愈教授在释文中写道：“老子由于他的思想和著作不能被人们理解而感到非常苦恼。这一段中的‘我’是指老子自己。”傅氏的释文如下：“根据评论家的意见，这段文字可意译为：‘由于人们的漠不关心、缺乏智慧而盲目无知，他们并不理解我的思想，而那些理解我的思想的人们，敬仰我，顺其道而行之的人们，懂得我的价值。‘希’字的意思是‘少数’、‘很少’，因此这句可以译成，‘理解我的思想的人们寥若晨星。’学者们对此持同样的见解。而我将‘则’字译成‘顺其道而行之’，但它也含有‘衡量’的意思，因此这一句也可以解释为：‘那些衡量（我思想）的人们，也就是说，那些思忖我（的思想），审查它（我）的价值的人们，那些对于我无限伟大、深刻无比之神的存在进行思考的人们，懂得我的价值，因此也就十分敬仰我。’无论人们怎样评论这些文字，任何一位有识之士都不会否认这里的‘我’字意即‘道’。”

根据魏若望教授的论述（第326页）：“随着最后一位，当然也是最激进的象征主义者的与世长辞（1741年12月14日，该日期由芮滋乐鉴定，见*Hierarchica*，第五卷，第193页；另见魏若望，第325页，注182），象征主义的发展也中止不前。他关于中国历史和编年表以及汉字的见解得以部分发表，但从未以他的母语出版。被从中国传教团召回罗马后（1720年），傅圣泽开始向罗马教廷游说他象征主义的‘中庸之道’。……通过印刷出版的方式来传播这一思想已变得不切实际。也许有意于使之存而不论,在傅氏死后,教皇本尼迪克十四世便命令将所有有关文献及书籍封存在梵蒂冈图书馆。1742 年 7 月,教皇训令(*Ex quo singulari*)禁止继续一切关于中国'礼仪之争'的讨论。至此,傅氏试图改变教廷看法的努力也随之而付之东流。”

我今天这番简短的贸然置喙,并无意于重复魏若望教授在他有关傅圣泽的著作中已详行尽述的内容,也并不希求能够对傅氏其人及功绩作出新的解释。但是,我们今天的学术环境造就了文化宗教对话的精神,对傅圣泽的著述(以及其他象征主义学派泰斗之崇论闳议)应予以新的解读。这并不意味着今天人们应完全重新研究象征主义。不是说我们应与傅氏的方法论达成共识(他对于他所以之为论据,且似乎认为足以证明其论点的原始资料之可靠性并未进行认真研究,就予以了批评,并且在对于希腊文献的处理方面也有相同的问题),也不是认为我们应对于他认为他将得出的结论深怀同感。人们甚至有时会产生下述印象:他思辨的出发点即是他所希图阐发之结论。他所研读之中西传统文献范围之广泛令人叹为观止,他所提出之东西形而上学思想之相近似使人拍案称奇,而这正是值得引起注意和研究的。在中西方探索性的对话中,我们在他的著述中发现必须予以考虑的基本问题。傅圣泽开始了关于积压在中西方人们心中最基本问题的意义深远的对话。

今天这样的对话则在轻松的气氛中进行。诸如用哪些汉字来解释基督宗教上帝—天主概念的问题早已不复存在。我们都知道,没有两种语言中两个概念是不差累黍的。在译成汉语时,我们都明确地知道,每个单词、每个汉字都带有不同重点的内涵。任何翻译“上帝—天主”这一概念的尝试,都因此而止于心余力绌,也是一开始就显而易见的。关于词义内涵的对话别无他路,只有澄清现有的概念,赋之以新意,并在这一点完全清楚的情况下达成共识。

举出一个实际的例子,让我们来精确地翻译一下《约翰福音》中著名的一段:“太初便有‘逻各斯’,即有‘言’”。而面对“太初有圣言”的译文,我们提出下述问题:中国思想史中“圣言”——“神圣之言”具有怎样的意义?他在中国人心中会引起怎样的共鸣?在翻译“太初有道”一段时,我们可以确信,整个不可名状的神秘世界,一种神秘的世界观即会在汉语的语境中呈现出来。但是,我们是否可以断言,“道”之内涵与圣约翰“‘太初便有逻各斯’,即有‘言’”之说毫无二致?它当然使人想到傅氏全部有关“存在之必然”、它的一体性、它的永永无穷、它的超自然性以及它作为万物之源的性质的论述。同样肯定的是,它通过“圣言”之特性、与“圣言”彼此关系的内涵,以及它面向人类的慷慨胸怀而得到丰富充实。然而,如果我说,“‘道’以肉身临凡”这无论对于东方人还是西方人来说,肯定非常不同凡响。理想的神秘形象降临到我们的世界而为人类所见所识,追随其后。

最后，我们都非常清楚的一点是：终极真理、真理自身和上帝超出了我们人类理解力的范畴，是我们的智慧、语义学和语言学所无能为力的。佛教研究先世、真理及其意义汗牛充栋之经典并非无的放矢，最后在《心经》中得出下述结论："揭谛，揭谛，波罗揭谛，波罗僧揭谛，菩提萨摩诃！"

我个人从傅氏对于中国的态度、他对于中国宗教传统的深刻敬意、拳拳热情以及从对其基本价值的信任，看到他对于中西对话所做出的不可磨灭的贡献。他的全部著述中充满了他对于古代及当代中国人之悟性，以及他们对于"道"，即真理的领悟之钦慕之情。通过对于原文结尾的引述，我们即可对其难以抑制的钦慕之辞窥豹一斑。"我深切期待，并为之著文的目的是向神父（耶稣会会士的最高统领）展示这个民族恢宏的文献宝库中藏置千年的财富。公正的读者将会谅解这一篇杂乱无章、错误百出且不臻完美的文字（事实确实如此。全书页复一页地在没有标题、副标题及分段中散漫地继续着。读者很难十分清晰地抓住作者的思路！）……然而，尽管这些文字不臻完美，我还是希望有识之士们至少能够从中看出深藏在中国古代经典中的真理宝藏。……我们的学者们为他们在柏拉图书信中所发现他们认为能够解释'圣言'的一个字而欣喜若狂，关于这一神奇重要发现的论文和评论层出不穷。而这里我们则面对关于上帝的知识海洋——更为辉煌，更加有益于教会，对于东方民族更有说服力，而这是柏拉图做梦也不会想到的。"

傅圣泽可能没能成功地证实他象征主义之主旨及方法论之正确性。而对于重新面对中国宗教的思想价值，且又融洽的中西对话而言，傅圣泽对于中国的基本态度仍然是我们应追随的榜样，这种态度也将使对话功成效著。

（译者单位：德国汉堡大学）

西方中国基督教史研究述评

□吴梓明

一、引言

自改革开放以来，大陆学者对基督教研究的兴趣日浓，尤其是研究中国的基督新教。有关中国基督新教史的研究，早期的论述来自西方的传教士。传教士的著述多是一些回忆录，或是向差会所作的报告和有关的报道等。最早且较全面的一个报告应是马礼逊与米怜合写的十年回顾。该书1820年在马六甲出版，主要是记录马礼逊在入华最初的十年中传教所遇到的困难，总结经验，并对未来工作的一些计划与展望。

除传教士的作品外，另外两本较重要的论著是 Donald Mac Gillivary ed. *A Century of Protestant Missions in China 1807-1907 Shanghai*, American Presbyterian Mission Press, 1907, 及 Milton F. Stauffer ed. *The Christian Occupation of China*: *A General Survey of the Numerical Strength of Geographical Distribution of the Christian Forces in China*, Shanghai, 1922。这个时期的中国基督教史研究基本上是传教史研究，研究者自身多是传教士。以上列举的著述也主要是基督新教各大差会对在华宣教工作的一些记录、回顾、总结与反思。从其题目亦可知他们所关注的焦点仍是以传教为主，或是“如何以基督福音征服中国”(The Christian Occupation of China)等。

以上的资料均是属于基督宗教不同差会的宣教历史，不单纯是历史研究或是学术性的论著，但当中丰富且详尽的资料和记录，是研究近代中国基督教史的学者们必须参阅的史料。

二、学术性的史论

对中国基督教史作出较有全面性和学术性论述的该是赖德烈(Kenneth S. Latourette)所撰写的《基督教在华传教史》(*A History of Christian Missions in China*)。① 赖氏早年于耶鲁大学毕业后，曾随"耶鲁大学中国差传会"(Yale Mission in China)② 来华宣教，在长沙工作两年，后因健康问题回国，于耶鲁大学神学院任教，自此钻研基督教在华传教史，完成了一本最系统的中国基督教通史著作。这本通史迄今为止大概仍是最深入和最完备的一部通史著作并最早注意到基督宗教的不同流派——包括景教、天主教、东正教和基督新教。该书于1929年出版，全书930页，赖氏亦尝试从政治、经济、思想和宗教等角度出发，综合叙述基督教自唐代以来在中国传教的活动情况。他在导论中坦言："本书特意定名为《基督教在华传教史》，而不是《中国基督教会史》，目的正是要突显出它的外国因素。我盼望日后会有中国人从后者的角度再写另一部通史。"③ 可惜到目前为止，仍未出现一部《中国基督教会史》可与赖氏的《基督教在华传教史》相匹配。

第二次世界大战后，美国学者费正清(John K. Fairbank)以哈佛大学东亚研究中心为基地，开始致力推动中国基督教史的研究，作为近代中国史及近代中美关系史的一个延伸部分来研究。费氏认为脱离了传教士的历史便不能完全明白中国的近代历史演变，因此他强调中国近代传教史研究的重要性。费氏的著述中最具代表性的应是《传教士在中美的传教事业》(*The Missionary Enterprise in China and America*)一书。④ 全书除费氏的导言外，共收集了论文12篇，均是从近代中美关系史的范畴中探索传教士在中国的宣教运动中所作出的贡献。该书的名称已充分反

---

① 参见 Kenneth S. Latourette, *A History of Christian Missions in China*, London: Society for the Promotion of Christian Knowledge, 1929。中国学者洪业(洪煨莲)亦曾为这书写了一篇书评，见 *International Review of Missions*, vol. 18, 1929, pp. 605-609。

② 最初的英文名称是"Yale Mission in China"，中文翻译是："耶鲁大学中国差传会"。由于差传会的工作愈来愈以教育和医疗事工为主，大学当局便于1914年取消"Mission"一字，成为"Yale in China"，中文便是"雅礼学会"；后来改名为"Yale China Association"，中文是"雅礼中国协会"。

③ 参见 Kenneth S. Latourette, *A History of Christian Missions in China*, London: Society for the Promotion of Christian Knowledge, 1929, "Introduction", pp. 3-4。

④ 参见 John K Fairbank ed. *The Missionary Enterprise in China and America*. Cambridge, Mass.: Harvard University Press, 1974。

映出费氏所着重的“传教事业”。费氏主张必须研究西方(包括美国)传教士如何在中国建立庞大的传教事业,并且这些传教活动给予了中国怎样的冲击。西方传教士来华的目的是为传教,但他们的传教事业却远远超过宗教的领域,遍及教育、医疗、文字、社会福利,甚至是经济、政治的层面。这些活动对于中国在 19 世纪末 20 世纪初的变革尤为重要。费氏提出了一个“冲击—回应”(Impact-Response)的研究典范或范式,意思是说西方传教士来华是将冲击带给中国,往后中国的转变或改革便是中国对西方冲击的一种回应。⑤

三、80 年代典范的转移

从 1980 年代开始,费正清的一位学生柯文提出了一个新的研究典范的转向(Paradigm Shift),即是从“以西方为中心”转向“以中国为中心”的研究典范。相对于费氏所强调的“西方冲击”理论,柯氏建议的是一个以“中国中心”为取向的理论范式。根据柯文的理解,费氏的“冲击—回应”典范与另一位学者列文森(Joseph Levenson)的“传统—现代”⑥典范同出一辙,均是将西方的地位抬高了,意味着西方国家是站在主导的地位,而相比之下中国是处于一个被动和反应者的角色。因此,柯氏建议近代学者必须从中国的问题入手看中国历史,并且要从“重视传教士怎样影响中国”转变为“更加重视中国社会和文化对传教士的影响”。柯氏的见解详载于他的著作《在中国发现历史》⑦一书内。

自 1985 年始,美国的亨利 · 鲁斯基金会(Henry Luce Foundation)支持了由裴士丹(Daniel H. Bays)推动的一个为期六年的研究计划,题目是:“基督教在中国的历史”(History of Christianity in China),这计划的目的是要鼓励学者从“以中国为中心”的研究取向出发去看中国基督教。经过了两次学者研讨会后,裴氏共搜得多篇文章,辑录在 *Christianity in China: From the Eighteenth Century to the Present* 一书中。⑧ 裴氏尤其关注对 20 世纪中国自立教会的研究,包括其中一些著名的自立

---

⑤ 读者亦可参阅梁元生:《近年来美国之中国近代史研究趋势》,载香港中国近代史学会编:《中国近代史研究新趋势》,香港教育图书公司,1994 年,第 105—134 页。

⑥ 参见 Joseph R. Levenson, *Confucian China and Its Modern Fate*. Berkeley: University of California Press, 1964。

⑦ 参见 Paul Cohen, *Discovering History in China: American Historical Writing on the Recent Chinese Past*. New York: Columbia University Press, 1984。中译本将作者译成“柯保安”,参见柯保安著,林同奇译:《在中国发现历史——中国中心观在美国的兴起》,中华书局,1989 年。

⑧ 参见 Daniel H. Bays ed. *Christianity in China: From the Eighteenth Century to the Present*. Stanford: Stanford University Press, 1996。

教会领袖及其教会的发展如王明道的基督徒会堂,倪柝声的聚会所,俞国桢的中国耶稣教自立会,张灵生、张巴拿巴与魏保罗的真耶稣教会及敬奠瀛的耶稣家庭等。裴氏指出,这些华人信徒领袖曾带动了中国教会经历了一连串的复兴运动,这些运动虽与世界宗教复兴运动有相似的地方,却又明显具有许多独特的中国元素在内,是值得近代学者进深研究的。⑨

1996年10月在香港举行的一个有关中国基督教史的国际学术研讨会上,比利时学者钟鸣旦(Nicolas Standaret)提交了一篇精彩的论文。他指出过去西方学术界关于基督教在华传播史的研究也曾出现了另一个典范的转移,就是从"以欧洲为中心和注重宣教"(Missiological and Eurocentric)的取向转为"以中国为中心和重视汉学"(Sinological and Sinocentric)的取向。⑩ 钟氏的看法与柯文近似,他却代表了欧洲学者的观点,更着重汉学的传统,并且较多关注明末清初(现代以前)的天主教传教士的历史。

四、评述与展望

如前所述,过往西方学者的研究多是从宣教史的角度看传教士在中国的活动,所关注的焦点仍是:传教士是怎样将福音传遍中国,如何使中国"基督教化"。柯文提出"以中国为中心"的研究典范则是强调须以中国为主体,并将中国基督教史放到中国的历史社会处境中研究。但由于西方学者们所采用的资料仍多是来自西方,即大部分是留存在外国的西方传教士或差会的档案资料。并且,他们的议题也自然地是从西方取材,仍然不能摆脱那些属于西方或是"以西方中心"的议程。因此,真正的"以中国为中心"的研究典范,还应该是留待学者们去寻索"中国方面的资料",找回"中国的议程",并且重新寻觅"中国人(包括中国信徒)的看法"。或者正如赖德烈所言:"盼望日后会有中国人从《中国基督教会史》的角度写另一部通史。"

随着大陆改革开放的深入,档案资料逐步开放,国内从事基督教史研究的中国学者,可以较方便地接触中国方面的档案资料。过去由于国外的资料——儿其是欧美文字的资料多是由传教士留存下来的,有关的文献也多是从传教士或是差会

⑨ 参见注⑧书,第309—310页;及"Indigenous Protestant Churches in China, 1900—1937: A Pentecostal Case Study" in Steven Kaplan ed. *Indigenous Responses to Western Christianity*. New York: New York University Press, 1994. pp. 124-143。

⑩ 参见 Nicolas Standaret, "New Trends in the Historiography of Christianity in China," in *The Catholic Historical Review*, vol. LXXXⅢ, no. 4, October 1997, pp. 573-613。

的角度所得的记录,因此研究者难免会受到传教士观点及看法的局限。这些重新开放的中国资料正好可以补充外国资料的不足,有助学者重新发现传教士以外的另类观点与看法。不过,有些中国学者初时往往片面地将基督宗教在华的活动视为“西方文化侵略的工具”。为此,他们的任务变得只是单纯地揭发传教士的“阴谋”,或是从“阴谋论”的角度去诠释西方传教士在中国的一切活动,包括他们的宣教与教育活动。⑪

1989 年在武汉华中师范大学举办的中国教会大学史国际学术研讨会,也许标志着中国基督教史研究的一个新开端。章开沅教授当时曾指出:“过去人们曾经将中国教会大学单纯看做是帝国主义文化侵略的工具,殊不知它也是近代中西文化交流的产物,它的发展变化是近代中西文化交流史的重要组成部分。”⑫章教授即建议学者们从中西文化交流的角度看中国的基督教,这当然不只是关乎传教士在华的活动,也不只是限于基督教大学的活动。1990 年代以来,内地学者亦多从较正面的角度并以较积极的态度看,基督教教育在中国的历史发展,虽然他们的研究仍是集中在传教士在中国的教育活动,譬如何晓夏、史静寰合撰的《教会教育与中国教育近代化》⑬和王立新的《美国传教士与晚清中国现代化》⑭。很明显,中国学者们已真正转到“以中国为中心”的研究典范上。他们也不单是参考利用中国的档案资料,更重要的是提出了属于中国议程的问题,譬如从中国现代化的进程中来观察基督教问题。

不过,若从学术研究的角度看,这些学者所关注的仍只是中西文化交流中的单向流动,即“西学东渐”的结果,譬如西方传教士的在华教育活动是如何带来中国教育现代化的等。他们仍然忽略了中西文化交流亦会对西方的基督教产生影响。事实上,基督教来华的传教活动不仅是将西方文化带进中国,它也必然产生另一个方向的交流,就是“东学西渐”的结果。正如季羡林教授在主编“东学西渐”丛书时也指出文化交流必须是有“拿来”,也有“送出”,这样才可以说是真正的“文化交流”。⑮ 惟有从这种双向的角度去看中西文化的交流,我们才可以较全面透彻地看到中西文化交流的成果。1990 年代中期后亦有学者从事这方面的学术探讨,如韩

---

⑪ 例如顾长声先生早年的《传教士与近代中国》是一个比较典型的例子。参见顾长声:《传教士与近代中国》,上海人民出版社,1981 年初版,1991 年再版。

⑫ 参见《序言》,章开沅、林蔚合编:《中西文化与教会大学》,湖北教育出版社,1991 年,第 1 页。

⑬ 参见何晓夏、史静寰合著:《教会教育与中国教育近代化》,广东教育出版社,1996 年。

⑭ 参见王立新著:《美国传教士与晚清中国现代化》,天津人民出版社,1997 年。

⑮ 参见季羡林:“东学西渐”丛书总序,载于韩琦著:《中国科学技术的西传及其影响》,河北人民出版社,1999 年,第 1—3 页。

琦的《中国科学技术的西传及其影响》一书亦指出："耶稣会士来华把西方的宗教、科学传授给中国，同时写回欧洲大量有关中国的报道，使西方有更多的机会了解中国的科学与文明。"⑯这正说明了中西文化的交流是双向的。不单如此，西方传教士中来到中国的，也有不少因与中国人的接触而被改变了的。较突出的研究是连曦的博士论文，题目便是《传教士的改变——在华美国新教差会中的自由主义》⑰，论文中清楚描述了几位西方传教士在来华接触中国宗教和文化后，如何将他们自身对来华宣教的看法逐渐改变过来。他们本想改变中国，却最终被中国改变了。⑱无疑，若是借用费正清的"冲击与回应"研究典范⑲，西方的基督教教育对近代中国来说可算是一种冲击，它也必然会引起中国社会和人民的回应。但这种"冲击与回应"的研究典范亦可以是从相反方向看的，换言之，中国的文化和社会处境也可以是对西方基督教带来的另一种冲击，逼使西方传教士也必须对中国的冲击作出相应的回应来。因此，这种"冲击与回应"也必须是双向的，亦即是说研究者可以从双向的角度去从事有关的研究。⑳

由是观之，要认真地研究中国基督教的历史，我们必须从多个角度去思考，这样才可获得一个较全面也较有创新性的研究成果。在此，我也提出另一个不容忽视的重要事实：即是中国基督教并不单纯是西方传教士在中国的活动，它也应包括那些属于中国，或者是具有中国特色的元素。若再以中国基督教大学为例，我也曾提过："作为中西文化交流的产品，中国基督教大学不应只被视为是纯属于西方的东西，它也蕴藏着不少中国的元素。这些中国的元素也是不断在增加中。"㉑所指的就是中国基督教大学的华人信徒——包括校长、教授和学生这方面的中国元素。事实上，在重新发掘中国人看法的时候，我们亦不能只看到中国基督教圈外的"反帝、反文化侵略"的立论。在中国基督教史中，还有一个十分重要的部分，即是过去一直被学者忽视的"华人信徒"的看法。"华人信徒"不是一个抽象的概念，也不

---

⑯ 参见注⑮书，前言，第1—3页。

⑰ 参见 Lian Xi, *The Conversion of the Missionaries-Liberalism in American Protestant Missions in China, 1907-1932*, Pennsylvania: The Pennsylvania State University Press, 1997。

⑱ 连博士专门研究了三位传教士即胡美（Edward H. Hume）、乐灵生（Frank J. Rawlinson）和赛珍珠（Pearl S. Buck）三人在中国的转变。

⑲ 参见 John K. Fairbank and Teng, *China's Response to the West: A Documentary Survey, 1839-1923*, Cambridge: Harvard University Press, 1954。

⑳ 读者亦可参阅拙书：Ng, Peter Tze Ming, *Changing Paradigms of Christian Higher Education in China, 1888-1950*, Lewiston, New York: The Edwin Mellen Press, 2002, p. 36。

㉑ 参见吴梓明：《近代中西文化交流史的一个个案：中国基督教大学》，2002年10月上海大学研讨会上宣读之论文。

是一种形而上思维的选取;"华人信徒"是活生生的人,他们是一群有血有肉的中国人,也是一班有真实信仰体验的基督徒。我们可以去问:究竟"华人信徒"是怎样选择一种基督徒生活方式的?在选择宗教信仰时,他们如何可以同时拥抱着基督教信仰与中国文化?他们怎样从中国人的角度诠释基督教信仰(创造本色化的神学)?又是怎样从基督教信仰的角度理解中国的问题(确定中国的议程)的?这些都是十分具体、实在的问题(像选择穿唐装或西装一样)。若是从这样的角度去看,我们就不难发现中国基督教(或者是中国基督教教育)事实上也可算是一种中外合作的结晶。[22]

近代西方学者亦有人尝试类似的研究方法,譬如裴士丹教授在他的书中亦指出"华人信徒研究"可以是研究中国基督教史的一个新发展方向,这样的研究将有助重新寻找一个属于中国本土的基督教发展史来。[23] 其后,鲁珍晞教授(Prof. Jessie Lutz)在一个研讨会上亦大胆提出她的构思,即要尝试以中国基督徒为主体,重新划定中国基督教历史的分期。[24] 在中国方面,也有相若的看法。早在1920年代,华中大学的首位华人校长韦卓民教授已经提出了必须要以中国基督教为本位的看法,他所强调的正是:"要使基督教信仰在中国有活的生命力",就必须要"让基督教在中国的土壤中生根成长"。[25] 王治心在讨论中国本色教会时,也曾用过一个比方——他以"落花生"的比喻生动地描述了中国基督教会的本色化运动。"花生"在中国本是称为"洋花生",因为它是从外国进口的。但经年累月后,花生已可以在中国的土壤里培养和栽植,既吸收了中国的养料,就成为了中国本土培植的花生了。[26] 同样,若基督教的信仰能够在中国,逐渐融入中国文化之内,成为中国人生活实践与流露生命感受的一种表达方式。这样,它也自然地成为了一种完全属

---

[22] 参见吴梓明:《基督宗教与中国大学教育》,中国社会科学出版社,2003年。

[23] 譬如参见 Daniel Bays(ed.), *Christianity in China: From the Eighteenth Century to the Present*。

[24] 参见 Jessie Lutz, "China and Protestantism: Historical Perspectives," in Wu Xiaoxin & Stephen Uhalley (eds.) *Christianity and China: Burdened Past, Hopeful Future*. New York: M. E. Sharpe, 2001。读者亦可参阅拙文的有关讨论, Ng, Peter Tze Ming, "Paradigm Shift and the State of the Field in the Study of Christian Higher Education in China," in *Cahiers d' Extreme-Asie*, vol. 12(2001), pp. 127-140。

[25] 参见韦卓民:《要使基督教在中国有活的生命力》(Making Christianity Live in China),载《中国纪事报》(*Chinese Recorder*),1926年2月;及《让基督教会在中国土地上生根》,载《协和神学院评论》,1945年10月。

[26] 参见王治心:《中国本色教会的讨论》,载《青年进步》,第79册,1925年1月,第11—16页。

于中国人的基督教来。[27] 若是从中西文化交流的角度看，基督教在中国的本色化运动，并不一定如有些学者所说："它必然是具有强烈的宣教关怀的。"[28]相反，基督教在中国的本色化也可算是中西文化在中国相互交流、合作下的一种自然结果。[29]

过往西方中国基督教史研究的发现，正好提醒我们认识到中国基督教史所具有的"中国元素"。今后学者们研究中国基督教史时，也应将之视为中西文化交流的一项结晶，须有中、西方学者的共同合作，也须借助中、西方跨文化、跨档案的研究，才能撰写出一部更全面、更完备的中国基督教通史来。

（作者单位：香港中文大学宗教系）

㉗ 基督教在中国的本色化运动并不一定有强烈的宣教目的；若是从中西文化交流的角度看，基督教中国化也是一种互相交流的必然结果。读者亦可参阅拙文：《韦卓民博士眼中的基督教及其与中国文化之关系》，载马敏等编：《跨越中西文化的巨人——韦卓民学术思想国际研讨会论文集》，华中师范大学出版社，1995 年，第 83—98 页。

㉘ 譬如参见吴梓明：《从文化层面探讨本色化的问题》，载《文艺》第 3 期，1982 年 11 月，第 13 页。

㉙ 譬如参见韦卓民的言论，同注⑯引文。

近代中国基督教史的研究趋向

——以美国及台湾地区为例

□邢福增

西方及华人学术界对近代中国基督教史这个专门领域,多年来积累了大量的研究成果。美国、中国大陆及港台地区等学者在这方面出版的专著及论文,恐怕不计其数。近二十年来,分别有不同学者对近代中国基督教史的研究概况,作出综合整理及述评,对有兴趣进入此研究领域者,提供了莫大裨益。[①]本文不拟重复前人的工作成果,而是从较宏观的角度,回顾并评检不同地区的研究趋向及其转变。文中所指涉的近代中国基督教,主要以1842至1949年间基督新教为讨论焦点。为行文方便起见,下文将分别整理战后美国及台湾地区在近代中国基督教史方面的研究趋向。至于中国大陆及香港地区的情况,则留待另文处理。

一、美国

传教士的关怀

在正式讨论战后美国的研究趋向前,先略交代一些相关的背景。毋庸置疑,最早从事近代在华新教史研究者,就是19世纪来自欧美地区的西方传教士。因实际需要,来华传教士须向差会报告工作,这些年度报告成为最早的历史整理,后来更成为

---

① 参见参考文献。

进一步总结某差会在中国或教区的官方史。② 此外,部分传教士出于个人旨趣,也会撰写在华传教的经验,一方面对中国社会、文化的理解作出分析,另一方面亦整理传教史并建议在华的策略或模式。③ 当然,我们更不能忽略大量传教士撰写的回忆录或传记。④

作为全球最大的宣教工场,大量欧美差会在中国建立教区。从 19 世纪开始,便先后出版了一些宏观的历史手册,介绍及整理不同差会的发展情况,并提供了基本的统计数据。⑤ 当然,上述传教士治史的出发点主要是为了满足传教的需要,而他们所撰述或整理的文献,今天亦被治史者视作原始史料。

1929 年,著名的教会史家来德里(Kenneth S. Latourette,一般译作赖德烈)⑥出版了 *A History of Christian Missions in China* 一书,成为在华传教史的经典。该书的名称已充分反映出来氏的取向,主要是综述从唐朝景教以来,基督新教各差会及天主教以迄 20 世纪中叶在华传教的历史。该书至今仍是了解西方差会在华发展史的重要经典,不过,我们需要指出,教会史不能等同于差会史,否则所陈述出来的历史肯定不会完整。其实,他也不是没有觉察到自己的局限性,他在自序中说:"作者本身是西方人,他对教会群体中华人成员的情况,没有予以更多的重视。"⑦

---

② 例如圣公会教会传道会方面,可参见 Gordon Hewitt, *The Problems of Success: A History of the Church Missionary Society, 1910-1942*, London: SCM Press, 1977, Vol. 2: Asia, Overseas Partners。伦敦传道会方面,参见 Richard Lovett, *The History of the London Missionary Society, 1795-1895*, London: Henry Frowde, 1899。又 Edward Band, *Working His Purpose Out; the History of the English Presbyterian Mission, 1847-1947*, Taipei: Cheng Wen Pub. Co., 1972; reprinted of London: Presbyterian Church of English Pub. Office, 1948。

③ J. Campbel Gibson, *Mission Problems and Mission Methods in South China: Lectures on Evangelistic Theology*, London: Oliphant, Anderson & Ferrier, 1902.

④ 大量由传教士撰写的回忆录或传记,在此不赘。

⑤ 较重要的包括: Donald MacGillivary ed. *A Century of Protestant Missions in China, 1807-1907*, San Francisco: Materials Centre, 1979; reprinted of Shanghai: American Presbyterian Mission Press, 1907; Milton F. Stauffer ed. *The Christian Occupation of China: A General Survey of the Numerical Strength of Geographical Distribution of the Christian Forces in China*, San Francisco: China Materials Centre, 1979; reprinted of Shanghai, 1922 等。

⑥ 来德里(1884—1968)是著名的教会史家。他于 1910 年被雅礼协会(Yale in China)派至湖南长沙的雅礼中学任教,1912 年因病回国。后在大学任教,从事教会史的写作,较重要的著作有 *A History of the Expansion of Christianity* 七卷。有关来氏生平,可参见谢扶雅:"译者导言",载〔美〕来德里著,谢扶雅译:《自有耶稣以来》,香港基督教文艺出版社,1970 年。

⑦ K. S. Lattourette, *A History of Christian Missions in China*, Taipei: Ch'eng-wen Pub. Co., 1975; reprinted of London: Society for Promoting Christian Knowledge, 1929, pp. vii-viii.

汉学研究重镇与"中国通"的揭橥

二战后,中国研究成为美国大学内东亚研究的主流。在费正清、刘广京等著名学者的推动下,近代中国基督教传教史在美国著名高等学府(特别是哈佛大学)中受到重视。与传教士的宗教关怀不同,这批汉学家的主要兴趣是中国近代史研究,并在这个前提下开展基督教史研究。正如许多评论指出,一部中国近代史就是西力东渐的历史,而所谓的"西力"、"西潮",不外于商人、外交官及传教士。史景迁早年便以"改变中国"为主线,指陈近代西方人来华的根本目的,就是要"改变中国"⑧。寓华西人包括不同背景的传教士,Paul A. Varg 便强调美国来华传教士的不同神学背景及其对中国的关怀。⑨ 无论如何,离开了讨论来华西方传教士的角色,所建构出来的中国近代史肯定是不完整的。

总结战后至80年代美国学术界对中国基督教史的研究,大致有三方面的特点。第一,研究主要以西方传教士、差会以及其在中国建立的传教事业(missionary enterprise)为中心。学者主要关心的问题是:西方来华传教士在中国开展什么活动,成立了哪些组织,又怎样影响或冲击着中国?正如鲁珍晞(Jessie G. Lutz)早年所言:

> 在19、20世纪,数以千计的西方基督教传教士离乡背井,目的就是要使中国归向基督教。事实上,历史中少有如此大规模输出意识形态的努力……尽管基督教徒投放了大量人力与财力,但其要使中国人归化基督教这个原始目标却是失败了。……然而,基督教差会在中西文明对抗上扮演了重要的角色,也参与了改造中国传统的工作。⑩

来华传教士主要关怀的是拯救中国人的灵魂,但是他们对中国社会的影响,却超过宗教领域,遍及政治、社会、文化等不同层面,甚至建立了许多制度化的组织。⑪ 不同差会的传教士成为"西潮"中重要一员,他们于中国建立的教育、医疗、慈善、文字出版系统,构成一个超出宣教事工的传教事业。费正清在1974年出版的*The*

---

⑧ Jonathan Spenser, *To Change China: Western Advisers in China, 1620-1960*, Boston: Little, Brown, 1969. 中译本参见史景迁著,曹德骏等译:《改变中国》,北京三联书店,1990年。

⑨ Paul A. Varg, *Missionaries, Chinese and Diplomats: The American Protestant Missionary Movement in China, 1890-1952*, Princeton: Princeton University Press, 1958.

⑩ Jessie G. Lutz, "Introduction," in *Christian Missions in China: Evangelists of What?* ed. by Jessie G. Lutz, Boston: D. C. Heath and Co., 1965, p. vii.

⑪ Irwin T. Hyatt, "Protestant Missions in China, 1870-1890: the Institutionalization of Good Works," in *American Missionaries in China: Papers From Harvard Seminars* ed. by Kwang-Ching Liu, Cambridge, Mass.: Harvard University Press, 1970, pp. 93-126.

Missionary Enterprise in China and America 可说是其中的代表。⑫ 在这个传教事业的框架下,学者就不同的领域作出研究,在教育方面,鲁珍晞的教会大学研究,迄今仍成为有关课题的经典著作,⑬刘广京也强调教会学校的重要性。⑭ 亦有学者探讨基督教青年会对中国社会的影响。⑮ Ellsworth C. Carlson 则以福州为个案,探讨传教士在当地的工作及国人的态度与回应。⑯ 此外,有学者以个案研究的方式,探讨在华美部会传教士如何受到自身条件的局限而在对中国的各种体认上产生的偏见。⑰ 而柯文(Paul A. Cohen)为剑桥中国史晚清部分所撰写的关于中国基督教的篇章,所建立的讨论框架,也是从传教士对中国制度的冲击,中国旧制度的反应,以及传教事业如何在中国建立一套新制度这个框架来开展论述的。⑱

第二,正因为这阶段美国的研究重点是以差会及传教士为中心,他们对于中国教会内另一个重要的构成部分——华人基督徒——的研究,可说是暂付阙如了。此阶段以华人信徒作为研究对象者,可谓凤毛麟角,只有 Philip West 在其燕京大学研究中,强调首位华人校长吴雷川的重要,⑲以及 Adrian A. Bennett 与刘广京注

---

⑫ John K. Fairbank ed. *The Missionary Enterprise in China and America*, Cambridge, Mass.: Harvard University Press, 1974.

⑬ Jessie G. Lutz, *China and Christian Colleges, 1850-1950*, Ithaca: Cornell University Press, 1971.

⑭ Kwang-Ching Liu, "Early Christian Colleges in China," *Journal of Asian Studies* 20:1 (Nov., 1960), pp. 71-78. 本文有中译,参见刘广京著,曾钜生译:《中国早期的基督教大学》,载中国社会科学院近代史研究所《国外中国近代史研究》编辑部编:《国外中国近代史研究》,第 12 辑,中国社会科学出版社,1989 年。

⑮ Garrett Shirley, *Social Reformers in Urban China: The Chinese Y. M. C. A. 1895-1926*, Cambridge, Mass.: Harvard University Press, 1970.

⑯ Ellsworth C. Carlson, *The Foochow Missionaries, 1847-1880*, Cambridge, Mass.: Harvard University Press, 1974.

⑰ Sidney A. Forsythe, *An American Missionary Community in China, 1895-1905*, Cambridge, Mass.: Harvard University Press, 1971.

⑱ Paul A. Cohen, "Christian Missions and Their Impact to 1900," in *The Cambridge History of China*, Vol. 10, *Late Ch'ing, 1800-1911*, ed. by John K. Fairbank, Cambridge: Cambridge University Press, 1978.

⑲ Philip West, "Christianity and Nationalism: The Career of Wu Lei-ch'uan at Yenching University," in *The Missionary Enterprise in China and America*, pp. 226-246. Philip West, *Yenching University and Sino-Western Relations, 1916-1952*, Cambridge, Mass.: Harvard University Press, 1976.

意到《教会新报》上部分华人信徒所撰写文章的价值。[20] 但这也是在传教事业的角度下旁及对华人角色的讨论,至于中国教会内华人信徒的主体面貌,几乎没有被发掘出来。费正清后来也承认:“我们对于中国基督徒群体的成员及其影响,是完全无知的。”[21]

第三,惟一以中国人作主线的中国基督教史研究,就是柯文对晚清士大夫反教思想的研究。柯氏意欲从儒家传统的角度来解释中国官绅反对基督教的原因,认为儒家一直秉持“正统”(orthodoxy)与“异端邪说”(heterodoxy)的二元对立观念,故此深受儒家传统影响的士大夫把基督教视为“异端”,因而促成了清季数以千计的民教冲突。柯氏把明清天主教及晚清基督教遇到的“反基督教的传统”(Anti-Christian Tradition),视为这种“反异端传统”(Anti-Heterodox Tradition)的延继与发扬。[22]

范式转移

由于美国史学界对中国基督教史的研究,是从中国近代史这个领域中派生出来的。故 80 年代前呈现的上述三个研究特色,可以从当时支配中国近代史研究的研究范式中找出一些端倪。

柯文在 1984 年出版了 *Discovering History in China*:*American Historical Writings on the Recent Chinese Past* 一书中,总结战后美国的中国近代史研究,先后出现了两个不同的研究范式。它们从战后至 60 年代深深影响学者,分别为“挑战—回应”(Challenge-Response)范式及“传统—现代”(Tradition-Modernity)范式。两者均假设“东方”与“西方”在文化上的二元对立格局,其中前者强调整个中国近代史,可视之为西方挑战而中国作出回应的历史。中国近代史上的重要课题,可直接或间接地与西方冲击联系起来。没了西方的挑战,中国便不会出现连串的叛乱、改良以至革命。

至于后者,则反映出“现代化”(modernization)理论在 60 年代如日方中的情形。现代化理论相信,人类社会必须从传统农业社会向现代化的工商业社会转型。

---

[20] Adrian A. Bennett and Kwang-Ching Liu, “Christianity in the Chinese Idiom: Young J. Allen and the Early Chiao-hui hsin-pao, 1868-1870,” in *The Missionary Enterprise in China and America*, pp. 159-196.

[21] John K. Fairbank, “The Place of Protestant Writings in China's Cultural History,” in *Christianity in China*: *Early Protestant Missionary Writings*, ed. by Suzanne W. Barnett & John K. Fairbank, Cambridge, Mass.: Harvard University Press, 1985, p. 3.

[22] Paul A. Cohen, *China and Christianity*: *The Missionary Movement & the Growth of Chinese Antiforeignism, 1860-1870*, Cambridge, Mass.: Harvard University Press, 1963, Ch. 1.

而西方的成功模式恰好成为其他落后的传统社会的惟一参考。他们深信，近代化的结果必然是更多地扬弃传统文化，接受西方文化。因此，中国近代史正是朝气蓬勃及进步的“西方”与保守落后的“中国传统”相遇及冲击。[23]

“挑战—回应”及“传统—现代”两个范式反映出美国史学界的“西方中心观”。而这又正好有助于我们理解80年代以前西方对中国基督教史的研究，为何均离不开前述的三个特色。一方面，“西方中心观”不仅表现在研究对象方面高度向差会及传教士倾斜的现象，更把差会及传教士所建立的传教事业，作为西方挑战中国的重要内容。基督教及基督教背景的西方文化，通过不同范畴的传教事业，全方位地向中国进行挑战。总的来说，传教士作为西方文化的代表，学者均予以较高度的肯定，并强调传教士在促进中西文化交流及中国近代化过程中，所扮演的重要角色。刘广京主编的《美国教士在华言行论丛》一书，便收录了多篇关于在华传教士贡献的文章。[24] 该书是刘氏把哈佛大学在50至60年代间举行的研究生研讨会中，选出七篇文章结集而成。书末附录部分更整理了历年研究生研讨会中以来华传教士作主题的17篇报告文章题目，全在 *Papers on China* 上发表，体现了哈佛大学在费正清影响下的研究方向。

在众多来华教士中，傅兰雅（John Fryer）[25]、林乐知（Young J. Allen）[26]、李提摩太（Timothy Richard）[27]、丁韪良（W. A. P. Martin）[28]等积极参与并鼓吹中国改革的传教士，成为学者研究的焦点。相对而言，像戴德生（Hudson Taylor）这类不涉及改良议题，专以拯救中国人灵魂为志的传教士，便很少受到学者的留意。这也反映出美国学者即使在传教士研究上，也有不公平及偏差的一面。柯文曾撰文比较李提摩太及戴德生的传教策略，但主旨是要解释为何两人会产生迥然不同的传教路线，他

㉓ Paul A. Cohen, *Discovering History in China: American Historical Writings on the Recent Chinese Past*, Cambridge, Mass.: Harvard University Press, 1984, Ch. 1 & 2.

㉔ 参见 Kwang-Ching Liu ed., *American Missionaries in China: Papers From Harvard Seminars*, p. 2。刘氏在序言中指出收录各文均强调西方传教士对中国的贡献。

㉕ Adrian A. Bennett, *John Fryer: The Introduction of Western Science and Technology into Nineteenth Century China*, Cambridge, Mass.: Harvard University Press, 1967.

㉖ Adrian A. Bennett, *Missionary Journalist in China: Young J. Allen & His Magazines, 1860-1883*, Athens: University of Georgia Press, 1983.

㉗ Paul Richard Bohr, *Famine in China the Missionary: Timothy Richard as Relief Administrator and Advocate of National Reformer, 1876-1884*, Cambridge, Mass.: Harvard University Press, 1972.

㉘ Peter Duus, "Science and Salvation in China: The Life and Work of W. A. P. Martin," in *American Missionaries in China: Papers From Harvard Seminars*, pp. 11-41. Ralph R. Covell, *W. A. P. Martin: Pioneer of Progress in China*, Washington: Christian University Press, 1978.

认为前者重视社会改革而后者主张拯救灵魂的歧异,主因是由其所秉持的不同神学思想使然。[29] 柯氏又尝提出"基督教改革家"(Christian Reformers)与"内陆改革家"(Hinterland Reformers)的对比,突显出沿海地区基督教文化对改良及变法思想的影响,特别反映在数位中国知识分子身上(他称这些人为"基督教改革家")。[30] 当然,也有学者留意到传教士与西方政治力量的关系,因而激起了中国民族主义的情绪。[31]

另一方面,"西方中心观"把"传统"视为"现代"的对立,因此清季官绅之反对基督教,便可以"传统"敌视"基督教(西方)"这个框架来解释。事实上,"西方中心观"在处理中国近代史时,动辄以思想文化因素来解释历史事件,例如鸦片战争是文化冲突的必然结果,自强运动的失败是因为"儒家传统"的强大阻力等等,[32]因而忽视了构成历史事件的复杂因素。由此,柯文早年以"儒家"的"反基督教传统"来解释教案的发生,显然也是受到这种史观的影响。[33]

80 年代以来,美国史学界在研究趋势上开始摆脱"西方中心观",主张更多地从中国的处境来处理中国的历史问题,柯氏称之为"中国中心观"(China-centered approach)。[34] 1985 年,美国的鲁斯基金会(Henry Luce Foundation)开始了一个为期六年的"基督教在中国之历史"研究计划(The History of Christianity in China Project),目的就是鼓励学者从中国历史的角度来看中国基督教。[35] 张格物(Murray A. Rubinstein)在一篇评介论文中,亦希望日后对中国基督教的研究可以更多从中

㉙ Paul A. Cohen, "Missionary Approaches: Hudson Taylor and Timothy Taylor," in *Paper on China* 12 (1957). 中译本参见苏文峰译:《戴德生与李提摩太宣教方式之比较》,载林治平编:《基督教入华百七十年纪念集》,台北宇宙光出版社,1988 年,第 83—107 页。

㉚ Paul A. Cohen, *Between Tradition and Modernity: Wang T' ao and Reform in Late Ch' ing China*, Cambridge, Mass.: Harvard University Press, 1974, Ch. 9. Paul A. Cohen, "Littoral and Hinterland in Nineteenth Century China: The 'Christian' Reformers," in *The Missionary Enterprise in China and America*, pp. 197-225.

㉛ Paul A. Varg, *Missionaries, Chinese and Diplomats: The American Protestant Missionary Movement in China, 1890-1952*, Ch. XI.

㉜ Mary C. Wright, *The Last Stand of Chinese Conservatism: The T' ung-Chih Restoration, 1862-1874*, Stanford: Stanford University Press, 1957, pp. 9-10.

㉝ 有关这种"传统反教论"的正反观点,可参见邢福增:《晚清教案与反教思想研究述评》,载苏位智、刘天路主编:《义和团运动一百周年国际学术研讨会论文集》下册,山东大学出版社,2002 年,第 1248—1254 页。

㉞ Paul A. Cohen, *Discovering History in China: American Historical Writings on the Recent Chinese Past*, Ch. 4.

㉟ Henry Luce Foundation, "Announcement of 1988-1989," p. 1.

国历史的角度入手(done with a sense of the larger contexts of Chinese History)。㊱

笔者以为,"中国中心观"对美国的中国近代基督教史研究,带来了两个重要的启示:

第一,在研究对象方面,扭转了过往以差会及传教士为中心的一面倒的局面,基督教会内的华人信徒的面貌及其角色,开始逐步浮现。我们从上述"基督教在中国之历史"研究计划的出版成果可见,对华人信徒群体的研究,确实受到更多的肯定及重视。㊲ 这又可分成三个重要的领域:一是由华人创立的自立教会及本土教派。裴士丹近年便积极推动对20世纪中国自立教会的研究,充分体现出有关的转向。他认为过往的研究未重视本土自立教会,因此,日后研究的焦点更应集中在这些独立于西方差会及传教士的华人身上。㊳ 他对真耶稣教会、耶稣家庭以至中国耶稣教自立会的研究,便可视作这方面的成果。㊴ 二是针对华人信徒的面貌及角色作出分析。例如鲁珍晞搜集了19世纪一些客籍基督徒传道人与信徒的生平与传记,并尝试讨论客家文化与基督教的相遇。㊵ 又有学者从"归化"(conversion)

㊱ Murray A. Rubinstein, "Christianity in China: One Scholar's Perspective of the State of the Research in China Mission and China Christian History, 1964-1986," p. 143.

㊲ 人物方面,包括邓裕志、吴耀宗、徐谦等;族群方面,包括基督教在客家及少数民族的传播等。参见"Project Grants: History of Christianity in China Project, 1986-1990," "Project Symposia: History of Christianity in China Project, 1989-1990," in *Christianity in China: From the Eighteenth Century to the Present*, pp. 369-374。

㊳ Daniel H. Bays, "The Growth of Independent Christianity in China, 1900-1937," in *Christianity in China: From the Eighteenth Century to the Present*, ed. by Daniel H. Bays, Stanford: Stanford University Press, 1996, pp. 309-310.

㊴ Daniel H. Bays, " Christian Revival in China, 1900-1937," in *Modern Christian Revivals*, eds. Edith L. Blumhofer & Randall Balmer, Chicago: University of Illinois Press, 1993, pp. 161-175. Daniel H. Bays, "Indigenous Protestant Churches in China, 1900-1937: A Pentecostal Case Study," in *Indigenous Responses to Western Christianity*, ed., Steven Kaplan, New York: New York University Press, 1994, pp. 124-143. Daniel H. Bays, "Yu Guozhen (1852-1932) and the Chinese Independent Protestant Church: A First Step Towards Independence for the Chinese Church," Paper Present at An International Symposium on the Cultural Exchange of the East and West, Co-sponsored by the Centre for Study of Religion and Peace of Shanghai University and the Centre for the Study of Religion and Chinese Society, Chung Chi College of The Chinese University of Hong Kong, Oct. 10-12, 2002.

㊵ Jessie G. Lutz & R. R. Lutz, *Hakka Chinese Confront Protestant Christianity, 1850-1900*, New York: M. E. Sharpe, 1998.

的角度切入,意图处理中国人皈信另一个宗教背后的考虑与原因。[41] Ryan Dunch则以探讨基督教在福州传播时,如何借助新兴教育来发展信徒,特别是这群受西学影响的信徒所经历的向上的社会流动,以及这群新兴的专业信徒对中国社会的影响。[42] 此外,关于传教士的华人助理的角色,也愈益受到重视。[43] 三是针对中国社会的边缘群体,西方学者近年开始对基督徒在少数民族地区的传播产生兴趣,特别是个别少数民族如何归化基督教。[44] 不过,西方学者研究华人信徒面对的最大限制,就是未能充分利用中文原始史料。即使上述裴氏对本土自立教会的研究,大多也是以英文资料为主。当然,我们也得留意,仅仅揭示对中国基督徒群体的研究,

---

[41] Nishan J. Najarian, "Religious Conversion in Nineteenth-Century China: Face-To-Face Interaction Between Western Missionaries and the Chinese," in *Social Interaction in Chinese Society*, ed. by Sidney L. Greenblatt, Richard W. Wilson & Amy A. Wilson, New York: Praeger Pub., 1982, pp. 67-111. 近年狄德满也参与了这个课题的研究,参见 R. G. Tiedemann, "Conversion Pattern in North China: Sociological Profiles of Chinese Christians, 1860-1912," in *Authentic Chinese Christianity: Preludes to Its Development (Nineteenth and Twentieth Centuries)*, ed. by Ku Wei-ying & Koen De Ridder, Leuven: Leuven University Press, 2001, pp. 107-133。另 Jean-Paul Wiest, "Hakka Conversion to Christianity in the Nineteenth Century: Why and How It Happened?" 载徐正光编:《宗教、语言与音乐——第四届国际客家学术研讨会论文集》,台北中央研究院民族学所,2000 年,第 171—193 页;Jean-Paul Wiest, "Was the Christian God Partial to the Hakka People," in *Authentic Chinese Christianity: Preludes to Its Development (Nineteenth and Twentieth Centuries)*, pp. 87-105。Jean-Paul Wiest 的研究以天主教为中心。

[42] Ryan Dunch, *Fuzhou Protestants and the Making of a Modern China, 1857-1927*, New Haven: Yale University Press, 2001.

[43] 德国学者尤思德(Jost Oliver Zetzsche)曾探讨在中文圣经的翻译过程中华人助理的角色,参见 Jost Oliver Zetzsche, "The Missionary and the Chinese 'Helper': A Re-Appraisal of the Chinese Role in the Case of Bible Translation in China",载《近代中国基督教史研究集刊》,第 3 期(2000 年 10 月),第 5—19 页。另鲁珍晞也整理了 19 世纪初、中叶 67 位广东省华人传道者的生平,参见 Jessie G. Lutz, "A Profile of Chinese Protestant Evangelists in the Mid-Nineteenth Century," in *Authentic Chinese Christianity: Preludes to Its Development (Nineteenth and Twentieth Centuries)*, pp. 67-84。另 Jessie G. Lutz & Rolland Ray Lutz, "The Invisible Missionaries: The Basel Mission's Chinese Evangelists, 1847-1866," *Mission Studies* 12:2 (Oct. 1995), pp. 204-207。

[44] Ralph R. Covell, *The Liberating Gospel in China: The Christian Faith Among China's Minority People*, Grand Rapids, Michigan: Baker Books, 1995. John R. Shepherd, "From Barbarians to Sinners: Collective Conversion Among Plains Aborigines in Qing Taiwan, 1859-1895," and Norma Diamond, "Christianity and the Hua Miao: Writing and Power," in *Christianity in China: From the Eighteenth Century to the Present*, pp. 120-157. Ralph R. Covell, "Christianity and China's Nationalities—Faith and Unbelief," in *China and Christianity: Burdened Past, Hopeful Future*, eds. by Stephen Uhalley Jr. & Xiaoxin Wu, Armonk, New York: M. E. Sharpe, 2001, pp. 271-282.

也可以带有强烈“西方中心观”倾向,“中国中心观”的关键,仍在于从怎样的论述角度来为中国基督徒群体定位。

第二,在研究重心上,从单向的“挑战—回应”,转为双向的互动。“西方中心观”只关心作为挑战者的基督教如何冲击及影响中国,但“中国中心观”却反过来讨论中国的处境如何挑战、冲击西方传教士。例如 Irwin T. Hyatt 研究三位在鲁东的传教士在宣教过程中如何回应处境,作出不同的回应。书中展现出传教士在中国传教时所面对的困难与挣扎。[45] 裴士丹早年的研究重点,便放在中国民间信仰对 19 世纪基督教的影响上。他认为,在某种程度上,与其把基督教视作“洋教”,倒不如突显其与民间教派及信仰的互动关系。[46] 未几,Suzanne W. Barnett 与费正清在 1985 年主编的论文集——*Christianity in China: Early Protestant Missionary Writings* 中更进一步体现了这种崭新的研究角度。在这本论文集中,学者研究的对象是早期来华的西方传教士,特别是他们的文字出版工作。但是他们关心的问题却是:西方传教士如何向中国这个异质文化传递基督教。他们如何理解及诠释中国文化,影响了其创作的内容。不能忽视的,是中国文化处境如何反过来挑战西方传教士,促使其作出回应,或改变其神学思想,或调整其传教策略。[47]

中国留美学者连曦的博士论文,便探讨了中国处境如何塑造来华传教士的神学思想,他以胡美(Edward H. Hume)、乐灵生(Frank J. Rawlinson)及赛珍珠(Pearl S. Buck)为个案,交代这三位传教士如何被中国改变,走上自由神学之路。在其博士论文出版时,以 *The Conversion of the Missionaries* 为题,可说是一针见血。[48] 另一个以中国处境为中心来探讨传教士的课题,就是传教士子女(Missionaries' kids)。Sarah M. Mason 的博士论文,便指出传教士在中国出生成长的下一代,如何受中国

---

[45] Irwin T. Hyatt, *Our Ordered Lives Confess: Three Nineteenth-Century American Missionaries in East Shangtung*, Cambridge, Mass.: Harvard University Press, 1976.

[46] Daniel H. Bays, "Christianity and the Chinese Sectarian Tradition," in *Ching-shih Wen-ti* 4:7 (1982), pp. 33-55. 另〔美〕丹尼尔·赫·贝斯:《十九世纪中国教派对基督教的影响》,载《明清史国际学术讨论会论文集》,天津人民出版社,1982 年,第 1114—1132 页。裴氏亦尝比较义和团与山东耶稣家庭的宗教经验者。《义和团的宗教经验与二十世纪二十年代山东基督教“耶稣家庭”的比较》,载中国义和团研究会编:《义和团运动与近代中国社会国际学术研讨会论文集》,齐鲁书社,1992 年,第 521—525 页。

[47] John K. Fairbank, "The Place of Protestant Writings in China's Cultural History," in *Christianity in China: Early Protestant Missionary Writings*, pp. 3-18.

[48] Lian Xi, *The Conversion of Missionaries: Liberalism in American Protestant Missions in China, 1907-1932*, Pennsylvania: The Pennsylvania State University Press, 1997.

处境的影响,在政治、社会以至宗教立场上与上一代的歧异。[49] 此外,Hunter 对女传教士的研究,亦涉及她们在中国面对的内心挣扎及心路历程重塑,不同背景的女传教士所面对的经历及挑战亦有所不同。[50] 我们再一次看见中国不再被视作被动的客体,而是主动地挑战这些来自西方的挑战者。

此外,"中国中心观"更有助于扬弃片面以中(儒家)西(基督教)文化对立及差异思维来解释历史事件的偏差。在教案研究方面,Sweeten 在研究江西省天主教徒与非信徒的冲突时,便指出民教冲突的爆发是有多种原因的,许多时候,非宗教因素(nonreligious aspects),例如债项、抢劫、土地纠纷等,往往比宗教因素(即基督教与中国文化的差异)更为重要。教民与非教民在日常生活中的实际或世俗(practical and mundane)冲突,比诉诸"传统"解释更能说明民教冲突的核心。[51] 即使早年高举中国传统反教论的柯文,近年在评论义和团运动时,也承认除了排外主义外,运动尚有许多不同的成因与动机。他承认中国一直具有排外主义的潜流,但只有在外部环境发生动荡,某个社区或地区的力量均衡状态被打破时,这股潜流才能活跃起来。[52]

留美中国学者的贡献

要讨论近年美国对中国基督教史研究的新发展,不能不提及中国大陆留美攻读博士的学者这股新生力量。自中国推行改革开放政策后,大量留学生以官派或自费方式赴美留学,其中部分选择近代中国基督教史作研究方向,部分博士论文更有出版机会。

留美中国学者的特点,在于他们具备中国大陆的背景,对国内的处境有较深的认识,同时又受过西方学术训练。他们对中英文的档案及文献资料,有更充分的掌

[49] Sarah M. Mason, "Missionary Conscience and the Comprehension of Imperialism: A Study of the Children of American Missionaries to China, 1900-1949," Ph. D. Dissertation, Northern Illinois University, 1978.

[50] Jane Hunter, *The Gospel of Gentility: American Women Missionaries in Turn of the Century China*, New Haven: Yale University Press, 1984.

[51] Alan Richard Sweeten, "Catholic Converts in Jiangxi Province: Conflict and Accommodation, 1860-1900," in *Christianity in China: From the Eighteenth Century to the Present*, pp. 24-40. 另参见 Alan Richard Sweeten, *Christianity in Rural China: Conflict and Accommodation in Jiangxi Province, 1860-1900*, Ann Arbor, Michigan: University of Michigan, 2001。

[52] Paul A. Cohn, *History in Three Keys: The Boxers as Events, Experience, and Myth*, New York: Columbia University Press, 1997, p. 94. 中译本参见〔美〕柯文著,杜继东译:《历史三调:作为事件、经历和神话的义和团》,江苏人民出版社,2000 年,第 79—80 页。

握。这批留美学者部分学成后为北美高等院校聘请，部分则回到国内从事教研工作(海归派)。

现在要整理一张从事近代中国基督教史研究的留美中国学者清单并不容易，惟近年有数本在美出版的著作，都是由留美任教的中国学者的博士论文修改而成。例如邢军从社会福音运动的角度研究基督教青年会，并把焦点集中于其对中国社会变革与革命的影响。[53] 另上文提及的连曦对美国传教士自由主义神学的研究，也属同类较有价值的研究。[54]

由留美的中国历史学者组织的“中国留美历史学会”曾出版文集，其中有两篇便是与中国基督教史有关的，分别是徐小群的《传教士与中国民族主义运动(1922—1928)》及何迪的《燕京大学与中国教育现代化》。前者探讨传教士对治外法权、本色教会及中国文化的态度，特别强调来华传教士不得不正视中国文化的力量，并要回应民族主义运动的挑战，反映出“中国中心观”的倾向。至于后者则强调燕大对中西文化交流以至高等教育方面的贡献，显然仍没有超出旧有的研究范式。[55]

不过，大多数留美学者在完成其博士论文后，却鲜有在中国近代基督教史的领域上作进一步的研究，对整个研究领域而言，因而未能作出长远的影响与贡献。近年值得留意的留美中国学者，以姚西伊及徐以骅的研究较受注目。

上文曾提及美国学者对传教士的研究由于受近代中国史议题主导，较重视鼓吹西化改革的传教士而忽略为数众多的信仰保守以至基要主义者。姚西伊的博士论文便对填补这个空白作出了贡献。他毕业于天津南开大学历史系，1989 年赴美进修。其论文主要从基要主义运动的角度来检视在华新教教士的活动，其中对中华圣经联会、金陵神学院、华北神学院的研究，开拓了对美国在华传教士研究的新局面，把研究的重心从社会—改革转到保守神学的议题，对我们了解在华传教士的基要主义运动有很大的帮助。[56] 姚氏又曾研究理雅各(James Legge)、李提摩太、丁

---

[53] Jun Xing, *Baptized in the Fire of Revolution: The American Social Gospel and the YMCA in China: 1919-1937*, Bethlehem: Lehigh University Press, 1996. 这是作者 1993 年于 University Of Minneoo ta 的哲学博士论文。

[54] Lian Xi, "Missionaries Distracted: The Rise of Syncretism in American Protestant Missions in China, 1907-1932," Doctor of Arts Dissertation, State University of New York at Albany, 1993.

[55] 徐小群:《传教士与中国民族主义运动(1922—1928)》，何迪:《燕京大学与中国教育现代化》，载王晴佳、陈兼编:《中西历史论辩集——留美历史学者学术文汇》，学林出版社，1992 年，第 78—114 页。

[56] Kevin Xiyi Yao, "The Fundamentalist Movement Among Protestant Missionaries in China, 1920-1937," Doctor of Theology Dissertation, Boston University, School of Theology, 2000.

琵良、林乐知等自由派传教士,惟其重点却不在其对中国改革的立场,而是聚焦于他们如何理解儒、佛、道传统,并展开基督教与中国传统与宗教的对话。[57] 最近,姚氏又完成了关于女传教士与中国圣洁复兴运动关系的研究,以林亭理夫人(Grace Woods)及安汝慈(Ruth Paxson)为个案,分析她们的圣洁主义理念及对中国教会的贡献。[58] 姚氏于2003年来港,任教于中国神学研究院,相信会为香港地区的研究增添新的元素。

另一位在美完成博士课程的中国学者徐以骅,研究题目是圣约翰大学,惟其主要从传教媒介的角度来研究基督教大学,并突显其在宗教与教育方面所面对的张力。[59] 徐氏突破了中西文化交流的框架,把基督教大学置于原有的传教媒介的功能来评检,为基督教大学研究开拓了崭新的范式。徐氏回国后,现任教于上海复旦大学,成为国内推动中国基督史研究的一员猛将。

二、台湾地区

史学界的定位

与美国的情况相似,战后台湾对中国基督教史的研究肇始于史学界,并由中央研究院近代史研究所(南港学派)扮演先导的角色。

中央研究院迁台时,把大量原清政府总理各国事务衙门的档案也移至台湾。近代史研究所成立后,郭廷以便推动整理有关的档案。总理衙门在1861年成立后,每遇上民教冲突(教案),便负责与涉案的外国领事交涉,并责成官员调查并善后。因此,总理衙门保存了大量与民教冲突有关的文书档案。从1959年起,台湾中央研究院开始《教务教案档》的编纂工作,把1860年(咸丰十年)至1911年(宣统三年)间发生在各地的民教冲突,特别是各方与总理各国事务衙门近六百万字的往来文书予以整理,先后出版了七辑合计23册,成为教案研究不可或缺的史料。[60]

当时负责整理教务、教案档的学者,便展开有关方面的研究。其中最重要者莫

[57] 姚西伊:《传教士与中国宗教——十九世纪末至二十世纪初几位西方传教士对中国儒佛道传统的神学反思》,载陈荣毅、王忠欣编:《解构与重建——中国文化更新的神学思考》,安省加拿大恩福协会,1998年,第103—134页。

[58] 姚西伊:《女性传教士与二十世纪二十年代中国的圣洁复兴运动》,未刊稿。

[59] Edward Yihua Xu, "Religion and Education: St. John's University as Evangelizing Agency," Ph. D. Dissertation, Princeton University, 1994.

[60] 中研院近史所编:《中央研究院近代史研究所三十年史稿》,台北近代史研究所,1985年,第274—275页。

如吕实强在1966年出版的《中国官绅反教的原因(1860—1974)》,成为教案研究的重要经典。吕氏不同意柯文在 *China and Christianity* 一书中对清季士大夫反教原因的立论,他认为思想文化的内涵极为抽象,要充分解释国人反教,便不能停留在文化冲突一点,而须进行深入的分析,去找出所谓冲突究竟是些什么。[61] 他指出儒家思想与基督教教义并无太多冲突之处,构成纷争的主要原因有三:一、由于相互的不了解;二、基督教在华传教事业中,被渗入了侵略的特质;三、中国官绅对自己尊严与利益的维护。[62] 后来,吕氏又撰写了多篇论文,进一步揭示出中国官绅士大夫在反教论据上如何不经考证,道听途说,以讹传讹,夹杂了许多迷信的观念,与儒家传统的笃实精神大相径庭。[63] 此外,他们的反教言论,又反映出其对基督教在华传教目的的疑惧,恐其与列强侵略行为有所结合。[64]

除吕实强外,负责整理档案者尚有李恩涵、王尔敏等。李氏发表了《咸丰年间反基督教的言论》及《同治年间反基督教的言论》。[65] 至于王氏,后来访问英国,进一步搜集基督教档案史料。在王氏的联系下,把《教会新报》、《万国公报》、《中外新闻七日录》等传教士编纂的杂志在台湾原版影印出版,对日后中国基督教史研究产生了重大影响。后来王尔敏转赴香港中文大学任教,出版了《上海格致书院志略》,[66]并指导了数位从事中国基督教史的研究生,为香港地区的中国基督教史播下了种子。

其实,战后台湾史学界对中国近代基督教史的研究并没有真正提上议程。吕实强的教案研究,严格而言,也是在近代中国史(思想史、中外关系史)的范畴下进行的,没有完全建立起独立的基督教史学统。而在研究课题上,除了教案外,相关的研究可谓乏善可陈。50年代至80年代,凡涉及近代基督教史者,史学界差不多清一色以教案为研究主题,这从后来《中国近代现代史论集》的编纂,即可见一斑。全套论集,惟一与基督教史关系密切者,就是第4编的“教案与反西教”。[67]

在中国近代史研究的主导学风下,学者在分析某些近代历史事件时,也难免不

---

[61] 吕实强:《中国官绅反教的原因(1860—1874)》,台北近代史研究所,1966年,第195页。

[62] 《中国官绅反教的原因(1860—1874)》,第6—8页。

[63][64] 吕实强:《晚清中国知识分子对基督教义理的辟斥(1860—1898)》,载中华文化复兴运动推行委员会主编:《中国近代现代史论集》,第4编:“教案与反西教”,台湾商务印书馆,1985年,第101—124、129—142页。

[65] 李恩涵:《同治年间反基督教的言论》,载林治平编:《近代中国与基督教论文集》,台北宇宙光出版社,1981年。

[66] 王尔敏:《上海格致书院志略》,香港中文大学出版社,1980年。

[67] 中华文化复兴运动推行委员会主编:《中国近代现代史论集》,第4编:“教案与反西教”。

涉及对西方传教士的讨论与评价，特别是传教士在倡导改革与维新变法思潮方面扮演的角色。例如王树槐在《外人与戊戌变法》一书中，便肯定了寓西华人（特别是西方传教士）在鼓吹变法方面所起的作用。他探讨了林乐知、李提摩太等传教士及广学会的活动，并指出传教士主要仍是关心基督教教义的传播，惟其往往寻求外交人员的保护，成为外交人员的工具。[68] 黄昭弘在台湾政治大学师从方豪，便以《清末寓华西教士之政论及其影响》为题，撰写硕士论文。[69]

走出边缘，建立学派

一直以来，以中央研究院近代史研究所为代表的台湾史学界，均不认可近代中国基督教史是合法研究领域。笔者以为，构成中国基督教史研究的"边缘性"的原因包括：第一，华人史家（特别是从事近现代史研究者）普遍认定基督教与西方帝国主义及文化侵略的关系，这种民族情感阻碍了有关研究工作的展开，或只强调基督教与帝国主义的关系；第二，基督教史仍附属于近代中国史之下，只能在相关的课题（如中外关系史、思想史、社会史、文化史）下始具认知意义。但这恰恰又强化了政治史、思想史、中外关系史、社会史在近代中国史的合法及正统地位，近代中国基督教史研究又进一步被边缘化；第三，华人基督教界普遍认为历史只具怀旧与感恩的工具价值，更不重视史学方法的规范，强化了史学界视教会史为歌功颂德工具的态度。

从 20 世纪 70 年代开始，好几位接受正统史学训练的台湾基督徒，开始在这片荒地上开垦，经过十多年的努力，逐渐取得成果。在这方面，我们不能不提及中原大学的林治平。中原大学是台湾三所（私立）基督教大学之一，林氏早在 1970 年，就出版了《基督教与中国近代化论文集》，强调基督教在中国近代化过程中发挥的推动作用。[70] 此后，他任教的中原大学多次召开以近代中国基督教史为主题的学术研讨会，邀请了海外的知名学者参加。同时，林氏又致力扮演桥梁的角度，一方面联系史学界内的基督徒与非基督徒，另一方面则拓展学术界与基督教界的关系。多年来，林氏主编的研讨会论文集包括：《基督教入华百七十年纪念集》（1977）、《近代中国基督教论文集》（1981）、《理念与符号——基督教与现代中国学术研讨会论文集》（1988）、《基督教与中国本色化国际学术研讨会论文集》（1990）、《中国基督教大学论文集》（1992）、《基督教与中国现代化国际学术研讨会论文集》

---

[68] 王树槐：《外人与戊戌变法》，台北中研院近史所，1965 年，第 1 章。

[69] 该论文于 1970 年通过，至 90 年代才出版。参黄昭弘：《清末寓华西教士之政论及其影响——以〈万国公报〉为主的讨论》，台北宇宙光出版社，1993 年。

[70] 林治平：《基督教与中国近代化论文集》，台湾商务印书馆，1970 年。

(1994)、《从险学到显学——中原大学2001年海峡两岸三地教会史研究现况研讨会论文集》(2002)等。由于林氏同时兼任台湾基督教机构宇宙光出版社的总干事,上述学术研讨会的论文集,便悉由宇宙光出版。

90年代,宇宙光出版社更推出了"基督教与近代中国历史文化丛书"系列,迄今已出版十多种学术著作。年前,中原大学成立宗教研究所,下设中国教会及世界华人教会史研究中心,可视为台湾地区推动基督教史研究不可忽视的力量。若我们说中原大学与宇宙光机构于过去二十多年,在台湾成为推动中国基督教史研究的重镇,甚至形成了"中原—宇宙光学派",相信也没有人会提出异议。不过,随着主要核心人物林治平自中原大学退休,加上台湾史学界本土意识高涨,中国史进一步被边缘化(参下文),"中原—宇宙光学派"在日后在中国近代基督教史研究方面的角色如何,仍有待进一步的观察。

除了林治平外,台湾史学界内致力于中国基督教史的基督徒学者尚有查时杰、王成勉、叶仁昌、魏外扬等。查时杰长期任教于台湾大学历史系,年前自台大退休后转到中原大学宗教研究所任教。他早年出版了《中国基督教人物小传》,收录了40位近代中国基督教人物的生平,并论述其在中国教会的地位与贡献。[71] 查氏在中国教会史领域著作甚丰,研究范围从明清天主教到民国教会史,后来他把部分文章结集出版。[72] 另一位于大学系统任教并致力于中国基督教史研究的学者为王成勉。他早年于淡江大学任教,后来转到中正大学,同时专注于基督教文社的研究,并从本色化的角度来评检其成果。[73] 近年,王氏又致力于研究余日章,发表了数篇关于余氏及青年会的论文。[74] 2000年,王氏更翻译了鲁珍晞(Jessie G. Lutz)60年代所编著的一本关于在华宣教的经典文集 *China Missions in China: Evangelists of What*,并增补了中文书目。[75]

---

[71] 查时杰:《中国基督教人物小传》上卷,台北中华福音神学院出版社,1983年。

[72] 查时杰:《民国基督教史论文集》,台北宇宙光出版社,1994年。

[73] 王成勉:《文社的盛衰——二〇年代基督教本色化之个案研究》,台北宇宙光出版社,1993年。另 Peter Chen-Main Wang, "Contextual zing Protestant Publishing in China: The Wenshe, 1924-1928," in *Christianity in China: From the Eighteenth Century to the Present*, pp. 292-306; Peter Chen-Main Wang, "Missionary Attitude Toward the Indigenization Movement in China, The Case of Wenshe, 1925-1928," in *Republican China* XVII: 2 (April 1992), pp. 110-128。

[74] 王成勉:《余日章与公民教育运动》,载《基督教与中国现代化国际学术研讨会论文集》;另《中华基督教青年会初期发展之研究》,载林治平编:《全人教育国际学术研讨会论文集》,台北宇宙光出版社,1996年。

[75] 〔美〕鲁珍晞著,王成勉译:《所传为何?——基督教在华宣教的检讨》,台北国史馆,2000年。

基督徒学者既在大学任教，自然把研究生的方向转到中国基督教史方面。例如，吴国安于台大历史研究所便受业于查时杰，以《生命月刊》及《真理周刊》为个案，探讨中国基督徒对时代局势的回应。[76] 王成勉在中正大学也指导了几位以中国基督教为主题的研究生。[77] 魏外扬早年于师大历史研究所时，在王尔敏指导下，完成了一篇以中国基督徒沈毓桂为内容的硕士论文，近年则专注于撰写传教士传记，出版了数种文集。[78] 叶仁昌对非基运动及中国教会的回应，更成为有关课题的代表作。[79]

基督教神学院校的角色

60 年代，台湾数位基督教界人士，包括周联华（浸信会）、龚天民（信义会神学院）、龚书森（台南神学院）、李嘉嵩（台湾《教会公报》），曾拟合撰一部供神学院教学用的中国基督教史，惟最后仍因多种缘由而搁置。结果，有关工作由台南真道圣经学院兼任教师杨森富完成，出版了《中国基督教史》。[80]

70 年代末期，台湾中华福音神学院在院长戴绍曾（James Hudson Taylor III）的支持下，成立了中国教会史研究中心，并获台大历史系查时杰的协助，搜集史料，并由查氏编纂《中国基督教史研究书目——中、日文专著与论文目录》。可以说，研究中心是首所由华人神学院校成立的教会史研究中心，具有划时代的意义。正如查氏在序言中所指出的，长久以为，“投身于基督教事工上的人才，不在少数，然而在人才的训练上，往往以训练教会人才为主，因为这方面有大量的需要，如此……从事教会历史研究的人才尤其缺乏”。为此，成立中国教会史研究中心，并编成研究书目，作为日后进一步推动中国基督教史研究的“第一块砖”。[81]

可惜，后来戴绍曾卸任华神院长一职，由林道亮接任。新领导以神学院校为培训教会传道人才为主要使命，对研究中心的工作不感兴趣，这所具历史意义的研究

---

[76] 吴国安：《中国基督徒对时代的回应（1919—1926）——以〈生命月刊〉和〈真理周刊〉为中心的探讨》，香港建道神学院，2000 年。

[77] 参见 http://www.ccunix.ccu.edu.tw/~depthis/research_essay.htm。

[78] 魏外扬：《宣教事业与近代中国》，台北宇宙光出版社，1978 年；《他们写过历史》，台北宇宙光出版社，1993 年；《重回庚子年》，台北宇宙光出版社，2001 年。

[79] 叶仁昌：《五四以后的反对基督教运动——中国政教关系的解析》，台北久大文化，1992 年。叶氏较早曾出版《近代中国的宗教批判——非基运动的再思》，台北雅歌，1987 年，惟后来出版《五四以后的反对基督教运动》时，已修改其原先的观点。

[80] 杨森富：《自序》，《中国基督教史》，台湾商务印书馆，1968 年，第 3 页。

[81] 查时杰：《序》，载中华福音神学院中国教会史研究中心编：《中国基督教史研究书目——中、日文专著与论文目录》，台北中华福音神学院出版社，1980 年。

中心，在出版了研究书目后，尚未开展具体的研究计划，便告结束。研究中心的命运，反映出长久以来影响华人教会的属灵传统，特别是敬虔主义属灵（圣）与属世（俗）二分的倾向。这种属灵观否定了学术研究在圣职中的价值与位置，换言之，神学院校主要使命是培训教牧同工，两极对立的思维把研究的作用完全否定，窒息了台湾神学界对中国基督教史的研究。2000 年，中华福音神学院成立了信仰与文化研究中心，台湾教会史成为其中的研究重点之一。[82]

研究特色与趋向

回顾战后迄今台湾对中国基督教史的研究，可总结其研究特色如下：

第一，教案研究在整个研究领域中，取得了一定成果。继吕实强后，共有多种专著出版：如林文慧《清季福建教案之研究》[83]、陈银昆《清季民教冲突的量化分析（一八六〇至一八九九）》[84]、唐瑞裕《清季天津教案研究》[85]、蔡蔚群《清季台湾的传教与外交》[86]。除了上述专著外，尚有多篇论文，收入中华文化复兴运动推行委员会主编的《中国近代现代史论集》第 4 编"教案与反西教"内。

台湾学者的教案研究，有两点值得强调。其一，是教案研究与中央研究院近代史研究所的推动有密切关系。上述《中国近代现代史论集》第 4 编，多位学者均曾任近史所的研究员。而林文慧及陈银昆两人的书，均为其所在的师范大学及政治大学历史研究所的硕士论文，受业于近史所的指导，这反映出在中研院近史所的影响下，教案研究在中国近代史领域中的地位。其二，教案研究多从个案研究入手，其中区域研究的进展更是重点所在，如福建、天津、台湾、江苏、重庆、成都、南昌、扬州等等。这与 80 年代台湾史学界（特别是中研院近史所）倡议的区域研究，亦有密切的关系。而陈银昆以量化史学的方法探讨教案，也反映出 80 年代台湾史学界对史学新方法的重视。而不论是区域研究或是量化史学所建立的微观研究方法，均修正了以往过于偏重宏观解释架构的问题，对了解民教冲击的起因，裨益甚大。[87]

---

[82] 蔡丽贞：《华神研究中心——千禧年的新产儿》，载《中华福音神学院院讯》，第 352 期（2000 年 2 月），第 4—5 页。

[83] 林文慧：《清季福建教案之研究》，台湾商务印书馆，1989 年。

[84] 陈银昆：《清季民教冲突的量化分析（一八六〇至一八九九）》，台湾商务印书馆，1991 年。

[85] 唐瑞裕：《清季天津教案研究》，台北文史哲出版社，1993 年。

[86] 蔡蔚群：《清季台湾的传教与外交》，台北博扬文化，2000 年。

[87] 有关教案研究的宏观与微观问题，可参见《晚清教案与反教思想研究述评》，第 1254—1256 页。

第二，如果史学界的重点是教案研究，那么基督徒学者，特别是上述的中原—宇宙光学派的重点，无疑是近代化与本色化了。前者（近代化关怀）与美国同时期对中国近代基督教史的趋向接近，都是要强调西方传教士在中国近代史过程中的重要角色。正如林治平所言：

越来越多的新研究证据显示，自基督教传入中国以来，即与中国现代化发生密切之关系。传教士在宣教的同时，并藉各种方式将现代化的思潮带入中国。……然而许多研治中国近代史的中外学者，在涉猎基督教在华史时，往往焦注于教案与反教的活动……殊少有针对基督教与中国现代化方面之研究。此不但影响到国内学者对于中国现代化的了解，亦让国人对于基督教在华的正面贡献缺乏认识。[88]

换言之，西方学者之肯定基督教在中国近代化过程中的贡献，主要是受到“挑战—回应”及“传统—现代”研究范式的影响，而台湾基督徒学者则较重视有关论述的“护教”关怀，企图扭转华人史学界对基督教持有的偏见与误会。[89]

华人基督徒学者关注的另一个课题就是本色化。基督教的本色化一直是中国基督徒多年来致力反省的问题，林治平便坦言自己对此思考了二十多年。他承认这是一个非常复杂的课题，充满着文化争议、民族情感、历史情结以及宗教信仰。“外来文化与本位文化间之关系究应如何？外来文化可能完全变成本土文化的一部分吗？或者外来文化只能在本土文化原有的脉络或有关的场合、情境中，才能与本土文化结合变化、生根、发展？”[90]后来，林氏试图用“理念”（concept）与“符号”（symbol）疏解来自基督教信仰与中国文化间的张力，把基督教与中国文化间发生的冲突定位于“符号”而非“理念”，并进一步问：“我们可不可以还原到从纯粹的信仰理念层次出发，而重新架构形成中国的基督教生活实践的方法呢？”[91]林氏所关心的，不是纯粹从历史层面检讨基督教的本色化问题，而是在基督教不能在中国成功本色化这个大前提下，如何在当前（或未来）建立一套可行的本色化架构的现实问题。可以说，这或多或少已超出了历史的层面，进至宗教与文化整合的范围。

第三，随着台湾社会本土化的步伐，台湾教会史在台湾研究的热潮下成为一门“显学”。即使向来研究中国基督教史的中原大学，也于1998年召开了以台湾基

---

[88] 林治平：《举办缘起》，载《基督教与中国现代化国际学术研讨会论文集》，第14—15页。

[89] 王立新曾批评林治平等的研究，“对基督教的贡献强调有余，对传教士给中国社会带来的消极影响则估计不足”。王立新：《美国传教士与晚清中西现代化》，天津人民出版社，1997年，第17—18页。

[90] 林治平：《编者序》，《基督教与中国本色化国际学术研讨会论文集》，第5页。

[91] 林治平：《理念与符号——一个思考基督教与中国文化社会的模式初探》，载《理念与符号：基督教与现代中国学术研讨会论文集》，第119—122页。

督教史为主题的学术研讨会。[92] 查时杰近年更完全转向台湾基督教史的研究,[93]并讲授台湾教会史课程。

笔者相信,对这群外省籍的基督徒史家而言,重视台湾基督教史的研究反映出他们对台湾本土的认同,然而,部分倡议台湾自决的教会人士,特别是台湾基督教长老教会,其推动台湾基督教史的研究,便有强烈的"去中国化"的倾向。例如黄伯和主张以"本土化"取代"本色化"、"处境化"的概念,植根本土来重建台湾的教会史与本土神学。[94]

可以说,长老教会一直致力于其在台播教的历史,相对而言,随往迁台的外省教会,在这方面却仍处于起步阶段。另一方面,台湾基督教会史尚有一个久被忽视的领域,就是 17 世纪荷兰改宗的传教活动。[95]

第四,我们也不应忽视近年有个别学者从事中国基督教史的研究。例如邵玉铭早年在美专攻中美关系史,便以司徒雷登为个案研究,其博士论文后于美国哈佛大学出版,2003 年中文译本也在台出版。[96] 另一位取得较多成果者是东华大学的林美玫。林氏于 1984 年毕业于政治大学历史研究所,其硕士论文为《中国内地会之研究(1865—1926)》,后来赴美进修,以在华美国圣公会传教士为博士研究题目,参考了大量档案资料。[97] 近年,她继续就美国圣公会作研究,出版了多篇论文,

---

[92] 林治平主编:《台湾基督教史——史料与研究的回顾国际学术研讨会论文集》,台北宇宙光出版社,1998 年。

[93] 查时杰:《台湾光复前后的基督教会(1840—1948)》及《四十年来的台湾基督教会》,两文载林治平编:《基督教与台湾》,台北宇宙光出版社,1996 年;查时杰:《台湾基督教士与中西文化——以晚清台湾北部长老教会的七座教堂建筑为例》,载林治平编:《历史、文化与诠释学——中原大学宗教学术研讨会论文集(二)》,台北宇宙光出版社,2001 年,第 40—57 页;查时杰:《台湾基督教家族史的研究与展望——一个研究台湾基督教新触角之观察》,载《台湾基督教史——史料与研究的回顾国际学术研讨会论文集》,第 273—287 页。

[94] 黄伯和:《奔向出头天的子民》,台北稻乡出版社,1991 年。

[95] 翁佳音:《十七世纪的台湾基督教史——史料与研究》,载《台湾基督教史——史料与研究的回顾国际学术研讨会论文集》,第 21—32 页。

[96] Yu-ming Shaw, *An American Missionary in China: John Leighton Stuart and Chinese-American Relations*, Cambridge, Mass.: Harvard University Press, 1992. 邵玉铭著,马凯南等译:《传教士·教育家·大使——司徒雷登与中美关系》,台北九歌出版社,2003 年。

[97] Lin Mei-mei, "The Episcopalian Missionaries in China, 1835-1900," Ph. D. Dissertation, University of Texas at Austin, 1994.

均展现了其丰富而扎实的档案知识及基础。[98]

上文提及的叶仁昌，他的博士论文对中国基督教人士如何回应非基运动的国家主义问题，也作出了十分深入的论析，在非基运动领域中贡献甚大。惟近年叶氏在研究旨趣上，已偏离近代中国基督教史的范畴。

三、小结——建立中国基督教史学统的呼吁

总结本文的讨论，我们可见在战后的美国及台湾地区，中国近代基督教史研究的趋向与范式方面，均经历了不少转变。笔者尝试针对"中国中心观"这个论述来为本文作结。

从西方中心观到中国中心观的转向，无疑有着重大的意义。不过，在某种程度上，中国中心观也可能陷入另类的"挑战—回应"盲点。把中国基督教会的发展，完全视为纯粹对中国变局的回应。换言之，中国基督教史往往成为中国近现代史的附属，把中国政治、社会、文化各方面的冲击，视为影响中国教会发展的"惟一"因素，因而忽视了教会本身发展的内部条件。中外学者在处理20年代的"非基运动"及本色运动时，这种挑战与回应的模式便充分突显出来。笔者在另文曾指出，在非基运动的重要性及震撼下，学者很容易过分强调非基运动的影响与挑战，并视民国时期中国教会所作的一切，特别是本色化的反省，都是纯粹回应性的工作。1922至1927年间，教会主要以本色化运动来回应非基运动的攻击与挑战，差不多已成为史家的共识。[99]

钟鸣旦在评检明清天主教史的研究趋势与范式时，也曾指出中国中心观的问

---

[98] 林美玫：《美国圣公会女传教士早期在华活动：十九世纪美国"纯正妇女意识"的展现》，载《思与言》，第35卷2期（1997年），第1—50页；《美国圣公会中国差传档案及研究方向》，中央研究院近史所主办，"档案与近代历史"研讨会论文，1998年6月；《基督教在华传教档案介绍——以美国圣公会"中国差传档案"为例》，载《近代中国史研究通讯》，第27期（1999年3月），第108—127页；《妇女性别空间概念用于十九世纪美国基督新教在华女传教士研究之探讨——并以美国圣公会为例》，载《国立政治大学历史学报》，第17期（2000年5月），第115—146页；"The Episcopalian Women Missionaries in Nineteenth-Century China: What Did Race, Gender and Class Mean to Their Work"，载《东华人文学报》，第3期（2001年7月），第133—188页；《文惠廉主教与圣公会在华教会事业的开创：十九世纪中叶美国基督新教与中国文化的接触与对话》，载《台湾宗教研究》，第1卷2期（2001年10月），第1—42页；《施约瑟主教与圣公会在华传教策略的调适——十九世纪中叶美国基督新教与中国文化的再接触与对话》，载《东华人文学报》，第4期（2002年7月），第31—80页。

[99] 邢福增：《本色化与民国基督教会史研究》，载《近代中国基督教史研究集刊》，创刊号（1998年），第87—89页。

题，容易陷入另一个极端之中。[100] 笔者相信，中国近代基督教史研究的指导中心，不应单纯聚焦于"中国"，而应以"基督教"为核心。中国基督教史的研究主体，不仅是西方差会及传教士，也不仅是中西教会人士如何回应中国的冲击，也应包括基督教会内部的条件及发展因素。笔者暂称之为"中国基督教史学统"，要确立"中国基督教史学统"，应着重宏观与微观、传教史与本地教会史、传教士与华人、宗教文化与教会传统等多元因素的互动，这样更能有助于重构近代基督教在中国的发展脉络。

参考文献

Murray A. Rubinstein（张格物），"Christianity in China: One Scholar's Perspective of the State of the Research in China Mission & China Christian History, 1964-1986"，《近代中国史研究通讯》，第4期（1987年），第111—143页。

孟曙初：《国内学术界近年来对基督教在中国传播问题研究综述》，载《北京大学研究生学刊》，1990年第2期，第54—58页。

何桂春：《近十年来中国基督教史研究综述》，载《世界宗教研究》，1991年第4期，第115—126页。

顾卫民：《近年大陆的中国基督教史研究概述》，载《近代中国史研究通讯》，第16期（1993年）。

李家驹、黄文江：《香港的中国基督教新教史研究》，载周佳荣编：《香港史学四十年》，香港三联书店，1994年。

陶飞亚、刘冰冰：《近年国内基督教史（新教）研究简述》，载朱维铮编：《基督教与近代文化》，上海人民出版社，1994年，第288—307页。

李金强：《中国基督教史研究之兴起及其发展》，载《近代中国基督教史研究集刊》，创刊号（1998年4月），第5—30页。

陶飞亚：《一九四九年以来国内中国基督教史研究述评》，载《近代中国基督教史研究集刊》，创刊号（1998年4月），第56—67页。

Jessie G. Lutz（鲁珍晞），"Chinese Christianity and Christian Mission, Western Literature: The State of the Field"，载《近代中国基督教史研究集刊》，创刊号（1998年4月），第31—55页。

邢福增：《本色化与民国基督教会史研究》，载《近代中国基督教史研究集刊》，

---

[100] 〔比利时〕钟鸣旦著，马琳译：《基督教在华传教史研究的新趋势》，《国际汉学》，第4辑（1999年），第477—520页。

创刊号(1998 年),第 87—89 页。

刘建:《浅述基督教在华传布史研究的历史和现状》,载卓新平、许志伟主编:《基督宗教研究》,第 1 辑,北京社科文献出版社,1999 年,第 89—98 页。

[比利时]钟鸣旦著,马琳译:《基督教在华传播史研究的新趋势》,载《国际汉学》,第 4 辑(1999 年),第 477—520 页。

林美玫:《十九世纪基督教在华传教活动研究之回顾与展望——以美国传教士和传教团体为主的讨论》,载《近代中国基督教史研究集刊》,第 3 期(2000 年 10 月),第 83—109 页。

聂资鲁:《百余年来美国的基督教在华传教史研究》,载《近代史研究》,2000 年 3 期,第 255—296 页。

梁元生:《中国与基督教——史学的再思及重构》,载氏著:《十字与莲花——基督教与中国历史文化论集》,香港基督教中国宗教文化研究社,2004 年,第 161—174 页。另"Mission History Versus Church History: The Case of China Historiography," in Wilbert R. Shenk ed., *Enlarging The Story: Perspectives on Writing World Christian History*, Maryknoll, NY: Orbis Books, 2002, pp. 54—74。

徐以骅:《大陆中国基督教会史研究之再评介》,载林治平主编:《从险学到显学》,台北宇宙光出版社,2002 年,第 65—86 页。

邢福增:《晚清教案与反教思想研究述评》,载苏位智、刘天路主编:《义和团运动一百周年国际学术研讨会论文集》,下册,山东大学出版社,2002 年,第 1248—1254 页。

王立新:《"文化侵略"与"文化帝国主义":美国传教士在华活动两种评价范式辨析》,载《历史研究》,2002 年 3 期。

(作者单位:香港中文大学崇基神学院)

国外关于近现代新疆基督教发展历史的研究概述

□木拉提

19 世纪末,我国西北地区已有几十个西方国家的天主教和基督教组织。它们最初在汉族地区传播基督教,但从 20 世纪初开始,各国教会,尤其是基督新教组织,启动了在全世界范围改变穆斯林宗教信仰的传教活动。中国的西方基督教会对西北穆斯林的传教活动,是这一改宗活动的组成部分。近代在新疆传播基督教的组织主要有内地会①(The China Inland Mission)和瑞典传教团②(the Swedish Mission Society)。天主教组织主要有意大利的圣母圣心会和德国的圣言会。③

一、新疆内地会活动历史研究概述

1935 年内地会传教士盖群英等出版了反映在新疆传教 17 年的传教士马慕洁传教情况的《中亚的圣徒——马慕洁》一书。

① 内地会在新疆的活动历史见拙文《近代新疆内地会传教士的传教活动》,《西域研究》2000 年 3 期;《基督教内地会传教士在哈萨克族中传教失败的社会文化原因的考察》,《元史及北方民族史研究》第 14 辑;《近代新疆内地会传教士中外文姓名的勘同》,《西域研究》2003 年 3 期。

② 瑞典传教团的活动历史见拙文《〈瑞典传教团南疆人类学调查报告〉评析》,《西域研究》1999 年 4 期;《喀什噶尔瑞典传教团历史考》,《新疆社会科学》2002 年 3 期。

③ 关于新疆天主教活动历史见拙文《新疆天主教建堂历史考》,《西域研究》2002 年 3 期。

该著反映了马慕洁1914—1932年在北疆蒙古族、俄罗斯族中的活动,以及新疆塔塔尔、蒙古族基督教宣传册和《蒙英词典》的编译情况。1946年又出版了反映传教士胡进洁1906—1938年传教情况的《新疆的使徒——胡进洁》一书。该著论述了内地会传教点的建立,传教士的往来,维吾尔、哈萨克、塔塔尔、满等新疆少数民族基督教宣传册编译等情况。1993年在国际互联网上刊布了曾在新疆传教的传教士石爱乐的回忆录《1932—1938在新疆的传教经历》,反映了石爱乐等传教士在北疆传教活动的情况以及被盛世才驱逐的历史背景。2003年8月,奥克兰大学的新疆问题专家琳达·博森女士(她在1990年出版了《中国新疆的三区革命》,1999年出版了《中国最后的游牧民族——哈萨克族》)将要出版反映在我国西北地区传教三十多年的内地会女传教士"盖群英,冯贵石、冯贵殊姐妹"情况的著作,三人曾五次来新疆传教。

二、瑞典传教团的研究情况

1. 1981年,胡特瓦尔在斯德哥尔摩用瑞典文出版了《新疆的传教与变革1892—1938》。该著作是反映瑞典传教团在新疆喀什噶尔活动历史的惟一专著。此著作有助于弄清1932—1937年新疆动乱期间,瑞典传教团与分裂分子之间的关系,以及传教团开办的教堂医院、学堂学生的情况。

2. 在目前见到的有关资料中,对瑞典传教士在喀什噶尔的活动,既亲身经历又有学术研究著述的当数贡纳尔·雅林博士(Gunnar Jarring,1907—2002)。1928年,贡纳尔·雅林毕业于瑞典隆德大学,获得文学学士学位后即在瑞典第一代突厥语学者古斯塔夫·拉奎特(Gustaf Raguette)指导下,攻读突厥语文学和语言学。1929年8月,雅林跟随以传教士乔治·罗本茨为首的一个瑞典传教小组乘火车穿越当时的俄属中亚地区,随马队翻越天山山脉,历时一个多月,到达了喀什噶尔。1930年4月,雅林带着搜集到的一批维吾尔语资料返回隆德大学继续他的学业。1933年以论文《维吾尔语语音学研究》获得哲学博士学位。1978年,他重游喀什噶尔。次年,他在斯德哥尔摩用瑞典文出版了《重返喀什噶尔》一书。1986年,美国杜克大学出版了该书的英文版。1994年,新疆人民出版社出版了汉译本。在雅林的学术生涯中,喀什噶尔的瑞典传教团一直是他研究的重要内容之一。在《重返喀什噶尔》一书的"喀什噶尔的外国人"一章中,雅林重点追述了瑞典传教团在这个地区的活动情况。1991年,贡纳尔·雅林编著了《瑞典传教团南疆人类学调查报告》。瑞典传教团的传教士对近代维吾尔族民间宗教进行过大量田野调查。他们在传播基督教、介绍西方文化的同时,对边疆地区的地理和少数民族的民俗、语言、宗教等方面做了大量的、长时间的田野调查。他们把调查成果寄回国内用瑞典文发表。这本调查报告是由贡纳尔·雅林通过整理和翻译传教士和一些东方学家发表的论文及著作中的人类学调查成果而汇编成册的。该著作所反映的主要内容包括：首先，近代维吾尔人社会中相信鬼神的存在，相信圣人、祖先生命力的思想意识比较普遍，在这本田野调查报告中有较多反映。其次，对维吾尔族民间流行的疾病的巫术治疗方式以及求雨、止涝、求风、占验术等仪式活动也有较多的记载。最后，该报告还论述了南疆维吾尔农民的文化生活习俗中民间宗教的影响。本调查报告不失为我们了解20世纪初新疆南部维吾尔族农民社会文化全貌的第一手资料。

3. 1994年，贡纳尔·雅林出版了《瑞典传教团喀什噶尔印刷所印刷目录》。有关该著的内容，作者在《重返喀什噶尔》一书的附录中有详细的介绍。

三、国外有关新疆基督教历史的刊物和著作

1. *The Chinese Recorder*《教务杂志》1874—1941，*The Moslem World*《穆斯林世界》中记述了有关传教士对新疆基督教发展以及对新疆少数民族历史文化研究的调查报告。

2. Mildred, Cable & French, Francesca, *The Making of a Pioneer*, *Percy Mather of Central Asia*, Newington Green, London, 1935.

3. Mildred, Cable & French, Francesca, *George Hunter*: *apostle of Turkestan*, Newington Green, London, 1946.

4. Mildred, Cable & French, Evangesca, *The Cobi Desert*, Hodder and Stoughton, London, 1942.

5. Broomhall, Marshall, *Islam in China*, *a neglected problem*, China Inland Mission, 1910.

6. 胡特瓦尔 Mission och revolution i Centralasien. Svenska Missionsfo-bundets mission i ustturkestan 1892-1938，斯德哥尔摩，1981年。

7. Gunnar Jarring, *Matter of Ethnological Interest in Swedish Missionary Reports from Southern Xinjiang*, 1990.

8. Prints From Kashghar: The Printing Office of the Swedish Mission in Eastern Turkestan History and Product with an Attempt, Bibliography. Swedish Research institute in Istanbul, 1991.

9. 内地会传教士在互联网中的回忆录 Collection55-Otto Frederick Schoerner. T1 Transcript。

10. 新疆问题专家琳达·博森女士将要出版的关于"盖群英，冯贵石、冯贵殊姐妹"的新著。

（作者单位：新疆社会科学院宗教所）

掌握汉语的金钥匙

——论明清时期国外汉语教材的特点

□张美兰

编者按 2004 年 7 月 2—4 日，由北京外国语大学、澳门理工学院、北京语言大学联合举办的"世界汉语教育史国际学术研讨会暨世界汉语教育史研究学会成立大会"在澳门理工学院隆重举行。中国对外汉语教学领导小组办公室主任严美华、中国国家图书馆馆长任继愈、清华大学国际汉学研究所所长李学勤、菲律宾华文教育中心主席颜长城等分别向大会及世界汉语教育史研究学会发来了贺信，来自全球 11 个国家的八十多位学者应邀参加了此次盛会。

会议收到论文 75 篇，涉及明清传教士的汉语学习、教学研究，西方汉语教育史，日本、朝鲜的汉语教育，中国对外汉语教学史，澳门土生葡人的汉语学习，澳门普通话教学等议题。作为近代中国对外窗口的澳门，是西方人最早学习汉语的地方，这次会议以这个特殊的城市为会址，并成立了"世界汉语教育史研究学会"，具有重要的历史和现实意义。本期特发表清华大学张美兰女士的文章，以使读者窥斑见豹地了解此次会议。

在《老乞大》和《朴通事》出现以前，相当长的一段历史时期内没有专门的世界汉语（或称对外汉语）教材，教外国人汉语或外国人学汉语一般使用中国传统的汉语母语教材。在《老乞大》和《朴通事》之后，外国人编写的汉语教材才陆续刊行。近年来，国内外汉学界对汉语及汉语教学的研究开始关注元明清时期东方（日本、韩国）、西方（西班牙、法国、英国、意大利、美国等）诸国所编写的汉语教材。如：日本汉语教育史研究著名学者六角恒广(1994)出版的《日本中国语教学书志》,对日本明治初年到第二次世界大战结束期间在日本出现并产生过重要影响的156种汉语教科书、工具书作了比较详细的题解和介绍,从一个侧面揭示了日本汉语教育的历史面貌。中日韩各国学者曾利用古高丽的汉语教材《朴通事》、《老乞大》、《训世评话》及其谚解等来研究元明清汉语语音的发展、词汇现象以及韩语发展的面貌。学界对西方汉语教材的研究也进入从零星的材料挖掘(主要包含在各类汉学研究的著述中)到有系统的关注或专题研究阶段。国内如姚小平等翻译的瓦罗《华语官话语法》(1703)中译本的出版(2003)及张西平《西方人早期汉语学习史调查》(2003)等。这一研究领域不仅探索了早期国外汉语教材的历史,体现出汉语在对外交流中的重要意义,而且对我们正确认识汉语的规律、汉语发展的历史(近代汉语、汉语方言、早期现代汉语等),进行对外汉语教学、比较语言学等都有非常重要的意义。

一、早期国外汉语教材的面貌

(一)早期韩、日两国汉语教材的面貌

1. 中韩、中日的文化交流源远流长

中韩、中日的文化相互影响、相互交融。汉语教育在古朝鲜、日本历代的教学中均占有十分重要的地位。古代朝鲜、日本包括琉球地区都是汉文化圈国家和地区,早期历史上使用的文字都是汉字,而且他们至今也部分地使用着汉字,其语言、词汇乃至语音,至今仍大量保留着汉语字词及语音的影响。汉文化在日本、朝鲜的形成和发展,汉字在这些国家的使用,与这些国家悠久的汉语教学历史密切相关。

汉字大约在公元前后传入朝鲜半岛,伴随汉字而来的是大量的汉字语词。在1446年《训民正音》正式颁布之前,韩国人一直使用汉字。文言则成为惟一的官方用语和文人创作的工具。

汉字在1世纪左右传入日本,当时日语尚处于有发音无文字状态。人们借用汉字表示日语的读音,汉字与原有词义相脱离,失去了其表意的性质,成为单纯的表音符号。借用汉字表示日语读音一直持续到8世纪的奈良时期(710—784),日本人根据汉字字形创造出日语文字——假名,日语有了正式的文字符号。日语假名产生以后,日本人依然大量使用汉字作为日语文字,并且词义接近汉语或与汉语相同,具有表意性质。从此,汉字和假名共同构成了日语文字。日本的汉学研究大约始于相当于中国南北朝时期的5世纪左右,据藤原佐世的《日本国见在书目录》统计,到9世纪末,传入日本的汉籍多达一千五百七十九部、一万六千七百九十卷。伴随着汉籍阅读群体的不断扩大,日本汉学家创造了“训读”这种独特的翻译、解读中国古代作品的方法。时至今日,日本初、高中语文课中中国古典作品的教学,

教师依然通过训读方法授课,学生必须掌握训读知识和技能(详见胡山林,2002)。

2. 中国传统识字教材对古朝鲜、日本汉语教学的影响

我国古代的学校教育没有严格的分科。各类学校教育的内容主要是研习儒家经典。"四书"、"五经"是其基本教材。这一类儒家经典之外还有为帮助读经所编写的识字教材,如专供儿童集中识字用的《三字经》、《百家姓》、《千字文》。中国古代蒙学教育从集中识字开始。蒙童能够识记这些汉字,就为阅读和写作训练打下一个良好的基础。这些教材是以汉字教学为中心,侧重读写训练。我国古代的语文教育是一种应试教育。识字是为了读经,读经是为了科举考试。所以,严格地说,这不是符合教育科学的汉语语言教学,更不适合用于汉语第二语言教学。但是我们不能低估《三字经》、《百家姓》、《千字文》、"四书"、"五经"等传统的启蒙读物曾经在古代韩国、日本汉语学习中所发挥的作用。因为外国人学习汉语的目的也是为了读经,为了研究中国文化。

据日本《古事记》记载,应神天皇十五年(284),阿直岐自百济东渡日本,日本皇子稚郎子要跟他学习汉语,他推举了王仁。第二年王仁带去了《论语》十卷、《千字文》一卷(详见程相文,2001)。据研究《史记》在600—604年间传入日本,成为日本重要的教科书。它曾是日本古代宫廷教育的教科书;是日本中世纪以后培养中层汉学人才的教科书;从明治时代起又是普及汉学教育的教科书,培养出为数甚多的汉学人才(详见魏爱莲,2003)。日本平安时期(794—1192),朝廷在京都建立了类似中国大学培养朝廷官僚的"大学寮","大学寮"中的"明经"、"纪传"两科规定以儒家"五经"及《史记》等史传书籍为教材。教材全部是经过训读的作品。另外"大学寮"以外的官办学校,也都以经过训读的儒家经典作品作为主要教科书。江户时期(1600—1867)儒学上升为官方正统思想之后,儒学教育从官僚教育扩大到所有的贵族教育和平民教育中。当时,无论是各地只招收贵族子弟的官办学校,还是一般平民子女就读的民间私塾,如由寺院主办的"寺子屋",以及少数个人出资筹办的私塾,一律以儒家经典作品如《论语》、《千字文》、《孟子》、《大学》、《中庸》等作为必读教材。直至今天,中国儒学及文学古典作品始终是初、高中学生的必修教材(详见胡山林,2002)。

韩国古代没有自己的文字,汉文(汉语书面语)教育是主流。不管是三国时期的"太学"、统一新罗时期的"国学"、高丽时期的"国子监"等国家教育机构,还是"扃堂"、"书堂"、"十二公徒"等私立教学机构,都是以韩国式的书面语颂读为主的儒家经典的传授。据新旧《唐书》记载,古高句丽时代的教科书主要有"五经"、《史记》、《汉书》、《后汉书》、《晋春秋》、《玉篇》、《字统》、《字林》、《文选》等。

李朝时期的汉语教材和教法我们可以从《老乞大》中的描述中推知当时朝鲜人学习汉语的情况,他们使用的教材是《论语》、《孟子》、《小学》这一类传统的汉

语母语教学的教材，甚至教学方法也是中国古代传统的模式。汉语教材《直解小学》、《直解大学》、《前汉书》、《后汉书》等都是与儒学和历史密切相关的。教科书《训世评话》共编写65则故事，所涉及的中国古籍有《史记》、《礼记》、《孟子》、《列子》、《古今人物志略》、《三国志》、《后汉书》、《晋书》、《搜神记》、《搜神后记》、《涑水记闻》、《南雍州记》、《广异记》、《出明录》、《河东记》、《鹤林玉露》、《太平广记》等二十余部。选录故事的标准与儒家忠孝节义的道德观念一致。

3. 古韩国学习汉语口语的教材

在《老乞大》和《朴通事》之前，古代朝鲜的汉语教材有《直解小学》、《直解大学》、《前汉书》、《后汉书》等，前两个类似中国元朝贯云石的《孝经直解》，许衡《鲁斋遗书》中的《直说大学要略》、《大学直解》等，正如李边在《训世评话》跋文中所说："《直解小学》逐节解说，非常用汉语也。"《前汉书》、《后汉书》是文言文体的，可见这些教材中的内容都不是日常所用的汉语。随着古白话的广为流传，要求相应的口语体汉语教材产生。

《老乞大》、《朴通事》作为古代朝鲜半岛学习汉语的专业教材，至晚成书于14世纪中叶，即我国元代、韩国和朝鲜高丽王朝后期，迄今已经历六七百年。朝鲜李朝国王高度关注，世宗五年（明永乐二十一年，1423）政府令"铸字所印出"；成宗下旨："夫始肆华诸者，先读《老乞大》、《朴通事》两书，以为学语之阶梯。"司译院甚至要求"通事"们背诵。两书都以汉语口语问答对话的形式编纂而成会话课本，其文字全部是汉字，用的是元代北方的"汉儿言语"。

"乞大"是"契丹"的转音，用以指代中国。"老乞大"即"老中国"，意为久居中国、精通中国语言文化的人，犹今言"中国通"。《老乞大》不足二万字，分为上、下两卷，上卷55节，下卷53节，共108节，相当于108篇课文。以高丽商人来中国经商为线索，用对话的形式表现路上见闻、住宿饮食、买卖货物等。

《朴通事》书名中"朴"是朝鲜的固有姓氏，"通事"是翻译的意思，《朴通事》即《朴翻译》。分为上、中、下三卷，上卷38节，中卷38节，下卷30节，共106节，相当于106篇课文。全书用对话或一人叙述的方式介绍中国社会生活的各个方面，反映的是社会生活，内容上兼旅行指南和经商指南，反映元末明初的北方口语。

《训世评话》分上下两卷，是继《老乞大》、《朴通事》之后古朝鲜又一学习汉语的教科书。汉学大家李边（1391—1473），大胆地将中国评话的形式引入教材编写，收集了古代名人、贤人及贞节烈妇的忠孝故事，以及寓言、民间传说、笑话等65则，其中60则取自中国历代正史、野史和笔记，五则收集自韩国古籍《三国史记》、《高丽史》、《三国遗事》、《太宗大王实录》、《三纲行实图》，采用文白对照的体例，先列文言原文，然后译为口语评话，开创了韩国汉语读本的新形式。它既反映了明代前期汉语口语的特点，同时也保留了古朝鲜人翻译汉语、表达汉语时的独特之处

（参见张美兰，1998）。

《翻译老乞大·朴通事》是译官崔世珍为译官们学习汉语的方便，在原本《老乞大·朴通事》的汉文基础上，增加谚文、注音（用1443年李朝创制“训民正音”给每个汉字注了音。左侧是“俗音”，即15世纪朝鲜语学大师申叔舟所记的中国北方音；右侧为“今俗音”，即16世纪崔世珍当时接触到的中国北方音）、旁点和谚文注释。

1677年以边宪为首的12名语言家把《朴通事》翻译成朝鲜文字并加以充实，编纂出版了《朴通事谚解》。《朴通事谚解》由李湛明作序，共分上、中、下卷，在第三卷的最后附录了《老乞大集览》。1721年《伍伦全备谚解》刊行。

1765年由语言学者金昌祚编纂并且出版了《朴通事新释》。该书一卷一本，由汉字写成，形式基本也采取汉语对话的方式。1795年《重刊老乞大》刊行。

这些谚解类（谚解就是用谚文翻译汉文书籍）的教科书在世界汉语教材编撰史上具有划时代的意义。它实现了世界汉语教材从以识字教学为中心到课文教学为中心的转变；从以书面语教学为中心到口语教学为中心的转变；从以直接教学法为中心到对比翻译法教学为中心的转变（参见金基石，2004）。

同时这些谚解类的教科书也保留了朝鲜几代学者对中国明清时期汉语音的谚文标音，其中不但有对传统韵书音的记录，而且有各时期中国现实音（北方话时音）的记录，因此这些资料对研究中国近代汉语音韵的演变过程具有重要的参考及旁证价值，如胡明扬《〈老乞大谚解〉和〈朴通事谚解〉中所见的汉语朝鲜对音》，《中国语文》1963年第3期；李钟九《〈翻译老乞大·朴通事〉所反映的汉语声调调值》，《古汉语研究》1997年第4期；金基石（1998）通过朝鲜对音文献的谚文注音资料，考察近代汉语唇音的合口问题（详见《近代汉语唇音合口问题与朝鲜对音文献的谚文注音》，《延边大学学报》1998年第2期）。

4. 古日本汉语教材的面貌

（1）古日本对古典汉籍的学习和研究

5世纪左右，古典汉籍在日本广泛流传，伴随着汉籍阅读者群体的不断扩大，训读方法也逐渐成为基本的翻译方法。日语训读中的“训”，来源于汉语“训诂”一词，指诠释、说明词语的意思和用法。训读则指以日语注释说明汉语词语含义等，使读者了解汉语词义，能够阅读作品原文。据考证，奈良时期（710—784）的日本人阅读汉语作品或是音读或是训读。训读汉语作品或是阅读经过训读的汉语作品，日本的汉语辞典是极其有价值的工具书。日本最早的辞书既不是日本的国语辞书，也不是其他外语辞书，而是汉语辞书。日本流传下来的最早的汉语辞书是9、10世纪之交的平安朝中期出版的《新撰字镜》，收录了两万多汉字，词语解释具体详细。稍稍晚于《新撰字镜》的还有《倭名类聚钞》，也是一部规模很大的汉语辞书。另外,平安时期(794—1192)汉学家菅原是善的《东宫切韵》是第一部研究汉语音韵的专著,它已经能够用反切的方法表示汉字的读音。不少《千字文》的注释本曾依据这部书注释汉字读音进行训读。到了江户时期(1600—1867),汉语辞书的编纂空前繁盛。近三百年中,先后问世的汉语辞书多达几十部,此外还出版了不少音韵辞书以及语法书籍(详见胡山林,2002)。

总之,日本汉学研究历史之悠久,汉学家人数之众多,翻译作品及研究书籍论文之浩瀚,古典汉籍在日本的流传,日本发明的古典汉籍训读方法,编纂与古典汉籍相关的汉语辞书,都充分说明了日本学习汉语书面语的历史。

(2)日本学习官话口语的汉语教材

明治时期,日本汉语教育发生了一系列重大转变:内容从古典文言转变到以白话为中心,口语从南京话转变到北京官话。明治以前没有专门的汉语学校、专职的汉语教师和公开出版的汉语教科书,幕府时代"唐话"教育虽影响很大,然而不过是唐通事们的"家学",沿用的是唐通事时代的旧教材。明治维新以后,出现了专门的汉语学校、专职的汉语教师和公开出版的汉语教科书,并及时将教学内容由南京话变成了北京官话,而在转到教北京官话后,迫切需要编出新教材。汉语教师广部精以英国人威妥玛的《语言自迩集》为基础,编写了《亚细亚言语集支那官话部》。中田敬义(1879)把日语的《伊苏普喻言》(《伊索寓言》)译成北京官话,使其同样成为明治时期较早的一本汉语教科书。御幡雅文(1890)的汉语课本代表作是《华语跬步》,另外还编写了《沪语便商》、《沪语便商意解》、《沪语津梁》、《官商须知文案启蒙》、《生意集话》、《台湾土语读本》等。宫岛大八编写了《官话急就篇》以及《急就篇总译》、《罗马字急就篇》、《急就篇发音》、《续急就篇》,另有《日华字典》、《时文类纂》、《支那官话字典》、《支那语会话篇》等。在日本汉语教育界,《官话急就篇》被誉为二战前日本汉语教科书的"经典",重版了一百七十多次。井上翠在辞典编写方面成果突出,出版了《日华语学辞林》、《井上日华辞典》、《井上袖珍日华辞典》、《井上支那语中辞典》等,尤其是最后出版的《中国语新辞典》,是他一生汉语词典编写之集大成,至今仍是日本著名汉语词典之一(详见王顺洪,2003)。

《官话指南》、《燕京妇语》都是为日本人在北京工作生活所用的汉语教材。《官话指南》(日驻北京公使馆翻译吴启太、郑永邦合编,1881 年刊行)共分四卷:第一卷"应对须知",是关于询问姓名、年龄、工作,以及看望病人等方面的对话;第二卷"官商吐属",是关于拜年、做生意、狩猎、劝朋友戒毒等方面的对话;第三卷"使令通话",是吩咐仆人或其他人工作或办事等用的话语;第四卷"官话问答",是大臣出访时接受酒席招待使用的话语,还有外国领事到中国政府机关调和商船冲突使用的话语等。《燕京妇语》是一本日本驻北京的侨民女眷学习北京话用的会话课本。教材分上下两卷,共22课。课文内容反映的是北京当时中上层社会的生活,有中外妇人之间的会话,有妇人和男士们的会话,有妇人和下人们的会话,有妇人和商人们的会话等。谈话的话题主要有初次见面、邻居相遇、探亲、访友、游览、拜年、接风、送行、宴请、祝寿、裁衣、种花、租房、打首饰等。

另有《白姓官话》①这一部琉球使用的汉语教材,由我国清代遭遇台风漂到那里的难民白瑞临于乾隆十四年(1749)编写而成,是当时琉球人学习汉语的一部高级课本,影响很大(参见王庆云,2003)。

(二)早期泰西诸国各种汉语教材的萌芽和产生

1. 中国传统识字教材对传教士汉语学习的影响

学习汉语要有教材,当时的传教士采用中国人的方法,把"四书"作为教材的。儒学学说是明清时期的主流意识,"四书"是当时儒家传统的基本文本,传教士通过"四书"学中文,自然既可学习规范的文言文,又可了解儒家学术的基本精神。利玛窦、马若瑟等人在中国都有这样的学习和实践。但作为教材,"四书"不是最佳的选择,也不适合作口语教材。因此在以"四书"作为入门教材的同时,传教士们积极考虑编写既能适应当时口语以方便传教,又能结合自己母语特点的汉语读物(参见许光华,2002:447)。

15世纪末新航路的开辟将中西关系推进到新阶段,葡萄牙、西班牙相继在东南亚建立殖民地。此后欧洲各国的传教士在东南亚的传教活动非常活跃,其中重要表现之一,就是纷纷把有关天主教教义的经典翻译成为东南亚地区各民族的民族语言,如马来语,菲律宾的加泰洛语、米沙扬语以及越南语等等,传教语言的"方言化"是当时"适应"传教方式的一种重要表现,不仅有效地促进了宗教传播,而且也推动了东南亚国家民族语言的发展。如西班牙传教士通过利用拉丁语和西班牙的卡斯第语的语音结构来重新构建菲律宾加泰洛语;方济各会传教士、奥古斯丁会传教士、耶稣会士先后编写了教区内各种方言的语法书和字典、教理问答与布道书等。传教士们也特别注意向东南亚地区华人传播福音,希望借助华人把福音传入中国。在1593—1648年间,西班牙的多明我会传教士就出版了三本针对华人传教的闽南语书籍(详见施雪琴,2003)。而此时的东南亚华人社区、中国的澳门也先

① 对《白姓官话》及《广应官话》的研究成果有:濑户口津子《琉球官话课本研究》(吴多泰中国语文研究中心,1994年)、《〈白姓官话〉两种抄本的比较》(首届汉语言学国际研讨会,1998年,上海)、《日本琉球的中国语课本〈广应官话〉》(《中国语文》1996年第4期)等多项研究。我国学者有董明的《明清两代汉语在琉球的传播》(《世界汉语教学》1996年第4期)、马一虹的《古代东亚的"通事"与"译语"》(日本《旅游学》,1999年第3期)、郭芹纳《对〈日本琉球的中国语课本《广应官话》〉一文的一点商榷》(《汉语史研究集刊》第三辑,巴蜀书社,2000年)。

后成了传教士来华之前学习汉语的基地。这些对来华传教士的汉语学习和研究都有一定的积极影响和相互促进作用。

2. 在华传教士为传教而学汉语

16 世纪初，葡萄牙占领马来半岛后，即垂涎中国大陆。葡萄牙天主教耶稣会教士圣方济各·沙勿略 1552 年到达广东沿海。1557 年，葡萄牙教士登上了中国澳门的土地，陆续来到中国。接着，意大利传教士利玛窦、罗明坚于 1582 年来华。此后有传教士艾儒略、金尼阁、毕方济、邓玉函、汤若望、南怀仁等多人相继来华。他们先后学说中文甚至写中文。

早期来华传教士大多受过良好教育，在人文和自然科学领域具有较丰富的知识，且大都长期在华传教。他们以其狂热的宗教热情和杰出的语言天赋，刻苦地学习汉语，突破了语言障碍，不仅学会了说，而且努力做到听、读、写样样精通，以便宣传基督教义，扩大自身影响。他们中有的不仅传教活动成绩斐然，还能用中文著书立说，可以说他们既是著名的传教士又是汉语学家。例如：利玛窦等人在学习汉语的过程中，创造了在汉字旁加注罗马字母拼音的方法，以便使自己看到拼音就能正确读出汉字，从而为欧洲人识读汉字和学习汉语提供了便利；利玛窦等人编著了有史以来第一部葡华字典（《宾主问答私拟》），为欧洲人学习汉语汉字提供了得力工具；汤若望还曾先后在明朝的修历局和兵杖局供职，并用中文撰写和翻译了《主教缘起》、《古今交食考》等著作多种。

3. 传教士为方便他人学汉语而编汉语教材

来华传教士从学习中国语言和方块字开始了解中华文化，并基于自身的需要，先后编写过多种辅导汉语学习的工具书，着手编写汉语语音、词汇、语法方面的著作，学习、讲授汉语并尝试编写学习汉语书籍、双语辞典等。如西班牙奥斯定会士拉达（Mardin de Rada，1533—1592）早在 1575 年就编写了《华语韵编》，这是一本西班牙语与闽南话对照的词汇书（引自张西平，2002:423）。目前有文献可考的最早的一本语法书是 1592 年多明我会传教士胡安·柯伯（Juan Cobo）的《汉语语法》（*Arte de la Lengua China*），但该书已失传（引自马又清，2002:1）。目前在学界颇受关注的教材有：

（1）西班牙传教士瓦罗（Francisco Varo）所著的《华语官话语法》，1682 年完稿，1703 年刊行，是目前发现的世界上第一部正式刊行的汉语语法专著，也是西方汉语研究史上的一部要著。该书套用拉丁语语法对汉语作了纲要式的介绍，对官话口语的分析没有汉字，只有译音形式，对汉语语法的认识还比较粗疏。

(2)法国耶稣会士马若瑟《汉语札记》(*Notitiae Linguae Sinicae*)(拉丁文),②1728年成书,1831年才得以刊行。1847年英文版在广州刊行。这是一部关于中文(文字、词汇、语法、音韵、修辞)和中国文学的精深著作,目的是向传教士提供一本适用的教材,并且为进一步研读中文打下基础。作者试图打破拉丁语框架,努力从中文文献所表现的语言现象中(仅引用例句就达一万三千余条,汉字达五万个左右)概括汉语自身的语法规律,而非总结一套系统严格的汉语语法。例如清楚明确地对汉语实词(solid characters)、虚词(empty characters)的区分作了界说,英译本共323页,就有102页专论虚词;注意到量词;看到汉语名词没有性、数、格的变化而引起的词形变化;注意到汉语的文体风格。这也是第一本兼顾白话和文言语法的语法书(参见李真,2003)。

(3)马礼逊《通用汉言之法》(*A Grammar of the Chinese Language*)1811年完稿,1815年刊行,是现存最早的一部英语系汉语教材,是当时英语系传教士、商人、外交官可用的汉语语法教科书。按照英语语法的特点对中国语文进行系统性的语法论述,书中所有例句不仅以中英文列出,每一字旁边还注有英语字母的标音,有助于当时的音韵、声调、语法及其演变过程的研究。贝罗贝(2000)指出该书书名虽冠以"汉语语法",但"更应归类为教学课本。……这本著作对将英文翻译成汉语有帮助,但不能把它看做是一本能指出语言规则的语法著作"。

(4)郭士立《中文语法札记》1842年。

(5)艾约瑟《汉语官话口语语法》1864年。

4. 欧洲本土东方学研究者的汉语教材

(1)华人黄嘉略在法国朋友弗蕾莱、傅尔蒙的帮助下,奉命用法文编写《汉语语法》(*Essay de la grammaire chinoise*)1716年完稿,此书虽未出版,但在法国汉学史上极具意义。黄嘉略1702年随传教士去法国,当初,比尼昂教士交付这个任务给黄嘉略的目的是,通过此书能帮助法国人学习和掌握汉语,使他们能够阅读存放在国王图书馆中的中文书籍,让前往中国的传教士和商人在动身之前学会基本的汉语会话(许明龙,2004:130)。《汉语语法》并非语法专著,而是以汉语语法为主要内容兼及其他中国知识的一部综合性著作。书中主要篇幅用于讲解词法,后半部分是关于汉语中的常用词汇和句子、对话和应用文,对话以汉、法逐字对照的方式编写,这些对话既是汉语教材,也是使用的工具书。

(2)英国马士曼《中国言法》(英语)(*Elements of Chinese Grammar*),1814年刊行。

---

② 该书书名亦译为《关于中国语言的知识》、《中国语言志略》、《中文概说》、《中国语札记》等。

(3)法国雷慕沙《中文语法》(*Elements de la Grammaire Chinoise*),1822 年刊行;这部书侧重文言语法,其特点是第一次如实描绘了汉语的特点:没有性、数、格、时态等变化,是西方第一部真正使用的中文语法书。该书被称为欧洲第一部科学的从普通语言学角度论述汉语语法的学术性著作(参见张西平,2002:430)。

(4)法国儒莲的《汉语新句法》(1869,全称为《以汉字位置为基础的汉语句法结构新编》)。他倾向于从教学实践出发,在讲解原文中归纳汉语结构的规则。这是他教学和研究的成果(参见张国刚等,2001:342)。

(5)德国汉学家甲柏连孜《汉文经纬》(*Chinesische Grammatik*),1881 年刊行。书中强调汉语的独特性,汉语语法没有其他语言常见的构词形态学,只有语音学和句法学。书中列出全部文言助词及其详细用法,古文语法方面分析得全面而深入。对中文的许多语法功能和组织原则进行了分析与解说,如主语在谓语动词前,动词的宾语在动词后,限定词在被限定词前等等(参见张国刚等,2001:346),被誉为"西方人对中国语法研究的总结性著作"。在西方汉语研究史上标志着两大转变:从印欧语言中心论转向语言相对论;由偏重文字、语音、词汇转向语法,特别是句法(姚小平,1999)。

这一类教材主要是汉学家通过各种途径了解汉语,参考在华传教士们的汉语著作对汉语进行研究,可称得上是汉语研究专著,与上文所说的在华传教士汉语教材的作用相当,目的是帮助欧洲人学习和掌握汉语,了解文言语法,学会基本的汉语会话。

5. 清代后期外交官员的汉语教材

(1)威妥玛《语言自迩集》(三卷本),第一卷前两章是英文,从第三章起为中文,是英国驻京大使威妥玛 1867 年编写出版的一部供西方人士学习汉语官话(北京官话口语)的教材,也是第一部教学北京话口语的汉语课本。书中对 19 世纪中叶北京话的语音、词汇、语法作了记录和分析。第一次用西文字母给北京话口语标记声韵调。这既是一部高水平的汉语教材,又是 130 年前北京话的精彩实录文献,还是一部以当时北京话为描写对象的语言学专著,对于中国语言学史、北京话史和普通话史的研究,具有划时代的意义。1886 年出版的《语言自迩集》(第二版),在当时是 部权威性的北京话课本。它系统地记录了 19 世纪中期的北京官话音系。作为课本,它语音、汉字、语汇、阅读并重,一千五百多条注释提供了丰富的语言—社会—文化背景知识,价值远远超出课本(参见张卫东,2002)。

(2)英国外交官翟理思(1845—1935)编著了《语学举隅》、《字学举隅》等,都是用拉丁字母拼音方案给汉字注音的教材。

二、东西方汉语教材的特点比较

（一）明清东西方汉语教材共同点

1. 侧重描写了当时的官话体系口语面貌

在漫长的历史上，中日、中韩交流绵延不断，媒介主要是汉字和文物。学习汉语可以不教汉语发音，汉语学习者可以通过学写汉字，读《三字经》、"四书五经"等文献掌握汉语词汇，了解中国文化，相对而言汉语口语的重要性尚不突出。但是到明清时期由于汉语口语官话的发展变化，国际上诸国与中国间交流的迅速变化，使汉语（特别是汉语口语）的重要性日益突出。

日本在明治维新以后，在欧美殖民主义势力东进亚洲侵略中国，自身也面临威胁的情况下，为了自强，抗衡欧美，争夺亚洲，采取了加强与中国联系、向大陆发展的战略。1871 年中日缔结"修好条约"，正式建立外交关系，日本马上就筹建了汉语学校，并及时将教学内容由南京话变成了北京官话。而后，中日间的文书、人员往来日益增多，急需翻译，于是日本外务省设立了"汉语学所"。可以说日本汉语官话教学和教材的编写与明治政府的政治、对华政策、外交动向密切相关（参见王顺洪，2003）。

古韩国《老乞大》和《朴通事》以高丽商人在中国旅行、经商为线索，以中国老百姓的生活和风俗习惯为话题编成，这两部教材从实用性和实践性原则出发，摆脱文言书面语言，全部使用口语词汇和口语表达方式。让前往中国的商人、翻译人员在动身之前学会基本的汉语会话。

明清西方传教士的汉语学习与西方的宗教布教政策有关。中国地域辽阔，方言不一。在早期传教士的著述中，我们看到尽管传教士大多活动于中国的南方，他们也注意到当地的方言土话，但他们感兴趣的还是学习和描写中国士大夫阶层所使用的语言，即当时的官话。利玛窦、金尼阁的《利玛窦中国札记》中就这么说："除了不同省份的各种方言，也就是乡音之外，还有一种整个帝国通用的口语，被称为官话……官话在受过教育的阶级当中很流行，并且在外省人和他们所要访问的那个省份的居民之间使用。懂得这种通用的语言，我们耶稣会的会友就的确没有必要再去学习他们工作所在的那个省份的方言了。"该书还写到罗明坚于 1579 年 7 月到达澳门，马上按视察员的规划做准备工作，"他第一件必须做的事就是学习中国语言，像人们所称呼的那样，学习这种语言的官话，即在全国通行的特殊语"。

瓦罗曾说："中华帝国除了通用的官话之外，各个城市或乡镇还有不同的方言，他们称之为'乡谈'（hiāng t'ân）。这种话只有本地人才听得懂。一个教士被派到某个地方后,他应该学会本地话,这样才能成为一个优秀的教士,因为如果掌握不好本地话,他就不能布道或者规劝,也听不懂那些不能说官话的妇人和农夫的忏悔了。但立即去学它也不可取,最好是等到能够比较自信地说官话之后,再去学本地话,以免这两者都说不好。”

此外,驻中国外交官员编写的汉语教材更是为了翻译、讲说北京官话而作。

2. 编写教材的目的——注重实用

在东西方世界汉语教材史的发展过程中,我们发现一个共性:它们都有明确的读者。传教士汉语教材系供新来的传教士学习,各种教会都有自己的汉语教材;瓦罗在编写教材时明确指出:“我便利用从别的教士那里搜集来的材料,再加上我个人学习和研究的成果,花了20年的时间来编成这部小小的读本。我相信这本小册子已使很多教士受益。”(瓦罗,弁言 p.4)

教材是为了掌握汉语,了解中国文化。利玛窦所著《西字奇迹》,金尼阁所著《西儒耳目资》都是用罗马字注音帮助西洋人学习汉语、汉字。瓦罗《华语官话语法》首先从掌握语法规则来介绍汉语,书中引用一系列具有道德或宗教内容的汉语例子,用拉丁字母转写。为增加“传教作品”的功能,在教材内容上详细地解释了在官方场合必须遵守的各种习俗和实用礼仪;法国雷慕沙《中文语法》也成了大学的教材;《汉语新句法》是法国儒莲的教学成果。威妥玛《语言自迩集》,翟理思《语学举隅》、《字学举隅》等,都是用拉丁字母拼音方案给汉字注音的教材。《老乞大谚解》和《朴通事谚解》两部教材,每个汉字下面都有两种谚文注音,每句末尾还配有谚文翻译。从音、义两方面和字、句多角度为汉语课文作注释,帮助学习者理解和掌握汉语的词汇和句子。日语训读是和古代汉语相对应的内容完整、技巧全面、严谨完备、自成系统的翻译方法。

在这方面朝鲜李朝时期的汉语教材更具特色:(1)设置模拟交际环境。课文内容丰富多彩,话题具有广泛性、趣味性;(2)坚持日常会话。句子普遍很短,非常口语化;(3)运用对比分析。不仅为教材注音翻译,而且对韩、汉两种语言进行了深入的对比分析(序、跋、凡例、注释等);(4)注重学识修养。朝廷要求译官不仅要掌握汉语口语,而且要求学习和研究中国经书典籍,即“善于汉语而明经史”(参见金基石,2004)。对此后的汉语第二语言教材《官话指南》、《燕京妇语》、《京语会话》都有积极的影响。

(二)明清西方汉语教材的个性特点

由于中西方文化的不同,西方国家与中国文化交融的时间层次不同,方式不同,因而明清东西方各国在编写汉语教材方面的特点也存在许多差异。西方汉语教材有许多独特的个性,值得我们借鉴和反思。

早期西方传教士注重根据自己或他人的习得经验来描写汉语,有些比较具体深入。如关于汉语的看法，瓦罗说："汉语官话的发音和字母（letters）与欧洲语言正好相反。因为在欧洲语言里，词的数目是无限的，字母则很有限，而在汉语里，字母或字符（characters）很多，音节则有限，其数目不超过 364 个。因此，为了能够表达出宇宙间绝大多数的事物、智力活动、内心情感以及事物的特性和本质等等，中国人赋予这些有限的音节以不同的声调，于是得到 1525 个音节。[③] 用这样的办法，依靠如此有限的词，使得汉语看起来像是一种蛮荒语言（barbarous language）。[④] 但实际情况并非如此。"

再例如关于汉语的发音方法，瓦罗在《华语官话语法》中指出："在耶稣会士编的词汇表里，有很多以 m 收尾的词，但我们在写和说的时候，应该把它们看做是以 ng 收尾的词。因为，葡萄牙的教士们在发词尾的 m 时嘴唇不圆，像发 ng 那样；而卡斯蒂利亚人的发音就不是这样。所以应该按照上面我们指出的那样去说和写。"关于汉语的语音体系，瓦罗提到"这种语音体系大不同于欧洲诸语言，教士们觉得很难学"。

他们的描写有时比较粗疏，感性认识多。一方面由于他们没有真正把握汉语，另一方面由于语言学尚不发达，对人类语言文字的本质和发展史还缺乏全面的认识，总的说来他们有关汉语结构的基础知识还在积累之中，片面的看法仍很常见。如法国马若瑟《中国札记》中对虚词"也"用法的描写，就是建立在他对汉语词与词在句中排列位置孤立的理解上，并没有将"也"放在句式结构的框架来考虑，以至于长篇例句罗列，抓不住"也"字用法的要领（详见李真，2003：引例中的第 17 例—19 例）。欧洲本土的汉语家对汉语的认识来源于第二手资料。有时对汉语的描写也有偏见。

但是我们不能忽视教材中有关对汉字、语音、声调、口语、书面语、方言等诸多问题的感性认识，这些也涉及了西方人学习汉语的难点所在，大多比较中肯，对于我们今天进一步认识汉语的特点和外国人学习汉语的难点，改进国内语文教学和对外汉语教学工作，也具有一定的参考价值。在当时的汉语研究背景下他们所做的开创性工作功不可没。

他们以拉丁语法为主导描写汉语语法，几本语法专著的体例问题有点雷同。西方人熟通拉丁语法，通过比较汉语和拉丁语，人们意识到汉语的结构原理不同于欧洲诸语言。瓦罗采取了"拉丁语视角"，以期更好地认识汉语，正如桑德拉·布

---

③ 姚小平（2004：97）指出：葡萄牙耶稣会士曾德昭在《中华帝国志》（1641）中指出：汉语口语有别于书面语，在口语中单音节可以变成多音节，据他估算口语（官话）有 326 个音节，加上声调、吐气变化，音节总计 1228 个。

④ 过去有些西方人把汉字看做是与落后的中国相匹配的低等工具。

莱登巴赫博士所说:“传教士们都通晓拉丁语,熟知拉丁语的语法分类。他们势必要利用已知的手段来描述新事物,以便更好地了解事物,这种情况下拉丁语便是他们进行比较的基础。”(《华语官话语法》,2003,P,F36)瓦罗的这种取向在黄嘉略奉命编写的《汉语语法》中仍有反映。早期几部汉语教材都有机械地以西语语法框架来套汉语的现象,以至于语法内容差不多是按同样的顺序展开,包括段落和举例也是这样。语法方面虽也涉及到句法,但偏重词法,因而在词性的描写、词类划分等方面比较详细。如将西洋语法概念范畴移用到汉语中,把汉语分出名词、代词、形容词、数词、量词、动词、副词、介词、连词、叹词等类,用拉丁语法的六个格分析汉语名词与其他词的句法关系,用时、体、式、态来讲解动词等。

但是西方人编写的教材中主要从中西语言(语音、词汇、语法用法差异、句子)对比的角度来描写汉语的特点,有一定的理论框架,借取西洋语法概念范畴,对我们全面系统地认识汉语语言体系,进行汉语本体研究有一定的价值,对更好进行汉语第二语言教学有直接的借鉴作用。

三、结　语

明清世界汉语教学的历史,在东方和西方经历了不同的发展道路,并有着不同的发展模式,一直对我国今天的对外汉语教学和学科建设包括模式建构,产生着深远的影响。同时明清时期的东西方汉语教材是我们研究当时汉语的宝藏。从谚文、训读、日韩编撰的各种韵书辞典到西方的拉丁字母拼写,各种拉丁字母拼音方案,这些是研究明清语音史十分有价值的资料。口语课本中大量的口语词对研究当时的词汇面貌、词汇发展规律极为有用,使明清官话的系统面貌在东西方教材中得以记载,西方语言观下的汉语语法体系得以呈现。这期间西方人编写的汉语语法书总量相当可观,举其要者至少也有十余种,而由于这批语法书以各种西文撰成,过去国内学界研究者很少,整个20世纪没有人作系统的考察和清理(姚小平,2004:95)。目前尚有大量的资料藏在世界各地,因为语言的关系(用葡萄牙文、西班牙文、拉丁文)尚未被我们发现或利用,我们期待这些汉语教材得以挖掘,我们的研究视野也会进一步开阔。

参　考　文　献

Coblin, W. South (1998), “Francisco Varo and the South System of Early Qing Mandarin,” *Journal of the American Oriental society* 118.2.

Coblin, W. South, and Joseph A, Levi (2000), *Francisco Varo's Grammar* of the

Mandarin Language (1703)—*An English Translation of Arte De La Lengua Mandarina*. John Benjamins Publishing Company, Amsterdam.

贝罗贝:《二十世纪以前欧洲汉语语法学研究状况》,《〈马氏文通〉与汉语语法学》,商务印书馆,第150—151页。

程相文:《〈老乞大〉和〈朴通事〉在汉语第二语言教学发展史上的地位》,《汉语学习》,2001年第2期。

[日本]胡山林:《训读:日本汉学翻译古典汉籍独特的方法》,《日本研究》,2002年第2期。

黄爱美:《马礼逊〈通用汉言之法〉研究》,西洋汉语研究国际研讨会论文,2003年。

金基石:《韩国汉语教育史论纲》,《东疆学刊》,2004年第1期。

李真:《马若瑟对中国语言学史的贡献》,西洋汉语研究国际研讨会论文,2003年。

利玛窦、金尼阁:《利玛窦中国札记》,广西师范大学出版社,2001年。

[日本]六角恒广著(1994),王顺洪译:《日本中国语教学书志》,北京语言文化大学出版社,2000年。

马又清:《瓦罗〈华语官话语法〉研究》,清华大学人文学院硕士论文,2002年,第1页。

[意大利]马西尼著,黄河清译:《现代汉语词汇的形成——十九世纪汉语外来词研究》,汉语大词典出版社,1997年。

施雪琴:《16—17世纪西班牙传教士与菲律宾民族语言的发展》,《东南亚》,2003年第3期。

[西班牙]瓦罗著(1703),姚小平等译:《华语官话语法》,外语教学与研究出版社,2003年。

王顺洪:《日本明治时期的汉语教师》,《汉语学习》,2003年第1期。

王庆云:《古代朝鲜、琉球汉语教学及教材研究引论——以〈老乞大〉、〈朴通事〉、〈白姓官话〉为例》,《云南师范大学学报》,2003年第5期。

威妥玛编著,张卫东译:《语言自迩集》,北京大学出版社,2002年。

魏爱莲:《〈史记〉是日本的汉学教科书》,《湖北成人教育学院学报》,2003年第5期。

许光华:《法国汉语教学发展史概览》,《汉学研究》第七辑,中华书局,2002年。

姚小平:《〈汉文经纬〉与〈马氏文通〉——〈马氏文通〉历史功绩重议》,《当代语言学》,1999年第2期。

姚小平:《现存最早的汉语语法著作——瓦罗著〈华语官话语法〉简介》,《中国语文》,2001 年第 5 期。

姚小平:《西方早期汉语研究再认识,17—19 世纪西方汉语研究史简述》,商务印书馆编辑部编《21 世纪的中国语言学(一)》,商务印书馆,2004 年,第 90 页。

张国刚等:《明清传教士与欧洲汉学》,中国社会科学出版社,2001 年。

张西平:《西方近代以来汉语研究的成果》,《汉学研究》第七辑,中华书局,2002 年,第 423 页。

张西平:《对西方人早期汉语学习史的研究》,《汉学研究》第七辑,中华书局,2002 年。

张西平:《西方人早期汉语学习史调查》,中国大百科全书出版社,2003 年。

张美兰:《〈训世评话〉词语考释》,《南京师范大学学报》,1998 年第 3 期。

张美兰:《〈华语官话语法〉中语法问题分析》,《国际汉学》第十辑,大象出版社,2004 年。

张美兰:《传教士利玛窦的汉语学习与汉语研究》,商务印书馆语言学出版基金第二次中青年语言学者论坛论文,2004 年。

梁承敏、朴在渊编:《京语会话》,鲜文大学校,中韩翻译文献研究所,2004 年。

《燕京妇语》,好文出版社,1992 年。

《古本老乞大》,外语教学与研究出版社,2002 年。

(作者单位:清华大学中文系)

《孽海花》德文版译者序

□[德]司马涛(Thomas Zimmer) 著
□李雪涛 译

2000年夏天,我在苏州的一家书店里很偶然地发现了一本有关苏州籍科举考试状元的书,[1]科举考试在中国一直持续至20世纪早期。在有关这些旗开得胜学子们的桃色事件一章里,当然不会缺了洪钧,他是最后一个获得了同治戊辰(1868)科状元的苏州籍举子,这些当然是他在进入外交生涯之前的事了。在书中,紧接着洪钧的名字出现的是他那名噪一时的姨太太傅彩云。书中提到,傅彩云于1887年搬进洪钧家,在洪家生活有六年之久,一直到他丈夫去世。在这期间她曾作为公使夫人随同出使德国,并生有一女,名为德官。这一年的年末我在北京逗留期间,又记起了那篇扼要的传记中的最后一句话,是说赛金花(化名傅彩云)一生的最后岁月是在前门南面的一个小胡同里度过的……

在地图上找到的是一条死胡同:居仁里。它坐落在天桥地区,是老城的一部分。这一地带乃是晚清时汉人在城墙之外所建的繁华商业区,不过时至今日却连半点当时的影子也找不着了。通向四面八方的主干道和环城路也打通了,推土机可怕地开进了老城中拐弯抹角的四合院前,在为现代化的高楼大厦清理着昂贵的地皮。

这条窄窄的小胡同从外面的主街一直延伸到最里面的居民区。挂满晾晒衣物的大门挡住了通往院内的视线,这里的人们

① 李嘉球:《苏州状元》,苏州大学出版社,1999年。

在从容自在地做着家务。等我走近的时候感觉到了他们不信任的目光,听到了他们轻蔑的议论。“又有一个老外在胡同里溜达呢!”我问了两个中年男人,知道不知道赛金花?当然,很久以前她在这儿住过,在那后面胡同的尽头,不过那房子早就给拆掉了。一家工厂院子的围墙使这个胡同成了死胡同。据说,这家工厂是在拆了赛金花的房子后于30年前建起来的。我解释说,我翻译了一本有关赛金花故事的书。跟我说话的两个人搜肠刮肚,想出了一件谣传的事向我打听:难道赛金花不是活了一百多岁吗?这时一位老太太从院子里走进了胡同。两个男子可能是想要充实一下他们那孤陋寡闻的大脑,也可能只是想转移一下视线。“何大妈,你不是还认识赛金花吗?你老是跟我们讲战争以前的事。”老人笑了笑,摇了摇头。这是不可能的,如果真的有谁知道赛金花的话,顶多能是胡同中82岁的老人。可是老人不在。当我闲逛着又回到主大街的时候,还听到有人很诧异地讲,自70年代以来,一直有艺术界和文艺界的学者、专家来到居仁里寻访,希望能够得到有关赛金花的第一手资料。这位名妓赛金花究竟是何许人也?

从赛金花本人那里尽管得不到什么东西,这点大概是不会错的,但所编写的有关她的各式故事、传说以及逸闻让中外文学界忙乎了几十年。坊间不断有诸如此类的书籍问世:《赛金花》或《赛金花传》,用半小说半传记形式写的,有时还加上刺激性的副标题,如“红极一时的名妓”,可以看出有些近乎媚俗了。②

引人入胜的各类读物中的材料为我们提供了赛金花曲折的人生经历,以及她所处的令人激动不已的时代,特别是她作为中国外交官的姨太太在欧洲的大都市度过了几年的岁月,也被作为材料编入了读物,更夸大了演义的程度。如果说时代的动荡使之成为可能的话,赛金花在欧洲逗留期间,和那些极具影响力的政治家和军事家建立了关系,并且这种关系日后对她本人和中国都起到了作用的话,那么这便给出了一场大戏的背景。在书中我们可以读到:一位勇敢的中国女英雄的慷慨陈词声援了爱国主义、民族主义的讨论,正是由于她那大无畏的精神才阻止了西方“野蛮人”的暴行;作为楚楚动人的中国外交官的姨太太,在社交场合所表现出来的是远胜于她那迂腐丈夫的亚洲女性的机敏,她甚至同最高级的社交圈也建立了联系,这也为女权主义的诠释提供了机会。

这一可能的诠释方式便是曾朴在《孽海花》中所采取的立场。这部小说是公认的清末时期极其严格的、在语言上又极具匠心的章回小说。如果拿今天的想法和口味来衡量,《孽海花》也许算不上“世界文学”。不过它无疑是第一批将视线移

② 在这里列举几部近几年出版的这类书的书名:赵淑侠:《赛金花》,北京:十月出版社,1990年;柯兴:《赛金花传》,群众出版社,1999年;野岭伊人:《赛金花——一代名妓》,哈尔滨:黑龙江人民出版社,1998年。

到中国之外世界的文学作品中的一部。其中不光有杜撰出来的学者和大臣登场，也有皇帝和沙皇，以及高级外交使团中的官员，在他们各自文学形象的背后不难刨出隐藏其中的具体历史原型。从这一点上来看，《孽海花》可以说是时代的影射小说。[③] 至于曾朴是怎么会有可能写出这样一部书，我们先来简单看一看他的生平。

曾朴其人

曾朴是江苏省常熟人，同治壬申年(1872)作为家里的独生子出生于一个固守着中国传统的大家庭，而他的家族从12世纪起便世代居住在这里，出了诸如大臣、学者以及将军等各式人才。[④] 除了年轻的曾朴自己所具有的文学天才之外，家庭环境给他在这方面相应的提挈也是不可忽视的，他的父亲是公认的散文家，而祖母则让他熟悉了当地的一种民歌形式的体裁——弹词。

其后曾朴的父亲命他进京赶考，之后他中了同治壬辰(1892)科进士，这之后开始了文学活动，并于1907年左右开始和著名的翻译家林纾(1852—1924)建立了友谊。这个时期的曾朴，其主要兴趣在于法国的作家以及与此相关的法国式的沙龙生活方式、浪漫派思潮以及人类本能的冲动。在1910年至1920年间，曾朴翻译了不同法国作家诸如巴尔扎克、莫里哀、左拉以及雨果的作品，这些作品对他触动颇深。他于1913年翻译了雨果的《九三年》(*Quatre-vingt Treize*)，1916年又将《枭欤》(*Lucrèze Borgia*)一剧翻译成了中文。[⑤] 在1919年儿子到欧洲学习医学以后，他跟西方的联系就更加密切了。文学活动对曾朴来讲实际上始终只是暂时性的工作，他在政治上的雄心可以从在1908年至1926年间担任江苏省不同位置高官的事实中得到证明。1911年清王朝灭亡的时候，曾朴被选为所在省代表大会的成员，并代表江苏省参加了1913年在北京召开的财长会议。1927年曾朴终于去职归里，同他的长子一道创设"真美善"书店，不过这一书店到1931年便告解散。卜居期间重新又有的闲情雅致让他有了时间来实现在文学上的夙愿。这时他又捡起了《孽海花》的书稿，在这二十余年的政治生涯中，作为局内人的他对外交官员、大臣以及朝廷官员等高层有了足够的认识，也更有把握让他所描述的一切更为可信。除此之外他还编著了一部题为《鲁男子：恋》——一部极具自传特点的小说。

---

③ 具体有关这部小说在其同时代中国文学中所处的地位的看法，可以参考：Blanka Hinz: *Der Roman ,,Eine Blume im Sündenmeer" (Niehaihua) und sein Platz in der chinesischen Literatur* (《小说〈孽海花〉及其在中国文学上的地位》)，Bochum: Brockmeyer 1995。

④ 以下有关曾朴的叙述请参考：Peter Li: *Tseng P'u*(《曾朴》)，Boston: Twayne 1980。

⑤ 有关曾朴诗词、散文以及译作的完整的一览表见时萌：《曾朴研究》，上海：上海古籍出版社，1982年，第62—76页。

这部1927年至1928年间创作的小说，描写了一位年轻人由于不幸的爱情经历而产生的心灵斗争。⑥ 可以看出，这部小说除了固有的中国文学的特征外，具有青春浪漫气息的主人公的思想和感觉，让人很容易想到可能是以歌德的《少年维特之烦恼》或罗曼·罗兰的《约翰·克利斯朵夫》作蓝本来创作的。

编辑成书的历史

后世对曾朴的回忆无疑是因为他的小说《孽海花》，而这本书的成书过程却是极其错综复杂的。小说的前几回要追溯到一个名叫金松岑（1874—1947）的作者那里，他于1903年有感于中俄关系的意义，以含义颇为模糊的《孽海花》为题，写了几回小说。在这之前金松岑就已经以政治活动家、有关文学与社会关系之文论作家以及俄、日文著作的翻译家身份活跃于公众场合。小说标题中"花"的同音异体字在作品中强调的是所勾勒出的一幅全景画卷。⑦ 如果是按照图解式的、与整本书的基调或与上下文情节变化有关的线索检讨的话，"花"除了可以理解为暗示高级妓女或者是娈童外，同样也指科举考试的第三名"探花"，或者甚至表示"中国"（"中华"）。这一"花"的多种含义，在这个译本中是借助于"Blume"（"花"）的复数形式予以表达的。跟"花"相比，"孽海"的比喻意义是不难猜出的，它所表达的是那些理应得到报应的统治者和官员，正是他们在上几个世纪的所作所为，才将中国推到了灭亡的深渊。从另外一个层次以及时代的政治背景来看，这一书名在主题上是与传统才子佳人类小说在内容上大体相符的，从中当然也不难看出那时达官显贵以及妓女们繁文缛节的生活作风。在这里所勾画出的是这样一幅无所不包的图像：正在变化中的中国在外交政治事务上的大纠纷以及所受到新的文化的冲击。对时代谴责的调子跟其他同时代的作品相比，《孽海花》是低了些。尽管如此，当曾朴意识到自己那无能的高官位置并不能拯救中国的命运时，他的描写仍然是毫不留情的、公开的。曾朴是在同几位朋友创立了"小说林社"之后，在原小说材料以及原作者金松岑的基础之上于1904年接手这本书的。《孽海花》一书对曾朴触动颇深，以至于他决定续写此书。他决定了保留已写好的前几回，并且跟金松岑商定了一个总共六十回的写作计划。该书在1905年第一次出版时，在"爱自由

⑥ 此书由台北文化图书公司出版，1985年。

⑦ 有关标题的意义在文学理论上一再有不同的推测。Catherine Yeh认为，《孽海花》是对作为书中女性主人公的暗示，正是由于这一女性主角的缘故才将生活引向了爱和激情之中。参考：Catherine Vance Yeh：*Zeng Pu's „Niehaihua" as a Political Novel—a World Genre in a Chinese Form*（《曾朴的〈孽海花〉作为政治小说——一个中国式的世界文学样式》），PhD Thesis Harvard University，Cambridge/Mass，1990，第2页。

者”（这是金松岑最初使用的）笔名之后又加上了“东亚病夫”的名字，而作者的真实姓名却被隐藏了起来，想必当时只有很少的知情者知道二人是此书的作者。这个秘密曾朴一直到1928年才揭开。小说的写作工作一开始进行得很顺利，两位作者很快在章回的标题方面达成了一致。曾朴只用了三个月的工夫就写了二十回，此后他中断了这项工作。其后的五回一直到1907年才发表。二十余年后，曾朴重又捡起了这部书。1928年曾朴修订此书书稿，在20年代末出版了增至三十五回的《孽海花》。这部时辍时续的小说时间跨度之长在作品中自然是不无反映的，比如前后章回中情绪的转变，这从一开始对主人公的谴责，到后来章节中疏远的、玩世不恭的嘲讽描写中可以看得出。我们推测可能是由于健康的原因，曾朴重又中断了写作。当曾朴的一个朋友张鸿（1867—1941），也是他常熟的老乡，出任驻日本领事并在外交事业上官运亨通的时候，这件事给了曾朴以启发，他想要再续作这部小说，而这时的他已经是老态龙钟了，没有办法再来想这些事了。似乎是曾朴交待给张鸿的工作，让他亲自来续写，至少在《孽海花》续集前言的说明中——这是在曾朴刚刚去世的1935年写就的——是这么说的。[8] 实际上在张鸿接手时已经是几乎七十岁高龄的老人了，不过他还是在去世之前完成了曾朴起初六十回的小说计划。续作起初作为系列在北平一份杂志上一直连载到40年代初期，其后于1943年在张鸿死后才以单行本的形式出版。[9] 张鸿的续作是紧接着《孽海花》前三十回的情节，从第三十一回写起的。起初还回忆了一下已发生的事件，如彩云是怎样逃回他那死去的丈夫南方的家的。其后一直到六十回，加进了当时的历史事件持续到1900年的义和团运动，并且着重描写了彩云对瓦德西（Waldersee）卓有成效的影响，以及设法通过为被谋杀的德国公使克林德（Kettler）建立战胜坊而化解列强对中国的蓄意侮辱。[10]

究竟是什么使得《孽海花》在世纪之初备受青睐呢？从曾朴的说明中我们知道，自《孽海花》第一版问世以来，又发行了15版，印数高达五万册之多。[11] 由于有对无数欢宴的描写，以及插入书中的诗词歌赋，又唤起了人们对距此已远的、18世纪中国最成功的古典小说——这里指的当然是《红楼梦》——中美好氛围的回忆。曾朴以极其巧妙的手法，成功地仿效了人们所喜闻乐见的才子佳人小说的叙述艺

---

⑧ 《续孽海花》的版本，其中有花山文艺出版社，1994年。

⑨ 由“真美善书店”出版。

⑩ 有关《孽海花》原作和续作之间的关系，参考时萌《〈孽海花〉后五回与〈续孽海花〉》，收入：《曾朴研究》（见上），第119—131页。

⑪ 参考1928年曾朴有关《孽海花》几点说明的谈话，见魏绍昌：《〈孽海花〉资料》，上海古籍出版社，1982年，第129页。

术,并通过借用结构上的新手法,向我们展现了一幅中国在世纪之交前几十年的政治、社会的全景画卷,并由此将视野扩展到了世界。曾朴是以所谓"错综式"的方法来安排两个主人公金雯青和傅彩云以及其他一系列配角人物的,这些次要人物或多或少地登场,从而给出了一幅包含社会不同方面的多方位的立体图像。⑫ 在20年代末曾朴重新修订他的小说时,很有可能已经痛切地感到新时代的新艺术形式的必要性,指出他在试图用"电影摄影技术的方式"展现中国在世纪之交前政治和社会的变迁,以此作为注脚来驳斥那种认为《孽海花》结构松散的批评。⑬ 曾朴显然是以轶事的方式给出了国家最上层官僚的决策过程,这样便使得这部作品有了谴责小说的特点。在政治热情方面,作者强烈的反满倾向是不难看出的,其中对秘密会道门以及革命党的活动都是肯定的。将俄国的虚无主义者跟中国的革命者相提并论,今文经学公羊派的改良哲学与圣西门的社会哲学并重。作为用来理解时代事件的影射真人真事的小说,我们应当把《孽海花》的这一特点归功于其对事态的描述,几乎在所有的主人公背后都隐藏着具体的历史人物。最早出现的人物是金雯青别名洪钧(1840—1893),乃是曾朴父亲义结金兰的兄弟;妓女傅彩云别名赛金花(1872—1936 左右),据曾朴的说明,他曾认识她。⑭ 小说中出现的人物冯桂芬(1809—1874)毕竟是一位学者以及时代的进步思想家,而薛淑云背后所隐藏的真实人物是薛福成(1838—1894),他曾任大臣以及驻使英、法公使。在对这些主人公点缀的背后,小说中还出现了清政府中诸如李鸿章、张之洞或李慈铭等更为著名的谋臣。⑮ 小说里金雯青的失败和没落所揭示的实际上更是中国传统贵族和学者们的没落。对于一些嗜好,如对脱离实际的书本知识的偏爱,对世界的误解以及过分重视声名等等,曾朴都毫不留情地作了谴责。

小说中女性的主人公无疑是赛金花。跟金雯青的情况类似,女主角也是有其历史原型的,并且伴随着她的是满城风雨的谣传。这一不确定性从名字就开始了,

---

⑫ "错综式"一词见周锡䪖的专著:《闲话〈孽海花〉》,香港中华书局版,1989 年,第 131 页。

⑬ 参考 Peter Li 著作中的评注:"The Dramatic Structure of *Niehaihua*"("《孽海花》的戏剧性结构"),in:Milena Dolezelová-Velingerová:*The Chinese Novel at the Turn of the Century*(《世纪变换之中的中国小说》),Toronto etc.:Toronto UP 1980,S. 150f。

⑭ 这些说明散见于 20 世纪 30 年代的很多材料之中,其中有一些收入了魏绍昌编著的《〈孽海花〉资料》一书(第 141 页)。根据这些材料的记载,曾朴曾于民国早期(在写完小说第一部分的前几回之后)见到赛金花,并说赛金花那时是一位五十岁左右的施着很重胭脂的女人。正如曾朴在 20 世纪 30 年代所强调的那样,在《孽海花》一书中,只有两处的描写是与事实不符的:她既不是一个苦力的女儿,在去欧洲的船上也没有跟船长发生什么关系。

⑮ 参考时萌的有关小说主要角色与历史原型之对照:《〈孽海花〉创作规划全貌管窥》,收入《曾朴研究》,第 132—164 页。

在文学和故事中出现的有:赵彩云、傅彩云、曹梦兰,或傅钰莲,不过其中最常用的名字还是赛金花,这从19世纪晚期开始已经是尽人皆知的了。[16] 女英雄在传记方面的一些情况也是不清楚的。据说,这位后来的公使夫人出生在苏州一个贫穷的家庭之中。尽管她自己所给出的出生年代是1874年,不过她也可能在这之前十年就出生了,比较现实的说法应当是在1872年。十岁的时候这个短工的女儿被送进了上海的一家妓院,在那里她于1886年结识了她后来的丈夫,作为朝臣的洪钧。洪钧在将赛金花接进家中纳为妾后不久,便接到要做公使的通知,他发现自己的这位年轻夫人显然是一位兴趣广泛、通达恢廓的贤内助,对于在欧洲完成他的外交使命比他的大老婆明显占有优势。不过让女人在外交中参加社交活动,这从儒家的意识形态来看,显然是不得体的。然而对赛金花在柏林和圣彼得堡等地外交舞台上的鲜艳夺目的描写——这些东西在30年代赛金花的回忆录中也有相应的描述,只是想试图让这些事变得可靠些而已——让人心里不免生疑。而在书中洪钧则是一个保守迂腐的人,他不允许自己的夫人有太多的自由。书中有关和俾斯麦的邂逅以及晋谒德国皇帝的事,都是向壁虚构的。[17] 洪钧去世后赛金花又回到妓院,重操旧业。后来因为杀了妓院中的一个女孩,吃了官司,但靠着她跟上层社会的特殊关系,很快就没事了。后来她终于又回了上海,并嫁给了一个地位很高的官员,这样一直到20年代早期她都生活在很有声望的社会阶层中,最晚是在1922年她丈夫去世之后,赛金花在北京南城过着比较贫穷的、门可罗雀的生活。当30年代初期新闻界开始报道赛金花的时候,情况可大不相同了,特别是在这之后《赛金花本事》回忆录的出版——这倒像是一出自编自导的戏[18]——可以说使顾影自怜的她得到了迟到的喜悦。始料不及的出版家的兴趣甚至为人们提供了影响到历史观的机会,特别是外交官身旁的风尘女这样一个富有文学性的安排,自19世纪90年代末一直流传至今。在金松岑于20世纪初开始搜集材料之前,樊增祥在1899年夏天写就的诗歌《彩云曲》中,已经对洪钧出使的事件作了冷嘲热讽般的描述,只不过事件的地点被移至了英格兰。即便是曾朴在完成他的小说之后,到30年代以及以后,其间一再有作家借用曾朴模式,在此基础之上添枝加叶,充分发挥想像力。而《孽海花》因为太简单,很长时间都没有人知道其作者的真实身份。1910年陆士

---

⑯ 最近 Stefan von Minden 在其论文中对赛金花的形象作了出色的研究:《赛金花轶事——对义和团时期一个神话故事之形成和流传的历史学—语文学研究》(*Die merkwürdige Geschichte der Sai Jinhua*, Historisch-philologische Untersuchung zu Entstehung und Verbreitung einer Legende aus der Zeit des Boxeraufstands), Stuttgart: Franz Steiner 1994 (Münchener Ostasiatische Studien Bd. 70)。

⑰ 参考注⑯所引之书,第111页以下。

⑱ 这一估计可参考注⑯所引之书,第43页。

谓出版了他的小说《新孽海花》,不过这部作品在内容上跟曾朴的小说丝毫没有什么关联。尽管如此,在两年以后出版的续集《孽海花续编》一书中加进了风尘女与外国将军的风流韵事,竟写了几回之多。话剧和戏曲也将这一材料在几十年间一再改编。在1934年出版的回忆录中,赛金花所攻击的对象是曾朴其人。她本人对区分文学和真实并不是特别认真,在幼年的时候她就已经认识曾朴了,赛金花如是说。依据赛金花的叙述,年轻的曾朴曾热恋过她,只是后来由于她嫁给了洪钧,出于气愤和失望曾朴才写了这本小说。曾朴在反驳赛金花的指责时指出,他爱恋赛金花的猜测听起来好像是有理有据的,实际上他比赛金花要小上好几岁,在赛金花提到的爱上她的那一年曾朴刚满13岁。

文学作为政治手段

"状元"与"花魁"间的风流韵事是贯穿整本小说的红线,但是不能就此将曾朴的小说看做是"爱情小说",尽管其中包括一系列从这一文学样式中来的传统叙述的基本特征。一方面人们会感觉到非常传统的叙述风格,另一方面作者以精湛的技艺又反映出了文学和社会的新趋势、新发展。《孽海花》中所描写的大部分内幕,是世纪之交中国学者、官员以及外交官场景。故事情节发生在大约1870至1895年间。"精简"的作风在国家和社会上是明显缺乏的,这被作为中心问题提出来了,所以人们把这本书冠以"政治小说"的书题。[19]

与同时代的其他同一文学类型的、被称作"谴责小说"的短篇以及长篇小说一起,《孽海花》也以批判的眼光抨击了社会的弊端,可以列举的有:腐败,纵情欢乐,轻浮草率,官员的幼稚无能,等等。读者面前是一幅根本变革中的中国图景,这对今天的中国仍然是极具现实意义的。"百年后吾国道德进化时",胡适(1891—1962)在评论《孽海花》时写道,"美国人骤读此种小说,定必骇怪"[20]。每一位从事现代中国研究的人,在透过《孽海花》来观察现代中国情况的时候,不禁要问,其间究竟在哪些地方发生了变化?当时胡适所抱的愿望实现了吗?或者现实的中国跟逐渐消失的19世纪的那个中国并没有太多的两样?

有关翻译的版本

《孽海花》自问世以来,在20世纪的前几十年里一直受到了中国读者们的喜爱。相应的版本也是多样的,流通的版本有30回本和35回本。这本译作所依据

---

⑲ 有关《孽海花》是一部政治小说的研究,以往的研究参看:Catherine Yeh。参考注⑦。

⑳ 胡适的注解见他于1917年写给钱玄同的一封信,《胡适文存》,台北远东出版社,卷一,第39页。

的版本乃是上海古籍出版社 1991 年版。因为成书的过程纷繁复杂,译者怀疑一本错误百出的版本可能会更接近原作,因此又将初译稿跟其他版本进行了复审和更正工作,使之跟原作更相符。相应的可以进行比较的版本乃是由台湾出版的丛书“中国学术名著”中的 30 回版本。在必要的时候也参考了由 Isabelle Bijon 几乎是 20 年前翻译的法文版,这个译本即使让内行来看无疑也是很好的,不过在某些地方尚有修改的必要。[21]

就是对于今天的中国读者,《孽海花》绝不是一本容易的读物,仅找出那些颠倒了名姓或重新塑造了的历史人物的原型,就颇费思量。为了给本来就对中国历史不甚了解的德国读者提供些方便,在本书译本后附有两个索引,一个是内容丰富的中国当时的历史名人索引,另外一个是篇幅较小的西方名人索引。[22] 在小说中一再提到的在中国历史上时间已经异常久远的人物的姓名、地位以及著作在附录的注解中也予以了说明。

(作者单位:上海同济大学中德学院)

(译者单位:北京外国语大学)

㉑ 参考曾朴:*Fleur sur l'ocean des peches*, traduit de chinois par Isabelle Bijon, o. O.: T. E. R. 1983。

㉒ 为了完成这两个索引,我使用了近几十年来在《孽海花》研究上所取得的成就。一份有用的主要人物造型同历史人物的对照表,见上面提到的台湾“中国学术名著”版的《孽海花》的引言之中。进一步的一览表见刘文昭:《孽海花》,上海古籍出版社,1980 年,第 365—375 页。在编辑清末名人传记的时候,作为首选的是 Arthur W. Hummel 出版的 *Eminent Chinese of the Ch'ing Period*(《中国清代名人》), Washington: United States Government Printing Press, 1943。对于不太有名的历史人物,我使用了一本非常出色的工具书:廖盖隆主编:《中国人名大辞典——历史人物卷》,上海辞书出版社,1990 年。

试论葛兰言《诗经》研究的得失

□朱　丁

葛兰言(Marcel Granet,1884—1940)是20世纪法国著名的社会学家和汉学家。作为法国社会学代表人物迪尔凯姆(E. Durkheim,又译作涂尔干,1858—1917)及莫斯(Marcel Mauss,1872—1950)的弟子,同时又是法国著名汉学家沙畹(Edouard Chavannes,1865—1918)的高徒,葛兰言率先成功地运用社会学理论①及分析方法来考察中国古代的社会、文化、宗教和礼俗。他的著作《中国古代的祭礼与歌谣》(*Fêtes et chansons anciennes de la Chine*)②便是在这方面所作的开创性尝试,书中运用了法国社会学的分析方法,佐以丰富的民族学资料作为对比,分析研究了中国古代的经典文献——《诗经》,开拓了诗经研究的新方向,并产生了巨大影响。从今天的眼光来看,我们也可以发现,这部书从研究成果到方法论对于诗经研究仍具深刻的借鉴意义。考察葛兰言《诗经》研究成果尤其是在方法论上的得失,对现代诗经学的发展或不无参考意义。

① 社会学是一个宽泛的概念。葛兰言运用的社会学方法实际上就是我们今天所说的文化人类学方法体系。它在英国又称为社会人类学,在法国和德国及中国被称为民族学。葛兰言是海外汉学家中率先将这一方法贯彻到汉学研究中的先驱。

② 此书成书于20世纪20年代,又可以翻译为《中国古代的节令与歌谣》,本文采用其1989年中译本《中国古代的祭礼与歌谣》,译者将作者葛兰言译为格拉耐,张铭远译,上海文艺出版社,1989年。

一、文献与方法引出的思考

除绪论和结论部分外,《中国古代的祭礼与歌谣》全书分两编:《诗经的情歌》和《古代的祭礼》。

绪论提纲挈领,主要介绍统领全书的方法论上的依据以及选取《诗经》作为研究对象的原因。出于想要"了解古代中国的习俗与信仰"的目的③,葛兰言认为秦朝以后那些较为可靠的经书,提供给我们的只是诸侯国时期居于正统的官方宗教情况,而这些官方宗教只是古习俗古信仰发展浓缩后的形态。因此要追溯宗教信仰的起源问题,要了解从何种古习俗与信仰中萌生了经书里的官方宗教,还须跳出官方宗教形态的圈子,直接深入到中国宗教史的最古老形态里。但是中国文献史学传统却是精于考证事物的词语首次在文献中被使用的年代,而并不是将注意力放在事物的真正起源上,这一点受到葛兰言的批评。这种传统带来的一个弊病就是,很多记载古史的史料可能仅仅因为是晚出的"笔述"文献而被很多人认为受到了记叙者尤其是后来注释家的影响,已经历史化、人文化了,从而被排除在可靠材料的范围之外。葛兰言提醒我们,事实上文献中对事物(如习俗)的记叙只是代表着记叙人对于由习俗构成的观念的认可,而更为重要的应该是实际运用习俗的人;另一方面,一件事被记载于古代文献中,这件事有可能并不存在,但在用笔记录此事者的心里是确定存在的。由此,葛兰言指出,在研究时应有双重小心:首先在从文献中抽出所需事实前,先要确定所利用文献的性质和材料的价值信度;其次,对所获得的事实材料,要尽可能参以实证进行说解。遵循这一方法,葛兰言在对中国古代的祭礼与歌谣这个课题的具体研究中,选择了《诗经》尤其是其中的爱情歌谣作为对象,因为《诗经》虽是"笔述"史料,却是富有宗教性和神话性的史料。

之所以选择《诗经》的另一个重要理由,就是葛兰言认为诗歌,即使是经过后世的编纂与修改,较之散文,仍然更容易区别诗歌本来的思想与附着在诗歌上的其他思想之间的差异,从而进入中国宗教的最古老形态,也就是说,我们有可能也更容易把诗歌文本与后世对文本的种种解释进行分辨并研究,从而达到超越注释去揭示文本原始意义的目的。基于上述考虑,在书的第一编中,葛兰言着重对《诗经》文献的性质进行了说明,在第二编对从《诗经》中抽出的材料进行解说,佐以民族学材料描绘出古代祭礼的具体形态。

葛兰言提出的方法是运用于中国古代文化研究中的社会学分析法对中国自清

③ [法]格拉耐著,张铭远译:《中国古代的祭礼与歌谣》,第1页,上海文艺出版社,1989年。书中葛兰言被译为格拉耐。

代以来的考据学的挑战，同时也是对当时法国以伯希和（Paul Pelliot，1878—1945）、马伯乐（Henri Maspero，1883—1945）为代表的巴黎正统语文学派的挑战。从今天看来，它确实在一定程度上能"济语文学之穷而补其短"④。当传统的史学家执著于考证文献中的历史事实并确定其年代时，葛兰言为避免这种"专心于作品而不大留意其中故实"⑤的研究缺点，而把自己作为史学家的责任，定位在根据那些经过史学家制作后写于书中的已失原形的历史事实来寻找出当时活的社会事实的本来面目这一点上。从这一点出发，他自然就不太关注历史事实真正的年代。所以，本世纪初，当我国信古与疑古两派学者在为我国先史时期的几千年是否存在而展开轰轰烈烈的古史辨时，葛兰言就显示出不同的态度和眼光。他一方面认为那些年代全是不可靠的，但另一方面却不承认它全无意义，从社会学和神话学的角度，他认为这些伪造的年代很重要，因为从中可以寻找出伪造者的社会心理与假年代在神话学内代表的真正意义。因此在假年代之外，他把历史事实的真正的社会年代定义为"社会学的年代"。它虽不能用数字表示，但葛兰言却利用这一概念，发现了在孔子文化之前的一些更为野蛮，然而却更为富于神话、传说与创造力的中国文化。葛兰言的方法，被其学生概括为社会学的"伪里求真"或"伪中求真"。既然认为文献所出的时代或者较晚，所记载的传说（事实）却很古，那么最应该重视的便不是文献的真伪，而是其中所记载的传说（事实）。葛兰言也正是试图从《诗经》这一"笔述"史料出发，从那些可能经过历史化的"笔述"的传统出发，搜寻出此类事实，同时以在他看来最能体现中国文化古老形态的"活的传统"——民俗学资料作为比照，去推寻活的原始的传统。

二、文本研究的得失

在接下来的第一编中，葛兰言主要致力于对选定的《诗经》文献的性质进行确定。他对《国风》（及《小雅》个别篇章）68 首爱情诗作了译述和阐释。他在广泛研读了中国汉学、宋学的传统笺疏后，对诗经文本与注释书有了独到的认识。没有注释书的帮助，我们从《诗经》中不会读出多少东西来，这是事实。但是历代注释书中比附的道德说教会把人们导向对文本的曲解，使人们自然而然地认为，《诗经》

④ 杨堃：《社会学与民俗学》，第 137 页，四川民族出版社，1997 年。

⑤ ［法］葛兰言：《中国古代舞蹈与传说》，转引自幼椿（李璜）：《法国支那学者格拉勒的治学方法》，《新月》第 2 卷第 8 号（1929 年 10 月 10 日）。此处葛兰言被译为格拉勒。

的歌谣不是源于庶民，而是贵族学者的创作⑥；而"叛逆古典正统的读书人"对《诗经》的解说又只是审美的、文学的。对两种解释均不满意的葛兰言认为，在了解了注释者的心意和他们那些比附政治伦理的注释后，如果离开注释去阅读这些歌谣，我们就会真正发现《诗经》中诗歌的民谣本质与原始意义。于是他主要分析了每首诗的《毛序》、《毛传》、《郑笺》及三家异文，有时也考虑朱熹《诗集传》的解说，最后作出了在当时来说全新的判断。例如《隰有苌楚》（《桧风》），《毛序》以为"疾恣也。国人疾其君之淫恣，而思无情欲者"。历来无异解。葛兰言根据对"乐子之无知"中"知"的解释，认为此诗与"桧的恶公毫无关系，是一首结婚的歌谣。在第一章中，少女欢乐地歌唱自己选中的年轻人完全是属于自己的"（高亨《诗经今注》认为这是"女子对男子表示爱情的短诗"也可能是受葛氏启迪而发）。关于《螽斯》（《周南》五），葛兰言一改《毛诗序》与《郑笺》关于后妃宽容不嫉妒之德的注释，释为"反映了（人和禽兽）种的繁衍的愿望和禁忌性质"；《蝃蝀》（《鄘风》七），《毛诗序》释为"卫文公（参照《史记・卫康叔世家》）能以道化其民，淫奔之耻，国人不齿也"；《郑笺》："言妇人生而有适人之道，亦性自然"，葛兰言则以之为"雨与虹的主题，抛弃双亲嫁到异族的主题。恐惧婚姻的歌，即对新娘戒备的仪礼"；被作为周公述作的《七月》（《豳风》一），一向被认为是周公为了辅佐君王，用王化使人事与自然界的秩序保持一致，所以作此诗向成王建议。而葛兰言却看出了这支歌谣的田园主题，释为"实际是用诗句连缀而成的历书，其中各句是一年四季的田园俚谚"，而"'女心伤悲，殆与公子同归'，是春日婚嫁时期女子思嫁"；又如《扬之水》（《郑风》十八），《毛诗序》释为郑昭公闵忽没有忠良之士，终以死亡而作的诗，葛兰言释为"誓约与诚意的主题"，并指出"不流束薪"一句是指"束薪的河岸"，"大概是根据吃水线高低占卜"；还有《女曰鸡鸣》（《郑风》八），《毛诗序》："陈古意以刺今不说德而好色也"，《郑笺》："谓士大夫宾客有德者"，朱熹释为"贤夫妇相警戒之词"，葛兰言释为"约会的恋人共同过夜，拂晓时离别，赠物和亲热的象征主题"。在书中如此从田园的主题、村落的恋爱、山川的歌谣方面来阐释《诗经》文本的例子很多，在此就不一一列举了。葛兰言的解释在20世纪前期的欧洲，令人耳目一新。从今天看来，也可以肯定他有所发现。由此，葛兰言确立了他所选取的文献的性质：《诗经》中《国风》包括《小雅》部分篇章在内的歌谣，是农民青年男女在

---

⑥ 葛兰言在书中认识到，由于孔子及其弟子从《诗经》中寻求道德反省的主题，确立了《诗经》的解释传统。而其学派的弟子们从《诗经》的诗句中看出了对历史事实的讽刺；另一方面，又在编年史记载的论说中引出《诗经》的诗句，所以《诗经》几乎全篇再现于《左传》。于是，《国风》的歌谣就同历史故事相连，具备了说明道德和政治概念的功能。而且传承下来的《毛诗序》又被追溯到孔子的弟子子夏，其解说性质也完全是历史的、道德的并且是象征的。

各类祭礼集会时的即兴歌唱，是在仪式舞蹈的过程中，针对某种特定的主题即兴而作，是一种传统的、协同创造力的产物。由于古代的农事祭祀主要是口头仪式，因而产生了即兴歌唱。青年男女们在平时的日常生活中，是对立的群体，只有在共同圣地举行节令祭祀时，他们才能从单调的生活中摆脱出来。一面他们必须在严肃的祭祀氛围中，举行团体的结婚交换，形成婚姻同盟，另一面当他们终于可以在对歌中展示内心炽热复杂的情感时，在对歌中由对立走向了接近。即兴诗歌这种反复应答决定了诗歌语言的特色。它们所体现出的风俗习惯，在当时是正常的，具有合理性乃至神圣性，因此能够和宫廷颂诗编集在一起。在作出自己的解释时，葛兰言同时运用了古代希腊、日本、印度支那、中国西南地区少数民族的民俗资料进行比照，用以验证他对《国风》内容和艺术形式的解释。

但是我们也看到由于对中国历史和文献尚缺乏全面正确的理解，葛兰言对诗篇的翻译、文献的使用以及大量袭用传统的传、笺、序、疏，译释诗篇有不少错译。例如，他疏释《关雎》（《周南》一），在概括毛、郑的解说后认为“参差荇菜，左右流之”是指古代的奠菜仪式，即婚礼后三个月男女不能同房，须待第三个月举行奠菜仪式后才解除禁忌，因此诗中那个独居的男子“寤寐求之”和“辗转反侧”了。他同时认为《采苹》（《召南》一）、《草虫》（《召南》三）、《采蘩》（《召南》三）也有奠菜仪式的内容，而为了证明这一点，他多次征引的却只是清人刘寿曾的《婚礼重别论对驳义》（《皇清经解续编》卷一四二二），并且未对这一文献的可靠度与可信度作出任何说明，因此在论证上显得很不充分。同时，葛兰言在运用跨文化和异文化的视点、多文化的比较方法来证明这些歌谣源于集会的即兴歌唱时，也暴露出很大的弊病：当他将不同时代、不同国家和地区的民俗和歌谣进行比较研究时，未区别它们在时代性、地域性上的质的差异，统统放在一起作为他的论据，忽略了其中可能存在的习俗产生的时代先后、人口迁移带来的习俗传承等种种因素，未对此作任何说明，大大降低了资料的说服力。这一切都影响到葛兰言对《诗经》文献根本性质的确认的说服力。

葛兰言对《诗经》尤其是《国风》性质的基本定位是“庶民的歌谣”。而汉人解诗，无论是今文三家或《毛诗》，都没有把《国风》解作古代庶民的歌谣创作。司马迁在《史记·太史公自序》中说：“《诗》三百篇，大抵圣贤发愤之所为作也。”《毛诗序》释各篇题解，大都是圣贤、后妃、夫人、卿大夫、士、君子、国人之作，即大部分是上层贵族作品，一部分是中间阶层作品。葛兰言既认为汉人注释比附经义，自然就不会同意以上这些汉人的观点。朱熹对于《诗经》性质的定位看似与葛兰言的“庶民歌谣”论最为接近，他在《诗集传序》中提出：“《风》者，民俗歌谣之诗也。”但依朱熹之意，《国风》作者仍是出自社会各阶层，从后妃夫人到贤否不等的人。他们的作品反映了社会的风俗习尚、思想感情,他都称之为“民俗歌谣”⑦。可见,在古代也一直没有把《诗经》尤其是《国风》全部视作庶民(或说劳动人民)之作。而事实上,《诗经》到底是否为民歌这一问题也一直困扰我国学界⑧,直至20世纪八九十年代以后,才基本达成一致:《国风》160篇的作者出于社会各阶层。可以确定一部分是贵族作品,大部分是中间阶层的作品,能够确定为劳动人民创作的很少,少数作品带有劳动山歌或质朴的情歌风味,也不是原来的劳动人民的口头创作,已经过记录、润饰、加工或改造,只能从内容或形式或风格上看到民歌的胚胎。⑨ 所以,应该说,葛兰言在取证《诗经》文献时有一种先入为主的失误,尤其在认为《诗经》、《国风》尽属农民青年的男女唱和上犯了极大的错误。这种事实上的错误,无疑动摇了他的立论根基。

三、从文化人类学角度对《诗经》研究的创新与局限

葛兰言在第二编中,试图对《诗经·国风》诸篇内容体现出的相关联的事实进行解释说明,确定这些男女唱和所表现的一般特性究竟属于何种古代祭礼。但由于上面的错误,使他的努力有了曲意求证之嫌。即便如此,我们仍不应对这位大师过分苛求,因为葛兰言的《诗经》研究是他将社会学方法运用到中国问题上所作的第一次尝试,顾此失彼之事难以避免。我们当然更不应该因噎废食,根本否定葛兰言的方法。事实上,在第二编里我们看到了葛兰言从社会学、民俗学角度,依据《国风》内容,佐以各民族的民俗材料,在研究和推论中国四时的季节性节日方面所取得的成就。他描述了季节性祭礼的内容和庆典集会的情况,进而考察了中国

---

⑦ 朱熹在《诗集传·国风题解》中说:“凡《诗》之所谓《风》者,多出于里巷歌谣之作,所谓男女相与咏歌,各言其情者是也。”朱熹所说的“民俗歌谣”是个宽泛的概念。他采取汉儒的“《风》《雅》正变”说,即《南》是正《风》,两组26篇,“皆后妃、夫人所讽诵,以事其君子”,它们得文王之化,“故邦国至于乡党皆用之,朝廷至于委巷莫不讴吟讽诵”,所以“风化天下”;变《风》因各国治乱不一,作者贤否不等,正邪是非不齐,编选目的是“供观省而鉴戒”。

⑧ 五四时代,肯定《诗经》是古代歌谣总集、《国风》是民歌之说成为流行理论。20世纪30年代,朱东润发表专论《国风出自民间说质疑》,未能引起讨论。50年代,郭沫若大力张扬《国风》民歌说,有其政治、社会的特殊原因,有诗经研究的庸俗社会学倾向。1959年,胡念贻在1959年7月1日的《文学遗产增刊》上发表论文《关于诗经大部分是否民歌的问题》,为庸俗社会学观点釜底抽薪,他提出“把《国风》和二《雅》的一部分笼统地说成民歌,是不符合它的实际内容的”。他从作品所反映的生活、观点和感情进行论证,认为其作者属于社会各阶级,只有一小部分民歌,大部分是统治阶级人士的书写文学。

⑨ 参见夏传才:《〈诗经〉难题与公案研究的新进展》,载《淮阴师范学院学报》,1999年第5期。

古代的社会组织、宗教信仰、伦理原则和生活风尚,并同时与周边民族作了对比,还在附录中列出了有关的人类学资料。虽然由于缺乏坚实的微观研究基础,葛兰言对古代仪式的一些描述和论断很难让人信服,但他对中国古代宗教信仰状态的深刻认识和洞见,直到今天仍然是《诗经》研究中重要的参考资料。他认识到中国古代的祭礼根本上是季节性的,它具有这样的特质——人类的作用能够左右自然事象,同时是一种能够给人类社会带来良好秩序,也能在自然界建立良好秩序的和亲的祭礼。祭礼在山岳、河川的神圣区域内实行,而赋予山川以神圣的威力正是源于对圣地的崇拜,因为在葛兰言看来,圣地是从前原始共同体在此举行季节性集会执行社会契约的传统见证人。更为高明的是葛兰言看到了文学中的象征主义与中国古信仰、思想的某种指导概念之间的接触点:人必须在适当的时机做事,这种现象恰巧与自然界受季节交替支配的现象相似。于是这种想法就成了从民谣中抽出象征道德的开端,人们在歌谣中看出了季节规则的形迹,诗歌表现的道德教化又给诗歌本身的意义加上了另外的解释。正因为道德教化不是注释家们随意添加的,我们就可能通过歌谣了解在古代道德之前就已存在的习俗。我们由此获得启发,即有关中国人信仰的起源问题,也会在有关文学样式的起源问题上提供某些信息。

葛兰言的研究,以跨文化和异文化的视点、多文化比较的方法,系统地探索了《诗经》的起源、本体内容、艺术规律和深层底蕴,开拓了《诗经》研究更广阔的新领域,其意义并不仅仅在于为某些诗篇增添一两种解说,而是开始了向认识的深层次开掘,以整个中国文化与整个活动的中国社会为研究对象,将社会分析即对社会事实的分析直接用于历史研究,去探索隐蔽在《诗经》中的本质性内容。纵观国外《诗经》研究,19世纪末以理雅各(Lames Legge)诗经全译本为代表的以实证主义阐释学研究《诗经》,继承了孟子"知人论世"说,强调把作者生平和作品历史背景置于重要地位;20世纪兴起的形式主义则与孟子的"以意逆志"相统一,重视《诗经》的艺术形成包括修饰、意象等,出现了像庞德(Ezra Pound)那样的意象派大师的诗经译作。高本汉(Bernhard Karlgren)的《诗经》研究从语言学、训诂学方面发展了清儒的研究⑩,葛兰言则是从宗教、象征的角度对《诗经》进行综合性文化研究。事实上,我们说葛兰言《诗经》研究所运用的"社会学"方法就是产生于20世纪初叶的文化人类学方法,在瑞士心理学家荣格(Carl. G. Jung,1875—1961)提出

⑩ 高本汉的《〈诗经〉注释》起初连载于《瑞典远东古物博物馆馆刊》,1950年合集出版,中译本由董同龢译,台北国立编译馆,1960年。

"原型"研究理论后,经加拿大批评家弗莱(Northrop Frye)⑪最后在20世纪后期才发展成熟了这种文化人类学的方法论体系。它以人类社会中的行为、信仰、习俗和社会结构为研究对象,而包含了包括民俗学、宗教学、神话学、民间文艺学在内的广泛分支,已经超出了我们通常所认为的狭义的文学研究范畴,可以说它为《诗经》乃至文学作品的研究提供了广阔的视野和角度。《诗经》的价值是多方面的,可以从历史、语言、文学、民俗等多方面展开研究,也不必一定要用文学研究的尺度来要求其他方面的研究。而作为率先将这一方法论运用到《诗经》研究中的汉学家,葛兰言必定清楚地认识到了这一点。葛兰言开启了从文化人类学角度研究《诗经》的先河。这种方法论后来传到中国,影响了胡适、顾颉刚、郑振铎、郭沫若、茅盾及闻一多等一大批古史研究家,掀起了以文化人类学方法来研究古史的潮流⑫。尤其是闻一多,除了关于《诗经》的著名论著《诗经性欲观》外,他还运用社会民俗学、民族学来研究神话、图腾、祭礼仪式与原始歌谣,探讨原始观念和远古习俗的精神文化沉淀,这些都是属于文化人类学的范畴。葛兰言这部著作的日译本于1942年在东京出版后引起了强烈反响,日本《诗经》大家如赤塚忠⑬、松本雅明⑭、白川静⑮等总结和发展了葛兰言的文化人类学研究方法论,又结合金文考古资料,通过《诗经》进一步研究了中国古代的宗教观念与祭祀仪式,将《诗经》研究推向了更高的层面。

另一方面,尽管葛兰言提倡直接阅读原文,但是经当时中国地质学家兼文化人类学家丁文江证实,葛兰言大量依靠了顾赛芬(Seraphin Couvreur)的译文⑯,且未

⑪ 荣格认为,自原始社会以来人类具有普遍性的心理经验、长期积累,作为文化积淀,存于人们共同的潜意识深处,成为在作品中反复出现的"原始意象",弗莱认为,"原型"是"典型的即反复出现的原始意象",它们主要表现于神话、传说和远古仪式,"原型"研究基本上就是研究远古神话传说和宗教祭礼及各类仪式中反复出现的具有象征意义的意象。

⑫ 参见葛兆光:《中国宗教史百年回顾》。葛兰言的研究在江绍原的《须发爪》(北京大学民俗学会丛刊,1927年)、郑振铎的《汤祷篇》(古典文学出版社,1957年)中都可看到痕迹。

⑬ 他着重利用《诗经》研究中国古代宗教和西周文化史。受葛兰言和闻一多方法论的启发,他承认《诗经》中的原始意象与兴象有密切联系,而且有宗教文化底蕴。

⑭ 他致力于"兴"的发想形式的研究,其巨著《关于诗经诸篇形成的研究》(东洋文库,1958年)依据"兴"的发想形式发展,比照日本从原始歌谣到平安朝歌谣没落,来判断《诗经》各篇产生的年代。

⑮ 以历史学和民俗学相结合的方法,利用甲骨卜辞和金文资料来研究《诗经》文本,探索原始宗教观念与集体意象。他是日本把金文与《诗经》相结合的先行者。

⑯ 1931年,丁文江曾在英文版《中国社会及政治学报》(*The Chinese Social and Political Science Review*)第15卷第2期发表长篇评论。对葛兰言的著作乃至人品予以严厉抨击讽刺。参见桑兵:《国学与汉学》,第8页、第13页,浙江人民出版社,1999年。

与中文原本印证。顾塞芬虽号称欧译三大师之一，所译的《诗经》却是所有译本中最糟的一种。同时由于无视近代中国学者的研究成果，没有一位作过文本批评的中国学者之名在葛兰言著作中被提及。另外，葛兰言不重视文献真伪，而重视传说，这显然并非一概而论的通则。当他从《诗经》中抽出事实，运用社会分析的方法分析描述古中国的祭礼情况时，虽已十分慎重，仍有脱离相关旧史料语境、一味格义附会、强作解释之嫌，让人怀疑其解释越有条理系统，距事实真相越远。

回顾国外《诗经》研究所运用的方法论，从强调作者生平和作品历史背景的实证阐释学到重视诗歌意象、问题鉴赏的接受美学理论；从注重作品艺术独创性及其艺术水准的文学本体论到回归传统训诂的语言学研究；从探索作者心理与作品创作关系的精神分析学到对各民族文化作比较研究的文化人类学，其实都不过是为《诗经》的研究提供了多种的视野与角度，以挖掘《诗经》在各方面更为广泛而深刻的价值。这些方法论各有侧重，各有利弊，其关系不应是谁取代谁，更不应是水火不容，而是互补型的取长补短。我们不应全面肯定或否定任何一种。事实上，在未来的《诗经》研究中，我们会发现更为准确与深刻的研究成果，是难以靠某一种理论就获得成功的。

参考文献

[1][法]葛兰言:《中国古代的祭礼与歌谣》，上海文艺出版社，1989 年。

[2]杨堃:《社会学与民俗学》，四川民族出版社，1997 年。

[3]幼椿(李璜):《法国支那学者格拉勒的治学方法》，新月，第 2 卷第 8 号(1929 年 10 月 10 日)。

[4]朱熹:《诗集传》。

[5]夏传才:《〈诗经〉难题与公案研究的新进展》，淮阴师范学院学报，1999 年(5)。

[6]桑兵:《国学与汉学》，浙江人民出版社，1999 年。

[7]蒋见元、朱杰人:《诗经要籍解题》，上海古籍出版社，1996 年。

(作者单位:复旦大学)

关于曹植《七哀》及其晋乐所奏本

——并向桀溺(J-P. Dieny)先生请教

□顾　农

乐府诗因为入乐的关系在流传过程中会发生若干变异,例如汉代的乐府民歌到了晋朝由官方乐府机构来演唱时,不仅音乐方面发生了若干变化,某些歌词也有了相当的改变,有些作品被染上了晋朝官方意识形态的色彩,与原作大不相同了,笔者曾经举《东门行》为例,分析过这一非常值得注意和研究的现象。[①]文人诗到晋乐所奏时也发生了某种变异,这里的变异未必与主流意识形态对文学的干预有多大的关系,更大的原因大约在于音乐等艺术方面的考虑,同样非常值得注意和研究,尤其是在这一点已经遭到若干误解的时候。

不妨也举一个例子作具体分析。曹植的五言诗《七哀》今存两种文本,一种是《文选》以及多种《曹植集》所载之曹植的原作;一种是晋乐所奏的文本。这两种文本的先后及其关系本来是很清楚的,可是海外汉学界却提出了一个令人耳目一新的观点,将这两种文本的先后作出了全新的排列。法国著名汉学家桀溺先生在他的著名论文《七哀——关于署名曹植的所谓"本辞"与"晋乐所奏"两首乐府诗的研究》中,从文献研究的角度出发,把《宋书·乐志》所载亦即晋乐所奏本看成是初始的文本,该文的中文译本收入钱林森先生主编的《牧女与蚕娘——法国汉学家论中国古诗》一书(南京大学古典文献研究所专刊之一),让我辈大开了眼界。桀溺先生在为这本论文集所写的序言中特别介绍自己的新见解道:"在题为《七哀》的文章中,我论及

① 顾农:《两首意趣迥异的〈东门行〉》,《古典文学知识》,2001年第2期。

了乐府歌辞与五言诗的关系问题。从郭茂倩开始，总是把收录在《文选》中《七哀》名目下的曹植的一首诗看做是《怨歌行》的本辞，而把出自《宋书》中的《怨歌行》说成是后来为适应晋乐而依照前一首写成的。我力图证明，《七哀》诗实际上是《宋书》诗歌之后的作品，它是《宋书》中那首的一种天才的改写。"②照我看来，这一结论虽似乎新奇可喜，其实是缺乏充分根据的，桀溺先生的研究思路很可能会把魏晋之际音乐文学演变的路径——尽管该路径至今尚未得到充分的揭示——完全搞乱，使许多文献变得无法理解。

让我们先来看桀溺先生认为是先行出现的所谓《怨歌行》。沈约《宋书·乐志·三》列举"但歌"、"相和"和"清商三调歌诗"等等，在"楚调怨诗"小目下，收录"东阿王（按：即曹植）词"之《明月》七解——

明月照高楼，流光正裴回。上有愁思妇，悲叹有余哀。
借问叹者谁，自云客子妻。夫行逾十载，贱妾常独栖。
念君过于渴，思君过于饥。君为高山柏，妾为浊水泥。
北风行萧萧，烈烈入吾耳。心中念故人，泪堕不能止。
沉浮各异路，会合当何谐？愿作东北风，吹我入君怀。
君怀常不开，贱妾当何依？恩情中道绝，流止任东西。
我欲尽此曲，此曲悲且长。今日乐相乐，别后莫相忘。

而通常认为是曹植《七哀》本辞的文本见于萧统《文选》卷二三：

明月照高楼，流光正徘徊。上有愁思妇，悲叹有余哀。
借问叹者谁，言是客子妻。君行逾十年，孤妾常独栖。
君若清路尘，妾若浊水泥。浮沉各异势，会合何时谐。
愿为西南风，长逝入君怀。君怀良不开，贱妾当何依。

此诗又载于徐陵所编《玉台新咏》卷二，列为曹植《杂诗五首》其一，文字与《文选》本基本相同。《文选》和《玉台新咏》都成书于沈约《宋书》之后，而沈约是齐梁时代文史界的权威，萧统曾经直接受教于他，徐陵尤为晚辈；而萧、徐二人所确认的曹植之诗与《宋书》所载文本不同。这本是十分正常的，选诗当然录入作者的原作，而不是后人的改编本。事实上沈约本来说得很清楚，他在《宋书·乐志》中录入的文本乃是"荀勖撰旧词施用者"，亦即这些歌辞不一定是原作，而是经过晋人加工的便于演唱的文本。萧统、徐陵要选录前代作家作品，当然不采用这种经过加工的文本而用其原来的文本。不知桀溺先生对沈约"荀勖撰旧词施用者"一语作何解释？

《文选》本《七哀》的长度只有晋乐所奏本的七分之四，而艺术性明显地高于后者。桀溺先生即以此作为《文选》本乃后出之改写本的依据。他详细分析"清路

② 《牧女与蚕娘》，上海古籍出版社，1990年，序言第11页。

尘"与"浊水泥"之喻,要比晋乐所奏本中"高山柏"与"浊水泥"高明得多,并统计曹植作品中曾经20次用过"尘"这个词,其用法可分作三种类型:"第一,内涵明显是贬义的,尘是不重要的东西,是毫无价值、微不足道的事物,或者是风暴、混乱、战争的信号。第二,是褒义的,尘是细小的东西,是令人赏心悦目的散发物,或者是广义,是步后尘、楷模的意思。第三,灰尘是空中轻盈飞翔的分子,不再含有混乱的意思,而含有可动性、变幻不定的意蕴;这种词义有时是中性的,有时包含清净和精妙的褒义,在别处又产生了具有明显否定性的暗喻和比方,反照出变化无常和无持久性的意思"③;具体到《七哀》,则——

> 用来暗喻游子的"路上尘"这个形象,与它作为漂泊不定的象征通常用法(20次有8次是这样)是相一致的。这种象征,介于积极的倾向和否定的倾向之间,正是随旅行主题——这也是模棱两可的——多样性而出现的,如同曹植所发展的一样。游子的流动变化,事实上往往取决于他时而要奉献于昂奋的战争冒险,或者在空中随时遨游,时而又作为一个放逐者四处流浪。④

这种建立在细读基础上的意象分析和统计是非常之好而且富于启发性的。就中国古典诗歌的研究而言,运用这种方法来赏析作品非常有力,中国学者较少从这一角度从事研究,这正是我们应当认真向法国同行学习的地方;但是用意象分析的方法来判断文本出现的先后以及诸如此类的文献问题则恐怕未必具有说服力,处理这一类问题非得提供文献方面的确切依据才行。艺术性的高低不足以判定何者为原件,何者为仿品,因为后来居上固然常见,而愈改愈差的例子亦复屡见不鲜,晋乐所奏本《东门行》较之原来的汉乐府民歌《东门行》就要差得多,它不仅抹杀了原作的反抗意识和复杂心理,也把原作中非常真实、自然的人物关系完全搞乱了,变得极不准确且不合逻辑。所以,我们虽然十分欣赏并且钦佩桀溺先生的意象分析方法,却不能因此而同意他对署名曹植的两种文本出现先后的全新判断。

《文选》本《七哀诗》乃是徒诗而非乐府诗,后来《乐府诗集》将它列入相和歌楚调曲,那是因晋乐所奏本牵连录入的。《文选》选诗列有"乐府"一目,在这里(卷二七)选入了曹植四首:《箜篌引》、《名都篇》、《美女篇》和《白马篇》,而《七哀》不与焉;《七哀》列入一般诗歌的哀伤类:可见萧统明确将它归入徒诗。《玉台新咏》的编辑方针及其背后的文学思想与《文选》相去极远,甚至有些对立的意思,但在文献问题上并不标新立异,同样将这首诗看成徒诗。文献问题只能实事求是,没有过硬的证据完全无从创新。

从表面上来看,建安时代的不少五言徒诗和乐府诗似乎并没有很大的不同,但

③ 《七哀》,《牧女与蚕娘》,上海古籍出版社,1990年,第240页。

④ 《牧女与蚕娘》,第240页。

是他们本人以及稍后了解情况的学者、评论家、选家对这两者是区别得十分清楚的。这里的差别就在于是否入乐，在中古时代，未入乐的是徒诗，乐府诗则一定入乐；这与后代某些诗人的所谓乐府诗只不过是用了乐府旧题或者洋溢着乐府诗的精神（写实、叙事、通俗等等）而不管它是否入乐，是很不一样的。

这种差别还关系到建安时代音乐生活中的一些新变化。按照我的观察，中国古代非仪式性音乐生活中最常见的情形原来只有单纯的器乐演奏、徒歌（清唱）、但歌（清唱加帮腔）和带有局部配乐伴奏的演唱，音乐和诗歌一向未能全程配合；只有到了建安时代，由曹操带头，将诗作全程配以器乐演奏，成为所谓“乐章”（详见《三国志·魏志·武帝纪》注引《魏书》），这样也就建立了乐府诗的新规范。当时为乐府诗所配的音乐称为清商乐，到他的儿孙曹丕、曹睿当了皇帝的时代，“清商三调”正式形成⑤，管理音乐事务的官员称为“清商令”。在建安时代创作新曲调的乐府诗要有一定的条件，要有一个为自己服务的音乐班子。曹操的诗全是乐府诗；曹植虽然有一定的条件，但不能与乃父、乃兄以至乃侄相比，所以他固然也写了不少乐府诗，同时更大写徒诗，为了加强徒诗的音乐性，据说他曾经求助于梵呗⑥——这在他大约是不得已而求之他途，然而后来却产生了更大的影响，因为中国的诗后来与演唱的关系逐渐淡化，而与吟诵的联系却逐渐加强。在建安时代，诗歌还是与音乐的关系更为密切。

《宋书·乐志》在讲起乐府诗歌时说过几句很值得注意的话：“凡乐章古词，今之存者，并汉世街陌谣讴，《江南可采莲》、《乌生》、《十五》、《白头吟》之属是也。吴歌杂曲，并出江东，晋宋以来，稍有增广……凡此诸曲，始皆徒歌，既而被之弦管。又有因弦管金石，造歌以被之，魏世三调歌词之类是也。”他的提法基本正确而不够过细，民间歌谣成为乐府诗，确属原为徒歌，然后配乐；而魏世三祖和曹植的乐府诗，则有两种情形：一是先作徒诗，既而被之弦管，成为乐章，曹操的许多乐府诗就

---

⑤ 对此，我在《建安时代诗—乐关系的新变动》一文中有较详细说明，该文将于近期刊出。

⑥ 唐人窥基《妙法莲华经玄赞》云：“陈思登渔山，闻崖岫诵经，清婉遒亮，远谷流响。遂拟其声而制梵呗，故今俗中谓之‘渔梵’。冥合西域三契七声。”按渔山（鱼山）在今山东东阿县境，曹植登此山，自然是他为东阿王期间亦即他晚年的事情。这里所谓“梵呗”指一种中国式的唱诵佛经的方法，而并非印度原来的唱诵方式。曾经有人否认此事的真实性，当佛教传入中国之初，佛教的呗赞音乐尚未传入，中国的佛教信徒就用各地的民歌调子来唱诵，据说首先将佛教音乐传入中国内地的是西域高僧支谦，他翻译了著名的《瑞应本起经》，内有《帝释乐人般遮琴歌呗》（见《出三藏记集》卷二、一二、一三），又制有《赞菩萨连句梵呗》三契。支谦译经，当“魏文帝时”，“以吴主孙权黄武初至孙亮建兴中所译出”，或为曹植所未及见；此后又不断有善梵音的西域来华僧人将佛教唱经之法带入中国，时间更远在曹植身后。所以，古今都有人怀疑曹植是否可能孤明先发地创制梵呗。但如果明白曹植所制梵呗不过是中国式的念诵，那就不会有什么惊诧了。

是如此；一是乐调被固定下来之后，“因弦管金石，造歌以被之”，亦即按调填词，曹睿的许多乐府诗属于这种类型。曹丕和曹植的乐府诗则往往兼有这两种模式。曹植又有些徒诗不是在当时而是在后来的晋代“被之弦管”，成为乐府诗的。

西晋荀勖等人整理音乐文学时，因为缺乏曹操那种创造性，往往只能就现成的清商三调，演奏建安时代早已成型的作品，另外也剪裁未尝入乐的旧作以配合“清商三调”，形成若干新的乐府诗，《宋书·乐志》所载之曹植《明月》，显然是将曹植的徒诗《七哀》作了大幅度的加工，纳入“楚调怨诗”的音乐框架之中。《宋书·乐志》载录乐府诗的方式完全可以证明这一点。凡是原已形成的乐府诗都是两道标题，一则取诗之前两个字为题，二则标明它所属的调子，例如“平调”之下有：

《周西》《短歌行》 武帝词 六解

《秋风》《燕歌行》 文帝词 七解

《仰瞻》《短歌行》 文帝词 六解

《置酒》《野田黄雀行》(《箜篌引》亦用此曲) 东阿王词 四解

如此等等。这表明这些诗篇过去皆曾入乐。而关于“明月照高楼”这一首，沈约没有写属于什么曲调，只记载为——

《明月》 东阿王词 七解

这显然表明此诗过去未尝入乐，是新近将徒诗加工后才变成乐府诗的。加工者应当就是荀勖或者他手下的人。事实上曹植也曾写过一首乐府诗《怨歌行》的，大约因为内容过于严肃，晋乐未奏。其词如下——

为君既不易，为臣良独难。忠信事不显，乃有见疑患。
周公佐成王，金滕功不刊。推心辅王室，二叔反流言。
待罪居东国，泫涕常流连。
皇灵大动变，震雷风且寒。拔树偃秋稼，天威不可干。
素服开金滕，感悟求其端。公旦事既显，成王乃哀叹。
吾欲尽此曲，此曲悲且长。今日乐相乐，别后莫相忘。

最后四句乃是乐府诗的套语，荀勖等人在将《七哀》加工为“楚调怨诗”时，为了凑成七解，最后也加上了这么四句，大约就是从曹植的这首《怨歌行》中取来的。从内容和情调上看，这四句加在“明月照高楼”一首之末很不合适，诗中的这一对夫妇分离已久而非刚刚分手，还说什么“别后莫相忘”呢。“高山柏”的比喻也不佳，与“浊水泥”配合生硬；原作中的“清路尘”与“浊水泥”本为一体，现在虽已分道扬镳，但理当合而为一，尘泥之喻言外之意非常丰富，实为妙喻，后来也产生了很大的影响。⑦ 种种迹象表明，“楚调怨诗”加工者的水平远在曹植之下。为大作家的作

⑦ 一个典型的例子是元代女诗人管道升的《我侬词》，文繁不录。

品作进一步的加工本来就是一件吃力不讨好的事情。在建安及其稍后的时代，只有将原先的徒诗配上音乐而成为乐府诗的情形，没有也不可能将已经全程配了乐的乐府诗大加改造而变成一首新的徒诗这样背时的事情。

最后不妨顺便指出，建安时代率先以《七哀》为题作五言诗的是著名诗人王粲，萧统《文选》(卷二三)选入两首，这正是曹植学习的榜样。[⑧] 曹植的《七哀》诗大约写了不止一首，现在还能看到两组残句：

青沐谁为容，明镜暗不治。

——《文选》卷三一，刘铄《拟古诗》李善注引

南方有鄣气，晨鸟不得飞。

——《文选》卷二八，鲍照《苦热行》李善注引

这些诗句也都与思妇相关，但不大可能是从“明月照高楼”这一首中被遗漏掉的。王粲的《七哀》，其一凡二十句，其二则为十八句；曹植的一首是十六句，这正是他们的作品当时未尝入乐的一种表征。建安时代天下大乱，民间疾苦极其严重，征夫思妇之多之惨，成了一个很大的社会问题。许多建安诗人都以这一题材写诗，写得凄凄惨惨；那时“奏乐以悲为善音，听音以能悲为知音”[⑨]，整个建安时代人们习惯于以悲凉的音乐文艺作品作为审美的对象，以至形成了审美定势。此风至晋未衰，荀勖其人亦在此种风气之内，《宋书·乐志》记录过一件很有意味的故事：“(荀)勖作新律笛十二枚，散骑常侍阮咸讥新律声高，高近哀思，不合中和。勖以其异己，出咸为始平相。”荀勖作新律笛是中国音乐史上的一件大事，该笛也并非没有缺点，但有人以“近哀思”来批评，荀勖决不能接受。他将曹植的《七哀》加工改造配上音乐成为乐府诗大约正是在这样的历史背景和审美取向之下进行的。

荀勖久居高位，精通音律，在音乐文学方面处于领袖群伦的地位。他知识渊博，编图书目录写官样文章都是高手，而抒情诗的创作则非其所长，《晋四厢乐歌十七首》、《晋正德大豫舞歌二首》，奄无生气，《从武帝华林园宴诗》、《三月三日从华林园诗》亦无诗意。本系佳作的《七哀》被他改得一团糟糕，是不足为奇的事情。

(作者单位：扬州大学)

---

⑧ 今本《文选》王粲的两首排在曹植的《七哀》之后，容易使人看不清楚这一点。李善注早已指出：“赠答，子建在仲宣之后；而此在前，误也。”王粲年长于曹植，按《文选》的体例，他的两首《七哀》也应当排列在前。从作品的具体写作年代看，王粲的《七哀》诗其一作于初平三年(192)，曹植这一年刚刚出生；《七哀》诗其二约作于建安十三年(208)，是年曹植17岁，也还不到写他自己的《七哀》的年龄。

⑨ 钱钟书：《管锥编》第三册，第946—947页。参见拙著：《建安文学史》，湖南教育出版社，2000年，第48页、第157—158页。

冯至与歌德的《浮士德》

——从靡非斯托非勒斯到海伦①

□[斯洛伐克]高利克(Marian Gálik) 著
□杨治宜 译

如果我们研究冯至(1905—1993)的代表作品,不论是其创作还是批评文字,都会发现他是位委婉与简约的大师;其1941年以后所写的全部十四行诗都堪称卓越典范。我曾经在谈他献给约翰·沃尔夫冈·歌德(1749—1832)的《十四行集》之第十三首时,指出了这一特点。②在他的首篇探讨这位德国最伟大的文学家的文章,即《歌德的晚年》③结尾,我也发现了同一特点。他用不少篇幅介绍了歌德的《玛利浴场哀歌》(*Marienbader Elegie*),颂扬歌德对一位19岁少女乌尔利克(Ulrike von Lewetzov)消逝的黄昏之恋,然后以寥寥几笔提及浮士德在高山之巅的独白,并以之与歌德最后一次见到乌尔利克之后的情感经历进行

① 原文题为"Feng Zhi and Goethe's Faust: from Mephistopheles to Helen"。作者高利克,斯洛伐克著名汉学家,定居布拉迪斯拉发(Bratislava)。靡非斯托非勒斯是《浮士德》悲剧中魔鬼之名,或许来自希伯来文中的Mephiz-tophel,即破坏者、说谎者之意。本文对引文的处理方式是:倘若曾为冯至所引,则尽可能以冯译为主;倘若引用冯译与文脉不合,则酌情参考其他权威译本。脚注若无特别说明,则皆为原注。——译者注

② Gálik, M.: "Feng Zhi and His Goethean Sonnet," 载 Akiyama Masayuki 与 Leung Yiu-nam, *Crosscurrents in the Literature of Asia and the West. Essays in Honor of A. Owen Aldridge*. Newark, University of Delaware Press and London, Associated University Presses 1997, pp. 123-134.

③ 冯至:《歌德的晚年》,载《论歌德》,上海文艺出版社,1986年,第74页。

对比。浮士德俯瞰山谷,说道:

在我的脚下望着寂寞的最深处,
我慎重地踏上这些山顶的边涯,
脱开我的云彩的负载,它轻飘飘
在晴朗的日子,引我渡过陆和海。(10039—42)④

或许应当指出的是,浮士德乃是乘着海伦衣裳变幻成的云彩登上高处的,后者死在他的眼前。这是浮士德最后的一次"诀别之旅"。浮士德继续着他的沉思,而冯至在文章结尾摘引了下面这段诗的最后一行,这段诗句极其优美崇高,暗示出某些他后来再也不敢于展露的东西。冯至当然有理由不再这么做的。浮士德想道:

有如灵魂中的纯美,升华为可爱的形体,
聚而不散,翱翔直上太虚,
把我内心里最好的事物随身带走。(10064—66)

按照冯至的看法,我们必须把歌德的《爱欲三部曲》(*Trilogie der Leidenschaft*)——刚才提到的《玛利浴场哀歌》即其中一首——视为与《浮士德》中海伦悲剧及最后两幕相连的整体。在以上引用的诗句中,歌德显示出"美的死亡,爱的消逝。他内心里多少最好的事物都随着过去的爱消逝了,但剩余下的并不是空虚,而是经过爱的考验后一个更纯洁的生命"⑤。对冯至来说,这种"纯洁的生命"就意味着为全人类的利益而充满紧张与伟大业绩的生命。此后冯至再未花多少时间来解析他这首篇关于歌德的论文结尾,也再未思索过《玛利浴场哀歌》。

—

冯至是1941年于昆明的一间小茅屋里写下上述文字的,⑥同年开始写作并完成了他最好的一部诗集,题为《十四行集》。⑦ 头顶笼罩着日本飞机的阴影,伴随着一盏油灯的如豆之光,抗日战争中极度居贫处困的环境带来一批颇有价值的评论

④ 《浮士德》引文除冯译外,参考作者提供的英译本(Philip Wayne 译并序,企鹅出版社,1959年,1985年重印)及董问樵中译本(上海复旦大学出版社,1983年)。诗句后的数字为作者提供的德文原本标注行号。——译者注

⑤ 冯至:《歌德的晚年》,第74页。

⑥ 冯至:《昆明往事》,载《云南文史资料选辑》,云南人民出版社,1988年,第17—21页。

⑦ 初版于昆明(1942),再版于上海(1949)。第一个版本没有序言和跋,而这对冯至诗歌的学习者来说是很重要的。这一诗集至少有两个完整的译本,其一是 Dominic Cheung 的英译本,见其 *Feng Chih*, Boston, Twayne Publisher 1979, pp. 79-89。另一个版本是顾彬(Wolfgang Kubin)的德文译本 *Die Sonette des Feng Zhi*, Bonn, Inter Nationes 1987, pp. 24-77。

文章，其价值在他创作生涯中堪称空前绝后。以下分析的就是其中之一。

冯至是在1920年代初读到（但没怎么研究）歌德的。30年代后半期，经过对里尔克（Rainer Maria Rilke，1875—1926）的深入研究，他回到了歌德但并非歌德青年时代的作品，如《少年维特之烦恼》（*Die Leiden des jungen Werthers*），而是其晚年的诗歌、戏剧与小说。⑧ 我们知道冯至最先被里尔克的《物与诗》（*Ding-Gedichte*）迷住了。《物与诗》和诗人的观察与认识有相当关系，例如他的《豹》（*Panther*），成为《新诗》（*Neue Gedichte*）中被翻译的第一首。⑨ 之后，在30年代后半期和40年代初，冯至把兴趣贯注到了里尔克两部最重要的诗歌作品，即《杜伊诺哀歌》（*Duineser Elegies*）和《致俄耳甫斯的十四行诗》（*Sonette an Orpheus*）。⑩ 至于对里尔克的其他作品，冯至在二三十年代最心爱的大概一直是《马尔特·劳利得·布里格随笔》（*Die Aufzeichnungen des Malte Laurid Brigge*），但并非因其主角对爱情的态度，而是世纪末（法语：fin de siècle，指19世纪末——译者注）与20世纪初的"存在症候"：孤独，异化，恐惧，以及人际交流的困难。⑪ 这些也是他的十四行诗中常常出现的主题。

爱情主题是冯至第一篇歌德论文的主要论述对象，其源流既来自里尔克，也来自歌德。只不过里尔克所自称的爱情观念在冯至看来未免过于存在主义、过于颓废，或许也太个人主义了。他几乎无法理解书中那精神错乱的阿贝隆（Abelone），世界上没有哪种爱可以使他满足；也无法理解马尔特（Malte），他总是设法不陷入爱情，不倚赖其他人的爱而生活。⑫ 冯至那时候还年轻（写作第一篇歌德论文时他才36岁），他的爱情观念与马尔特（在相当程度上是里尔克的另一个自我）的"爱"颇为不同。1904年里尔克开始写作《随笔》第一部分时才24岁，1929年当冯至也是24岁的时候，他表白了某种涵容整个宇宙的神秘主义爱情，包括对某个无名的"她"。⑬同里尔克和歌德不一样，更换爱情对象并不符合冯至的性情，不论就精神还是感官而言。对老年歌德在乌尔利克拒绝回应他的情感后的悲哀，冯至能感到深切的同情。他引用了歌德从厄格尔城返回耶拿一路上的哀叹："如果人在他的痛苦中静默，一个神就让我说，我苦恼什么。"⑭冯至将下面的一个诗节看成"最高

---

⑧ 冯至：《外来的养分》，载《外国文学评论》，1987年第2期，第4页。

⑨ Gálik, M.: *Milestones in Sino-Western Literary Confrontation, 1898-1979*, Bratislava-Wiesbaden, Veda-Otto Harrassowitz, 1986, pp. 186-190。或参考冯至：《里尔克》，《新诗》第3期，1936年，第294—295页。

⑩ 冯至：《外来的养分》，第5—6页。

⑪⑬ Gálik, M.: *Milestones*, pp. 188-189.

⑫ Fuerst, N.: *Rilke in seiner Zeit.* Frankfurt am Main, Insel Verlag 1976, p. 59.

⑭ 参见冯至：《歌德的晚年》，第70页。以及 *Goethes sämtliche Werke in sechsunddreißig.* Band 1. Stuttgart, Cotta'sche Buchhandlung, n. d., p. 283。

的爱的理想”[15]：

我们纯洁的胸中激荡着渴望，
要对更崇高更纯洁的陌生者
表达感激之情，将身心献上，
同时揭开那永远无名者之谜；
这，我们叫做信仰！——如此神圣欢乐，
我亦有分，倘若沐浴着她的目光。[16]

乌尔利克之于歌德，如海伦之于浮士德，在最终失掉了她们之后他们都变成了“空中的幻影”[17]。冯至试图将最后的诗节译成中文，但不知何故，仅传达了大意：

无法理解；何以如此无措？
眼前千百次看见她的倩影，
时而姗姗而来，时而遽然隐去，
时而朦胧缥缈，时而圣洁光明，
这微薄的安慰又有何益，
不过来而复去有如潮汐！

冯至的转述完全省略了首行诗句，[18]尽管对于老诗人而言，原诗节第一个词（德文：fehlts，意为“失败”、“无法”——译者注）强调出对她的思念，是最为重要的。冯至委婉简约的风格表现在，他完全没有提到《玛利浴场哀歌》全诗最为吃紧的（至少在我看来）的六行诗节：

我已失落了宇宙，也失落了自我，
虽然适才还蒙诸神的宠爱；
他们试探我，赐我潘多拉，
带来珍宝无数，和更多的灾害；
他们逼我亲吻她教人狂喜的芳唇，
然后遗弃了我，抛落进地上灰尘。

正是（很可能至少部分是）因为这一诗节的缘故，冯至在别处向上帝祈祷扩大他“狭窄的心”以拥抱“大的宇宙”。[19] 他认为，歌德在被乌尔利克拒绝时暂时失去

---

[15][17] 冯至：《歌德的晚年》，第 70 页。

[16] 《哀歌》的翻译主要参照杨武能译本（载《迷娘曲：歌德抒情诗精萃》，漓江出版社，1991 年）及绿原译本（载《歌德文集》，第八卷，人民文学出版社，1999 年）。——译者注

[18] 冯译为：“他有几千遍反复她的图像：/它时而踌躇，时而又被撕去，/时而暗淡，时而在纯洁的光芒；/这样去而复来，这样潮升潮退，/怎么能助长些最少的安慰？”（《歌德的晚年》，第 71 页）——译者注

[19] 冯至：《十四行集》，香港，1971 年，第 46 页。

了这一“大的宇宙”。很可能是弗里德利希·贡多尔夫(Friedrich Gundolf)的《歌德》(*Goethe*)一书影响了冯至上述的观点,这本书中有一章就是用来讨论《玛利浴场哀歌》的。贡多尔夫就是把宇宙(das All)和自我(Selbst)的关系问题联系起来探讨的,直到1930年代为止,这篇文章都是德国的最佳专论之一。冯至居德期间还听过贡多尔夫在海德堡大学的演讲。“‘已将宇宙和自我失去’(Mir ist das All, ich bin mir selbst verloren),这在任何人都是痛苦的坦白,而对于像歌德这样的人,对于他所怀有的宇宙与自我观念而言,则更是可怕的供认。”[20]在贡多尔夫看来,歌德的宇宙是斯宾诺莎的“泛神论宇宙”[21],只是更加有诗意而已。斯宾诺莎的“神的智性之爱”(Amor intellectualis Dei)对他来说似乎是某种人类应当努力争取的东西。冯至像斯宾诺莎和歌德一样,相信世界本身就是有神性的自然,更重要的是,自我和世界(即我和宇宙)乃是同一实体的两种属性。[22] 和他们不一样的是,冯至肯定这一实体乃是爱。[23] 这或许是因为基督教的影响,例如圣徒约翰[24],对他而言上帝即爱;或者冰心(1900—1999)、泰戈尔(Rabindranath Tagore,1861—1941),很可能还有其他一些1920年代的中国知识分子。[25]

二

我们不知道冯至为什么放弃了他揭下美与爱之神秘面纱的渴望。或许是因为抗日战争时期的时代精神,日程表上有更加紧迫的任务要完成;或者是因为在当时的昆明他找不到足够的参考资料以在这方向上更加深入地探讨下去。我们根据冯至后来的回忆(《〈论歌德〉的回顾、说明与补充》)得知,资料确实不多:科塔出版社40卷本的《歌德全集》,封·德·赫伦(Eduard von der Hellen)编,1902—1912年;一本据说是袖珍本的德国版《歌德书信日记选》;还有爱克曼的《歌德谈话录》。第一套书是学生们肩扛手挑从上海带过来的,后两本藏于他的私箧。它们也是他

---

⑳ Gundolf, Fr.: *Goethe*. Berlin, George Bondi 1918, p. 707.

㉑ Ibid., p. 270.

㉒ Ibid., p. 269.

㉓ 冯至:《月下欢歌》,载《北游及其他》,北京晨钟出版社,1929年,第93页。涉及冯至这一信念的诗节在《冯至选集》第一卷(四川文艺出版社,1985年,第109—111页)中被删去。

㉔ 《新约·约翰一书》,第4章第6节。

㉕ Gálik, M.: *Studies in Modern Chinese Intellectual History: VI. Young Bing Xin (1919-1923)*, 载:*Asian and African Studies* (Bratislava),1993年第1期,第41—60页。以及杨义:《开放性的现实主义》,载曾小逸编:《走向世界文学:中国现代作家与外国文学》,湖南人民出版社,1985年,第170—184页。

的同伴，伴随着走过知识分子们的“出埃及记”——迁往中国内地去的艰苦旅程。[26]实际上，他很可能还有机会读到其他一些书。[27] 甚至，他此前肯定还读过海因里希·李科特（Heinrich Rickert）的专著：《歌德的〈浮士德〉：作为戏剧性整体的诗》（*Goethes Faust. Die dramatische Einheit der Dichtung*），这本书出版于他旅居德国期间。李科特与贡多尔夫一样，也是海德堡大学的教授。他在昆明的时候手里或许也有这本书，至少有某些摘录。

1943 年 1 月 28 日，正值日本侵沪 11 周年之际，冯至面向西南联合大学文史学会成员发表讲演，题为《〈浮士德〉里的魔》。他用的是“魔”（satantic）而非“魔鬼”（diabolic）一词。[28] “魔”并非印度神话中恶神“摩罗”（Māra）的简称（我第一次读到时曾经这么以为）。冯至没有沿用他的偶像鲁迅（1881—1936）的说法，后者于 1907 年在其著名的《摩罗诗力说》[29]中强调了拜伦男爵（1788—1824）及其追随者们的积极浪漫主义诗歌对于欧洲文学的重要意义。这些诗中的“魔性”（satantic）并不意味着服务于恶的“魔鬼性”（diabolic）。正是诗歌统摄了最优秀的作品，是英语、德语、丹麦语、俄语、波兰语和匈牙利语文学的骄傲。但冯至追随的是李科特而非鲁迅，虽然他并没有承认这种影响，而这里我将就两处指出这点。当然，冯至在文章里也展示了自己的创见，而他对中国《浮士德》研究所做的贡献也毋庸置疑。李科特正是为对爱与美的追求所驱使，回应了威尔海姆·舍勒（Wilhelm Scherer）的著述；他对《浮士德》第二部尤其耗费不少心力（olem et operam），这部分在德国，甚至直到 1920 年代末，都还被人忽视，也没有得到深入研究。对李科特正如对冯至而言，戏剧中海伦的性格乃是最重要的研究目标。[30]

冯至在文中所努力寻求的并非爱与美（很可能是由于他更有担当的同事朋友的缘故）。他感兴趣的是歌德与浮士德性格中“事业的悲剧”（李科特称之为 Herscher-Tragödie）。冯至提到了爱与美，但是他主要关注的还是对事业（die Tat）的赞颂，提倡人尽可能积极、死而后已的生活。冯至认为，爱与美是人类灵魂两种重要属性或特质，但积极的生活甚至是“更高的要求”[31]。这里他提到了歌德 1831 年 6 月 6 日与爱克曼的谈话，其中强调“浮士德身上有一种活力，使他日益高尚化和纯

---

[26] 冯至：《〈论歌德〉的回顾、说明与补充》，载《论歌德》，第 2 页。

[27] 冯至：《一个对于时代的批评》，载鲍霁主编：《中国当代社会科学名家自选学术精华丛书》，北京师范大学出版社，1988 年，第 460—467 页。

[28] 冯至：《论歌德》，第 3—23 页。

[29] 《鲁迅全集》，人民文学出版社，1973 年，第 55—102 页。

[30] 参见李科特《歌德的〈浮士德〉：作为戏剧性整体的诗》一书第七章。图宾根，1932 年，第 281—391 页。全书将最多的篇幅贡献给了海伦。

[31] 冯至：《〈浮士德〉里的魔》，第 5 页。

洁化,到临死,他就获得了上帝永恒之爱的拯救"㉜。或许是因为他的听众,冯至隐藏了这句话的第二部分。㉝ 他过去所宣扬的"永恒之爱"㉞与残酷的战争语境颇为不合,或者很容易被人误解。

冯至的讲演中,靡非斯托非勒斯和浮士德都依然保留着鲁迅意义上的"魔性",但是靡非斯托非勒斯被叫做"魔鬼",即恶魔,更确切地说是有着某些特殊品性的恶魔,其中他强调最关键的品性是如靡非斯托非勒斯自己所宣称的"我是那力量的一部分/它永远愿望恶而永远创造了善"㉟(1335—36)。这句诗为冯至的讲演画上了句号㊱,尽管倘若把它们放到开头人们会更加欣赏一些。很可惜冯至没有引用另外一句诗,读者们可以在其中发现同样确切的靡非斯托非勒斯的性格:"我是无穷否定的精神!"㊲(1338)冯至用了不少篇幅来表明靡非斯托非勒斯是个虚无主义者,一种揄扬否定力量的精神,瓦解或摧毁所有肯定的东西,包括真、善、美和爱。我们在《浮士德》第一部里发现靡非斯托非勒斯也把他自己形容为"黑暗的一体",但同时这同时也是"光明的母亲"㊳(1350—51),或者是浮士德所称的"混沌的怪儿"㊴(1384)。歌德并没有像冯至所指出的那样,认为浮士德鄙视靡非斯托非勒斯。㊵ 冯至并非无视某些将靡非斯托非勒斯与歌德之前文学和艺术中的其他恶魔区别开来的特性;他强调靡非斯托非勒斯否定与虚无的能力,是为了有助于扭曲歌德的意图及其在描写这一魔鬼非凡性格上所必然导致的结果。显然这里受到了李科特的影响。李科特认为,靡非斯托非勒斯"具体表现了夸张的,甚至是病态的否定",它"对恶魔来说意味着极其可悲的'一切价值的重估',而他作为无穷否定的精神,也只能够以这种方法进行思考……靡非斯托非勒斯发展了某种严肃性,带来新的世界观(Weltanschaaung):极端虚无主义的世界观"㊶。冯至没有完全追随李科特,这是件好事。

㉜ 爱克曼:《歌德谈话录》(*Gespröche mit Goethe in den letzten Jahren seines Lebens*),朱光潜译,人民文学出版社,1978 年,第 244 页。——译者注

㉝ 冯至的转述是:"一个越来越高尚越纯洁的努力,直到死亡。"(《〈浮士德〉里的魔》,第 5—6 页)——译者注

㉞ 参见首页注①所提拙著。

㉟ 此为冯译(参见下注)。或据作者原文,大意是"那种力量的一体/它单独是恶,却催生善好"。——译者注

㊱ 冯至:《〈浮士德〉里的魔》,第 23 页。

㊲㊳ 参见:《浮士德》,第一部,第 75 页。

㊴ 同上,第 76 页。

㊵ 冯至:《〈浮士德〉里的魔》,第 10 页。

㊶ 李科特,上引书,第 171 页。

冯至很正确地把靡非斯托非勒斯的性格放在《旧约·约伯记》、耶稣基督本人、保罗的教义、中世纪以及浮士德—靡非斯托非勒斯神话主题的背景上加以对比。冯至同样一丝不苟地遵循了《歌德论浮士德》以及其他歌德所写的与浮士德和靡非斯托非勒斯相关的作品。例如,他重复了歌德的断言,认为靡非斯托非勒斯并非"幽灵",即苏格拉底所说的精灵(daimon),而是某种存在,它"非神,因为它似乎没有理性;非人,因为它缺乏理解力;非恶魔,因为它行善;非天使,因为它常常泄露出某种恶意的欢欣……它似乎只能在'不可能'中找到愉悦,而它却鄙弃了这种可能"㊷。的确,根据歌德自己对爱克曼所说的,靡非斯托非勒斯并不具备精灵的品质,因为它是一个过于"消极的存在",但这是歌德自己的主观信念。我们不能忘记,歌德是他自己时代的产儿,作为基督徒,他无法给地狱的代理人,给神与人的"敌手"以更加肯定的评价。其实靡非斯托非勒斯身上无疑是有不少"精灵性"的。

在冯至看来,当靡非斯托非勒斯强调"空"(Leere)的时候,他的"否定能力"是非常显然的㊸(事实上靡非斯托非勒斯谈论的是"永恒的空"㊹[Ewig-Leere〈11606〉]和"无"㊺[Nicht. 实际上他这里用的是 reines Nicht〈11600〉,即"绝对的无"㊻])。冯至把两者译为"空"(梵语:sūnyatā)和"无",暗示出佛教(或佛—道教)哲学和美学的两个重要范畴。㊼ 很可惜冯至没有从比较的视角来对此加以关注。另一方面他倒是指出了靡非斯托非勒斯与《周易》所谓"君子以自强不息"(《易·乾》——译者注)相冲突的态度,与之对比的是浮士德和天使们的信念:"不断努力进取者,吾人均能拯救之。"㊽(11936—37)冯至还把靡非斯托非勒斯的"虚无主义"和《传道书》的开头几行联系起来:"……虚空的虚空,凡事都是虚空,人一切的劳碌,就是他在日光下的劳碌,有什么益处呢?"㊾

从中我们可以看出,冯至感兴趣的可以说是证明浮士德的"肯定能力",并揭露靡非斯托非勒斯天性中的"恶"性。我们可以从浮士德在冥府中找到海伦的渴望中清楚地看到这点。与靡非斯托非勒斯不情愿陪浮士德去往空无之国相反,冯至认可了浮士德为了达到自己最高的理念所付出的努力。他引用了歌德放入浮士德嘴里的三句诗,并将自己与它们等同起来:

在麻痹中我无法找到救赎,

㊷ 参见:《歌德全集》,卷21,第291页;或他的《诗与真》,第2卷,M. S. Smith 译,伦敦,1908年,第53—54页。亦可参考冯至:《〈浮士德〉里的魔》,第8页。

㊸㊺ 冯至:《〈浮士德〉里的魔》,第10页。

㊹㊻ 《浮士德》,第二部,第270页。

㊼ 参见冯友兰:《中国哲学史》,第1—2卷,普林斯顿大学出版社,1952—1953年。

㊽ 《浮士德》,第二部,第282页。

㊾ 参见冯至:《〈浮士德〉里的魔》,第10页;《旧约·传道书》,第1章。

感觉到敬畏的战栗才是人类创造的顶峰。(6271—72)[50]

以及:

但愿在你那虚无中寻得万有。(6256)[51]

有心的学生不难在冯至对最后这行诗的翻译中发现一个错误,它改变了歌德的原意:原文中的"das All zu finden"并不等于"得到一切",而是指"寻得万有"。很难说为什么冯至改变了歌德的诗旨。是理解有误还是向听众的口味让步?或者这是在1980年代的编辑工作中被改写的?我们已经在《玛利浴场哀歌》的一节里,看到歌德世界里"受恩宠者"(bien-aimée)是怎样同宇宙相连(甚至等同)起来的,看到微观世界与宏观世界及它们的相互关系。而正如我们所知,冯至的世界观是不同的,他的宇宙与自我的关联不那么紧密。冯至并非歌德那样的提坦巨人(Titan),他从未试图定义自己对待那些"精灵"或伟大人格(甚至半神)的态度,如普罗米修斯、苏格拉底、穆罕默德或葛兹·封·伯利欣根(Goetz von Berlichingen)。他写了几首献给中国和欧洲文学、艺术与哲学里伟人的十四行诗,[52]但其典型态度是谦卑地描绘他们在自己心目中所具有的品格。他从未像歌德一贯做的那样,以之作为自我表现的方式。或许对于1940年代的中国听众来说,《浮士德》第二部也有些过于神秘或神话化了,因此最好免于强调歌德的某些诗旨。

三

冯至对爱与美的偏离并不彻底,我们看到在第二部浮士德与海伦的相遇后,冯至指出,浮士德作为靡非斯托非勒斯的反题,"要握住最深最高的事物"[53]这一"向上"的趋势或指他在爱情或社会生活方面,为着自己的幸福和人类的利益所作出的努力,或指通往救赎与上帝之路。

冯至放逐了靡非斯托非勒斯,不仅因为后者以否定态度对待作为真与善之组成主体的积极的行动、知识与信仰,而更是由于他也用同样的态度来对待美的领域。在他看来,靡非斯托非勒斯的女性形态弗尔基亚斯(Phorkyas)乃是丑恶可怕的具象,是制造谣言和毁谤、利用心理战术的能手。[54] 他保持这一论调,尽管他知

---

[50] 冯译:"我不在僵滞中寻找我的幸福/悚惧是人类的最好的一部。"——译者注

[51] 冯译:"在你的无里我希望得到一切。"(《〈浮士德〉里的魔》,第18页)——译者注

[52] 这些十四行诗所献给的有:杜甫(712—770)、蔡元培(1868—1940)、鲁迅、文森特·梵高(Vincent van Gogh,1853—1890)和约翰·沃尔夫冈·歌德。

[53] 冯至:《〈浮士德〉里的魔》,第19页。

[54] 同上,第19—20页。

道弗尔基亚斯给了海伦和她的侍女们建议，让她们见到浮士德，以求在他的中世纪城堡里躲避梅涅劳斯（Menelaus）及其大军的死亡之手。事实上，弗尔基亚斯的行为并非像“地狱的使者”，倒是“行善的天使”。[55]

想来冯至必然对浮士德抱有相当的仰慕，因为他将其性格与《圣经》中三个伟大典范加以比较：年轻的耶稣基督，在高山顶受到诱惑；成年的约伯，睿智而忍受着苦难；老年的摩西，直到自己漫长生命的尽头才完成了上帝的指令。[56] 另一方面，靡非斯托非勒斯却不过是上帝手里聪明的小丑，是他计划的执行人。

冯至的观点和有些人尖锐对立，例如荣格，他在神话学、心理学、宗教、哲学和文学领域都是敏锐的观察者。荣格认为，靡非斯托非勒斯有着“超乎寻常的人格”，显现为“可鄙的、扭曲的外形”，他兼具“肯定与否定的意义”，并在两极间摇摆不定。靡非斯托非勒斯“事实上比行动匆促、不假思索的野心家浮士德更具有肯定人格”[57]。为篇幅所限，这里我们无法探讨荣格所运用的批评尺度是否公正，也无法展示 1930 年代到 1980 年代关于浮士德和靡非斯托非勒斯的种种不同观点。当日知识界和政治界的状况、对材料的掌握、它们在中国的可获取性及其性质，这一切都促使冯至就这些问题进行思索，并尽可能公正地写出我们现在所能看到的这些作品。

让我们再次回到“美”的问题上来。在思索过靡非斯托非勒斯及其为浮士德和上帝不情愿的服务之后两年，冯至在其文章《画家都勒》中回到了浮士德。[58] 阿尔布雷希特·都勒（Albrecht Dürer，1471—1528）是三幅铜版画的作者：《骑士，魔鬼和死神》（*Ritter，Tod und Teufel*），《忧郁·一》（*Melencolia I*），《我的好妈妈芭芭拉·都勒》（*My Good Mother Barbara Dürer*）。据说在这“三位一体”中他预见或前瞻了歌德的《浮士德》。[59] 这一论断虽不免有几分主观想像，但尚可接受。它看上去似乎完全是冯至的观点。其实此文受到了海因里希·沃尔夫林（Heinrich Wölfflin）一本书的影响，即《阿尔布雷希特·都勒的艺术》[60]，尽管未曾明言这种借用。

沃尔夫林的著作中没有哪里提到歌德。因此出于研究的需要，冯至对都勒母亲简洁而深沉的画像的观察就可堪我们注意：“窄窄的两颊，凹落的面庞，鼓着两

---

[55] Goethe，J. W.：*Die Faust-Dichtungen. Einführung und Worterklärungen von Ernst Beutler.* Zürich，Buchclub Ex libris 1977，p. 809.

[56] 冯至：《〈浮士德〉里的魔》，第 6、14、21—22 页。

[57] Jung，C. G.：*The Psychological Aspects of the Kore.* In：*Aspects of the Feminine.* transl. by R. F. C. Hull. New Jersey，Princeton University Press 1982，p. 144.

[58] 冯至：《论歌德》，第 81—88 页。

[59] 同上，第 86 页。

[60] *Die Kunst Albrecht Dürers*，Munich 1920.

只空空的大眼，鼻子又长又尖，额上满是皱纹。”[61]显然，她并非美的典范。而冯至引用的德国艺术史家乔治·李尔（George Lill）却认为，都勒作品中没有哪幅能够展现比他母亲这幅更高、更深、更含有灵魂的美。[62] 这里，美与丑在审美领域内的关联问题得到了正面的探讨；这也是我知道的惟一一例。

四

尽管冯至读到了恩格斯一篇著名的论歌德的文章[63]——据说是在1948年，并很有可能遵循了他的指导，因为这在后来的人民民主及社会主义国家都是义务性的要求——但我们没有找到冯至在1979年以前写的任何关于歌德的专论。据其自述，在“四人帮”倒台之后他有机会读到了几部联邦德国和民主德国出版的著作，“对我都有所启发”[64]。他对歌德的研究多数问世于1979—1984年间，其中他尽力“略有自己的见解”[65]。这些出版于1930年之后的令人鼓舞的著作，他提到的不多，只有特龙茨（Erich Trunz）主编的14卷本《歌德作品集》，汉堡1948—1964年版。他欣赏它们“丰富的资料，详细的注解和索引”[66]。

在74岁的时候，冯至再次回到美（与爱）的问题上来。1979年的他与1823年的歌德正好同龄。就歌德来说，这是他最后一次对乌尔利克的“精神恋爱”，[67]最后一次对美的探求，尽管乌尔利克长得丑多于美。冯至对歌德生平与作品的兴趣，以及他对海伦的新兴趣和歌德对乌尔利克的迷恋之间的巧合，导致我们假设：冯至最后一次遭遇美与爱乃是在追随他从自己第一篇歌德论文以来的理想：联系《玛利浴场哀歌》和《浮士德》最后两幕来研究歌德的晚年。如我们已观察到的，据他从1941年以来的观点，人们可以用这种方式更好地理解“美的死亡，爱的消逝”。[68]

事实上，在他1979年之后的研究中，《玛利浴场哀歌》甚至没有被提起，而《浮士德》第二部的最后两幕也是基于《歌德谈话录》、席勒（Fr. Schiller，1759—1805）的信以及当时的政治环境来进行分析的。海伦是这篇题为《〈浮士德〉海伦娜悲剧分析》[69]的文章主题。除了对希腊神话、艺术和文学——主要是欧里庇得斯（Eurip-

---

[61] 冯至：《画家都勒》，第87页。

[62] 同上所引。我未能确认冯至所引用的这篇G.李尔的文章。

[63] Engels，Fr.：*Deutscher Sozialismus in Versen und Prosa*，*II.* In：Hardison，Jr. O. B.（ed.）：*Modern Continental Literary Criticism.* London，Peter Owen 1962，pp. 124-126.

[64][65][66] 冯至：《〈论歌德〉的回顾、说明与补充》，第6页。

[67] Boerner，P.：*Goethe.* Reinbek bei Hamburg，Rowohlt TV 1964，p. 125.

[68] 参见首页注①。

[69] 冯至：《论歌德》，第91—115页。

ides,约 480—406 B. C.)的《海伦》——的了解外,歌德至少还接受了三部作品的影响,文中提到:1587 年约翰·斯皮厄司(Johann Spiess)出版的《约翰·浮士德博士传》(*Historia von D. Johann Fausten*)和约翰·浮士德博士有关的傀儡戏(17—18 世纪),以及克里斯托弗·马洛(Christopher Marlowe)的著名剧本《浮士德博士生平与死亡的悲剧》(*The Tragical History of the Life and Death of Doctor Faustus*)。三者都不约而同地对海伦的品行抱以否定态度,就此冯至用了一个简单的中文词来称呼:荡妇。例如在木偶剧里,海伦恰是一句著名拉丁谚语的生动说明:“魔鬼办不到的事情,女人却能完成。”(Quod diabolus non potest,mulier efficit.)歌德小时候曾不止一次有机会看过这个戏,冯至很可能也知道这个版本。[70] 海伦的本质是条毒蛇,她迅速地挣脱了浮士德的拥抱,是恶魔般的泼妇,有着残忍的血统。[71] 这使冯至提到中国对女人“倾国倾城”[72]的比方。在马洛的版本里,受到文体限制,措词不那么粗野,但浮士德博士还不过是海伦的奴仆,而海伦是他的女主人(mistress,亦指情妇——译者注):

> 我将做帕里斯,为伊的爱情
> 教威登堡被洗劫吧,而非那特洛伊。
> 我将同懦夫梅涅劳斯战斗
> 长羽颜色如伊,飘扬盔顶。
> 哦,我将教阿基里斯负伤在冈地……
> 没有人,除了伊,来做我爱侣。[73]

在欧里庇得斯的《海伦》以及歌德 1804—1805 年间所写的文章《从里榭到德尔斐的波里格诺特》(*Polygnots Gemälde in der Lesche zu Delphi*)里,可以看出海伦性格与欧里庇得斯作品之间的关联:“自幼年起她就是爱慕与渴望的对象,她激起了英雄世界中最强烈的情欲,让她的情人们永远为她效劳:有人抢夺她,娶她,诱拐她,失掉她又得到她。她颠倒众生,她带来破坏,她教复仇的丈夫抛下武器;她先是

---

[70] 参见冯至:《〈浮士德〉海伦娜悲剧分析》,第 95 页。以及《约翰·浮士德博士木偶剧》,莱比锡版(出版时间不详),第 67 页。歌德之前的浮士德主题极端复杂,超出了本文框架内所能进行的分析。详请参见 Butler,E. M:*The Fortunes of Faust.* Cambridge,Cambridge University Press 1952 (paperback 1979),pp. 3-140。歌德在 1770 年左右肯定观看并阅读了不同的浮士德故事版本,参见 *Faust. Goethes Faust-Dichtungen.* Goldmann Klassiker mit Erläuterungen. München,Wilhelm Goldmann Verlag,pp. 739-753。

[71] 同上,第 58 页。

[72] 参见冯至:《〈浮士德〉海伦娜悲剧分析》,第 105 页。

[73] 马洛:《浮士德博士生平与死亡的悲剧故事》,John D. Jump 编,曼彻斯特,1962 年,1979 年重印,第 93 页。

一场毁灭性战争的根源,如今却是胜利最美的得获……超乎常人之上,自然最伟大的现象,保持着不受民族爱国情绪亵渎的神圣……当希腊人回忆海伦的时候,他们仿佛也被她迷惑……经过多少年的争端,所有的希腊人都要感谢欧里庇得斯,因为他把海伦带上舞台,表现为一个出众的、清白无辜的女子,以此满足了有教养的人不可避免的要求,达成美与道德的和谐。”[74]

当歌德把这位“受尽了赞扬和毁谤”[75](8488)的半神和弗尔基亚斯(靡非斯托非勒斯)进行对比的时候,他走得甚至比欧里庇得斯更远;前者的本质是美和善,而后者是丑和恐怖。看到海伦、她的侍女们和弗尔基亚斯一起站在舞台上的场景,人们感受到的无疑要比冯至的分析所展现的更多。

冯至的着手处是《浮士德》第二部第二幕及其场景《古典的瓦尔普尔基思之夜·比纳渥斯河下游》,其中提到并简单描写了浮士德与希隆(Kentaur Chiron)的相遇,后者是海伦的两个兄弟加斯妥(Castor)和玻鲁克斯(Pollux)的老师;并且获得了曼陀(Manto)的帮助,这位女巫和先知看透了浮士德的灵魂,并且赞赏他最隐秘的需求:找到一个他所爱的女子,尽管她已沉睡地底千年。她说:“我爱渴望不可能的人。”[76](7489)对冯至来说,爱上“不可能”意味着“不断地向高处向远方追求”[77]。冯至第一篇歌德论文里所说的“爱的消逝”此时重新浮现在他脑海中,他说:“使易于消逝的美能够长存是人们普遍的愿望。”[78]第三幕里,海伦复活,“消逝的爱情”重现于此世。不论在歌德作品还是冯至的分析里,爱与美都彼此纠葛。让冯至感到愉快的是,海伦被表现为“美的化身”,被特洛伊妇女的合唱队反复赞美,并且是许多出名男子的“偶像(Idol)”[79](阿基里斯[80]作为最后一个被提到)(8877—80)。出于某种原因,冯至把Idol翻译成了“幻影”,[81]而它在中文里通常指“偶像”。另一方面,弗尔基亚斯却是“丑的化身”,一出场就宣称“羞耻和美从来不携手同行,/走过大地上青葱的路径”,[82](8755—56)接着便是长长的一串辱骂、指责和威胁。冯至提到了弗尔基亚斯为海伦和其侍女们提供的帮助:找到浮士德,躲避梅涅劳斯的愤怒。但他对此未加评论。据信这是他在整出戏剧活动里的职责。

“消逝的美”投入了浮士德的怀抱。这事实上乃是希腊与北欧(也不妨说是那

---

[74] *Goethes Werke*. Sophie von Sachsen-Ausgabe. Band 48. Weimar, Hermann Bählaus Nachfolger 1897, pp. 108-110.

[75][76] 《浮士德》,第二部,第157、122页。

[77][78][79] 冯至:《〈浮士德〉海伦娜悲剧分析》,第100页、95—96页。

[80] Achilles,古希腊英雄,传说他与海伦死后结合。冯译“阿克勒斯”。——译者注

[81] 同上,第103页。以及《浮士德》,第二部,[Wayne英译本]第171页。Wayne的翻译中用的是“wraith”一词,即替身、副本、鬼魂。

[82] 《浮士德》,第二部,第166页。

时的德国)世界象征性的联合。冯至引用了歌德写给卡尔·伊肯(Karl J. L. Iken)的信,里面这样说道:"我从不怀疑,作为我作品真正的预期对象,读者们将会理解这种描写(高利克案:与海伦的结合)的主旨所在……这确乎是对希腊罗马文学新的、更纯洁的回顾;多亏它们,我们才得以从15、16世纪的苦行僧愚昧主义解放出来。从这更高的位置上,难道我们不能够凭它们的真理价值、伦理—美学价值,来赏鉴古往今来的一切吗?"[83]

被"神祇、英雄、半神,乃至于魔鬼"[84](9252)所"追求"、所"引诱"的海伦,在歌德看来却是无辜的,尽管在本土及后世的故事里,她常常遭到指责与诅咒。[85] 歌德的这种见解同欧里庇得斯颇为相似,后者用海伦的第一人称这样叙述:

而我——许多的惨祸淹没了我:

首先,被冠以恶名,尽管清白无辜;

更不幸的是为正当的理由而受苦,

承担罪行的重负,却非为自己的缘故。[86]

当如今是"高贵的夫人"和"女王陛下"的海伦成为浮士德之佳偶时,浮士德感到自己生活在梦境中,正如梅涅劳斯在多年分离后重新找到海伦时一样:

哦,面前是最甜蜜的伊!——我不再咒天骂地。

我拥抱宙斯和丽达的孩子,拥抱我的佳侣。……[87]

他们幸福的爱情二重唱叫读者想起《雅歌》,歌德曾写道,后者是"上帝创造的"[88]最优美的爱情诗篇。海伦承认:

诸友,诸友!我不再哀愁,

也不再忧叹,为那过去的伤口。

我的良人如今属我,属我!年复一年

我等待着,等待我的主人,直到他出现,在特洛伊城![89]

梅涅劳斯和道:

---

[83] 博特勒编,前引书,第651页。

[84] 《浮士德》,第二部,第186页。

[85] 对海伦主题更加详尽的介绍,请参看:Frenzel, E.: *Stoffe der Weltliteratur*. Stuttgart, Alfred Kröner Verlag 1981, pp. 301-306 and Backčs, J. – L.: *Le Mythe d' Hélčne*. Clermont-Ferrand, Editions Adosa 1984。

[86] Euripides: *Werke* (*Greek and English*). Transl. by A. S. Way. Vol. 1. London, William Heinemann Ltd. 1912, repr. 1966, p. 489.

[87][89] Euripides: *Werke*, p. 523.

[88] *Goethes sömtliche Werke*. Jubiläums-Ausgabe. Vol. 36. Stuttgart-Berlin, Cotta, n. d., pp. 108-114 and 331-332.

伊属我，我属伊！哦，一度的疲惫
因那痛苦的搏杀，尚未知晓女神的诡诈！
然我洒泪却是由慰藉的狂喜，
感谢上天，不再徒自伤心。[90]

海伦再和：

我找不到言语。——怎样的凡人才敢期待此时？
我将伊紧拥胸前，梦中都不曾企盼如此的恩赐。[91]

在中世纪城堡的新环境里，海伦对浮士德说："我感到生命先已结束，却又重新开始，/与你恩爱缠绵，朝向未知的真实(true)。"(9415—16)如果诗歌容许这么用词的话，最后一个词应当是"忠诚"(faithful)。海伦同这个"陌生人"生了个男孩，名叫"哀弗利昂"(Euphorion)。根据莱比锡1770年出版的本杰明·赫德里希(Benjamin Hederich)所编《神话学基础辞典》(*Gründlicher mythologischer Lexikon*)，他本是"阿基里斯和海伦之子，生长福岛(the Happy Islands，或 the Islands of Blissful)，有翼天贶"。这本辞典为歌德作品所参考。[92] 对歌德来说，哀弗利昂是拜伦男爵的诗歌化身。哀弗利昂的死亡也和神话人物伊卡鲁斯(Icarus)相似。有两句著名的准格言适用于海伦，也部分地适用于浮士德，出现在他们田园牧歌式的幸福生活结尾："……幸福与美丽结合不久长"(9940)，以及"短暂的欢乐是命中注定，/惨痛立刻随之降临"(9903—04)。海伦悲剧到达终点，她死在浮士德怀里，跟随她的儿子前往贝瑟封娜(Persephone，希腊神话中的冥后——译者注)的王国。

五

冯至对待浮士德、海伦和靡非斯托非勒斯(弗尔基亚斯)的态度在1947年以前和1978年以后有相当的不同。1947年以前，他同情的对象明显是前两位；1979年，则显然成了弗尔基亚斯，因为她"不断说些比较清醒的真实的话"[93]。伪装成弗尔基亚斯的靡非斯托非勒斯是"欧洲近代的现实主义者，随时都在破坏对于古希腊的幻想"[94]。他断定海伦悲剧并非基于希腊神话和传说所写成，因为那些东西已经过时了，正如弗尔基亚斯所宣称的：

你们听这最可爱的声音，

---

[90][91] Loc. cit.

[92] Beutler, E. (ed.); op. cit., p. 808.

[93][94] 冯至：《〈浮士德〉海伦娜悲剧分析》，第112、113页。

赶快从神话[95]里解放出来!
让你们的古老的神群
消逝吧,他们已不存在。

没有人再愿意了解你们,
我们要求更高的尺度:
因为凡是要感动人心,
必须出自心灵深处。(9679—86)

甚至,即使冯至在评价歌德的时候采用了恩格斯的观点,他大概也忘了马克思的一些语录,其中对希腊文学和文化——包括其神话的堂皇宏伟和美学价值进行了分析。[96] 这些"发霉故事"的一部分在世界文学艺术史上从来都有不可超越的价值。歌德显然也并不相信弗尔基亚斯的谩骂之辞。

对74岁的冯至来说,海伦是个"幻影",或者某种人物,"是虚是实,使人捉摸不定"[97]。歌德本人在1826年10月写给威尔海姆·冯·汉博尔特(Wilhelm von Humboldt)的信中说,"海伦悲剧"乃是一场"古典—浪漫主义的海市蜃楼"[98]。然而这一幕以及整出《浮士德》第二部远不止此:它是歌德对"浪漫主义的反讽",是"严肃的笑话"(他自己如此称呼)[99],是"希腊,中世纪,洛可可或巴洛克"因素的结合[100]。这里不妨求助于巴克尔·菲尔莱(Barker Fairley),他是研究歌德及其《浮士德》最杰出的学者之一,曾经指出整部悲剧展现了更多的因素,有"史前世界,圣经世界,古典世界,中世纪,文艺复兴,宗教改革,巴洛克和18世纪"。然后他补充说:"此时歌德脑海中塞满了一生累积起来的文字和图像素材,不吐不快。哥特弗莱德·凯勒(Gottfried Keller)大概对这出诗剧的五色纷呈比对其逻辑性印象更加深刻,他有次说道,老头儿在以某种高尚的自我纵情举行记忆大游行,可他的确说出了部分真相,其中的某些部分也的确值得记住。"毫无疑问,这老头在游戏"(Es ist keine Frage, der Greis spielte),他说。不可否认的是,"凯勒的话在他的时代堪称

---

[95] 原文 musty stales,即下文所说的"发霉故事"。——译者注

[96] Marx, K.: *A Contribution to the Critique of Political Economy*. In: Hardison, Jr. O. B. (ed.): op. cit., pp. 115-117.

[97] 冯至:《〈浮士德〉海伦娜悲剧分析》,第112页。

[98] Beutler, E. (ed.): op. cit., p. 643.

[99] 请参见歌德给 Wilhelm von Humboldt 的一封信,所注日期为1832年3月17日,即写于歌德辞世的五天前。同上,第667页。

[100] Reinhardt, K.: *Goethe and Antiquity. The Helen Episode of Goethe's* Faust. In: Bergstrasser, A. (ed.): *Goethe and the Modern Age*. Chicago and Toronto, Henry Regnery Co. Inc. 1950, p. 105.

超前,几乎像是20世纪的声音。因为正是《浮士德》饱炼世故后回溯往昔的品质使它接近今天的诗歌写作,不论是采用戏拟(parody)、主旋律(leitmotif)还是文字隐喻(literary allusion)的形式。或许把《浮士德》称为《尤利西斯》(*Ulysses*)和《荒原》(*The Waste Land*)——当代英语作品中具备这种品质的最佳典范——的先行者并不妥当,但就其(尤其是最后几幕的)诗歌观念及实践而言,它显然站在了这两部作品及旧有传统之间。"[101]

卡尔·莱茵哈德在其文章《歌德与古代:〈浮士德〉中的海伦插曲》中,看到了海伦悲剧里一些不同的因素:寓言、童话,或民间故事,甚至萨迦(saga),"交织于脱离本源的象征意义里"。他甚至引用了如下几句没有说明出处的话:"所有女仙中最美的一位,一度为有朽的凡人之爱、为魔法所召唤;然而有朽者之子超越了凡人的界限,于是她消逝了,但依然留下一种足以脱胎换骨的力量……"[102]

海伦"消逝"后,弗尔基亚斯教浮士德抓住她留下的衣裳和面纱:

曾经拥有全部,却只剩下这点儿,快把它抓牢!
别放手呀,抓住这长袍!小鬼们已在
扯它的边角,热切地想要
把它拖进阴曹。要抓牢!
不错,这不是女神,你已将她失掉,
可神性它也不少。快握紧这无价宝,
它将助你飞腾,越飞越高,
直到凌空于浊世,
翱翔苍穹,只要你能坚持。
我们将再会,在远方,远离这此世。(9946—54)

六

莱茵哈德将这些话解释为思想深处的"变形",我猜想这与仙(海伦)和凡(浮士德)有关。海伦在老年冯至的思想和心灵上都没留下太深刻的印象。对年轻的冯至她倒说不一定能办到。然而即便对他而言,"der eigne Reiz",即海伦悲剧"独特的美",也没有失去它的"美感"。[103]

---

[101] Fairley, B.: *Goethe As Revealed in His Poetry*. London and Toronto. J. M. Dent and Sons Ltd. 1932, p. 108.

[102] Reinhardt, K.: op. cit., p. 109.

[103] 参见 Beutler, E. (ed.): op. cit., p. 636,以及冯至:《〈浮士德〉海伦娜悲剧分析》,第96页。

很难说当冯至在写他第一篇歌德论文结尾的时候，脑海中浮现的究竟是《浮士德》里的哪行诗句，使他提到海伦的死，以及浮士德“走入一个更积极的世界，来满足‘一个更高的力的意志’”[104]。很有可能是这句话：“当然有！一幅宏伟的蓝图占据了我的心。”（10134）浮士德这句简短的自白叫靡非斯托非勒斯乘机借题发挥，就像荒野里恶魔对耶稣基督的诱惑：“魔鬼又带他上了一座最高的山，将世上的万国和万国的荣华都指给他看。”（《马太福音》第4章第8—9节）不过靡非斯托非勒斯还不敢像这样向浮士德许诺：“你若俯伏拜我，我就把这一切都赐给你。”（同上）他用来诱惑浮士德的是世间所有的一切：“一座美妙的宫殿，建在美妙的地方，/四周是丘陵和山林，田地与泽地。”最重要的是：“女人，我说：得给她们公道的回报，/我总欢喜眼见美多娇。”（10160—74）但对浮士德来说，“更高的愿望”却是事业（Die Tat），为他自己也为全人类完成伟大而堂皇的事业。他把靡非斯托非勒斯斥为沙大那帕鲁斯（Sardanapalus），此人原本大概是古代亚述国王亚述尔—巴尼拔（Assur-bani-pal，公元前7世纪），后来在欧洲的“世纪末”甚至更早（拜伦男爵、德拉克洛瓦）的时期成为颓废主义的典型之一。浮士德的确经受住了诱惑。

当浮士德站在高山之巅面对靡非斯托非勒斯的时候，眼前浮现出了两个形象：海伦（9952—53）和葛泪欣（Gretchen）（10066）；除此之外，歌德内心的浮现出的形象或许还有洛特、莉莉、夏洛特、玛丽安娜[105]（这里只提到他的情人中的几位）。当冯至思考《浮士德》第二部的最后几幕时，他脑海中浮现的是乌尔利克（至少在1941年，很可能还要更早）以及《玛利浴场哀歌》。可能冯至还读过斯蒂芬·茨威格（Stefan Zweig）那些绝妙的“小影”之一，其中，对乌尔利克痛苦的恋情以及《玛利浴场哀歌》也同《浮士德》、同歌德生活及作品的“圆满”（Vollendung）联系在一起。在茨威格看来，“这位八十岁的老人开始着手于毕生扛鼎之作《浮士德》，搁笔时，那些悲剧的日子（高利克按：即他的失恋）已成七年前的旧事……”[106]

冯至打算做的和茨威格颇为相像：联系《浮士德》，分析这首“强有力的诗”，或“原始情感的奔放川流”[107]。很可惜他并没有进行这项工作，或者更恰当地说，在1941年后再没有继续发挥这一想法。

仅仅在他逝世的七年前，冯至才暗示到《神秘的合唱》（*Chorus mysticus*）（并未

---

[104] 参见冯至：《歌德的晚年》，第74页；及《〈浮士德〉里的魔》，第20页。

[105] 她们的全名是：Charlotte Kestner（原姓 Buff），Lili Schönemann，Charlotte von Stein 和 Marianne von Willemer。

[106] Zweig, S.: "Die Marienbader Elegie". In: *Sternstunden der Menschheit. Fünf historische Miniaturen.* Insel-Bücherei Nr. 165. Leipzig, Insel-Verlag 1927, p. 34.

[107] Loc. cit.

直接引用，也没有确切说明他的想法），并提出一个关于歌德和里尔克的独创论点。这不仅是对歌德和里尔克，也是对所有“为文学艺术奋斗一生的人”，以及那些最终“都会唱出这样的高歌”的人。[108]

一切无常事物
无非譬喻一场；
人间常苦不足
而今所愿皆偿；
微言难形笔楮
凭爱焕成奇章；
永恒女性永如常
引领我们向上。[109]

冯至读到科塔版《歌德全集》里关于《浮士德》的笔记大概是在昆明，如果不曾更早的话。其中有这样一些指示：首先是句断言，“消逝的现象只是永恒神性之摹拟”[110]。第二条从哲学和美学观点来看则更有价值：“我们永远无法认识真理，它等同于神性。我们可以在投影、示例、象征、个别和相关的现象中沉思其存在。我们意识到它们是不可理解的，但却也不能放弃认识它们的希望。世界上所有认知范畴内的现象都是如此。”[111]《神秘的合唱》第一行诗句即与之相关，这段合唱原本题为《至高的合唱》（*Chorus in excelsis*），对所有基督徒（或不仅对他们）来说都暗示出《路加福音》第 2 章第 14 节中耶稣诞生的音讯：“在至高之处荣耀归于神，在地上平安归与他所喜悦的人。”

《浮士德》最后两行关于“永恒女性”的诗句，肯定也是全书中最有争议的两句。一位最杰出的歌德研究学者这样评论道：“这是爱与智慧的结合，贝阿特丽丝之于但丁、索菲娅之于诺瓦利斯，皆当做如是解。歌德也是这样理解潘多拉的，将她作为最高的美与爱，艺术和科学不过是她手下的精灵。他总是强调（在他 1809 年 11 月 24 日致 Riemer 的信里）自己所把握的理念是以女性外形出现的。歌德说，‘女性的顶巅’（Del Donnesco la cima）；而《神曲》的结尾也肯定最崇高的爱以

---

[108] 冯至：《外来的养分》，第 6 页。

[109] ［Wayne］原译文最后一句用的是“Eternal Womanhood”被我改成了“Eternal Feminine”，我以为这样更加符合歌德所要传达的意图。我也仔细考察了《神秘的合唱》之七个不同的中文译本（及评论），参见 Gálik，M.：Goethe' s *Chorus Mysticus* in Chinese Renditions and Commentaries. In：Wild，S. and Schild，H.（eds.）：*Akten des 27. Deutschen Orientalistentages. Norm und Abweichung.* Vol. 1. Würzburg，Ergon Verlag 2001，pp. 633-646。

[110] *Goethes sämtliche Werke.* Jubiläums-Ausgabe. Band 14，p. 405.

[111] Loc. cit.

女性外形出现：'由爱所推动，天体平缓运行，/如是行天不息，太阳和群星！'"[112]

冯至很可能没有读过《神曲》，但他对诺瓦利斯相当了解，因为他的博士论文就是关于诺瓦利斯的。里尔克则是他尤其心爱的诗人。我们不知道冯至联系《神秘的合唱》来颂扬里尔克的意图何在。里尔克"后'物与诗'"时代同他最早的两首诗之间也颇有关联，例如《致俄耳甫斯的十四行诗》上卷第十九首：

尽管这个世界瞬息万变
如同云的形状一般，
但所有完美都要落回
陈旧、古老的家山。

在变幻和群聚之上，
更加广阔自由的地方，
我们依然听见你远古的歌谣，
弹七弦琴的神祇啊。

痛苦不被理解，
爱情不被真正领会，
死亡擦拭掉的

再也无法显现。
只有歌谣，穿越大地，
颂扬并且赞美。[113]

对最后的这两行，下面这几行诗就我所知是最好的附录。它们出自里尔克的《转折》(*Wendung*)，致玛格达·冯·哈丁堡(Magda von Hattinberg)。据我看来，其中展现了对"永恒女性"更多的现代(而非神话，甚至也不是神秘的)诠释和努力：

凝视所得终有限度，
更深地凝视得来的世界
要在爱中结果。
眼的工作现已告终，

---

[112] Loc. cit and *The Divine Comedy of Dante Alighieri*. Transl. by Henry F. Cary. 56th printing. New York, P. F. Collier & Son Corporation 1965, p. 426.

[113] Rilke, R. M. : *Sonnets to Orpheus*. Transl. and With an Introduction by David Young. Wesleyan University Press, n. p. 1988, p. 39.

如今心儿要展露
你内在的形象,
这些被囚禁的形象;因为你
用强力解放了它们;但它们并不
为你懂得。
内在的男子,请看你内在的女子,
这生命被你
从一千种自然中夺得;这生命
但还只是被夺得,却从未
被爱过。[114]

恩里希·赫勒(Erich Heller)在其著作《世界仅存于内心》(*Nirgends wird Welt sein als innen*)中认为,里尔克在这首诗里"宣布"了自己的"改宗",[115]从"物与诗"中的信念转为对外在世界更为深刻的认知,转向诗人灵魂的更加内在的王国。这首诗写于1914年,是年里尔克开始研究歌德(也有其他人)的作品,而此前他一直对歌德颇为不屑。[116] 此处"永恒女性"被看成某个男性灵魂的一部分,这个灵魂正努力达成双方的交流和理解。由于他的自恋和极端个人主义,里尔克最后未能成功,但他的遗赠中这部分的"宣言"行为,从现代心理分析理论角度来看,几乎达到了荣格式的洞见,同时也意味着对"永恒女性"的理解向前踏进了一步。

这段关于"永恒女性"的意味深长而又神秘难解的诗句,是歌德在1831年7月1日之前写成的,距离他的逝世大概只有半年多的时间,此时他的案头摆放着三个不同的《圣经》版本。[117] 当涉及到其中故事或断言的时候,他习惯在《浮士德》的页边作些旁注。颇有讽刺意味的是,有时候他会把它们放入靡非斯托非勒斯之口。[118] 对歌德观念表示不满的不仅有现代的女性主义者,他/她们强调"'永恒女性'之外"(beyond the Eternal Feminine)[119],正如强调"阳具之外"(beyond the Phallus)[120]

---

[114] Mason, E.: *Rilke*. Edinburgh and London, Oliver and Boyd 1963, p. 95.

[115] Frankfurt am Main, Suhrkamp TBV 1975, p. 57.

[116] Mason, E.: op. cit., pp. 71-72.

[117] Beutler, E. (ed.): op. cit., p. 813.

[118] 参见诗句10094、10131、11287,及《浮士德》第二部,[Wayne 译本]第216、217和256页。

[119] 参见Guenther, M. B.: "'Faust'. The Tragedy Reexamined." In: Cocalis, S. L. and Goodman, K. (eds.): *Beyond the Eternal Feminine: Critical Essays on Woman and German Literature*. Stuttgart 1982, pp. 75-98。

[120] 参见Jardine, L.: *The Aesthetics of Impenetrability*. In: Brennan, T. (ed.): *Between Feminism and Psychoanalysis*. London and New York, Routledge 1989, p. 64 and ff。

一样。此外,《圣经》的作者们除了少数人,比如《雅歌》的无名作者和圣约翰,大概都难以赞同歌德最后透露给世界的消息。冯至也读过《圣经》,至少是从他写第一篇歌德论文的时期直到1947年,或许还要更早。1942年3月17日,他买了一本《圣经辞源》,这本书曾(或许至今依然)藏在他的家庭图书室里。它便宜而有用,冯至借助它来查阅《圣经》的中文译本。[121]

"永恒女性"常常同天主教徒或葛泪欣的天堂联系起来得到解释,[122]或作为"光明圣母品质(或者 Gestalt)里的神圣之爱"。[123] 在汉斯·雅戈(Hans Jaeger)一篇题为《关于浮士德之救赎的问题》的文中,我们读到一个很有趣的见解,据此"我们必须假定,浮士德对美的化身海伦的爱情,以及第四幕开头所看到的两个幻影(译按:即浮士德站在高山之巅,先后看到海伦与葛泪欣的幻影),二者之间有很强的因果联系,尽管歌德勾勒出的连线仅仅通向了葛泪欣的影像:海伦的面纱最后变幻成了葛泪欣的倩影。这一象征手法的寓意是相当清楚的:正是浮士德与海伦的结合使他发现,葛泪欣的爱情较之海伦的更伟大,也更加具有终极意义"[124]。此处所强调的是浮士德两次爱情之间的联系,雅戈的判断比歌德所真正表现出来的要更重一些。我认为这里歌德暗示的是一种隐藏的意义:二人都是"永恒女性"的一部分。

1949年,即雅戈发表论文的前一年,沃尔夫拉姆·冯·登·斯泰能(Wolfram von den Steinen)在其杰作《歌德的时代》(*Das Zeitalter Goethes*)中,试图以人类发展为背景,勾勒出"永恒女性"的简短历史。对希伯来人和《圣经》而言,"永恒男性"既是理想也是现实。在近东,巴比伦人、腓尼基人和克里特人的观念稍有不同,他们认识并崇拜"伟大的母亲"(the Great Mother)。在公元后早期的几个世纪里,欧洲人也部分继承了希伯来人的遗产,情况变化不大。神子耶稣基督热情的追随者和门徒中,有一些女性形象的表现。其中最首要的是圣玛丽,主要并非表现在《福音书》和《新约》其他作品中,而是后来对她的崇拜里。祈求她庇护的颂歌大约在她身后五百年开始出现。据冯·登·斯泰能,后来在12世纪的时候,"星辰和太阳"(Stella et Sol)的角色就开始互换了。那时候"女性的形象压倒了男性"。[125] 这难道不是暗示出但丁及其"永恒女性"的观念吗?当歌德用"崇拜玛利亚的博士"

---

[121] 冯至:《昆明往事》,第27页。

[122] Fairley B.:op. cit.,pp. 116-117.

[123] Beutler,E.(ed.):op. cit.,p. 833.

[124] Jaeger,H.:"The Problem of Faust's Salvation." In:*Essays on German Literature*. Bloomington,Indiana University 1968,p. 85.

[125] Steinem,W. von der:*Das Zeitalter Goethes*. Bern,A. Francke AB 1949,p. 357.

(Doctor Marianus)的声音,呼圣玛丽为:"处女,圣母,天后,/女神啊,愿吾辈永沐慈悲"(12102—03),此时他沿用的是但丁赠予光明圣母的称号:"处女圣母"(vergine madre)和"天后"(regina)。[126] 最后这个头衔"女神"则从来不曾属于圣玛丽,而是属于海伦,根据希腊神话,她是宙斯与丽达的女儿,因此至少是位半神。海伦是否也在象征意义上,甚或在歌德脑海里,同样属于围绕着浮士德站在圣母玛多娜面前的一员,就像葛泪欣、"罪孽深重的女子"(玛丽·抹大拉,《路加福音》第7章第36节)、"撒马利亚的女子"(《约翰福音》第4节)和"埃及的马利亚"(《圣徒故事集》)一样,升向"更高的境界"呢?(12095)根据古典和基督教的经典,海伦都是属于另一种类的有朽者的。

浮士德最后的"诀别之旅"以"永恒女性"结束。根据冯·登·斯泰能的观点,"歌德采用了温文尔雅、文质彬彬的神秘主义(高利克按:如中世纪骑士或克莱沃的圣伯纳德对待女性或具备女性品质的事物的态度),并且他所理解的'永恒女性'是与其天堂观念相和谐一致的"[127]。菲尔莱认为,歌德在最后几行《神秘的合唱》中"思考的是那必须被奉献的东西,若没有它,所有的奋斗便都毫无益处"。只是他又加了一句:"老实说,我们不能宣称有什么深刻的智慧会从这诗里生出来;它毋宁生自歌德思想的另一面,那是在《浮士德》中无法表达的。倘若希望理解'永恒女性'以及这种接纳的态度对他而言究竟意味着什么,我们就必须走出《浮士德》,阅读他其他的诗作,长久地沉浸其中。"[128]

当冯至提到《玛利安巴德哀歌》和《浮士德》最后两幕的时候,他是否想到乌尔利克,或者毋宁说,她的"诗歌人格"(poetic persona),同样属于光明圣母身边围绕的"永恒女性"之一呢?"永恒女性"是个广泛而深刻的概念,远远超过了浮士德世界观中所指派给它的狭小框架,甚至超过了约翰·沃尔夫冈·歌德的诗歌。这部分遗产迄今尚未得到充分的研究、探索和解释。或许里尔克所要求和呼唤的"心灵的工作",是可采取的出路之一,以实现"内在的男子"和"内在的女子"之间相互的理解与交流,因为她"还只是被夺得,却从未被爱过"。或许应当追随荣格研究"女性的各个方面",其笔法旨在显示更多积极的而非"消极的方面"。[129] 荣格认为,最后这种更为典型的倾向是未来需要克服的;我们应当继续他这种研究,例如在《诗歌中的类型问题:卡尔·斯宾德勒:普罗米修斯与厄庇米修斯》(*The Type*

---

[126] Dante Alighieri: *Die Göttliche Komödie. Italienisch und deutsch.* Übersetzt vom Hermann Gmelin. III. Teil. Das Paradies. Stuttgart, Verlag von Ernst Klett, n. d., p. 390, 392.

[127] Steinem, W. von der: op. cit., p. 362.

[128] Fairley, B.: op. cit., p. 119.

[129] W. M. (William McGuire): *Editorial Note.* In: Jung, C. G.: op. cit., n. p.

Problem in Poetry：Carl Spitteler：Prometheus and Epimetheus）[130]中，对女性的崇拜和对灵魂的崇拜都被看成是“永恒女性”的一部分，被纳入同一讨论框架。“永恒女性”应当在心理学、哲学、美学、宗教和社会学领域里进行把握，其研究目的应当是发挥所有积极的潜力——它体现在“父系”的人类种群中，体现在他们为更高的伦理与审美目标进行的奋斗里。“永恒女性”不过是浮士德心目中海伦的魅力与精神，她或许最好地现身在高山之巅的诗句里，当他沉思着自己的生命与爱情时，注目云彩，面前幻化出海伦、丽达、赫拉、曙光女神（葛泪欣）的形象，或许还有许多，尽管她们没有出现在歌德这部最伟大的也是最后的作品中。

或许正是这里所赞颂的灵魂的“精粹”，解释了为什么年轻的冯至在1941年引用了这段诗句的最后部分。他后来再也不曾这样做。浮士德话中暗含的“永恒女性”，大概对于“永恒男性”的中国读者和社会来说，是太过于强烈了。

（译者单位：北京大学中文系）

[130] Ibid.，pp. 5-24.

卡尔·雅斯贝尔斯与诗人冯至①

□[德]顾　彬(W. Kubin)

中国和欧洲之相遇大抵被打上了一种神秘故事的烙印。其间一直有着相遇的事发生,只不过我们对此所知甚少而已。这常常是由于缺乏语言的知识,也往往是因为不具备历史的意识,更常见的乃是由于一种纯粹的意识形态使然,正是有鉴于此才使得这相遇的故事获得了其应有的权利。当年的后殖民主义思潮不仅损害了中国和欧洲的相遇,而且也对这一相遇的历史性产生了消极的影响。因此,一位德国大思想家违背时代的精神,在他的一部主要著作中对中国作了介绍,并且将亚洲和欧洲的真实相遇以不可思议的方式惟妙惟肖地予以再现,这真是一次历史的机遇。

我是在这样的一个时代中长大的,那时孔子不论是在中国的理论家还是在德国的汉学家那里都遭到唾弃。人们不一定要喜爱孔子,但是应当严肃地对待他。卡尔·雅斯贝尔斯这样做了,这并且还不仅限于孔子,尚包括老子。对雅斯贝尔斯来讲,这两者同属于"大哲学家"的范畴,并且孔子被认为是"思想范式的创造者",进而与苏格拉底、佛陀以及耶稣并列,处于所有人类历史的开端。在20世纪,很少有人给予孔子如此崇高的地位。中国在其革命的进程中常常淡忘了对自己固有传统的应有重视,取而代之的却是对所有所谓"新生事物"的偏爱。在这里我们可以顺着雅斯贝尔斯"交流作为人类存在的普遍前提"的

① 本文系德国波恩大学汉学系主任顾彬教授为雅斯贝尔斯《大哲学家》一书中文版所写的序。

理论继续思考下去:交流同样也是与古代事物的沟通,是传统的事情。

20世纪显现出两种极端的发展:其一是过度的个人主义,其二是极度的集体主义。这两者同样都需要批判。后一种倾向长期以来就有批评家予以掊击,而前一种倾向到目前为止也只有神学家和哲学家作为问题提了出来。愈来愈多地由金钱来支配的东方和西方社会的发展,全力促成了个人主义的泛滥。他们认为这一切皆是由于自我权力的完善而得以成就的,并使之成为可能。这是一种认为不需要他者的个人主义。不过并没有谁独自生活在一个孤岛之上。雅斯贝尔斯说:“如果我只是我自己的话,那我必然会变成荒芜。”或者:“我相信,我之所以会真正成为我自己,并不只是借助于我自身促成的。”正是雅斯贝尔斯“统摄”(我们每一个人都为某种东西所统摄着)这一思想,使得他有关交流的理论成为了人类存在的基础,也从而使得中国与欧洲的相遇如此硕果累累。

作为诗人和日耳曼学者的冯至在1930年代曾师从雅斯贝尔斯在海德堡学习,此乃众所周知的事,并且后来冯至在他那动人心弦的美丽的十四行诗中吸收了雅氏有关交流的哲学。由于对中国现代文学的普遍轻视,令人遗憾的是,这样的一个重要影响不论在中国还是在欧洲都鲜为人知。谁要是重新发现雅斯贝尔斯的话,那他就会重新发现冯至,而重新发现冯至就意味着重新发现了一段德国人与中国人相遇的神秘故事。这一故事异常丰富多彩,并不仅仅局限于材料方面,更在于其内容。冯至的十四行诗乃是雅斯贝尔斯哲学纲要的诗歌形式的转化。这些诗歌同时也在继续吟咏着存在主义哲学的重要思想。处于某一世界之中的人类共同思想,其中个人的失败总是更可能地显现出来。那对交流保持着开放的个人,也会离超验更近些。这一规则适用于每一个人,不论他在东方抑或西方。正因为此,雅斯贝尔斯在他的“世界哲学”中也极力纳入了中国哲学的内容,基于同样的理由,冯至在他的十四行诗中也尽可能地融入了德国特别是欧洲思想家或艺术家的内涵。谁要是紧随自我的话,这便意味着与他人在交流之中共处,那么他便会成为这样一个人:一个不再区分德国人或中国人的人。就这方面而言,我们也可以将“轴心时代”的观念带入现代来:像以往分散在地球所有重要地区的大思想家创立了具有鲜明性共同特点的学说一样,东方和西方的人们今天也有必要为了世界的共同体建立一个新的“轴心时期”,在这样的一个时期中,是由人而非民族来决定人类的命运。正是在这一意义之上,雅斯贝尔斯创造了他的几个重要哲学概念,而这些词语又都是以“世界”(Welt)一词作为开头的:世界方向(Weltorientierung)、世界哲学(Weltphilosophie)、世界市民(Weltbürgertum)、世界意识(Weltbewusstsein)、世界历史(Weltgeschichte)。让读者在阅读的行为之中与传统的、与“其他”的以及与“他者”建立起交流来,从而进入一个“世界时代”,一个不再依据“自己”和“异己”来区分人类的时代,这正是我们的哲学家留给读者的使命。

(作者单位:德国波恩大学汉学系)

法国国家东方语言文化学院及其中文系

□张　丹

法国国家东方语言文化学院,法语全名为 Institut National des Langues et Civilisations Orientales。对于这样一所历史悠久、享誉全球,但读来颇为拗口的法国名校,聪明的法国人将其简称为 INALCO,或更简单地俗称为 Langues O',朗朗上口。说 INALCO 历史悠久,是因为它正式创建于法国大革命后的 1795 年,迄今已有二百余年。当时的主要任务是为新生的法兰西共和国培养未来的东方语言翻译。其实,鲜为人知的是,INALCO 的渊源甚至可以上溯到 17 世纪法国路易十四时代,因为当时强大的法国迫切需要与日出东方的国家建立直接的经济贸易关系,赫赫有名的财政总监柯贝尔(Colbert)禀承太阳王路易十四的旨意,于 1669 年成立了一个专事培训法国青年充当阿拉伯语译员的机构,取名为“青年语言学校”。说 INALCO 享誉全球,是因为它历经两个多世纪的沧桑,现已发展成为欧洲乃至整个西方最重要的中东欧、亚洲、大洋洲、非洲以及拉美国家等 90 种语言文化的教学中心与研究基地,拥有包括中文系在内的 11 个系和六个教学科研中心,它们是:

序号	名称	负责人
1	非洲系	Odile ISSA-RACINE
2	南亚系	Eric MEYER
3	东南亚、东北亚和亚太系	Marie Hélène CARDINAUD
4	中文系	徐丹
5	阿拉伯研究系	Jean TARDY
6	欧亚研究系	Michel BOZDEMIR
7	日本语言文化系	Anne BAYARD-SAKAI
8	中东欧系	Antonia BERNARD
9	希伯来和犹太语言文化系	Joseph TEDGHI
10	俄罗斯系	Jean RADVANYI
11	拉美国家语言文化系	C. ITIER Michèle THERRIEN
12	东方语言文化与国际贸易培训中心	François GODEMENT
13	跨文化交际研究与培训中心	Michel FOURNIE
14	对外法语教学中心	Geneviève ZARATE
15	国际问题研究中心	Franço is JOYAUX
16	语言习得、处理和传播系统研究中心	Monique SLODZIAN
17	语言计算机化处理中心	Marie-Anne MOREAUX

法国国家东方语言文化学院的领导机构由校长办公会、校务委员会、校学术委员会和本科生学籍管理委员会组成。校务委员会由校长主持，有 40 个委员，其中包括八名学生代表。校务委员会讨论并决定下列事项：

1. 学校的总体发展方向；

2. 学校的教学与科研规划和合同；

3. 学校的国际交流政策；

4. 招生规章；

5. 学校的财政预算及其收支；

6. 校务管理规章；

7. 校内房产的购置、出售和置换；

8. 借贷、捐助和遗赠；

9. 学校的法律和商业事务等。

校学术委员会是一个咨询性机构。校长兼任主任委员，40 名委员中包括学校图书馆馆长和六名第三阶段以上的学生代表。

下列一组数据足以表明 INALCO 堪称世界级的专业东方语言文化大学。

1. 注册学生人数（2002—2003 学年）		
类别	人数	总计
第一阶段（一、二、三年级）	7943	11 214
第二阶段（四年级）	2154	
第三阶段（五年级）	550	
非学历培训	79	
欧盟项目（Erasmus）	91	
旁听生	397	

2. 教学和行政人员			
类别	人数		总计
正式教员	教师	235	713
	教授	67	
代课教师	300		
行政人员	111		

3. 文凭			
名称	种类	学制	性质
语言文化学习结业证（CLC）	66		校级
单科东方语言文化毕业证（DULCO）	61	3 年	校级
学士（Licence）	34	4 年	国家级
高等毕业证书（DS）	14	4 年	校级
硕士（Maitrise）	23	5 年	国家级
应用研究与学习证书（DREA）	19	5 年	校级
高等专业学习证书（DESS）	4	6 年	国家级
博士预科毕业证书（DEA）	4	6 年	国家级
博士（Doctorat）	4	9 年	国家级

INALCO 还是一座开放型的国际知名大学。它与世界 50 多个国家和地区签订了 88 个校际交流合作协议，参与欧盟 35 个语言文化培训项目，外国留学生比例达 18%。

步入 21 世纪的法国国家东方语言文化学院进一步确认学校的四项使命：

1. 继续保持本校中东欧、亚洲、大洋洲、非洲以及拉美国家等 90 种语言文化的学历和非学历教学优势；

2. 与法国及其他国际组织紧密配合，推动对上述地区国家地理、历史、政治、经济和社会等方面的研究；

3. 多出教学与科研成果，为传播上述地区国家的语言和文化做贡献；

4. 促进法国与上述地区国家开展文化、高等教育交流和合作。

INALCO 早在 1841 年就开设汉语课，这在当时的法国尚属首次。从那以后，INALCO 一直致力于汉语教学与汉学研究，并取得了长足的发展，培养出一代又一代亲近中国、热爱中国历史文化的人才，为帮助欧洲各国各阶层人士更好地理解有着千年渊源的中国历史和文化作出了很大贡献。下面即简要介绍中文系的情况。

中文系 2002—2003 学年招收各类学生 2000 余名，成为全校学生人数最多的系。学生分布呈金字塔型：一年级 8 个班，每班平均 70 人；二年级 6 个班，每班 40 人；三年级 5 个班，每班 30 人；四年级 4 个班，每班 25 人；五年级 2 个班，每班 15 到 20 人。中文系现有教师 46 名，其中教授 6 人，副教授 12 人，讲师 5 人，助教 7 人，专业代课教师 15 人。

同 INALCO 的其他系部一样，中文系的学制也分一、二、三阶段。第一阶段为期三年（一、二、三年级），学生的主要任务是学习汉语语言基础知识，初步接触中国知识文化，如文学、历史、汉语语言学、地理和经济等。学生必须修满 20 学分，方可获得学校颁发的“单科东方语言文化毕业证”（DULCO），并且只有这样才允许注册第二阶段。第二阶段为期二年，即大学四、五年级，修满 12 学分，考试合格者授予国家级汉语语言文学文化学士（LICENCE）和硕士学位（MAITRISE）。需要指出的是，攻读硕士学位（MAITRISE）还要完成一篇论文。第三阶段分博士预科班（DEA）一至两年和博士（DOCTORAT）三年或更多。按照法国教育部的统一规定，博士预科生必须参加 150 小时以上的课堂学习和专题讨论，并撰写 80—100 页的毕业论文。在法国 INALCO，注册博士预科班（DEA）须持有硕士或相当于硕士的文凭，而且该文凭必须有“良好”（Bien）以上的评语。

INALCO 中文系的课程设置很有特色。大学第一阶段头三年主要通过听、说、读、写教授基础汉语和一般中国文化知识，语言必修课共 13 门，文化必修课 3 门，文化选修课 2 门（可在十余种课程中选择）；第二阶段的语言必修课为 12 门，而围绕汉语及中国文化开设的专业倾向性选修课则明显增加到 8 门，选修课程由第一阶段的十余种猛增到第二阶段的四十余种，并且大多为研究型课程。

INALCO 中文系的毕业生主要在法国和欧洲从事汉语教学和汉学研究、旅游和文化交流事业。中文系还是法国中文教师的职业资格考试培训基地，并与巴黎第七大学合作，每年负责组织全法国的汉语水平考试（HSK）。

（作者单位：北京外国语大学）

《亚洲创造的欧洲》第一、二、三卷序言（编译）

□杨双杨

《亚洲创造的欧洲》一书的作者是芝加哥大学的 F. Lach 等人，他对欧洲近代史的很多方面及当代亚洲国际关系均颇有造诣。这部巨著未及全部问世，就已被西方评论界称为“学识渊博之杰作”。该书破除了西方历史界的“欧洲中心论”，使人们多少看到一些亚洲的史实及对欧洲的影响。书中保存的一些关于亚洲的史料，竟然都是在亚洲已经失传的。欧洲与亚洲的接触改变了文艺复兴以来西方社会、艺术、文学、科学和宗教的发展进程。作者 F. Lach 在芝加哥大学做学生的时候，听到的都是欧洲如何在亚洲扩张，如何把先进的科学技术推广到亚洲的讲授，古代亚洲对欧洲文明的反作用没有人探究，难道亚洲对欧洲就没有影响吗？他的想法得到几位教授的鼓励，出于无比强烈的兴趣，作者遂将这一领域作为终生的学术事业。

第一、二卷序言

第一卷的书名叫《大发现》，概括论述文艺复兴以后的欧洲在 16 世纪发现亚洲的进程及由此引起的反响和变化。关于欧洲对亚洲的贸易扩张和传教活动，欧洲各国各教派都有详尽的记载。作者在当代西方亚洲研究的最高成果基础上，对 16 世纪关于亚洲的材料进行了一番甄别鉴定。

西方的殖民扩张并不完全是一个把亚洲国家西方化的过程。正如作者所言，一次日食不会是永久的，而且亚洲的这次也不是日全食,其光辉并没有被欧洲完全遮掩。事实上在1500—1800年间,欧洲商人只能在亚洲大国的沿海徘徊,很少能深入到内陆的重要城市;除了个别殖民地,绝大多数在亚洲的欧洲人都在经历磨难。尽管欧洲不断向亚洲派遣使节和传教士,亚洲却一次也没有向欧洲派遣人员。其间比较重要的历史事件有这么一些:

欧洲人直接面对亚洲的现实是始自于和亚洲的贸易活动,欧洲那些作为贸易中心的港口城市,后来也成为出版有关亚洲的书册的中心。作者专辟一章,叙述欧亚之间的香料贸易。贸易、传教和出版印刷是欧洲了解亚洲的三大渠道。亚洲的胡椒种植、瓷器及宝石加工技术对欧洲影响颇大。最初到达亚洲的商人和传教士都被亚洲的发达文化所震撼,莱布尼茨和伏尔泰都盛赞中国。李约瑟的《中国科技史》完整记载了东方的科技文明向西方的传播。但"中国热"很快退潮,随着西方工业化的成功,理性主义成为主流,中国历代王朝的先进文明被认为已经走向腐朽,东方的形象在西方人眼中变得黯淡起来。对东方的研究虽已不占主导地位,但仍在一批对资本主义社会物欲横流的现实不满的学者中开展。爱默生(R. W. Emerson)极为推崇印度的古典哲学,19世纪末崇拜日本在欧洲也成为时尚,有一批学者试图探索日本的民族性根源。同时,正因为欧洲在亚洲的扩张成功,欧洲的亚洲历史学得以建立,在此之前欧洲的历史学中还没有亚洲这一块。黑格尔根据他能掌握的材料,把亚洲假设成一个与欧洲对立的社会,即欧洲社会是运动的、充满活力的,而亚洲是静止的、毫无生气的。总之,在19世纪欧洲的亚洲史学中,亚洲是落后的,并顽固排斥基督教和西方的生活方式。

第二卷的书名叫《亚洲奇景》,作者在前言中说,由于长年的学术研究,他实际上生活在两个世界:一个是充满着航天新发现的20世纪,一个是16、17世纪的欧洲。20世纪航天科学的新进展反而启发他对16、17世纪的欧洲有了更深刻的认识。正如20世纪的人们虽已在电视上看到了月球、火星等天外世界,但日常生活依旧如故一样,当年的欧洲虽然已普遍知道亚洲的存在,但这一新文化对他们固有文化的影响却是极其缓慢的。

第二卷分为三辑。第一辑介绍亚洲的绘画和工艺品,第二、三辑分别论述亚洲传统文化对欧洲各国文学创作和欧洲学术界的影响。

在当时欧洲的工艺品展览中,也常常有来自遥远国度的"洋玩意儿"。作者通过特定的方法,考察传入欧洲的亚洲绘画和工艺品是否影响了当时的艺术创作,结论是微乎其微。然而,新传入的艺术品毕竟改变了一些人们对亚洲的认识,增添了欧洲装饰设计中的东方情调。亚洲的工艺中含有当时正在兴起的自然主义和表现主义(Mannerism)绘画的某些因素。

为了充分占有材料,作者足迹遍布欧洲大陆,把六十多所最重要的图书馆中16、17世纪出版的关于亚洲的书籍都摸清了。意大利是文艺复兴的发源地,也是当时欧洲的文化中心,亚洲文化首先传入意大利,然后向西传播到德国、法国和葡萄牙,最晚传入荷兰和英国。作者还特意考察了发现亚洲以前欧洲文学中的亚洲形象,结果发现在有关亚洲的新信息已经传遍欧洲的时候,传统的亚洲形象并没有多少改变。亚洲文化对欧洲的影响不但极其缓慢,而且十分零碎。作者采用一种特定的方法考察作品的来源,他认为,通过观察作品中亚洲人名的特殊拼写法及典故的引用,就可以轻而易举地断定作品源自何处。这些拼写痕迹还可用来判定作者是否使用了新发现的材料。第二辑按国别依次分成数章。

在第三辑中,作者着重探究了那些亚洲影响最为明显的学术领域:自然科学和技术、航海学、天文学、植物学和动物学、地理学和地图学。至于语言学,虽然海外探险遇到了无数的新语种,但并没有引起理论上的革命,亚洲的语言对欧洲的影响在16世纪仅限于外来词汇。

作者强调,欧洲16世纪有关亚洲的材料对研究亚洲国家的历史具有根本性意义。同时,欧洲历史的进程也与其在亚洲的扩张运动息息相关。作者除了做书本工作外,还展开了实地的调查。然而作形象和影响研究须十分小心。但有一点可以肯定,欧洲人对关于亚洲的信息十分感兴趣。跟第三卷一样,关于中国和东亚的章节被安排在全书的后半部分,即第一卷的第二分册(Book Two)。在序言的最后,作者说:

> 大多数时候,我听从各行业专家的忠告和建议,不过有时候,在尊重他们建议的基础上,我有意按照我的想法和感觉行事。我肯定在事实、理解以及强调的重点等方面出了很多错儿,但是当我完成这份16世纪调查报告的时候,我已经坚信,在欧洲近代史开端第一个世纪里,亚洲很大程度上改变了欧洲人的生活和思想。

第三卷序言

在17世纪,北欧和亚洲的大国都处于鼎盛时期。欧洲列强逐鹿于世界各地,进行殖民扩张运动,商人和传教士进一步深入亚洲各国。欧洲人征服了亚洲的一些小国和岛国,在许多重要的商业港口——马尼拉、大阪、澳门、孟买、加尔各答等——得以立足。但是对于亚洲的大国,欧洲人在领土上并没有更多的收获。各派传教士对了解东方文化和学术思想都作出了贡献。

从1600年左右,俄国开始向东西伯利亚扩张,在耶稣会士的帮助下和清帝国签订了《尼布楚条约》。之后向南的贸易扩张趋于停止。1700年以前俄国没有出版任何关于东西伯利亚和亚洲的材料。所以本卷的参考书目中没有俄语文献。

然而在同时期的欧洲,有关亚洲的报道从商人、传教士和探险家的笔下纷至沓来,亚洲的物产也源源不断涌入欧洲。17世纪的印刷品大多出自北欧,尤其是荷兰。天主教教会出版了大量的耶稣会士书简和传教报告。欧洲人对亚洲的大国——印度、中国和日本的了解大大加深了,特别是在宗教方面:印度教、佛教和儒学。在这个世纪,欧洲文化的侵入也曾遭受亚洲各国的拒斥。到1640年为止,除荷兰人以外,所有的欧洲人都被赶出了日本。20年之后连荷兰人也被驱逐出日本。在菲律宾和印度尼西亚,穆斯林教定期监测基督教的进展并威胁归化基督教的教徒。在盛行佛教的地方,人们对宗教普遍持无所谓态度,即使最能干的传教士也对此感到棘手。而越南却是一个宗教、文化混杂的国家,天主教的扩张在那里最为成功。到了1700年,除了极少数地区以外,欧洲商人、探险家和传教士的足迹已遍布亚洲和太平洋各国。

和第一卷一样,17世纪欧洲的原始材料也在当前最好的学术成果基础上进行了甄别。作者在第三卷序的最后说:

> 对于亚洲某些地方,惟一的史料(包括日期和数据)是来自欧洲。由于处在旁观者的地位,欧洲的文献提供了很多有意思的关于亚洲人生活的材料。亚洲学者身在其中,往往忽略这些方面,认为是天经地义的。

至于17世纪的欧洲人在对亚洲的了解加深之后,对欧洲艺术、科学、思想、体制、经济、司法等诸多方面造成的冲击,将放在下一卷——第四卷中论述。作者计划用第五卷、第六卷来研究18世纪。这样,每个世纪用两卷书覆盖,前一卷书叙述史实,即关于亚洲的信息如何在欧洲传播及当时的欧洲人对亚洲是怎样一种认识。第二卷则在理论上分析、阐明亚洲在本世纪对欧洲产生的影响。作者希望,覆盖了三个世纪学术成果的这六卷书能为各个学科深入的分科研究提供一个整体的背景。

(译者单位:北京外国语大学)

珍贵的俄中关系档案史料

□［俄］А. С. 伊帕托娃（А. С. Ипатова）[①] 著
□柳若梅 译

近三十多年来，俄罗斯科学院远东研究所一直在整理编写《俄中关系史》资料丛书，从1992年起进行的科研规划“17—20世纪俄中关系”把苏联时期也包括了进去，在俄联邦外交部历史资料处的协作下得以出版。这一规划和丛书的负责人是С. Л. 齐赫文斯基院士，学术主编、历史序言部分的作者则是注释部分的作者和编写者之一的В. С. 米亚斯尼科夫院士。

迄今这套丛书已出版了六部，其中之一是两卷本。[②]这套书的正文、注释和附录部分包括两千五百多份文件和资料，按这套资料丛书的构想未来还将出版十部。这套按时间顺序编写的丛书涵盖了俄中关系史上不同发展时期的四百余年，其间既有关系亲密、活跃的时期，也夹杂着冷战甚至是对立的时期，而之后

---

① 本文作者即俄罗斯著名汉学家伊雅达，现为俄罗斯科学院远东研究所高级研究员、“俄罗斯—中国研究中心”副主任。——译者注

② 《17世纪的俄中关系 · 资料和文件》，两卷本，第一卷：1608—1683年，莫斯科，1969；第二卷：1686—1692年，莫斯科，1972，编者：Н. Ф. 杰米多娃、В. С. 米亚斯尼科夫；《18世纪俄中关系 · 资料与文件》，第一卷：1700—1725年，莫斯科，1978，编者：Н. Ф. 杰米多娃、В. С. 米亚斯尼科夫；第二卷：1725—1727年，莫斯科，1990，编者：Н. Ф. 杰米多夫、В. С. 米亚斯尼科夫、А. И. 塔拉索娃；《19世纪俄中关系 · 资料与文件》，第一卷：1803—1807年，莫斯科，1995，编者：М. Б. 达维多夫、И. Т. 莫罗兹、В. С. 米亚斯尼科夫、Н. Ю. 诺夫戈罗德斯卡娅；《20世纪俄中关系史 · 资料与文件：苏中关系》，第四卷：1937—1945年，莫斯科，2000，编者：А. М. 列多夫斯基、Р. А. 米罗维茨卡娅、В. С. 米亚斯尼科夫。全书共六卷。

又是关系密切、合作的时期。两国——两个巨大的、有着世界上最长疆界线的大国关系中的所有有争议的问题甚至冲突，都是通过和平的途径——谈判、协定协议来解决的。这些情况使得两国日益发展扩大的接触面、亲近和互相影响的程度从本质上变得更为复杂。如此独特的历史经验值得在认识、分析、加工的基础上深入研究，以重建发展俄中关系的客观历史画面。这也正是这套丛书的主旨所在。丛书的各卷结构统一、历史文献出版体例统一，史料部分来源于保存在俄罗斯国家的一些档案馆——沙俄对外政策档案馆、俄联邦外交部俄罗斯对外政策档案馆、俄罗斯国家古籍档案馆、俄联邦总统档案馆的第一手资料以及中国、蒙古的一些档案馆的资料。

丛书中的所有历史资料在行文时都经与原件或原件复本（指在档案馆中没有收藏原件而只藏有原件复本的档案材料）仔细核对，同时后者又罗列了过去发表所见的所有版本。丛书中的大部分资料都是第一次收入学术著作中，第一次在书中以如此完全的容量出现，同时这些资料都不是二手资料，而是最珍贵的第一手资料、全套资料或是一些珍贵收藏品。比如，Ф. А. 戈洛文使团（1689 年中国同欧洲国家签订的第一个条约——《尼布楚条约》的使团）的账目记录就是首次发表，Ю. А. 戈洛夫金伯爵驻中国使团的资料也是第一次以全貌面世，而在此之前很多研究者都认为这些资料已经遗失。此外，1937—1945 年间的资料更大程度上属于学术研究的性质。

过去的几百年里出版了很多俄中关系史方面的资料，但那些资料大都有些零散，缺乏系统性，或者只是一些条约、协议的汇编，从中很难全面地看清两国关系的发展在时间上的接续性。在齐赫文斯基和米亚斯尼科夫两位院士带领下的编者们使得这套丛书避免了这方面的不足，丛书不仅汇集了一些重大事件的资料（使馆、条约的签订、条约文本），同时再现了谈判的酝酿、进行过程以及一些不甚明了但却很有意义的细节，这些可以帮助我们较为全面地认识发展中的两国关系。

丛书中的每一卷都是一条长链中的一环，同时每一卷又都以俄中关系史上的某个事件为主题，所以每卷又都是相对独立的，每卷中有详细的史学、文献学序言，地理名词注释，简介性人名注释，术语表和大都含有完整史料的详尽附录，这些虽不属正文部分，但却使人得以看清两国关系发展中特定时期的俄中关系状况的全貌。

收入丛书中的不仅有俄文资料和当时中国的正式官方语言——汉语、满语、蒙语资料，尚有在 17 世纪至 18 世纪中叶于俄中关系中起中介作用的拉丁文资料，还有一些西方国家（英国、法国、荷兰等）的外交资料，对于这套丛书来说，这些西方国家的外交资料十分重要，从中可以观察出西欧对俄中关系的反应。这些资料在翻译时把语言和这些国家当时的具体情况都结合起来，使译本具有很高的水平，这一点是学界的研究者们公认的。

这套丛书还反映出 17—18 世纪初俄中关系的另一个特点。当时中国清朝政府实行闭关锁国的外交政策，我们不难回忆，在18世纪末至19世纪初英国试图打开中国的大门而未果，而在更早一些时期，在16—17世纪初，向中国派出使节的葡萄牙、西班牙和荷兰为建立同中国的关系也无功而返。而从17世纪初起，俄罗斯使团就不止一次地前往中国，其中几次还受到了清朝皇帝的接见。在18世纪初，清朝政府两度派员前往俄罗斯，这在当时在欧洲国家中是绝无仅有的。在18世纪，俄罗斯东正教使团就已来到北京，在清政府的首肯之下履行着俄罗斯派驻中国的非正式外交代表处的作用。俄罗斯汉学正是在东正教使团中产生和发展起来的，日后才使得俄国在远东的外交政策能够有学术知识作为依托。这套丛书肯定了东正教使团的地位，描述了东正教使团的活动。

关于日本侵略中国、第二次世界大战时期的苏中关系卷（1937—1945），作用尤其特别，正是由这卷开始了丛书中1917—1991年间的苏联与中国关系的内容。该卷涵盖了两个国家乃至整个世界生活中变故频发的时期，其中主要的、最令人悲哀的莫过于使苏联、中国陷入水深火热的第二次世界大战，书中包括一些正式的外交文件，除了苏联和中国签订的两个条约——1937年8月21日签订的《中苏互不侵犯条约》和1945年8月14日签订《中苏友好同盟条约》、1939年7月16日签订的贸易协定以及就其他具体问题签订的协议外，还包括苏联领导人的谈话记录，有斯大林同来苏进行正式访问的中国代表团团长的的谈话记录、备忘录和照会，苏联与中国外交工作中的谈话记录，苏联驻中国全权代表就中国的政治问题发往莫斯科的电报和信函，苏联驻中国使馆和苏联外交部人民委员会远东第一分部的工作资料以及其他资料。编者认为，过去在美国的《国际关系·外交材料汇编》[131]一书中，发表过的关于国际联盟就给抗日战争中的中国以国际援助的问题所进行谈判的过程的资料和文件，必须收入丛书之中。

正是因为这套丛书有上述特点，因而人们才完全有理由说它是“科学院级”的。

这套《俄中关系》资料汇编是绝无仅有的版本，是世界汉学领域无与伦比的巨制，当之无愧地得到了俄罗斯以及国外评论界非常高的甚至是赞叹的评价。[132] 例

---

[131] Foreign Relations of United States/Diplomatic Papers（FRUS）1937, Vol. III. The Far East Wash. 1954;（FRUS）1938. Vol. IV. The Far East Wash. 1955.

[132] 俄罗斯科学院通讯院士 H. H. 波科罗夫斯基（新西伯利亚），《17世纪俄中关系》，第一卷，1608—1683年，莫斯科，1969；第二卷，1686—1691年，莫斯科，1977；《18世纪俄中关系》，第一卷，1700—1725年，莫斯科，1978；第二卷，1725—1727年，莫斯科，1990；《近现代史》，1992年第2期；伊帕托娃 A. C.《17—20世纪俄中关系》资料汇编中“俄罗斯与中国关系史上的珍贵原始资料”，“中国、俄罗斯、亚太地区国家与21世纪跨文化关系的前景”第十二届国际学术会议（2001年9月25—27日在莫斯科召开）论文集《中国、中国文明与世界·历史、现代性、前景展望》，莫斯科，2001，第二卷，第38—42页。

如，著名德国学者沃尔夫康·措别尔利赫在评论丛书第一卷时特别提到，“这部书的资料选取得非常细致，尽可能做到该主题已再无其他资料可寻，所以书中的资料不仅令人耳目一新，而且包括了相对于主题所需要的、具有实质意义的所有资料，为学术与研究创造了一个广博的、十分坚实的、充满希望的基础”。通过对这部书中的资料、材料的分析，他得出一个这样的结论，“评论家完全可以相信，出版者实实在在地实现了这本书的初衷。他们精心、细致地收集整理繁多的资料，将来无论是俄罗斯学者还是外国学者都不会对这部书视而不见，而会乐于向本书求教并因这本书而受益”[133]。著名的美国历史学家克利弗德·福斯特把这套丛书看成是“一套佳作”[134]。在中国，两卷本的《17 世纪俄中关系史》被译成汉语，并以三卷本的形式出版。[135]

通过对已经出版的及正在编写的丰富资料的分析，可以形成一个研究俄中关系的论据充分的观点。这个观点的实质在于，从俄中关系历史经验的角度超越了那些发生于此间、相对短暂的时间里的令人不快的时刻，每逢这时那些令人不快的时刻都是通过和平的途径——谈判、磋商，签订条约和协议解决的。这是两个邻国稳定的和平关系的历史财富，不仅过去发挥过作用，在很大程度上，也烛照着现在和将来。现在，这套丛书还在按时间顺序继续编写着。

（译者单位：北京外国语大学）

更　正

《国际汉学》第十辑刊发的《剑桥汉学的形成与发展》一文（第 192—218 页），曾在台湾《汉学研究通讯》2002 年第 1 期（第 31—43 页）上发表过。此文作者系阙维民教授，目前供职单位应是北京大学世界遗产研究中心。特此更正。

---

[133] Seuberlich Wolfgang. “Russko-kitajsrie otnosenija v XVII veke. Die russisch-chinesischen Beziehungen im 17. Jahrhundert//“Oriens Extremus”. Zeitschrift für Sprache, Kunst und Kultur der Länder des Fermen Osterns. 19. Jahrgang. Heft 1-2. S. 243,255. 在此期间措别尔利赫同杰出的德国东方学家、中国清史研究专家瓦尔特·福克斯教授保持着密切的学术联系。众所周知措别尔利赫的评论反映了福克斯这位德国满学泰斗的观点。

[134] Canadian American Slavic Studies. Special Issue. The Russian Enlightenment. V. 16. No. 3-4. Fall winter, 1982. p. 543.

[135] 《17 世纪俄中关系》，1—3 卷，北京，1978 年，共 963 页。

International Sinology
CONTENTS

In Memory of the 100th Birthday of Mr. Feng Zhi

Introduction to Sinological Institutions

Book Reviews

《国际汉学》稿约

1.《国际汉学》杂志系北京外国语大学海外汉学研究中心主持编辑的学术辑刊。一年出版两辑(春季刊[3月]和秋季刊[9月]),每辑篇幅约为35万字。

2. 本刊旨在推动汉学之研究,为海内外汉学研究者提供一个合作、交流的平台。主要栏目包括“汉学一家言”、“汉学家专页”、“中西文化交流史”、“欧美汉学史研究”、“西方早期汉学”、“中国思想史研究”等。真诚欢迎海内外学者在以上诸方面赐稿。

3. 本刊坚持严格的学术规范,鼓励深入细致的学术研究,乐于提携学界后起之秀。稿件正文体例及注释方法以“来稿体例”为准(附后)。来稿请用 Microsoft Word 文档,简体中文,注释为页下脚注,全文连续编序。论文及译稿原则上以二万字以内为限。如系译稿,敬请附原文。

4. 来稿请注明中、英文篇名,中文提要,关键词以及赐稿者的中、英文姓名。如系第一次投稿,请附个人简历,注明真实姓名、所属学术机构、职称及职务、通讯地址、邮编、电话、传真以及电子邮箱地址等联系方式。来稿请直接寄到编辑部,切勿寄给私人,以免贻误。

5. 稿件中的看法不代表本刊的观点,作者文责自负。

6. 来稿一经采用,除奉上稿酬外,并及时赠送该期样书一本。

7. 本刊对来稿有删节权,如不愿删改,请于来稿中注明。

8. 来稿刊载与否,将于两个月内予以回复。限于人力,稿件恕不退还,请特别注意,自留副本。

9. 请勿一稿二投。文章一经发表,版权即归北京外国语大学海外汉学研究中心和大象出版社所有。其后除作者、译者本人结集出版外,不得翻印、转载。

10. 来稿请寄:北京市西三环北路2号北京外国语大学海外汉学研究中心《国际汉学》编辑部(100089)

电话/传真:010—88816430

E-mail: sinology@mail.bfsu.edu.cn

bfsuhwhx@263.net.cn

附：来稿体例

一、正文

1. 凡论文请撰写300字以内的“论文提要”及“关键词”；

2. 正文中的各级标题采用“一、”、“二、”……，“1.”、“2.”、“3.”……，“1)”、“2)”……；

3. 首次出现的外国人名、书名需在括号内标明原文，外国人有通用的中 文名者应以其中文名称谓。

二、注释

1. 请用页下注①②③……，全文连续编号；

2. 引用中国古典文献材料只须注明书名和篇名。出注方法如下：《论语·学而》；

3. 引用现代汉语著作及文章或现代翻译的著作及文章，注释方法如下：王瑶：《中古文学史论》，北京大学出版社，1985年，第87页；[美]格里德著，鲁奇译：《胡适与中国的文艺复兴》，江苏人民出版社，1996年，第67页；[德]海德格尔：《走向语言之途》，载《文化与艺术论坛》，香港：艺术潮流杂志社，1992年第×期，第166页；杨绛：《记〈宋诗纪事补正〉》，载《读书》，2001年12期，第15页；

4. 同一著作及文章的第二次出注可省略作者、出版社、出版年代、版本，只标注书名或文章名以及页码，如：《中古文学史论》，第88页；

5. 引用原文著作与文章请在作者前标出国籍，如：[美]爱德华·W·赛义德。注意，英语原文书名请用斜体，如：*Orientalism*；文章名请用双引号，如：“Anne Bradstreet”。引文跨两页以上者用双“p”，如：pp. 29-30。如：[美]爱德华·W·赛义德：《东方学》(Edward W. Said, *Orientalism*, Random House, 1979, p. 2)。[美]温迪·马丁：《安娜·布莱特斯惴特》(Wendy Martin, “Anne Bradstreet”)，载艾默利·艾利特《文学传记词典·第24卷·北美殖民地作家1606—1734》(Emory Elliott, *Dictionary of Literary Biography · Volume Twenty-four · American Colonial Writers*, 1606-1734, Gale Research Company, 1984, pp. 29-30)；

6. 所有的汉译著作和汉译文章第一次出现，其后需附原文书名或文章名，如《东方学》(*Orientalism*)，又如《想像的地理学及其表述：东方的东方化》(“Imaginative Geography and Its Representations: Orientalizing the Oriental”)。所有拼音语言国家与地区之作者名第一次出现，其后需跟原名，如：爱德华·W·赛义德(Edward W. Said)。

编后记

汉学作为一种由一批外国人在其本国的文化和历史背景下展开的关于中国知识的研究，它与其发生国的文化与知识体系有着与中国本土学者所做的关于中国的学问完全不同的发生学背景。就西方汉学来说，它完全依赖于和人文、社会学科之间的密切联系。而这些人文、社会学科又是地地道道的西方学术。因此我们今天已不能仅从知识论上来看待域外汉学了，必须熟悉其学术背景和流变，必须用一种知识论以外的比较文化的方法论来审视它。而要同时熟悉和掌握这两个角度，无疑是对研究者知识和方法、学术修养与视野的一项巨大挑战。在这个意义上，我们至今仍然认为，海外汉学在中国仍处在“虚热”之中，真正悟出其道，并做好研究的人并不多。

张西平先生在“汉学研究导论”一文中对汉学（中国学）重新作了系统的梳理，他引用严绍璗教授的话认为，对海外汉学（中国学）研究的深人“意味着我国学术界对中国文化所具有的世界历史性意义的认识愈来愈深；——或许可以说，这是20年来我国人文科学的学术观念的最重要的转变与最重大的提升的标志之一”。但其学科性质的争论仍在国内外进行，如赛义德的《东方学》，如何评价此书涉及的汉学的性质问题。国内已经有学者按照赛义德的思路，对整个西方汉学作了宏大的叙事。对此，我们持一种谨慎的态度。但我们开辟的“汉学一家言”，意在就汉学的性质和研究方法展开讨论，欢迎大家就此问题来稿。

本辑“汉学家专页”中所选的三位大家尽管分属三个不同的国度，但他们之间却有着密切的关联：沙畹跟阿列克谢耶夫是师徒关系；而卫礼贤的最大功绩在于翻译与阐释儒家和道家的大部分经典，对沙畹于中国民间信仰的重视形成了鲜明的互补。更难能可贵的是，卫礼贤一文的作者吴素乐女士，一反我们先前奉大师为神明的一贯做法，利用一手资料（档案及书信），以批判传记的方式为我们展现出了一位活生生的、有血有肉的卫礼贤形象。该文再次显示了在研究汉学家生平时掌握一手资料和批判性研究方法的重要性。

今年是著名翻译家、日耳曼学学者、诗人冯至先生百年华诞，本辑特发表两篇文章，以缅怀这位世纪文豪。斯洛伐克的汉学家高利克对冯至先生的诗歌作了精湛的分析；而顾彬教授则高屋建瓴地指出了冯至十个可能的创作来源——30年代他在海德堡大学的老师雅斯贝尔斯的存在哲学。

2004年下半年我们同世界相关机构共同举办了“世界汉语教育史国际学术研讨会”、“清代入华传教士文献档案整理与研究座谈会”以及“让西方了解中国——中西文化交流的使者卫匡国”三个学术研讨会，意在从语言史、清史和中西文化交流史展开对西方汉学，特别是对西方早期汉学的展开研究。本刊中选发了几篇会议的论文，使读者得以窥斑见豹地了解这些会议的概况。

本刊不仅仅着眼于介绍英、法、德等传统汉学“大国”情况的介绍，同时也关注意大利、捷克、波兰等国家的汉学研究。本辑中高利克和马西尼的文章，正是在这一努力的结果。我们不仅着力介绍、引进东西方传统及当代汉学的方法论，同时也重视借助于上述方法所进行的个案研究。本辑中邢福增先生的文章，正是个案研究的范例。

基督教新教传教士对中西文化交流所作的贡献，对中国和世界都有深远的影响，其大量重要的历史活动留下了丰富的文献。如果将此与天主教再加上俄罗斯东正教的历史联系起来进行考察，那么对中西文化交流史上的一些问题就会看得更清楚和全面，同时我们才能真正揭示西方汉学的发生学根源。传教士汉学一直是本刊的重点所在，现在我们则拓宽原有范围，从先前的明清天主教传教士汉学，延伸到基督新教和东正教。这是本辑发表《亚洲文会与中西文化交流》以及《珍贵的俄中关系档案史料》两篇文章的用意所在。

对域外汉学的研究决不仅仅有着历史的一面，我们在探究其发生的同时，也应注意它的现在形态。在以往的几期中我们已经发表过当代汉学相关学科的一些研究成果。本辑特辟“中国宗教思想研究”专栏，以介绍西方汉学界对中国宗教所进行的研究、分析。今后本刊将在不脱离历史的前提下，关注在比较研究中寻求中国宗教的普世性意义。因此“中国宗教思想研究”也将成为固定栏目。

本辑的文章题目丰富多彩，关涉学科也不尽相同，而这正是本刊所期望的“和而不同、相谐互补”的原则。截至本辑《国际汉学》已出满12期，尽管年轻，但正在逐渐形成自己独特的学术特色。2005年是《国际汉学》创刊十周年，下辑我们将出版专辑，纪念她的十周岁生日，感谢多方的关切和支持，也欢迎学界同仁不吝赐稿。

北京外国语大学海外汉学研究中心

2005年1月

第一届“世界汉语大会”通知

（第一号）

敬启者：

“世界汉语大会”是由国家对外汉语教学领导小组办公室和北京外国语大学海外汉学研究中心共同举办的一个以“全球化背景下的汉语和汉语教学”为主题的世界性大会，是为繁荣和发展世界汉语教学和推动汉语言文化传播提供的一个交流平台，同时也是中国语言文化教学界和世界各语言文化交融的汇合点。世界汉语大会期间，还将组织名为“汉语桥活动周”的大型系列活动，包括汉语作为外语教学的历史回顾与成就展、第四届世界大学生中文演讲比赛、世界优秀汉语教材奖颁奖典礼等。

现将具体事宜奉告如下：

一、时间和地点

1. 时间：2005 年 7 月 27 日至 29 日

2. 地点：中国 北京

二、本届学术讨论会的中心议题

在世界汉语大会“全球化背景下的汉语和汉语教学”总主题下，由三个分主题组成：

主题（一）各国推进汉语教学的政策与措施

内容：1. 汉语对今后国际交往的作用与地位

2. 介绍各国推进汉语教学的政策与措施以及所存在的问题

3. 课程设置、教材使用、交换学生、学分互认

主题（二）汉语作为外语教学的研究——第八届国际汉语教学讨论会

内容：1. 对外汉语教学与学习规律研究

2. 面向对外汉语教学的汉语本体研究

3. 对外汉语教学语法系统研究

4. 对外汉语教学教材与教师队伍建设

5. 对外汉语教学学科建设的基础和背景

6. 现代教育技术在对外汉语教学上的研究与应用

主题(三)海外汉学研究的历史、现状与未来

内容:1. 海外汉语学习与汉学研究史

2. 中国语言文化在海外的传播及影响(如汉语汉字传播史、中国文史哲经等方面的经典著作在海外的传播与影响)

3. 当代海外汉学研究与汉学教育的新进展

三、会议工作语言:汉语。第一个议题分会场提供同声翻译

四、凡对大会感兴趣的国内外教育官员、高等院校中文系(中文学科)主任或教学负责人、著名中文学校及学术团体、教育组织负责人;世界汉语教学学会会员及中外汉语教学与研究界同仁;海外汉学系、东亚研究中心负责人及汉学家(包括接受国家汉办访华计划资助的汉学家),国内著名高校和社会科学研究机构的海外汉学研究中心负责人及学者,以及社会各界关注中华语言文化教学与传播的人士,均欢迎与会。

第一届"世界汉语大会"组委会

2004 年 8 月 31 日

关于召开《中国近事》国际研讨会的通知

2005年北京外国语大学海外汉学研究中心将在中国正式出版德国著名哲学家莱布尼茨的《中国近事》一书，此书是德国历史上第一本关于中国的书籍，这次所出的中文版也是该书继拉丁文版后的第一个全译本。因而本书的出版在学术上意义重大，专此北京外国语大学海外汉学研究中心和德国莱布尼茨编辑委员联合举办这次国际学术讨论会。关于会议的具体安排如下：

一、时间：2005年8月1—2日

二、地点：北京外国语大学

三、会议主要议题：

1. 17—18世纪的中德关系；

2.《中国近事》中的中国观；

3. 莱布尼茨的中国观；

4. 莱布尼茨与入华传教士；

5. 莱布尼茨与中国哲学；

6.《中国近事》在德国学术和思想史上的地位。

对此有兴趣的学者请尽快与北京外国语大学海外汉学研究中心联系：

电话/传真：(0086 10) 88816430；

电子信箱：sinology@mail.bfsu.edu.cn，bfsuhwhx@263.net.cn

联系人：张艳

北京外国语大学海外汉学研究中心

2004年12月

德语区汉学史国际研讨会邀请书

为深入研究德语区汉学的发展和历史，北京外国语大学海外汉学研究中心与德国爱尔兰根大学汉学系将于2005年11月在北京联合举办首届德语区汉学史国际研讨会，会议期间将举行《德国汉学之研究》和《奥地利汉学史》两本书的首发式。

汉学在德国还是一门相对年轻的学科，它的历史可以追溯到于1887年在柏林建立的东方语言研究所（Seminar für Orientalische Sprachen）以及1909年汉堡的殖民研究所设立的第一个汉学教习，这两个汉学机构无一不带有殖民主义色彩，同时也都服务于德意志帝国的利益。20世纪的德国汉学是与两次世界大战尤其是与德国因自身罪责而被迫在政治上承受国家的破碎分不开的。几十年后德国的重新统一，又掀开了汉学的新篇章。

本次研讨会主要议题包括如下：

一、学术理论、研究方法以及中国形象

二、汉学历史一瞥

三、二战后东西德汉学的发展

四、汉学家与有关中国的作家

五、欧洲的视野

六、图书馆与翻译

七、中国文化在德国的传播与接受

八、德国汉学与中国学术界的互动与影响

我们欢迎有兴趣的学者尽快与我们中心联系。具体联系方式如下：

电话/传真：(0086 10) 88816430

电子信箱：sinology@mail.bfsu.edu.cn，bfsuhwhx@263.net.cn

联系人：张艳

北京外国语大学海外汉学研究中心

2004年12月